Walter J. Hollenweger · Umgang mit Mythen

DM 35,-

Walter J. Hollenweger

UMGANG MIT MYTHEN
Interkulturelle Theologie 2

CHR. KAISER

CIP-Kurztitelaufnahme der Deutschen Bibliothek

Hollenweger, Walter J.:
Interkulturelle Theologie /
Walter J. Hollenweger. –
München: Kaiser
2. → Hollenweger, Walter J.:
Umgang mit Mythen

Hollenweger, Walter J.:
Umgang mit Mythen /
Walter J. Hollenweger. –
München : Kaiser, 1982.
(Interkulturelle Theologie /
Walter J. Hollenweger ; 2)
ISBN 3-459-01414-8

ISBN 3-459-01414-8
© 1982 Chr. Kaiser Verlag München.
Printed in Germany.
Alle Rechte vorbehalten.
Fotokopieren nicht gestattet.
Umschlag: Reinhard Braun, Berlin.
Gesamtherstellung: Georg Wagner, Nördlingen.

INHALTSVERZEICHNIS

EINFÜHRUNG

Warum mich die Mythen beschäftigen

»Umgang mit Mythen« wurde ein Thema für mich, als ich eingeladen wurde, einen Beitrag zu dem von meinem Kollegen John Hick herausgegebenen Buch »The Myth of God Incarnate«[1] zu schreiben. In den ersten Entwürfen, die mir meine Kollegen zusandten, wurde frisch-fröhlich drauflos entmythologisiert, als wären seit Rudolf Bultmanns aufsehenerregendem Aufsatz[2] nicht vierzig Jahre ins Land gegangen, als hätte die wissenschaftliche Mythenforschung seit Bultmann uns nicht einen differenzierteren Umgang mit Mythen nahegelegt. Es wurde nachgewiesen, daß die meisten christologischen Aussagen des Neuen Testaments sich griechischer und jüdischer mythischer Kategorien bedienten (was kaum ein informierter Bibelleser bestreitet). Daraus wurde die erstaunliche Folgerung gezogen, daß sie demzufolge unmöglich wahr sein können.

Ich wunderte mich über den Versuch, diesen unterdessen etwas staubig gewordenen Ladenhüter aufzupolieren und neu in den Verkehr zu bringen. Ich versuchte in meinem Beitrag für das geplante Buch zu zeigen, wie wichtig die mythische Sprache für die Theologie ist. Ich unterstrich die Bedeutung des Mythenzusammenhangs gerade für die englische Gesellschaft. Ich äußerte die Vermutung, daß sie, die Hohepriester der Entmythologisierungsreligion, ohne Mythen nicht leben konnten, und erzählte die Geschichte einer Degree Congregation, einer Promotionsfeier, an einer britischen Universität:

»Degree Congregation heißt der öffentliche Festakt, bei dem die Studenten ihre Diplome und Urkunden erhalten. Das ist eine farbenprächtige Angelegenheit. Die Kandidaten und ihre Angehörigen sitzen schon eine Viertelstunde vor Beginn in der großen Festhalle. Dann wird das Zeichen zum Einmarsch gegeben, voran der Szepterträger mit einem riesigen vergoldeten Szepter, dann die Lektoren und zuletzt die Professoren (genau in der Reihenfolge

---

1. Deutsch: Wurde Gott Mensch?
2. R. Bultmann, Neues Testament und Mythologie (1941), KuM I, 15–48.

ihres Dienstalters). Die Orgel braust gewaltig. Langsam und würdig schreitet die Prozession dahin. Da die Universität Zürich mir mit dem Doktortitel weder einen akademischen Talar noch einen Doktorhut verliehen hatte, war ich in Verlegenheit. Ich erwog, mich im Straßenanzug unter die talargewandeten und behuteten Würdenträger zu mischen. Aber das wäre für englische Augen – auch für die Augen der Entmythologisierer – schon fast Blasphemie gewesen. Da war ich froh über meinen schwarzen Pfarrertalar, der natürlich inmitten dieser Farbenpracht durch seine reformierte Schlichtheit auffiel. Dann folgte der Festakt nach jahrhundertealten liturgischen Formeln, mit Ansprachen, Hut abnehmen und aufsetzen (und in Oxford und Cambridge mit lateinischen, trinitarischen Sprüchen und einer Bibel als Symbol der Autorität). Die Degree Congregation setzt also den Mythos in Szene, daß die an einer Universität erworbenen Kenntnisse dem Kandidaten bestimmte Rechte geben und von ihm bestimmte Verantwortlichkeiten erwarten – eine Art Ordination mit Handschlag, lateinischen Formeln und Akklamation durch die communio graduatorum.«

Diese und ähnliche Geschichten versetzten die englischen Gentlemen in eine Wut, wie ich sie vorher und nachher in England nie erlebte. Ich wurde sang- und klanglos aus dem Mitarbeiter-Team exkommuniziert[3].

Ich fragte einen der Mythenbezwinger, wie er denn – unmythologisch – das »Unser Vater« bete, oder wie er es mit seiner anglikanischen Liturgie halte. »Die Liturgie in der Universitätskapelle«, bedeutete er dem unwissenden Schweizer, »ist ein ästhetischer Genuß, den ich mir nicht entgehen lassen will.«

Diese Reaktion verwunderte und enttäuschte mich. Ich hatte offenbar den Finger auf einen wunden Punkt gelegt, denn über Banalitäten entrüstet man sich nicht. Banalitäten ignoriert man, vor allem wenn man ein englischer Wissenschafter ist. Ich beschloß daher, die Arbeit am Mythos aufzunehmen. Natürlich wußte ich, daß es keine unreflektierte Rückkehr zum Mythos gibt; die Gegenposition zum »Myth of God Incarnate«, die unter dem Titel »The Truth of God Incarnate«[4] veröffentlicht wurde und die nachzuweisen suchte, daß es sich bei den betreffenden christologischen Aussagen nicht um mythische Kategorien handelte, hielt ich für ebenso unbrauchbar.

---

3. Freilich sind in der endgültigen Fassung des Buches einige meiner Gegenformulierungen enthalten, aber unter anderer Autorschaft, und vor allem ohne die dazugehörenden wichtigen Geschichten.
4. M. Green (Hg.), The Truth of God Incarnate.

Ich war gezwungen, die Frage nach dem theologisch verantworteten Umgang mit dem Mythos zu stellen. Die Reaktion meiner englischen Kollegen deutete ich als Ausdruck eines gespaltenen Verhältnisses zum Mythos. »Auf der einen Seite stehen wir der Welt der Mythen fremd und fassungslos gegenüber« – darum schreiben wir Bücher gegen den Mythos, als ob zwanzig oder hundert Bücher etwas vermöchten gegen die geballte Kraft der Mythen! – »auf der andern Seite begeistern wir uns für die schönen Geschichten, die der Mythos erzählt, ohne daß wir jedoch ihren Wahrheitsgehalt erkennen«[5] – darum erfreuen wir uns an der anglikanischen Liturgie und weigern wir uns, das »Unser Vater« zu entmythologisieren.

Die Weigerung meiner Kollegen, aus ihrer Theorie die Konsequenzen für ihre Frömmigkeit zu ziehen, ist ein Hinweis darauf, daß sie nicht bereit sind, religiösen Selbstmord zu begehen. »Die Resistenz der verächtlichen alten Geschichten gegen die Entmythologisierung der Vernunft«[6] könnte auch in Pascals Diktum beschrieben werden: »Le coeur a ses raisons que la raison ne connaît point.«[7] Über »diese Gründe des Herzens, die die Vernunft nicht ergründen kann«, will ich mir Klarheit verschaffen und tue dies in drei Schritten.

Im ersten Schritt (Erinnerungen) befrage ich zwei Theologen, Dietrich Bonhoeffer und Hans Hoekendijk auf ihren Umgang mit Mythen. Bonhoeffer lebte den Mythos von der Kirche für andere und schrieb im Gefängnis über religionslose Interpretation religiöser Begriffe. Er wurde dadurch exemplarisch für viele Christen, die mit dem Mythos leben, aber ohne ihn denken. Bonhoeffers Mythos von der Kirche für andere, sein politisches Handeln auf der Grundlage dieses von der kirchlichen Wirklichkeit Lügen gestraften Mythos weckte in mir den Verdacht, daß es sich hier um das handelt, was ich versuchsweise einen wahren Mythos nannte, ein Begriff, der in Kapitel 10 genauer bestimmt werden muß.

Ich war gezwungen, meinen eigenen Umgang mit dem Mythos »Die Kirche für andere« zu untersuchen. »Die Kirche für andere«, das war im Ökumenischen Rat der Kirchen ein Programm. An seiner Formulierung war ich aktiv und passiv beteiligt. Eine kritische Sicht meiner Erinnerungen führte mich zur Einsicht, daß es uns zur Kommunikation der Kirche für andere und zum Leben in der

---

5. K. Hoffmann (Hg.), Die Wirklichkeit des Mythos, 5; zit. H. J. Herwig, Oedipus auf der Couch, 122.
6. A. von Schirnding, Den Mythos zu Ende bringen?, 1037.
7. B. Pascal, Pensées, Fragment 277; zur Übersetzung und Auslegung dieses Fragmentes vgl A. Rich, Pascals Bild vom Menschen, 111.

Kirche für andere an einem diese Überzeugung stützenden Mythos gebrach, weil wir nicht erkannt hatten – allen voran J. Chr. Hoekendijk –, daß gerade und auch »Die Kirche für andere« ein Mythos war. Wir hatten übersehen, daß es in dieser Sache *vernünftig ist, die Beschränktheit der Vernunft zu erkennen und Kräfte von jenseits der Vernunft in den Dienst der Vernunft zu stellen,* das heißt Vernunftsgründe zu suchen, die die Vernunft nicht kennt.

Das Gegenbeispiel ist die Verarbeitung der »Kirche für andere« in der DDR, wo dieses ökumenische Programm auch die tiefsten Wurzeln geschlagen hat. Anstatt lediglich zu argumentieren, wurde »Die Kirche für andere« in der DDR gebetet, gesungen, zelebriert (und *gleichzeitig* aber eben nicht ausschließlich reflektiert).

Darum schreite ich im *zweiten Schritt* Erfahrungen ab, wo die Kirche für andere gelebt, zelebriert und gebetet, wo brennende Fragen der Gegenwart in liturgische Texte aufgenommen[8] und manchmal gegen die Kirchen, aber nie getrennt von ihnen, theologisch reflektiert werden – was nach Hans ten Dornkaat auch »eine theologische Vertiefung« darstellt[9].

Solche Reflexion kann selbstverständlich nicht ohne die Bibel geschehen, genauer, ohne kritische Exegese der Bibel. Aber ob uns die historisch-kritische Exegese zum theologisch verantworteten Umgang mit dem Mythos (in der Bibel und in der heutigen Welt) anleitet? Das eben ist mir die Frage. Es gibt jedenfalls Beobachter, die die historisch-kritische Exegese für bankrott erklären, weil sie – anstatt uns zum Umgang mit alten und neuen Mythen anzuleiten – diese einfach eliminiert oder glaubt zu eliminieren. Sie gewährleistet nur den Verkehr von damals zu heute und nicht den Gegenverkehr. Sie versucht, die Christen zu einer Weise des Denkens zu bringen, die der Mehrheit von ihnen unzugänglich ist. Anstatt der Ort zu sein, wo die theologischen Gewissen der Christen geschärft werden, wird die wissenschaftliche Exegese zum Spielplatz der Spezialisten. Das ist ein unhaltbarer Zustand für die Kirche des Wortes, die die theologische Mitverantwortung aller ihrer Glieder (nicht nur der Fachtheologen) predigt.

Für den theologisch verantworteten Umgang mit Mythen ist die biblische Exegese unaufgebbar, weil die biblische Tradition in

---

8. Sektion I (»Bekenntnis zu Christus heute«) empfahl: »Die Kirchen mögen begabte Leute innerhalb und außerhalb der Kirchen beauftragen, Lieder, Gebete und andere liturgische Texte zu schreiben, die brennende Fragen und Anliegen der Gegenwart aufnehmen, und solche Texte zur Verbreitung in der Ökumene bereitstellen.« Nairobi (deutsch), 20.
9. H. ten Dornkaat, Zum Eigentumsbegriff im ökumenischen Denken, 417.

meiner Erfahrung die wichtigste ist, die sich mit den Mythen auseinandersetzt, ohne ihnen zu verfallen und ohne sie zu eliminieren. Ich suche also eine Exegese, die den denkenden Christen hilft, von den biblischen Mythenarbeitern den rechten Umgang mit den heutigen Mythen zu lernen.

Was ich im zweiten Schritt glaube gelernt zu haben, wird im *dritten Schritt* (Erwartungen) auf seine Brauchbarkeit geprüft. Ich wende das an der Bibel geschärfte Mythenverständnis auf ein von Mythen überwuchertes Missionsfeld an, nämlich auf dasjenige der Wirtschafts- und Gesellschaftswissenschaften. Hier kann ich die Kraft heutiger Mythen studieren, und hier will ich auch versuchen, den Umgang mit Mythen, den ich von den biblischen Verfassern gelernt habe, auf eine moderne Mythologie anzuwenden – ohne den Mythen zu verfallen und ohne sie zu eliminieren.

Mein Beitrag besteht daher nicht in der Entmythologisierung der betreffenden Mythen; das haben andere in bezug auf den marktwirtschaftlichen und den zentralplanwirtschaftlichen Mythos vor mir getan. Vielmehr versuche ich aus den Trümmern der beiden Mythen und unter Aufnahme empirischer, bereits bestehender Trendmodelle die allgemeine Richtung eines dritten Weges zu erkennen. Es handelt sich dabei nicht lediglich um einen Kompromiß zwischen den beiden Mythen, sondern um eine Rückbesinnung auf das einem Wirtschafts- und Gesellschaftsmythos Mögliche und Angemessene.

Wer in diesem Band eine scharfe Definition des Mythos sucht, wird enttäuscht sein. Ich habe nach langer Überlegung auf eine solche Definition verzichtet, weil sie – so scheint es mir – keine wesentliche Klärung bringt. Genau will ich sein *in bezug auf die Funktion des Mythos.* Darum nehme ich eine Reihe von Beschreibungen der Funktionen in konkreten Situationen in diesen Band auf. Unbestimmt will ich bleiben *in bezug auf die Inhalte und Formen,* da sich diese von Situation zu Situation ändern.

Ich folge hier dem Mythenspezialisten Karl Kerényi, der schreibt: »Der Begriff, den man vom Mythos hat, ist freilich mit einem Begriff vergleichbar, den man von der Musik haben kann.«[10] Eine Definition der Musik trägt wenig zum Verständnis und kaum etwas zum rechten Umgang mit der Musik bei. Man muß sie hören, lesen, aufnehmen, spielen und – wenn man ein Musikwissenschaftler ist – analysieren. Das will ich in bezug auf den Mythos tun. Man kann mir dann freilich vorwerfen, daß ich keine »sauberen Begriffe« habe. Ich tröste mich damit, daß selbst Karl Barth dieser Vorwurf »bei

---

10. K. Kerényi, Der Mythos der Arete, KuM VI/3, 118.

Streuselkuchen und Kaffee« gemacht wurde – von Bultmann nämlich[11].

Noch ein persönliches Wort: Die begeisterte Aufnahme, die der
erste Band dieser Interkulturellen Theologie bei vielen Laien und
praktizierenden Pfarrern fand, hat mich ermutigt, aber auch ein
wenig erschreckt. Ermutigt hat mich, daß Nichttheologen mit dieser
Sorte Theologie offenbar etwas anfangen können und daß Pfarrer
wieder bereit werden, sich auf ihre *theologische* Aufgabe einzulassen. Erschreckt hat mich die Verpflichtung, nun auch weiterzufah-
ren. Die Kritik von den Fachkollegen habe ich erwartet, bin ich mir
doch der Schwächen dieses Entwurfes wohl bewußt. Ich war eben
vor die Frage gestellt, entweder Theologie zu treiben, wie sie in
unseren Breitengraden üblich ist – das können andere besser als ich,
und zudem vermute ich, daß diese Weise der Theologie wichtige
Themen gar nicht erfassen kann – oder aber einen neuen Wurf zu
wagen – später werden wir dies ein»paradigm shift« nennen –, von
dem ich nicht wissen konnte, ob er gelingen wird. Wie bei meinem
»Enthusiastischen Christentum«, in dem ich eine Darstellung der
weltweiten Pfingstbewegung versuchte, ohne zuerst die Abklärung
vieler wichtiger Einzelfragen abzuwarten[12], so habe ich mich in der
Interkulturellen Theologie in ein unbekanntes Territorium vorge-
wagt. Kritik ist darum nötig. Trotzdem hoffe ich, daß die Notwendigkeit einer interkulturellen Theologie einsichtig wird, weil wir aus
unserem monokulturellen Gefängnis ausbrechen müssen, wenn wir
das, was an Bleibendem in der europäischen Theologie geschaffen
wurde, nicht verlieren und wenn wir den Anschluß an die neuen
Weisen des Theologisierens in den neu entstehenden Kirchen nicht
verpassen wollen.

---

11. K. Barth, Nachwort zur Schleiermacher-Ausgabe, 299; Briefwechsel mit Thurneysen, Gesamtausgabe V/2, 306; E. Busch, Karl Barths Lebenslauf, 170.
12. Für eine wissenschaftlich-genaue Erfassung der weltweiten Pfingstbewegung
wäre ein großes Institut nötig gewesen mit sprachbegabten und interdisziplinär
arbeitenden Forschern und einem Haushaltsplan, der ausgedehnte Feldfor-
schung ermöglicht hätte; mit anderen Worten, das Buch (PGG) wäre nie
erschienen.

I.

ERINNERUNGEN

1. Bonhoeffer

Wenn immer das Thema Revolution in der angelsächsischen Welt auftaucht, wird der Name Bonhoeffer als Kronzeuge der Gewaltausübung der Christen wider den Staat erwähnt. Tatsächlich war er vermutlich der erste Lutheraner, der sich aktiv an einer Widerstandsbewegung beteiligte. Jedoch kann sich diese pauschale Vereinnahmung Bonhoeffers nicht auf den wirklichen Bonhoeffer stützen. Seine revolutionäre Entscheidung gründete nicht im Ruf nach Gerechtigkeit oder gar in einer Theologie der Revolution. Vielmehr gründete sie sich auf den Mythos der Kirche als Leib Christi. Es ist schon aufregend, daß ein Mann von Bonhoeffers Scharfsinn und Wirklichkeitsverständnis es wagte, sein Leben für diesen Mythos aufs Spiel zu setzen. Bonhoeffer wußte ja, daß sein Glaube – später werden wir dies »einen wahren Mythos« nennen[1] – von der konkreten Wirklichkeit nicht gedeckt wurde. Trotzdem lebte er mit ihm. Seine Politik war das direkte Resultat dieses Glaubens. Darum konzentriert sich das erste Kapitel dieses Buches auf das Verhältnis zwischen Bonhoeffers ökumenischer Praxis und seinem politischen Widerstand, auf das Verhältnis zwischen seiner Ekklesiologie und seiner Politologie.

1.1 »Die soziale Gerechtigkeit oder eigentlich Christus«

Wie viele Revolutionäre, einschließlich Karl Marx, gehörte Bonhoeffer dem deutschen Bürgertum an. Seine Vorfahren waren Gelehrte und Ärzte, Philosophen und Theologen. Seine Großmutter hatte Klavierunterricht bei Franz Liszt und Clara Schumann erhalten. Zur Verlobung bekam er ein Rosenholzschränkchen, das seinerzeit einer der Freundinnen Goethes gehört hatte. Sein Vater war ein bekannter Psychiater. Sein Vaterhaus atmete die Atmosphäre eines Berliner Professorenhauses, bestimmt von Büchern,

---

1. Unten, S. 158 ff.

Musik und spartanischer Erziehung. Als Dietrich zwölf Jahre alt war, beteiligte er sich an den Gesprächen über Kant und Schopenhauer am Familientisch.

Wie sein Vater so zeigte auch Dietrich seine Gefühle kaum. Im Zwiegespräch hörte er aufmerksam zu und fragte auf eine Weise, die dem Partner Selbstvertrauen gab und diesen mehr sehen und sagen ließ, als er es sich eben noch zugetraut hatte. Diese Fähigkeit kam ihm zustatten in den lärmigen Konfirmandenklassen von Berlin, aber auch im Gespräch mit Politikern, Studenten, Gelehrten und am Ende seines Lebens mit den Gefängniswärtern und Mitgefangenen. Wenn er zornig war, schwieg er. Er war kein Asket. Er liebte gutes Essen, guten Wein, gute Zigarren und entwarf sogar sein Hochzeitsmenu im Gefängnis, als er sich mit Maria von Wedemeyer verlobte.

Warum er sich zum Theologiestudium entschied, ist nicht wirklich bekannt. Er sprach nie darüber. Sicher entschloß er sich nicht dazu, weil seine Familie besonders christlich war. Die Familie ging sozusagen nie zur Kirche. Die Kinder wurden nicht in den Kindergottesdienst gesandt. Das Tischgebet war Sitte. Am Heiligabend las die Mutter die Weihnachtsgeschichte aus dem Lukasevangelium vor. Aber das war dann so ziemlich alles. Bonhoeffer ist also ein Produkt jenes oft kritisierten volkskirchlichen Christentums[2], denn schon im Gymnasium teilte er seinen Mitschülern mit, er werde Theologie studieren. Als ihm vorgehalten wurde, was für ein langweiliges, kleinbürgerliches Gebilde die Kirche sei, antwortete er:»Dann werde ich eben diese Kirche reformieren.«

Ebenso schwierig ist es, herauszufinden, wann und wie er Christ wurde. Es gibt meines Wissens nur zwei Hinweise darauf in seiner privaten Korrespondenz.»Dann kam etwas anderes, etwas, was mein Leben bis heute verändert und herumgeworfen hat. Ich kam zum ersten Mal zur Bibel . . . Ich hatte schon oft gepredigt, ich hatte schon viel von der Kirche gesehen, darüber geredet und gepredigt – und ich war noch kein Christ geworden . . . Ich weiß, ich habe damals aus der Sache Jesu Christi einen Vorteil für mich selbst . . . gemacht. Ich bitte Gott, daß das nie wieder so kommt. Ich hatte auch nie, oder doch sehr wenig gebetet. Ich war bei aller Verlassenheit ganz froh an mir selbst. Daraus hat mich die Bibel befreit und insbesondere die Bergpredigt. Seitdem ist alles anders geworden. Das habe ich deutlich gespürt und sogar andere Menschen um mich herum. Das war eine große Befreiung.«[3]

---

2. Vgl J. Chr. Hoekendijk, unten, S. 54f, 59.
3. E. Bethge, Bonhoeffer, 249.

Ein Jahr früher schon hatte er seinem Bruder geschrieben:»Ich glaube zu wissen, daß ich eigentlich erst innerlich klar und wirklich aufrichtig sein würde, wenn ich mit der Bergpredigt wirklich anfinge, Ernst zu machen. Hier sitzt die einzige Kraftquelle, die den ganzen Zauber und Spuk einmal in die Luft sprengen kann, bis von dem Feuerwerk nur ein paar ausgebrannte Reste übrig bleiben. Die Restauration kommt gewiß aus einer Art neuen Mönchtums . . . Es gibt doch nun einmal Dinge, für die es sich lohnt, kompromißlos einzutreten. Und mir scheint, *der Friede und die soziale Gerechtigkeit, oder eigentlich Christus*, sei so etwas.«[4]

»Der Friede und die soziale Gerechtigkeit, oder eigentlich Christus« – das ist eine merkwürdig unscharfe Begrifflichkeit, die aber ihre klaren Umrisse aus dem Leben Bonhoeffers erhält. Als er zum Beispiel trotz verlockender Angebote von amerikanischen Universitäten im Jahre 1939 mit dem letzten Schiff nach Deutschland zurückkehrte, stützte er sich auf die betreffende Tageslosung aus dem Herrnhuter Losungsbüchlein:»Komm noch vor dem Winter!«[5] Die Losung artikulierte für ihn, was sich in Nächten des Wachens bereits angebahnt hatte. Er sah die Situation völlig nüchtern. Er beurteilte die politische Lage realistischer als viele Politiker, erwartete er doch den Krieg seit 1933. Er kehrte zurück und wußte, was auf ihn wartete. Aber er wollte sein Volk in der Stunde der Versuchung und der Schande nicht allein lassen.

Welches war denn der tragende Grund, der Bonhoeffer zu solchem Handeln inspirierte und befähigte?

1.2 Der Mythos der einen universalen Kirche

Auf die oben gestellte Frage gibt es – so scheint es mir – nur eine Antwort. Es war eine spezifische Sicht der Kirche, einer Kirche als weltweiter Bruderschaft, eines Leibes Christi, der die sozialen und politischen Gegensätze nicht als »nicht-theologische Faktoren" ausklammerte, sondern in ihrer schmerzhaften Gegensätzlichkeit einbezog[6]. Es ist ja auf den ersten – und auch auf den zweiten – Blick erstaunlich, daß ein Mann von der Klarsichtigkeit Bonhoeffer sein Leben aufs Spiel setzte für einen solchen Glauben. Und

---

4. D. Bonhoeffer, Brief an seinen Bruder Karl-Friedrich, 14. 1. 1935, von London; GS III, 25; Unterstr. W. H.
5. E. Bethge, 737; 2. Tim. 4,21.
6. Vgl zu dieser Sicht auch C. F. von Weizsäcker (Gedanken eines Nichttheologen zur theologischen Entwicklung Dietrich Bonhoeffers).

Bonhoeffer wußte, daß sein Glaube, dieser »wahre Mythos«, von der faktisch vorfindlichen Kirche Lügen gestraft wurde. Der Schnittpunkt von Bonhoeffers Glaube an die eine katholische Kirche und seiner Beteiligung am politischen Widerstand, sein Leben in der gelebten interdisziplinären und interkulturellen Spannung zwischen Politologie und Ekklesiologie öffnete ihm Dimensionen, die die alten ekklesiologischen Bekenntnisse der Kirche nicht auslöschten, aber sie auf einer neuen Ebene zu ihrem eigentlichen Wesen führten[7]

Zur Entdeckung der Kirche als einer alle Beschränkungen der Klasse, der Rasse und der Nation übersteigenden Gemeinschaft kam Bonhoeffer einmal durch die negative Erfahrung mit den deutschen Landeskirchen, insbesondere mit den Deutschen Christen, dann aber auch durch die positive Erfahrung ökumenischer Freundschaft, darunter auch die Entdeckung der schwarzen Kirchen in New York. Bonhoeffer war der erste und während mindestens vierzig Jahren der einzige europäische Theologe, der die politische und theologische Bedeutung dieser schwarzen Kirchen erkannte. Schon 1931 schrieb er:

»Man kann in New York fast über alles predigen hören, nur über eines nicht oder doch so selten, daß es mir jedenfalls nicht gelungen ist, es zu hören, nämlich über das Evangelium Jesu Christi, vom Kreuz, von Sünde und Vergebung, von Tod und Leben.«[8] Diese Feststellung trifft aber nur auf die weißen, *nicht* auf die Negerkirchen zu. »Zunächst, ich habe in den Negerkirchen das Evangelium predigen hören. Es ist in einer Negerkirche nicht schwer zu beobachten, wo das Interesse der Gemeinde wach wird und wo nicht, da die ungeheure Empfindungsintensität der Neger in Ausrufen, Zwischenrufen immer wieder neu zum Aubruch kommt[9]. Es ist aber deutlich, daß immer dort, wo wirklich vom Evangelium die Rede war, die Teilnahme aufs Höchste stieg. Man konnte hier wirklich noch von Sünde und Gnade und von der Liebe zu Gott und der letzten Hoffnung christlich reden und hören, wenn auch in anderen Formen als wir es gewohnt sind. Im Gegensatz zur oft vortragsmäßigen Art der ›weißen‹ Predigt, wird der ›black Christ‹ mit hinreißender Leidenschaftlichkeit und Anschauungskraft gepre-

---

7 Vgl dazu Thomas I. Day: »Christian community is the starting place, the Leitmotiv, the boundary and the social intention of Dietrich Bonhoeffers ethics« (Th. I. Day, Conviviliaty; zit. U. Duchrow, Kann Bonhoeffers gelebte Lehre . . . rezipiert werden? 389).

8. Bonhoeffers Bericht über den Studienaufenthalt im Union Theological Seminary zu New York 1930/31, GS I, 84–112; Zitat 94f.

9. Vgl dazu die Beschreibung unten, S. 174ff und in ChroSch, 11–29, 112–14.

digt. Wer die negro spirituals gehört und verstanden hat, weiß von
der seltsamen Mischung von gehaltener Schwermut und ausbre-
chendem Jubel in der Seele des Negers.«[10]
Die Selbstverständlichkeit, mit der die schwarzen Christen Bonhoeffer bei sich aufnahmen, stärkten seine Überzeugung, daß die
Kirche eine Bruderschaft ist, die allen menschlichen Scheidungen
widersteht, ob sie nun von den Amerikanern oder den Ariern
aufgestellt wurden[11]. Dies wird im besonderen dokumentiert durch
den Katechismus, den er nach seinem ersten Besuch in den Vereinigten Staaten schrieb.

Den englischen Übersetzern von Bonhoeffers Werken erschien er
so altmodisch, daß sie ihn nicht in ihre Sammlung aufnahmen. Aber
eine genaue Untersuchung dieses Katechismus zeigt klar, daß er
einen entscheidenden Beitrag leistet in Richtung einer neuen und
politisch relevanten Ekklesiologie. Da ist zum Beispiel die Frage
»Wie steht die Gemeinde zu Familie und Volks?« Antwort: »Die
Gemeinde erkennt sie dankbar als Gaben ihres Schöpfers. Sie weiß
aber, daß *der Heilige Geist* Menschen fester zusammenschließt als
Blut und Geschichte. In der Gemeinde ist nicht Herr und Knecht,
Mann und Frau, *Jude oder Deutscher*, sondern sie sind allzumal
einer in Christus (1. Tim. 4.4; Gal. 3.28).« Die politischen Konsequenzen dieses Katechismus (!) sind weitreichender als diejenigen
der meisten sogenannten politischen Zeitungsartikel. Der Katechismus stand im ausdrücklichen Gegensatz zu den damaligen deutschen Gesetzen und konnte im Jahre 1936 nur als subersiv betrachtet werden. Aber Bonhoeffer ging noch weiter und fügte einen
Abschnitt bei, der bis dahin noch nie in einem deutschen Katechismus gestanden hatte, nämlich die Frage: »Wie stellt sich die
Gemeinde zur ungerechten Obrigkeit?«[12] Später im Gefängnis ging
er noch einen Schritt weiter und schrieb seinen Eltern, »daß Luther
heute das Gegenteil von dem sagen würde, was er damals gesagt
hat«[13].

Zusammenfassend kann man sagen, daß Bonhoeffers Glaube,
sein wahrer Mythos einer universalen und katholischen Kirche die
Grundlage bildete für seine Teilnahme am deutschen Kirchenkampf
und in der Widerstandbewegung.

---

10. D. Bonhoeffer, GS I. 97; die Bedeutung der schwarzen Kirche in Harlem für
Bonhoeffers Ekklesiologie wird auch von U. Duchrow erkannt (aaO, 394).
11. D. Bonhoeffer, Ansprache, Herbst 1930 in New York, englisch in: GS I, 66f.
12. D. Bonhoeffer, Konfirmanden-Unterrichtsplan (Zweiter Katechismus-Ver-
such), Finkenwalde 20. 10. 1936; GS III, 362f; Unterstr. W. H.
13. D. Bonhoeffer, Brief an die Eltern, 31. 10. 1943; Widerstand und Ergebung,
141.

1.3 Kampf für die Welt

Im folgenden[14] vereinfache ich die Darstellung des Kirchenkampfes, indem ich ihn als Streit zwischen zwei Parteien darstelle. In Wirklichkeit war die Sache komplizierter. Viele nahmen Positionen zwischen den beiden extremen Lagern ein. Zuerst will ich die handelnden Personen vorstellen. Da ist einmal Bischof Theodor Heckel, ein Mann, den man vermutlich heute zum evangelikalen Flügel zählen würde; ferner fast alle Vertreter der deutschen Freikirchen, insbesondere die Methodisten und ihr Bischof; dann ein großer Teil der deutschen Gemeinschaftsbewegung[15]; ferner der Gründer der Moralischen Aufrüstung Frank Buchman; and last but not least der Anglikanische Bischof von Gloucester, Arthur Caley Headlam. Auf der anderen Seite des Spektrums finden wir Männer wie Joseph H. Oldham; William Paton, den führenden englischen reformierten Ökumeniker; den Präsidenten des Schweizerischen Kirchenbundes Alphonse Koechlin; William Visser t'Hooft, den späteren Generalsekretär des Ökumenischen Rates der Kirchen; und Dietrich Bonhoeffer.

Und dies sind ihre Positionen: Bischof Headlam war 1937 in Berlin gewesen und tief beeindruckt worden vom Kampf der Nationalsozialisten gegen Unmoral und sexuelle Ausschweifung, von der Zucht und Disziplin der militärischen Paraden in Berlin und von der Tatsache, daß Hitler durch eine überwältigende Mehrheit der Bevölkerung gewählt worden war. Headlam hielt auch einiges von den Zusicherungen Hitlers, wenn dieser erklärte: »Die nationale Regierung sieht in den beiden christlichen Konfessionen die wichtigsten Faktoren zur Erhaltung unseres Volkstums«; er würde ihnen »den ihnen zukommenden Einfluß einräumen und sicherstellen«; er sähe »im Christentum das unerschütterliche Fundament des sittlichen und moralischen Lebens unseres Volkes.«[16] Auf dieser Grundlage war der Anglikanische Bischof in der Lage, einen Lobeshymnus auf Hitler zu schreiben:

---

14. Vorarbeiten dazu in W. J. Hollenweger, Inhalt des einen Zeugnisses; Ausrichtung des einen Zeugnisses, in: F. Hasselhoff / H. Krüger, Ökumene in Schule und Gemeinde, Stuttgart 1971, 220–243, insbesondere 226; engl.: The »What« and the »How«: Content and Communication of the One Message. A Consideration of the Basis of Faith, as formulated by the World Council of Churches, Expository Times 86/11, Aug. 1975, 324–28; 86/12, Sept. 1975, 356–59.
15. E. G. Rüppel, Die Gemeinschaftsbewegung im Dritten Reich.
16. G. van Norden, Kirche in der Krise 1933, 45; zit. bei E. Bethge, 317.

»Der Nationalsozialismus ist nicht antichristlich . . . Das Dritte Reich steht auf der Grundlage positiven, orthodoxen Christentums . . . Pfarrer der Bekennenden Kirche, die sich auf die Verkündigung der Wahrheiten des Evangeliums beschränken« [als ob man das Evangelium verkündigen und gleichzeitig der nationalsozialistischen Regierung gegenüber loyal sein konnte!], »werden vom Staat nicht verfolgt. Schwierigkeiten entstehen erst, wenn die Kanzel zur Kritik an der Regierung mißbraucht wird.«[17]

Ähnlich formulierte Frank Buchman in einem berühmten Interview im Jahre 1936: »Ich danke Gott für einen Mann wie Adolf Hitler, der eine vorderste Frontlinie gegen den Antichristen des Kommunismus errichtet hat.«[18]

Infolgedessen versuchte die Moralische Aufrüstung, Hitler zu bekehren. Dagegen protestierte Bonhoeffer: »Dies ist eine lächerliche Verkennung dessen, was vorgeht – *wir* sollen bekehrt werden, nicht Hitler.«[19] In einem Brief vom 7. April an Louis Henriod, damals Sekretär in Genf, beschrieb er diese Bekehrung. Nach seiner Überzeugung ging es bei dieser Bekehrung darum, im Kampf in Deutschland Partei zu ergreifen für die Juden, gegen die Nationalsozialisten, für den Frieden, gegen den Krieg. Schon im Jahre 1933 hatte er die Möglichkeit eines Pfarrerstreikes bei Beerdigungen erwogen. Jetzt, im Jahre 1934, ging er weiter:

»Man muß sich eben einmal entscheiden und kann nicht ewig auf ein Zeichen vom Himmel warten, das einem plötzlich die Lösung der Schwierigkeiten in den Schoß fallen läßt. Auch die Ökumene muß sich entscheiden und ist dabei dem allgemein menschlichen Schicksal des Irrens unterworfen. Aber aus lauter Angst, vor Irrtum überhaupt nicht zum Handeln zu kommen und zur Stellungnahme, wo andere – nämlich die Brüder in Deutschland unendlich schwere Entscheidungen täglich zu fällen haben – scheint mir fast gegen die Liebe zu gehen. Verzögerte oder verpaßte Entscheidungen können sündiger sein als falsche Entscheidungen, die aus dem Glauben und aus der Liebe kommen. ›Erlaube mir, daß ich zuvor hingehe . . .‹ heißt es im Evangelium, oh, wie oft schützen wir das vor! – und gerade hier heißt es Jetzt oder Nie. ›Zu Spät‹ heißt ›Nie‹. Wenn nicht die Ökumene das jetzt begreift und wenn da nicht ein paar ›Stürmer sind, die das Himmelreich an sich reißen‹ Matt. 11.12, dann ist die Ökumene nicht mehr Kirche, sondern ein nichtsnutziger Verein, in dem schöne Reden gehalten werden . . . Es geht hier wirklich um mehr als um Personen und Organisationsschwierigkeiten – Christus sieht auf uns herab und fragt, ob da noch einer sei, der ihn bekenne.«[20]

---

17. H.-G. Seraphim (Hg.), Das politische Tagebuch Alfred Rosenbergs, 571; Rosenbergs Notizen über Headlams Korrespondenz von Ende September 1934. A. Boyens, Kirchenkampf und Ökumene I, 124. Das Zitat von Headlam zit. nach R. C. Jasper, Arthur Caley Headlam, 298.
18. New York World Telegram, 25. 8. 1936; zit. bei E. Bethge, 609.
19. D. Bonhoeffer, Brief an E. Sutz, 11. 9. 1934; GS I, 41–43.
20. D. Bonhoeffer, Brief an Henriod, 7. 4. 1934, Archiv ÖRK (Bonhoeffer), abgedruckt in Boyens I, Anhang, Dok. 21.

Was aber heißt für Bonhoeffer »Christus bekennen«? Nach den Dokumenten der Oxforder Konferenz (1937), an denen Bonhoeffer maßgebend mitgearbeitet hatte, bedeutet »Christus bekennen« nichts anderes als »Kirche sein«. Und »Kirche sein« wird im selben Satz des Oxforder Berichtes erläutert als eine Gemeinschaft, deren Einheit so tief ist, daß sie durch irdische Scheidungen von Rasse, Nation und Klasse nicht zerstört werden kann[21]. Christus bekennen bedeutet ferner – wie der Hauptinitiator von Oxford, der missionarische Vorkämpfer J. H. Oldham es verstand – die Inhalte unseres Zeugnisses *im Zusammenhang* mit den Konflikten und Aufgaben unserer Zeit zu »denken«[22]. Es bedeutet nach Bonhoeffer, Christus zu gehorchen gegen die Feinde des Christentums[23]. Und diese Feinde müssen genannt werden. Es sind Krieg, Rassenhaß und soziale Ausbeutung[24]. J. H. Oldham und W. Visser t'Hooft fügten hinzu:

»Gerade so wie in den ersten Jahrhunderten die Glaubensbekenntnisse der Kirche weithin durch die Verwerfung besonderer mit dem christlichen Glauben unverträglicher Irrlehren Gestalt gewannen, so mag in unserer Zeit der Weg zu einem klaren Begreifen der Pflicht des Christen in der Welt über die Verwerfung bestimmter, für das christliche Gewissen untragbarer Typen sozialen Verhaltens, sozialer Praxis oder Organisation führen.«[25]

Wie so anders tönte es bei den Evangelikalen jener Zeit! Unter Evangelikalen verstehe ich hier nicht jene Narren, die in Hitler den gottgesandten Propheten und Führer des Volkes sahen, wie dies zum Beispiel der methodistische Bischof tat. Ich meine vielmehr jene, die sagten: So lange wir das Evangelium predigen können, haben wir uns nicht in die politischen Angelegenheiten des Staates einzumischen. Es mag ja einige Konzentrationslager geben in Deutschland. Das ist bedauernswert. Aber die meisten ihrer Insas-

21. Oxford (englisch), 178; deutsch im Bericht über »Die Kirche Christi und die Welt der Nationen«, Untersektion VII, »Kirche und Krieg«: »Hier liegt die erste Aufgabe der Kirche, wirklich in lebendiger Weise Kirche zu sein, das heißt eine Gemeinschaft, deren Einheit so tief ist, daß sie durch keine irdischen Scheidungen der Rassen, Völker oder Klassen zerstört werden kann« (250).
22. W. A. Visser't Hooft / J. H. Oldham, The Church and Its Function in Society, 252f; deutsch: Die Kirche und ihr Dienst an der Welt, 242: »Aber unter dieser gedanklichen Arbeit verstehen wir kein von der Tat geschiedenes Denken, sondern ein Denken, das aus den lebendigen Konflikten und Aufgaben unserer Zeit erwächst und auf sie gerichtet ist.«
23. Das Zitat bei Bonhoeffer spricht von »Zeugnis ablegen . . . gegen die Feinde des Christentums«.
24. D. Bonhoeffer, Die Bekennende Kirche und die Ökumene (Aug. 1935), GS I, 261.
25. W. A. Visser't Hooft / J. H. Oldham, aaO, englisch, 229; deutsch, 219.

sen sind sowieso Juden und Kommunisten, und wer weiß, ob sie ihre Strafe nicht wirklich verdient haben[26]?

Auf Grund seines Mythos von der Universalität und Katholizität der Kirche trat Bonhoeffer der Widerstandsbewegung bei. Er betete für die Niederlage der deutschen Waffen. Er wurde ein Agent des deutschen Spionagedienstes, um ein Doppelagent werden zu können. Die meisten Christen verstanden nicht, warum er überhaupt ein Agent des Spionagedienstes wurde. Und die wenigen, die es wußten, verstanden nicht, warum er ein Doppelagent wurde. Er nutzte seine Reisemöglichkeiten aus, um geheime Verbindungen in der Schweiz, in Schweden und in Großbritannien anzuknüpfen. Unter äußerster Lebensgefahr schlug er der britischen Regierung einen koordinierten Plan zur Entfernung Hitlers vor. Seine Kontaktperson war Bischof Bell von Chichester. Bonhoeffer übergab der britischen Regierung alle von ihr gewünschten Informationen, einschließlich eine Liste der deutschen Verschwörer.

Aber nun war Großbritannien in den totalen Krieg eingetreten. Es hatte Stalin die bedingungslose Kapitulation Deutschlands versprochen. Deutschland mußte erledigt werden. Zwar war Großbritannien einmal unter dem Vorwand in den Krieg getreten, den Polen zu helfen (das immerhin nicht nur vom Dritten Reich, sondern gleichzeitig auch von der Sowjetunion angegriffen worden war). Das war nun vergessen. Der polnische Widerstand, der in Warschau einen Aufstand organisierte, wurde schmählich im Stich gelassen. Später wurden sogar Zehntausende von russischen Gefangenen, denen die Briten unter Ehrenwort politisches Asyl versprochen hatten, der Roten Armee zur Exekution übergeben. Großbritannien war einmal in den Krieg getreten, um die Tyrannei des Nationalsozialismus, seine Expansionspolitik und seine Judenverfolgung zu bekämpfen. Das war nun vergessen. Die Juden, die nach England fliehen wollten, wurden nicht hereingelassen. Jetzt ging es nur noch um den Krieg gegen Deutschland, ein Krieg wie jeder andere – außer daß er einmal unter dem Vorwand großer, jetzt aber unbequemer Ideale begonnen worden war. Um vollständig zu siegen, hatte Churchill »sich des ersten Gutes begeben, für welches er ins Feld gezogen war: der Freiheit und somit der Handlungsfreiheit«[27]. Bischof Bell hatte Churchill und Eden angefleht, sich nicht auf diese verderbliche Kriegsführung einzulassen. Sie hörten nicht

---

26. Vgl oben, Anm. 15.
27. C. J. Burckhardt, Bei der Lektüre von Churchills Memoiren, Außenpolitik, Zeitschrift für intern. Fragen 4/1, 1953; Gesammelte Werke 4, 303–308, Zitat 306.

auf ihn. Schließlich bestrafte Churchill Bischof Bell, indem er ihn als Kandidaten für den Erzbischofssitz in Canterbury strich. *Auch Großbritannien hat seine kirchliche Widerstandsbewegung gehabt, eine kleine und noch wirkungslosere als die deutsche.* Als die Briten die Zusammenarbeit mit der deutschen Widerstandsbewegung ablehnten, versuchten es die Deutschen allein. Das Resultat ist nun Geschichte. Der Anschlag auf Hitler – mehrmals versucht – mißlang[28]. Die Alliierten dachten nicht im Traum daran, den Widerstandskämpfern beizustehen. Sie wurden grausam gefoltert und getötet. Bonhoeffer wurde eingekerkert.

Ein letzter Blick auf Bonhoeffers Leben im Gefängnis zeigt uns wiederum seinen Glauben an die Universalität der Kirche, sein Eintreten für das, was er jetzt »die Kirche für andere« nannte. Am 6. April 1945, drei Tage, bevor er gehängt wurde, wurde er gebeten, für seine Mitgefangenen einen Gottesdienst abzuhalten. Anfänglich lehnte er ab. Die Mehrheit seiner Mitgefangenen waren Katholiken. Einer, der Russe Kokorin, war ein Neffe Molotows. Bonhoeffer wollte diese ihm vertrauenden Mitgefangenen nicht mit einem Gottesdienst in die Enge treiben. Erst als alle, einschließlich Kokorin, ihn baten, den Gottesdienst zu übernehmen, willigte er ein.

Vom Standpunkt eines angriffigen Evangelisationsprogrammes aus war Bonhoeffer in einer vorteilhaften Lage. Die psychologischen Voraussetzungen für seine Verkündigung im Gefängnis waren günstig. Alle wußten, daß er ein Christ und ein Pfarrer war. Sie hatten unbeschränktes Zutrauen zu ihm. Ferner mußte Bonhoeffer wissen, daß es wahrscheinlich die letzte Gelegenheit war, zu ihnen zu sprechen, und vielleicht überhaupt die einzige für den russischen Kommunisten, einmal das Evangelium zu hören. Aber Bonhoeffer weigerte sich, eine solche Situation auszunützen. War diese Zurückhaltung eine Ausnahme in einer außergewöhnlichen Situation oder war sie in Übereinstimmung mit seiner Ekklesiologie?

Für mich leidet es keinen Zweifel, daß diese Entscheidung zum Wesen dessen gehörte, was er »die Kirche für andere« nannte. Die Kirche, so sagte er, »soll solange schweigen, bis wieder darnach gefragt und der konkrete Inhalt ihrer Worte zwingend wird«.

---

28. B. Scheurig, Der 20. Juli 1944; H. J. Schultz (Hg), Der zwanzigste Juli. Alternativen zu Hitler?; W. v. Schramm, Aufstand der Generale; eine späte Reue, den Umsturzversuch vom 20. Juli nicht unterstützt zu haben, findet sich bei der englischen Publizistin, Mitarbeiterin des britischen Außenamtes und Redakteurin der BBC-Auslandssendungen für die Tschechoslowakei (1941) Sh. G. Duff, Fünf Jahre bis zum Krieg, 293.

Kirchliche Verkündigung hat »etwas Pfingstliches«. Das Wort Gottes kann den Menschen nicht aufgezwungen werden. Es soll ihnen nicht zugeworfen, sondern sorgfältig überreicht werden, wenn sie ihre Hände öffnen. »Aufdringlichkeit ist der Tod der Eindringlichkeit.« Ein »qualifiziertes Schweigen«[29] ist für die Kirche nötig, und nicht ständige Fußnoten über Gott und die Welt. Das ist deswegen so, weil die Kirche sich nicht auf einen Macht- und Existenzkampf einlassen kann. Mehrmals bezeichnete er die Kirche als »Kirche für die Welt«. »Nur wer für die Juden schreit, darf auch gregorianisch singen«.[30] Liturgie ist nur wirkliche leitourgia, wenn sie auch Dienst ist. Es ist nicht nur des Pfarrers Aufgabe, »die Opfer des wild gewordenen Mannes zu trösten, der sein Auto in einer bevölkerten Straße wie ein Rasender fahre«[31]. Er muß auch versuchen, »ihn zu stoppen«. Die Anspielung auf Hitler liegt auf der Hand.

Als Bonhoeffer an der Planung des Anschlags auf Hitler teilnahm, tat er es *nicht obschon, sondern weil* er Christ war. Um das zu tun, mußte er einige christliche Lebensregeln aufgeben, die ihm bis dahin wichtig gewesen waren. Um diesen Verrückten zu stoppen, wurde »die Tarnung zur moralischen Pflicht«[32], eine Erfahrung, die mir auch Joh. Chr. Hoekendijk, ein Theologe aus der holländischen Widerstandsbewegung, bestätigte[33]. Bonhoeffer lernte aus christlicher Überzeugung, intelligent und kühn zu lügen. Wie sorgfältig er sich darauf vorbereitete, zeigt sein Aufsatz über »Was heißt: Die Wahrheit sagen?«[34]. Wenn meine Wahrheit *anderen* schadet, den Juden, den Mitgliedern der Widerstandsbewegung, dann darf ich möglicherweise *diese* Wahrheit nicht sagen.

Bonhoeffer hatte die Wahl der Mehrheit der deutschen Christen abgelehnt. Sie hatten sich für den Weg des geringeren Widerstandes und für Anpassung entschieden. Sie wollten nicht gegen die Verfolgung der Juden, gegen die deutsche Außenpolitik, protestieren, weil sie fürchteten, daß dies ihre Verkündigungs- und Evangelisations-Chancen beschränke. Protest, so dachten sie, sei nicht ihre Sache. Ihre Sache sei die Predigt des Evangeliums. Die Volksmission war ihre erste Priorität sogar dann, wenn diese Mission Neutralität gegen die offensichtlichen Übel des nationalsozialistischen Staates

29. E. Bethge, 990; das Wort vom »qualifizierten Schweigen«, Bethge, 226; D. Bonhoeffer, Sanctorum Communio, 189.
30. E. Bethge, 685.
31. G. Latmiral an G. Leibholz, 6. 3. und 2. 4. 1946; E. Bethge, 955.
32. E. Bethge, 707.
33. Unten, S. 48.
34. Abgedruckt in: D. Bonhoeffer, Ethik, 385-95.

in sich schloß. Bonhoeffer und seine Freunde entschieden anders. Für sie lautete die Testfrage: Wie können wir das Evangelium in dieser kritischen Stunde verkündigen, wenn unsere Neutralität das Wesen dieses selben Evangeliums verraten würde?

1.4 Revolution für andere

Für Bonhoeffer ist die Kirche weder schwarz noch weiß, weder Tory noch Labour, weder apolitisch noch farblos. Sie ist universal. Darum konnte er sich eine »Church of England« oder eine »Kirche Deutschlands« nicht vorstellen. Die Kirche ist Kirche Jesu Christi. Ihre erste Loyalität besteht gegenüber Christus und nicht gegenüber dem Land, in dem sie existiert. Sein mutiger Widerstand begann daher zuerst gegen den Nationalismus, den Provinzialismus und den Hurra-Patriotismus *in der Kirche*. Mehrere Male riskierte er sein Leben, indem er seine Solidarität mit Christen anderer Länder (und gelegentlich auch mit Nicht-Christen) unter Beweis stellte. Die Kirche ist entweder universal oder sie ist nicht Kirche. Dies ist ein ausgesprochen revolutionärer Aspekt seiner Ekklesiologie. Die politische Anwendung dieser Ekklesiologie ist – im Gegensatz zu dem, was man erwartet – genau und spezifisch. Sie wird sichtbar, indem (kulturelle und theologische) Ausländer wichtige Positionen in unseren Kirchen übernehmen. Dies geschieht nicht von selbst und muß von der Kirche aus ihrem Kirchenverständnis heraus gefordert werden. In vielen Ländern wird dies heute als Subversion betrachtet. In anderen zivilisierteren Ländern wird diese Möglichkeit großzügig ignoriert. Es ist einfacher, Parolen von der Katholizität der Kirche zu unterstützen, als in seiner eigenen Kirche Katholizität sichtbar zu machen. Aber ein christlicher Revolutionär kann auf diese Forderung nicht verzichten. Sie ist wahrscheinlich wichtiger als vieles, was heute als »Politische Theologie« in den Kirchen kursiert.

Die christliche Ethik muß konkret werden. Das bedeutet nun aber nicht, daß Bonhoeffer die Hypothese einer allgemeinen christlichen Ethik, allgemeiner christlicher ethischer Prinzipien akzeptierte. Selbst die zehn Gebote waren für ihn kein solches Prinzip. Neben bedeutenden praktischen und ethischen Gründen gegen eine solche Verabsolutierung der zehn Gebote hatte Bonhoeffer wichtige theologische Einwände gegen ein allgemeines ethisches Prinzip als solches. In Barcelona schon sagte er: Das Christentum ist »im Grunde amoralisch«, das heißt, Christentum und Ethik sind »zunächst einmal nicht zusammengehörige, sondern auseinanderfallende Größen ... Die Frage des Christentums ist nicht die Frage nach Gut und Böse beim Menschen, sondern die, ob Gott gnädig sein will oder nicht. Die christliche Botschaft steht jenseits von Gut und Böse«. Dies ist keine Entdeckung Nietzsches,»sondern sie gehört zum, freilich verschütteten, Urgut der christlichen Botschaft ... Christliche Ethik gibt es nicht, es gibt von der Idee des Christentums aus keinen Übergang zur Idee der Ethik«[35]. Gäbe es eine christliche Ethik,»ein sittlich allgemeingültiges Gesetz, so gäbe es einen Weg des Menschen zu Gott«. Und dies war für ihn, den Lutheraner, unakzeptierbar. Christliche Ethik hat für ihn nur eine Aufgabe: die Freiheit, die Gott dem Menschen gibt, wahrzunehmen.»Der Christ steht frei ohne irgendwelche Rückendeckung vor Gott und vor der Welt.«[36] Aus dieser Freiheit heraus schafft der Christ neue Tafeln, neue Dekaloge.

Von daher ist es denn auch verständlich, warum das Neue Testament voll von ethischen Anweisungen ist. Es sind nicht allgemein gültige Anweisungen, sondern damalige Anwendungen der Freiheit, die im übrigen nicht spezifisch christlich sind.»Das Gebot der Liebe« zum Beispiel war »zur Zeit Jesu schon allgemein anerkannt und verbreitet«. Man findet es auch in anderen religiösen Schriften, zum Beispiel in der rabbinischen Literatur. Es gehört zur Schöpfung, zu den guten Dingen dieser Erde. »Die Erde bleibt unsere Mutter, wie Gott unser Vater bleibt, und nur wer der Mutter treu bleibt, den wird sie dem Vater in die Arme legen.«[37]

Diese höchst anstößigen Ausführungen – später differenziert und weitergeführt in der Ethik[38] – machen jedenfalls eines klar: Ein System von ethischen oder gesellschaftlich-politischen Verhaltensregeln kann nicht aus Bonhoeffers Arbeiten abgeleitet werden. So begründete auch Bonhoeffer seinen Widerstand gegen Hitler nicht ethisch, zum Beispiel mit dem Postulat der Gerechtigkeit oder etwa aus dem Verlangen heraus, sich, die christliche Kultur, die Kirche oder gar Gott zu verteidigen. Zu töten, um sich selbst, sein Land, seine Kirche zu verteidigen, war ihm ein fremder Gedanke. Ja, dieses wäre für ihn Gotteslästerung und Unglaube. Schließlich war er Pazifist! Sein Widerstand gegen Hitler war verwurzelt in dem wahren Mythos, den ich vorerst einmal den Mythos von der Kirche für andere nenne.

35. D. Bonhoeffer, Grundfragen einer christlichen Ethik. Auszüge aus einem Vortrag in Barcelona am 25. 1. 1929; GS III, 45–58; Zitate 49f.
36. D. Bonhoeffer, aaO, 52f.
37. D. Bonhoeffer, aaO, 58.
38. Geschrieben 1940–1943; gedruckt 1962ff.

Einen Kampf zu wagen »für die anderen«, die Schwachen, die Verfolgten, das war der Kern seiner Motivation. Von dieser Einsicht aus ist es auch klar, daß viele der heutigen revolutionären Bewegungen sich kaum auf Bonhoeffer berufen können. Ob Irland katholisch oder protestantisch, irisch oder britisch, ob Vietnam amerikanisch, chinesisch oder russisch ist, ob es marktwirtschaftlich, sowjetkommunistisch oder maoistisch-kommunistisch verwaltet wird, wäre für Bonhoeffer kein hinlänglicher theologischer Grund, um eine bewaffnete Intervention zu rechtfertigen. Selbst die Befreiungskämpfe in der Dritten Welt gehören einer anderen Kategorie an als Bonhoeffers Widerstand. Das spricht nicht gegen sie. Es mag ethische Gründe auf der Ebene der menschlichen Gerechtigkeit geben, die solche Befreiungskämpfe rechtfertigen. Jeder einzelne Fall müßte dabei für sich allein getestet und die Gründe für und wider müßten im einzelnen sorgfältig gegeneinander abgewogen werden.

Jedoch das theologische Gewicht kam für Bonhoeffer erst ins Spiel, als er *nicht* für die Rechte *seines* Volkes kämpfte. Es kam ins Spiel, als er seihem eigenen Volk, seiner eigenen Regierung widerstehen mußte zu Gunsten derer, die von ihnen niedergetreten wurden. Es gibt nicht viele historische Parallelen zu dieser theologisch begründeten Entscheidung. Man mag sie unter jenen Amerikanern finden, die gegen die Intervention ihrer eigenen Regierung in Vietnam protestierten. Bischof Bell ist eine weitere Parallele: Er protestierte im Oberhaus gegen die unnötige und brutale Kriegspolitik seiner eigenen Regierung, vor allem gegen die strategisch wertlose Vergeltungs-Bombardierung von Dresden. Auch jene reformierten Pfarrer in Südafrika, die ihrer Regierung und Kirchenleitung gegen die Apartheid-Politik widerstehen, gehören dazu, und schließlich auch diejenigen Führer Schwarzafrikas wie Burgess Carr und John Gatu[39], die die Ungerechtigkeiten ihrer eigenen politisch unabhängigen schwarzafrikanischen Regierungen anprangern. Auf Grund dieser Aufzählung dürfte jedenfalls eines klar werden: Es ist theologisch nicht dasselbe, ob ein südafrikanischer weißer Bürger der Apartheid-Politik seiner Regierung widerspricht oder ob ein DDR-Pfarrer die südafrikanische Regierung kritisert. Es ist nicht dasselbe, ob ein britischer konservativer Politiker die Brutalitäten im sowjetischen Strafvollzug anprangert oder ob ein Bürger der Sowjetunion gegen diese selben Praktiken Klage führt, womit nichts gegen die Nützlichkeit oder gar die Notwendigkeit jener Proteste

---

39. Vgl unten John Gatu und Burgess Carr (S. 35, Anm. 12).

und Einsprachen gesagt wird, die von Menschen in relativ gesichertem politischen und sozialen Kontext und ohne das Risiko gefährlicher Repressalien erfolgen. Es wäre töricht, wenn wir solche günstigen Konstellationen nicht ausnutzten.

Wenn man jedoch vom wahren Mythos der Kirche für andere ausgeht, so kann nur die Revolution für andere als eine Revolution mit christlicher Motivation bezeichnet werden. Damit soll nicht geleugnet werden, daß es Revolutionen geben mag, die politisch und menschlich nötig sind. Aber sie können nicht im Rahmen des Bonhoefferschen Mythos von der Kirche für andere interpretiert werden. Es sind Interessenkonflikte zwischen verschiedenen Auslegungen von Gerechtigkeit und mögen – je nach Standpunkt – gerechtfertigt oder nicht gerechtfertigt sein. Sie sollten darum nicht christliche Revolutionen genannt werden, denn sie können auf keinen Fall theologisch begründet werden. In den meisten Fällen kann man die Situation auch noch anders beurteilen und zu anderen politischen Entscheidungen kommen.

Im Falle Bonhoeffers, Bells und anderer Jünger einer Kirche für andere verlangte die Loyalität und Solidarität mit der universalen Bruderschaft der Kirche Christi eine Entscheidung gegen ihre eigenen nationalen und gesellschaftlichen Interessen, gegen ihre kirchlichen und staatlichen Behörden, weil ihr *politeuma,* ihre Bürgerschaft (nicht, wie Luther falsch übersetzt »ihr Wandel«) keineswegs auf ihre Nationalität beschränkt war (Phil. 3,20).

2. »Die Kirche für andere«

Die ökumenische Studie, deren Schlußbericht das Bonhoeffersche Stichwort von der »Kirche für andere« (Kfa) in ihrem Titel programmatisch aufnahm, versuchte die Einsichten Bonhoeffers in einer veränderten Situation ernst zu nehmen. Sie wurde weltweit diskutiert und kirchenamtlich integriert. Dadurch verlor der Mythos von der »Kirche für andere« einiges von seiner Stoßkraft. Andererseits wurde er selbstverständlich in der kirchlichen Institution internalisiert und bruchstückweise realisiert, vor allem in der DDR. Andernorts geriet er in starke Konkurrenz zu andern Mythen. Den Protagonisten der »Kirche für andere« – zu denen ich selber gehöre – ist es bis jetzt zu wenig gelungen, die kritische Beziehung zwischen dem Mythos der »Kirche für andere« und den tragenden Mythen der christlichen Gemeinde einsichtig zu machen. Eine solche Brücke zwischen den

*Mythen der Vergangenheit und dem modernen Mythos der »Kirche
für andere« wird in diesem Bande gesucht[1].*

Im August 1944 beschrieb Dietrich Bonhoeffer im Gefängnis Tegel
die Schlußfolgerungen einer geplanten Schrift über die Kirche: »Die
Kirche ist nur Kirche, wenn sie für andere da ist. Um einen Anfang
zu machen, muß sie alles Eigentum den Notleidenden schenken.«[2]
Damit war eine Ekklesiologie anvisiert, die man wie folgt zusam-
menfassen kann:

1. Die Kirche muß für die anderen da sein, weil es diese anderen
   gibt. Bonhoeffer sieht sie als religionslos und mündig an.
2. Die Kirche kann eine Kirche für andere sein, weil Jesus der
   »Mensch für andere« ist.
3. Kirche ist für andere, wenn sie nicht »wie ein versiegelter Zug im
   fremden Land« durch die Welt fährt[3], sondern ihre Türen zur
   Welt offenhält, was – dem Wesen der Kirche entsprechend – eine
   gefährliche Reise werden kann.
4. Kirche ist Kirche für andere, wenn sie die anderen die anderen
   sein und werden läßt und sie nicht zu ihren eigenen macht.
5. Die Kirche kann radikal Kirche für andere sein, weil die anderen
   Jesus Christus zu eigen sind.
6. Kirche für andere ist nicht lediglich eine Re-Interpretation der
   Ekklesiologie, sondern beinhaltet Folgerungen für den Haushalt-
   plan, die Bautätigkeit, die Gottesdienstordnung, die theologische
   Ausbildung.

Das Gegenteil einer Kirche für andere wird am besten dokumentiert durch den *Oxford Dictionary of the Christian Church* (1974!).
Ein so wichtiges Stichwort für die Kirchen und für die anderen in
Großbritannien wie zum Beispiel »economics« fehlt. Dafür findet
man »eclecticism« und »ecphonesis«. »Capital« wird nicht erwähnt,
wohl aber »capital punishment« (Todesstrafe). »Technologie« fehlt,
dafür wird Bernardino Telesio (1508–88) als italienischer Huma-

---

1. Veröffentlicht unter dem Titel »The Church for Others – Ten Years After«,
   Research Bulletin (ISWRA, University of Birmingham), 1977, 82–96; deutsch:
   »Die Kirche für andere« – ein Mythos, EvTh 37/5, Sept./Okt. 1977,
   425–443.
2. D. Bonhoeffer, Widerstand und Ergebung, 1970, 415. Zur folgenden Auslegung
   vgl E. Bethge, Was heißt: Kirche für andere?; E. Feil, Die Theologie Dietrich
   Bonhoeffers, 394ff; E. Lange, Kirche für andere; insbesondere M. Kuske,
   »Kirche für andere« in der »mündigen Welt«. Das Thema wurde schon 1959 von
   Karl Barth angerissen in: KD IV/3, 2. Hälfte, 872ff.
3. D. Bonhoeffer, Nachfolge, 253.

nist, Mathematiker und Naturwissenschaftler vorgestellt. Die *heutige* Naturwissenschaft wird wieder großzügig übergangen; nur die »Christliche Wissenschaft« wird erwähnt. »Industrialisation« fehlt ebenfalls. Dafür wird die »Industrial Christian Fellowship« erwähnt, eine anglikanische Organisation, die den christlichen Glauben der Welt der Industrie gegenüber vertritt. »Politik« findet man nur auf französisch. »Politique«, heißt es, sei eine französische politische Partei. Über die englischen politischen Parteien wird keine Auskunft gegeben. Der Sozialismus erscheint nur als »christlicher Sozialismus«. *Camilo* Torres wird nicht erwähnt, dafür wird über *Francisco* Torres, einen spanischen Patristiker aus dem 16. Jahrhundert Auskunft gegeben. Marx, das Kommunistische Manifest, Mao Tse Tung, die Theologie der Befreiung, die Arbeiterpriester, die Gewerkschaften, aber auch Max Weber, die Marktwirtschaft und der Kapitalismus – all dies wird großzügig ignoriert. Juan Luis Segundo, einer der bedeutendsten Theologen Lateinamerikas und kein Revoluzzer, erscheint nur mit seiner Arbeit über Pascal, nicht aber mit der viel wichtigeren fünfbändigen »Theology for Artisans of a New Humanity«. Und selbst ein so wichtiges Thema für die britischen Kirchen wie Irland wird nur kirchengeschichtlich abgehandelt. Der Artikel endet mit dem Satz: »Die Unzufriedenheit einiger Katholiken war einer der Gründe für die kürzlichen Störungen.« Und all dies im Jahre des Herrn 1974! Selbstverständlich werden auch die immer wichtiger werdenden Unabhängigen Kirchen Afrikas, der All Africa Council of Churches und die Konferenz Europäischer Kirchen ignoriert.

Dreißig Jahre nach Bonhoeffers Martyrium gibt uns der *Oxford Dictionary of the Christian Church* das Bild einer irrelevanten Kirche, einer in sich selbst verkrümmten Kirche, einer Kirche mit einem gestörten Weltverhältnis[4], die unter »totaler Weltfremdheit« leidet[5]. Es ist gewiß ein *Oxforder* Lexikon, aber *kein* Lexikon der *christlichen Kirche*.

2.1 Die Struktur einer missionarischen Gemeinde

Anders als in Oxford wurde das Bonhoeffersche Konzept von der ökumenischen Studie »Die Struktur einer missionarischen Gemein-

4. A. Rich, Glaube in politischer Entscheidung, 29–55.
5. M. Linz in einer Untersuchung von Predigten zu Schlüsseltexten zur Mission von 1900–1962 (Anwalt der Welt, 1964). Vgl auch H. Lutz, Die Wirklichkeit der Kirche, 1966 und das klassische Buch von Hoekendijk, Zukunft.

de«[6] aufgenommen. Die etwa dreihundert Mitarbeiter der Studie setzten sich aus Fachleuten verschiedener Richtungen zusammen. Es war eine der ersten internationalen ekklesiologischen Studien, in der Katholiken und Protestanten, Frauen und Nicht-Theologen in größerer Zahl mitarbeiteten. Ausgewählt wurden sie vom Sekretariat in Genf unter gleichzeitiger Mitteilung an die betreffenden Kirchenleitungen, was in einzelnen Fällen erbitterten Protest hervorrief. Aber wenn an dieser Untersuchung »auch einmal keine Bischöfe oder andere prominente Kirchenmänner beteiligt waren, so waren es doch auch nicht etwa lauter kirchliche enfants terribles und theologische Halbstarke, die die sich bietende Gelegenheit wahrgenommen hätten, ihren Unmut über die Kirchen und ihrer blühenden Phantasie freien Lauf zu lassen«[7]. Dies schreibt Werner Krusche, der später selber Bischof wurde.

Krusche kontrastiert die Studie mit dem Konzept »Missionarischer Gemeindeaufbau« (Spandauer Thesen)[8]. Die Bemühungen unter der Losung »*Missionarischer Gemeindeaufbau*« setzen bei der vorhandenen (Orts-)Gemeinde mit ihren überkommenen Strukturen und ererbten Sammlungsformen ein. Es wird von innen nach außen gedacht unter der Frage: Wie erreichen wir die der Kirche entfremdeten? Es wird vom Amt her zu den Laien hin gedacht unter der bezeichnenden Frage: Was kann der Pfarrer an Gemeindeglieder abgeben? Das Ziel ist die Rückgewinnung verlorenen kirchlichen Terrains.

Die ökumenische Studie »*Die Kirche für andere*« hat demgegenüber von vornherein »sehr weit draußen« angesetzt, nämlich bei der Frage der sich wandelnden Welt. »Vielleicht darf man sagen, daß die Methode der Korrelation, wie sie Paul Tillich im Bereich des theologischen Denkens praktiziert hat, hier auf das kirchliche Handeln angewendet wird: Die veränderte Welt stellt sich der Gemeinde als Frage. Weder ist noch erzeugt diese Frage die Antwort, die die Gemeinde vielmehr allein auf Grund des Evangeliums zu geben hat; aber sie gibt diese Antwort nicht ins Leere,

---

6. Kfa, MaSt (deutsch, englisch, französisch).
7. W. Krusche, in: H. T. Neve / W. Krusche, Quellen der Erneuerung, 49–96 (Zitat 50), wieder abgedruckt unter dem Titel »Die Kirche für andere. Der Ertrag der ökumenischen Diskussion über die Frage nach Strukturen missionarischer Gemeinden«, in: W. Krusche, Schritte und Markierungen, 133–175 (Zitat fehlt). Dort auch weitere Arbeiten von Krusche über das gleiche Thema: Das Missionarische als Strukturprinzip, 109–12; Missio – Präsenz oder Bekehrung?, 176–200.
8. Die Spandauer Thesen in der Schriftenreihe »Missionierende Gemeinde«, Heft 1, 1961.

sondern im Horizont der von der Welt an sie ergehenden Frage.«[9]
Stichwortartig faßte Krusche die Studie folgendermaßen zusammen:
- Nicht Mission der Kirchen, sondern Mission Gottes.
- Zentrum nicht die Kirche, sondern die Welt.
- Kirche nicht der Welt gegenüber, sondern der übrigen Welt
voraus, nicht im Gegensatz zu ihr, sondern in Solidarität mit
ihr.
- Kirche nicht abseits der Wandlungen der Geschichte, sondern
verantwortlich verwickelt in die Wandlungen der Geschichte.
- Nicht Ausbreitung der Kirche, sondern Aufrichtung des Schaloms.
- Nicht Integration in die vorhandene Kirche, sondern Erwartung
neuer Kirche.
- Nicht normative ein-für-allemal-Strukturen, sondern flexible,
differenzierte und kohärente Strukturen.

Die Studie bildete eine der wichtigsten Quellen für Sektion II der
Vollversammlung des Ökumenischen Rates in Uppsala (1968). Der
Entwurf zu dieser Sektion (ein Versuch, theologische Sachverhalte
narrativ darzustellen) wirbelte in Deutschland und Skandinavien,
aber auch in der angelsächsischen Welt viel Staub auf. Ja, einige
norwegische Delegierte gingen so weit, den Austritt der norwegischen Kirche aus dem Ökumenischen Rat zu fordern, sofern der
Entwurf nicht zurückgezogen werde. Jörg Müller, der eine redaktions- und formgeschichtliche Untersuchung über die Vorstufen und
die endgültige Formulierung von Sektion II verfaßte[10], kann zeigen,
warum dieses relativ kurze Dokument von nur ungefähr 2000
Worten eine Resonanz in der kirchlichen Öffentlichkeit fand, wie
vor und nach ihm – mit Ausnahme des Antirassismus-Programms –
kein ökumenischer Text. Seine Schlußfolgerung ist einfach und
einleuchtend zugleich: Die Resonanz ging darauf zurück, daß die
Kritiker das Dokument verstanden. Insbesondere verstanden sie
den Stil nicht-rhetorischer *Fragen* des Dokumentes als *Infrage*stellung ihrer eigenen Kirchlichkeit.

Bei der Übersetzung von Bonhoeffers Aussagen vom deutschen
zum englischen Ufer kippten diese um. Der Satz »Die Kirche ist nur
Kirche für andere, wenn sie für andere da ist« lautete in der
offiziellen englischen Übersetzung: »The Church is her true self

---

9. W. Krusche, Quellen der Erneuerung, 51. Vgl auch mein »Evangelisation
gestern und heute« und ITh I, zur Funktion der Situation im Vollzug der
Verkündigung.
10. J. Müller, Uppsala II.

only when she exists for humanity.« Müller bemerkt dazu:»Spätestens die Rückübersetzung (ins Deutsche) macht erkennbar, daß eine wörtliche deutsche Entsprechung für den geläufigen englischen Begriff ›humanity‹ die ursprüngliche Intention verändert.« Auf Grund dieses und anderer Sprachvergleiche kommt Müller zu der theologisch nicht zu unterschätzenden Feststellung,»daß man, um angemessen zu reden und verstanden zu werden, in verschiedenen Sprachbereichen dieselbe Sache verschieden formulieren muß, so daß sie hinterher womöglich nicht mehr als dieselbe Sache erscheint.« Diese Folgerung wird durch die reziproke Beobachtung des orthodoxen Theologen John Meyendorff (seit der Sitzung in Löwen 1971 Vorsitzender von»Glaube und Kirchenverfassung«) untermauert:»... wo immer irgendwelche Formeln weite Anerkennung finden, muß man davon ausgehen, daß sie von Mitgliedern des Ökumenischen Rates verschieden verstanden werden.«[11]

Was für eine Funktion haben dann ökumenische ekklesiologische Konsensusdokumente, ist man versucht zu fragen. Darauf gibt es mindestens zwei Antworten:

1. Was nicht ist, kann noch werden. In der kurzen Geschichte der ökumenischen Bewegung gibt es Beispiele, wo Artikulationen von Einheit in streng umrissenen Themenkreisen gefunden wurden, die einer de facto Einheit in weiten Kreisen der christlichen Kirche entsprechen. Es ist daher verfrüht, die Suche nach Formulierungen aufzugeben, die die schon praktizierte Einheit ausdrücken. Diese Entwicklung kann zum Beispiel auf dem Gebiet der Interkommunion und der konfessionsverschiedenen Ehen beobachtet werden, wo die Praxis die theologischen Formulierungen antizipiert. Damit ist allerdings auch schon gesagt, daß ekklesiologische Konzepte, die die Uneinigkeit nur semantisch überbrücken, von kurzer Dauer sein werden.

2. Die Weltmissionskonferenz von Bangkok (1972/73) und die Fünfte Vollversammlung des Ökumenischen Rates in Nairobi (1975) haben gezeigt, daß das Potential an Instrumenten zur Artikulation und Entdeckung von Einheit in der ökumenischen Bewegung nicht erschöpft ist. Zu den bekannten Werkzeugen westlicher Ekklesiologie (Definition, Argument, These) treten nun auch die Formen der Kirchen der Dritten Welt. Das»Schuldbekenntnis« von Afrikanern zu *ihrem* Versagen in der Rassenfrage, die von Afrikanern öffentlich gemachte Feststellung, daß Ausbeutung und Unterdrückung nicht nur von Weißen, sondern auch von

---

11. J. Müller, aaO, 40, Anm. 98; J. Meyendorff, Einheit der Kirche, 160; E. Lange, Die ökumenische Utopie, 33, 91.

Schwarzen ausgeübt werden[12], wird in Zukunft einen wesentlichen Beitrag zur Entkrampfung und Versachlichung der ökumenischen Diskussion und zur Auffindung neuer Einheitsformen beitragen. Es gibt nicht nur begrifflich formulierbare und darum auch begrifflich überwindbare Hindernisse zur Einheit der Kirche, sondern auch Hindernisse, die auf der Ebene der Frömmigkeit des Denkens und Handelns liegen und darum auf dieser Ebene auszuräumen sind (Stuttgarter Schuldbekenntnis).

Die anvisierten »anderen Möglichkeiten« sind gerade in der Diskussion um Sektion II in Uppsala angerissen worden. Der Bericht »Die Kirche für andere« und der »Entwurf zu Sektion II« waren Vorgriffe auf die später in der Fachliteratur diskutierte »narrative Theologie«, eine der »anderen Möglichkeiten« zur Artikulation der Katholizität der Kirche.

Wer damals glaubte, sie seien durch die Intervention der westlichen Missionsfreunde endgültig unter den Tisch gewischt worden, muß heute – zu seiner Freude oder zu seinem Bedauern, je nach Standpunkt – feststellen, daß sie sich ohne Manipulation durch die »Cox-Hoekendijk-Hollenweger-Schule«[13] als tragfähig und zukunftsträchtig erwiesen haben.

Im Bereich der westlichen Theologie sind die Anstöße der ökumenischen Strukturstudie weitergeführt und zum Teil in eigentliche ekklesiologische Gesamtkonzepte verarbeitet worden, zum Beispiel von Colin Williams (The Church, 1968), Werner Jetter (Was wird aus der Kirche? 1968), Adolf Martin Ritter und Gottfried Leich (Wer ist die Kirche? 1968), Werner Simpfendörfer (Offene Kirche, kritische Kirche, 1969), Wolf-Eckart Failing (Kooperation als Leitmodell, 1970), Hans Ruh (Sozialethischer Auftrag und Gestalt der Kirche, 1971). Hans-Dieter Bastian (Kirchliches Amt im Umbruch, 1971), Ernst Lange (Die ökumenische Utopie, 1972), Lukas Vischer (Veränderung der Welt, Bekehrung der Kirchen, 1976), Gordon J. Davies, Hans-Eckehard Bahr und Yorick Spiegel[14], in einer kaum übersehbaren fremdsprachigen Literatur[15], in Berichten aus der DDR[16], wo die Studie »die

---

12. Burgess Carr in Nairobi (deutsch), 146; John Gatu in Nairobi (deutsch), 71.
13. P. Lønning, Eine Stellungnahme.
14. J. G. Davies, Worship and Mission; ders., Dialogue With the World; ders., Artikel »church«, in: A. Richardson (Hg), A Dictionary of Christian Theology, 64–66; H.-E. Bahr, Verkündigung als Information; ders., Kirchen in nachsakraler Zeit; Y. Spiegel, Kooperative und funktionsgegliederte Gemeindeleitung (Lit.).
15. H. Talman (Hg), Kirken i oprud; P. Keller, A la recherche de formes nouvelles d'une église pour les autres; W. J. Hollenweger, Gemeinde für andere. Eine

praktische Arbeit in vielen Kirchengemeinden mitbestimmt«[17], in einer Serie über Kirchenreform[18], in Spezialarbeiten über Kirchenbau[19] und Gottesdienst[20] und einer Flut von Büchern, die einzeln zu erwähnen hier nicht möglich ist.

Manchmal sind diese Anstöße direkt von Mitarbeitern der Studie aufgenommen[21] und in ihren Fachdisziplinen, im Bereich ihrer Kultur aufgearbeitet worden (zum Beispiel Harvey Cox, J. Chr. Hoekendijk, Ernst Lange, Paul Keller u. a.). Manchmal sind sie über Zwischenträger, wie das Vatikanische Konzil[22], über den Lutherischen Weltbund, die Evangelischen Akademien, Tagespresse, Rundfunk und Fernsehen, ökumenische Konferenzen vermittelt worden. Diese ideengeschichtliche Verarbeitung ist nicht zu unter-

Diskussion in romanischen Ländern Europas; G. Casalis, Vers une église pour les autres. Premières réactions; A. Comba, Reazioni italiane a un progetto di studi del Consiglio Ecumenico; St. Mackie, Patterns of Ministry; W. J. Hollenweger, Gemeinde für andere in Belgien (vgl auch Concept Belge, Concept Special Issue 17, Febr. 1968, Genf, ÖRK); C. Williams, Gemeinden für andere. Siehe auch die englische, spanische und portugiesische Ausgabe von Kfa; den holländischen Bericht Presentie en pretentie, 1967.

16. Veröffentlicht in Ökum. Diskussion 3, 1967, 113–122; W. J. Hollenweger, The Church for Others. Discussion in the DDR; W. Krusche, Schritte und Markierungen; G. Linn, Mündigkeit als Ausgangspunkt für die Gestaltung kirchlichen Dienstes; B. Schottstädt (Hg), Konkret-Verbindlich. Notizen aus der DDR; G. Jacob, Die Zukunft der Kirche in der Welt des Jahres 1985. Vgl auch U. Duchrow, Kann Bonhoeffers gelebte Lehre . . . rezipiert werden? 408; Th. I. Day, Conviviality, 459.

17. W. Ratzmann, Missionarische Gemeinde, 213 (mit Beispielen). Vgl auch Chr. Grengel / D. Mendt (Hg), Der Laie in Gemeinde und Kirche.

18. Reihe »Kirchenreform«, 5 Bde, 1968–1970.

19. Ch. Werner, Das Ende des »Kirchen«-Baus; K. Duntze, Der Geist, der Städte baut; M. E. Kohler, Kirchliches Bauen als Sprache der Kirche; ITh I, 181ff.

20. G. Schnath, Fantasie für Gott; ders., Fantasie für die Welt; J. P. Brown / R. L. York (Hg), The Covenant of Peace; J. P. Brown, The Liberated Zone; M. Boyd, The Underground Church; J. Killinger, Leave it to the Spirit; G. Schnath (Hg), Werkbuch Gottesdienst; H. G. Schmidt, Zum Gottesdienst morgen; U. Seidel / D. Zils, Aktion Gottesdienst, 2 Bde.

21. H. J. Margull, Die Kirche steht sich selbst im Wege; H. J. Girock, Notstand in der Kirche?; W. J. Hollenweger, Leiblichkeit ist das Ende der Werke Gottes; Bibliographie in: J. Müller, Uppsala II.

22. Der Einfluß der Strukturstudie auf das Zweite Vatikanum und die katholische Kirche im allgemeinen ist bis jetzt nicht im einzelnen untersucht worden. Die Tatsache des Einflusses liegt jedoch klar auf der Hand. Vgl zum Beispiel L. Rütti, Zur Theologie der Mission; R. Friedli, Fremdheit als Heimat; A. Dulles, Models of the Church; Reform und Anerkennung kirchlicher Ämter; H. Rickenbach, »Erneuerung in der Mission«; man beachte ferner die in der Strukturstudie intensiv mitarbeitenden Katholiken (N. Greinacher, A. Schaer u. a.); vor allem aber die wichtige Dissertation von G. Coffele über J. Chr. Hoekendijk.

schätzen. Mich interessiert hier aber ebenso die Realgeschichte. Die Strukturstudie war ja angetreten mit dem ausdrücklichen Ziel, den Kirchen zu einer Veränderung ihres Weltverständnisses und damit ihrer eigenen Wirklichkeit zu helfen, sie zu einer kirchlichen Wirklichkeit zu inspirieren, die sich nicht länger selber im Wege steht, indem sie den verbal geäußerten Intentionen und Zielvorstellungen durch ihr Sosein nicht länger widerspricht. Ist dieses Ziel erreicht worden?

Gewiß, fast alle Kirchen haben Strukturkommissionen eingesetzt. In den meisten Fällen wurde dabei der Ansatz der ökumenischen Strukturstudie, weit draußen anzusetzen, bei der Missio Dei in der Welt, fallen gelassen. Im Gegenteil, es wurde eingesetzt bei einer theologia perennis, einem schon bekannten und nur effektiver wahrzunehmenden Auftrag. Wenn es aber »einen zementierten Auftrag der Kirche wirklich gibt, dann sind alle Strukturveränderungen nur als Marginalia zu begreifen, als Schönheitsoperationen, die zwar korrigieren, aber nicht wirklich verändern«[23] Strukturveränderung wird zu soziotaktischen Winkelzügen degradiert, die ein hypostasierter Auftrag der Kirchen in ihren gehörigen Grenzen hält.

Mady Thung[24], eine holländische Soziologin, hat die Gründe für diesen Sachverhalt klar gemacht. Daß die ökumenische Studie an der Verantwortung der Kirche für die Gesellschaft festhielt, war nichts Neues. Neu war aber, daß sie die Verantwortung der Kirche für die Welt mit den kirchlichen Organisationsfragen in Verbindung brachte. Bis vor kurzem haben nämlich die meisten Ekklesiologien die Sozialethik ignoriert. Zuerst wird die Lehre über die Kirche abgehandelt und dann wird in einem zweiten Schritt gesagt, was die Kirche der Welt in Sachen Sozialethik zu sagen habe. Daß aber die Kirche in der Weise ihrer Verwaltung und Organisation *schon* laut gepredigt hat, bevor ihre Pfarrer auf die Kanzeln steigen und ihre Experten Denkschriften verfassen, das ist eine Einsicht, die nur langsam an Boden gewinnt.

Mady Thung optiert aber nun nicht für eine »sozialpolitische Sekte«. Sie entwirft keine Utopie der Kirche, sondern verhandelt breit ausholend die verschiedenen organisationssoziologischen Entwürfe. Die wichtigste Einsicht, die sie dabei entwickelt, ist diese: Wenn der prophetische Dienst der Kirche in der Gesellschaft, ihre Existenz als Kirche für andere, Bestandteil der christlichen Nachfol-

23. W. Marhold, Fragende Kirche, 90.
24. M. Thung, The Precarious Organization.

ge ist (wie dies alle neueren Ethiken seit Bonhoeffer selbstverständlich voraussetzen), dann muß diese Nachfolge nicht nur gefordert werden, sondern sie muß vor allem geübt und liturgisiert werden. Wenn sie nur gefordert wird (in Predigten und Büchern zum Beispiel), so entsteht beim Kirchenvolk jener Unwille, den wir allenthalben beobachten können. Man hat uns Religion Trost und Stabilität versprochen, so wird argumentiert. Anstatt aber dieses Versprechen zu halten, werden wir jetzt von einer politischen oder sozialpolitischen Aktion zur anderen gejagt. Ohne ständige und geduldige Einübung, ohne Inspiration im Gottesdienst, im Gebet, im Unterricht und in der Diakonie der Kirche, ist die Dialektik zwischen riskanter prophetischer Diakonie und Bewahrung jener Kirchenstruktur, die als Träger dieser Diakonie nötig ist, schwer zu verstehen und auszuhalten. Es ist schwer zu verstehen, daß das »Kirche-für-andere-Sein« zum Wesen der Kirche gehört, daß aber das Wesen der Kirche sich nicht in diesem »für-andere-Sein« erschöpft. Das Leben als Mitglied einer prekären, unsicheren, gefährdeten, wackeligen, mißlichen und bedenklichen Organisation muß geübt werden. Als Christin sagt Mady Thung: Eine Kirche kann nur wahrhaft Kirche sein, wenn sie für andere da ist, wenn sie ihren prophetischen Dienst mit oder ohne Erfolg wahrnimmt. Als Soziologin fügt sie hinzu: Gerade dadurch wird sie eine gefährdete Organisation.

Wie diese Gefährdung, diese Existenz »simul iustus, simul peccator« organisationstechnisch verarbeitet wird, diskutiert sie ausführlich. Aber es gibt eben keine eindeutige Organisationsform, die diesem Selbstverständnis der Kirche entspricht. Sie ist darum von ihrem Selbstverständnis her eine »unmögliche Organisation«.

2.2 Von der Ideengeschichte zur Realgeschichte

Da ich nicht nur an der Ideengeschichte, sondern ebenso an der Realgeschichte der Kirche interessiert bin, muß an dieser Stelle auf ein Ereignis in der modernen Kirchengeschichte hingewiesen werden, das zur Zeit der Strukturstudie erst als entfernte Möglichkeit am Horizont erschien. In allen Ländern, auch in der Dritten Welt, sind »transkonfessionelle Bewegungen« auf den Plan getreten. Das Straßburger ökumenische Institut unterscheidet zwischen den aktionszentrierten, den charismatischen und den evangelikalen Bewegungen (man könnte auch anders einteilen). Die ekklesiologische Reflexion kann nicht mehr an diesen Gruppen und Gruppierungen vorbeigehen, denn sie haben inzwischen ein bedeutendes numerisches Gewicht erreicht.

Trotz ihrer zahlenmäßigen Bedeutung sind Umfang, Kontakt- und Führungspersonen, theologisches und politisches Profil dieser Gruppen weder den kirchenleitenden noch den staatlichen Organen auch nur hinreichend bekannt. Bezeichnend ist denn auch, daß für viele von ihnen nicht die Kirchenleitungen, sondern zum Beispiel der Ökumenische Rat in Genf (das trifft auch für katholische Gruppen zu) Kontaktadresse und Bezugspunkt ist[25]. Die transkonfessionellen Bewegungen haben die ekklesiologische Problematik keineswegs vereinfacht. Im Gegenteil, »jede Bewegung hat ihren Begriff von Einheit, der die konfessionellen Grenzen überschreitet«[26]. Das bedeutet, daß hier neue Brücken geschlagen, aber auch neue, in diesem Falle innerkirchliche Gräben gezogen werden. Auch sind die einzelnen Bewegungen in sich keinesfalls einheitlich. Zudem verändern sie sich in kurzer Zeit. So finden zum Beispiel »ehemalige Vertreter einer religionskritischen Theologie ihre neue Heimat in religiösen Erfahrungs- und Ausdrucksformen der religiösen Subkultur«[27]. Nachdem sie während der »hohen Zeit« der politischen Aktionen im kalten Wind der Polemik standen, kehren nicht wenige von ihnen heim ins »Stübli«, aber nicht in die Wohnstube der Großkirchen, sondern ins »Stübli« der »Kleinreligion«[28]. Das heißt nun keinesfalls für alle, daß sie ihre frühere politische Leidenschaft aufgegeben haben. Aber sie haben gemerkt, daß, wer zu lange im Durchzug steht, eine Erkältung kriegt.

Sieht man diese transkonfessionellen Gruppen in einem weltweiten Kontext, zusammen mit den Unabhängigen Kirchen in Ghana, Nigeria, Zaïre, Südafrika, den christlichen oder synkretistischen Guru-Gemeinden in Indien, den Basisgruppen in Peru, Brasilien und anderen lateinamerikanischen Ländern, so kann man vielleicht als allgemeinen Trend eine Entkonfessionalisierung der de facto Ekklesiologie feststellen. Das bedeutet aber keineswegs die Erfüllung der Stockholmer Devise »Die Lehre trennt, der Dienst eint«[29].

---

25. F. W. Menne, Christliche Großkirchen und religiöse Gruppen, 30, 38; vgl auch: Neue transkonfessionelle Bewegungen.
26. Bericht über neue transkonfessionelle Bewegungen, ihre ekklesiologische und ökumenische Bedeutung, Una Sancta 4, 1975, 240–245; zit. von H. G. Stobbe und Thomas Quecke, Zur ökumenischen Relevanz der Spontangruppen, 128.
27. M. Schibilsky, Kirchliche Outsider, religiöser Insider, 150. Schibilsky zit. u. a. D. Stefensky-Sölle, Der Wunsch ganz zu sein; dies., Die Hinreise; H. Cox, Verführung des Geistes.
28. Der Begriff stammt von S. v. Kortzfleisch, Religion im Säkularismus, 41ff; zum »Stübli« vgl J. Gotthelf, Uli der Knecht, 153f und Kfa, 5.
29. D. Hudson, Ökumene und Politik, 77ff.

Im Gegenteil, es ist gerade Praxis und Dienst, die hier neue Grenzen ziehen[30].

Das wird besonders deutlich, wenn man sich eine dieser transkonfessionellen Bewegungen, nämlich die Evangelikalen etwas näher anschaut. Die Pluriformität innerhalb der Evangelikalen ist im deutschen Sprachraum so gut wie unbekannt. Die Diskussion zwischen den Bekenntnis- und Sammlungsbewegungen und dem Kirchentag, respektive den Kirchenleitungen, krankt an einem enormen Informationsdefizit. Was ich damit meine, wird sofort klar, wenn man sich ein paar wichtige Tatsachen von der Evangelisationskonferenz in Lausanne (1974) vor Augen hält.

Anläßlich der Eröffnung der Konferenz hatte Billy Graham gesagt: »Die Rettung der Seele ist die wichtigste Aufgabe der Kirche ... Wir mögen soziale und politische Probleme diskutieren in der Kirche. Die wichtigste Aufgabe aber ist und bleibt die Seelenrettung.«[31]

Diese These Billy Grahams – die, wenn sie theologisch etwas respektabler ausgedrückt worden wäre, gewiß die Zustimmung vieler evangelikaler Führungspersonen in Deutschland bekäme – wurde von maßgebenden Evangelikalen in Lausanne verworfen, zum Beispiel von René Padilla: »Ich lehne es ab, einen Unterschied zu machen zwischen der wichtigsten Aufgabe der Kirche, nämlich der Verkündigung des Evangeliums und einer (bestenfalls) zweitrangigen oder (schlimmstenfalls) sogar fakultativen Aufgabe der Kirche.«[32] Michael Green fügte bei: »Was Gott zusammengefügt hat, soll der Mensch (und heiße er Billy Graham) nicht scheiden.«[33] René Padilla warf dem repräsentativen amerikanischen Church Growth Strategen Donald McGavran vor: »Wie kann denn eine Kirche, die sich im Interesse einer zahlenmäßigen Expansion für die Rassensegregation entscheidet, einer gespaltenen Welt überhaupt etwas zu sagen haben?«[34] Die Scheidungs- und Unterscheidungsdogmatik der Evangelikalen Deutschlands und Nordamerikas wurde verworfen. Man nannte deren Unterscheidung »ein verstümmel-

30. E. Adler, Ökumene im Kampf gegen Rassismus, 66; zum Ganzen J. Lell / F. W. Menne / H.-G. Stobbe (Hg), Religiöse Gruppen, 146f.
31. B. Graham, Why Lausanne, Lausanne (englisch), 31f; deutsch, 51. (Im folgenden übersetze ich direkt aus der englischen Ausgabe. Für eine ausführlichere Diskussion vgl meinen Artikel »Evangelisation« in TRE [im Druck].)
32. R. Padilla, Evangelism and the World, Lausanne (englisch), 144; deutsch, 192; zu Padilla vgl R. Padilla (Hg), Zukunftsperspektiven.
33. M. Green, Methods and Strategy in Evangelism of the Early Church, Lausanne (englisch), 175; deutsch, 243.
34. R. Padilla, Lausanne (englisch), 137; deutsch, 179.

tes«, »ein reduziertes«[35], kurz »ein anderes Evangelium«. Man kann sich vorstellen, welchen Schock diese Umkehrung der Positionen bei den deutschen und amerikanischen Evangelikalen verursachte. Hier waren einige ihrer besten Vertreter, die ihnen unmißverständlich ins Gewissen redeten. 7% der Weltbevölkerung verbrauchen die meiste Energie, haben die meisten Ärzte und werfen mehr Lebensmittel fort, als die anderen zum Essen haben, sagte Escobar. Und er war nicht allein. Während die Reden der »Scheidungstheologen« mit eisigem Schweigen quittiert wurden[36], erntete Padilla nicht endenwollenden Applaus. Dies ist um so erstaunlicher, als er eindeutig Billy Graham widersprach. Kurz und gut, die evangelikale »transkonfessionelle Bewegung«, die bislang als Hort der These vom Konsensus der Lehre galt, erlebt am eigenen Leibe, daß trotz übereinstimmender Lehre (ob es sich dabei um ein Selbstmißverständnis oder um eine genuine Übereinstimmung handelt, brauchen wir hier nicht zu untersuchen), der Dienst, die Praxis, nicht eint, sondern trennt. Mit dieser ekklesiologischen Problematik wird die evangelikale Bewegung in Zukunft leben müssen. Sie wird nicht mehr, wie bis dahin, alle Probleme nach außen, auf die Welt, den Ökumenischen Rat, den Kirchentag, die kirchenleitenden Organe, die theologischen Fakultäten projizieren können[37].

Die transkonfessionellen Bewegungen – aus Raumgründen verzichte ich auf die Darstellung ähnlicher Tendenzen in den charismatischen und aktionskonzentrierten Bewegungen – haben also die gleichen ekklesiologischen Spannungen und Probleme wie die großen konfessionellen Weltbünde. Weder gibt es Abendmahlsgemeinschaft innerhalb der Kirchen, die zum Lutherischen Weltbund

---

35. R. Padilla, Lausanne (englisch), 138; deutsch, 181; S. Escobar, Evangelism and Man's Search for Freedom, Lausanne (englisch), 310; deutsch, 398; zu Escobar vgl S. Escobar, Die Wiederkunft Jesu (mit einer deutlichen Kritik an der amerikanischen Militärpolitik).

36. B. Kaye, Congress Challenge. Vgl auch die übrigen Veröffentlichungen des selben Autors zu Lausanne in der Bibliographie.

37. Das Evangelisationsverständnis der Evangelikalen der Dritten Welt nähert sich demnach demjenigen, das im Ökumenischen Rat der Kirchen als »Menschwerdung des Menschen« (vgl dazu Hollenweger, L'homme devient homme, und K. Rennstich, Mission und wirtschaftliche Entwicklung) und in der Praxis katholischer Basisgruppen in Lateinamerika geübt wird (D. Winter; J. L. Segundo). Das Lausanner Evangelisationsverständnis leidet jedoch darunter, daß die Implikationen für die übrige evangelikale Theologie noch nicht genügend bedacht wurden. Allerdings gibt es eine wachsende Anzahl evangelikaler Theologen, die sich die Korrektur der evangelikalen Theologie und Praxis zum Ziel gesetzt haben (Costas, King, Padilla, Quebedeaux, Reid und der Bericht »On the Other Side«).

gehören, noch sind sich die einzelnen charismatischen Gruppen
einig über das Priesteramt, ganz zu schweigen vom Petrusamt, noch
ist es möglich sowohl in den konfessionellen Weltbünden, wie auch
in den transkonfessionellen Bewegungen einen Dienst zu entdek-
ken, der sie eint. Und doch artikulieren gewisse Festivals der
transkonfessionellen Bewegungen und – sofern diese »erlaubt«
werden – der konfessionellen Weltbünde und der Vollversammlun-
gen des Ökumenischen Rates ein Einheitsverständnis (oder vielleicht besser ein Einheitsgefühl), für das es kaum eine rationale
Grundlage gibt. Die Frage, die ich mir hier stelle lautet: Handelt es
sich hier um einen frommen Sirup, der einfach über alle Differenzen
geleert wird, oder aber um ein ekklesiologisch ernst zu nehmendes
Phänomen, eine liturgische und zelebrative Antizipation der jetzt
noch nicht realisierten Einheit?

Bevor ich diese Frage (im zweiten Teil) beantworte, will ich mich
in den neueren Ekklesiologien umsehen. Dabei fällt einmal auf, daß
sie wie selbstverständlich in einem ökumenischen Kontext stehen.
Wolfhart Pannenberg, der über diese Frage vermutlich mehr nachgedacht hat als irgendeiner, stellt apodiktisch fest: »Die vereinte
Kirche der Zukunft ist weder auf der Basis einer uniformen Lehre
möglich, noch kann sie zulassen, daß ihre Ämter sich so überlegen
gebärden, als ob sie sich jeder Kritik entnommen fühlen.« Sie »muß
die autoritären Strukturen traditioneller hierarchischer Ordnungs-
vorstellungen verändern, ohne daß sie dabei des Dienstes eines
pastoralen Amtes verlustig geht«. »Nach der herkömmlichen lutherischen Formulierung wird das Wesensmerkmal der Kirche aus der
reinen Lehre und der richtigen Sakramentsverwaltung abgeleitet.
Aber diese Bestimmung trifft besonders deshalb nicht mehr zu, weil
nicht nur die Kriterien, sondern die Möglichkeit reiner Lehre im
Sinne des sechzehnten Jahrhunderts problematisch geworden
sind.«[38] Übereinstimmung in der Lehre wird zum seltenen Ausnah-
mefall werden[39]. Pannenberg formuliert dann seine Lehre vom
Wesen der Kirche als Kirche im Gegenüber zum Reiche Gottes. Das
heißt, die Kirche ist nicht für sich selber da, sondern als arrabon des
Reiches Gottes. Das Fortbestehen der Kirche ist nötig, »solange das
Reich Gottes im *politischen Leben* (Unterstr. WH) noch nicht
endgültig verwirklicht worden ist. Hier ist der marxistischen Theorie
recht zu geben: Die Religion verdankt ihren Fortbestand lediglich

---

38. W. Pannenberg, Das Wirken des Heiligen Geistes, 35; ders., Die Kirche und das
    eschatologische Gottesreich, 119; vgl auch seine Thesen zur Theologie der
    Kirche, These 31.
39. W. Pannenberg, These 32.

der Unangemessenheit der sozialen Verwirklichung menschlicher Bestimmung. In der vollkommenen Gesellschaft der Zukunft wird für die Religion kein Bedarf mehr sein.« »Die Kirche als separat bestehende Institution bleibt solange notwendig, wie der vorläufige Charakter jedes etablierten oder projektierten politischen Systems eine Ausdrucksmöglichkeit verlangt, um die Individuen von der Sklaverei zu befreien, etwas Vergängliches und Vorläufiges anzubeten, und um sie gleichzeitig zu weiteren Veränderungen und Verbesserungen in ihrer eigenen Gesellschaft und der weltweiten Menschheitssituation zu befähigen.«[40]

Er beschreibt die Kirche als »Symbol des kommenden Reiches« und Anwalt für die Vorläufigkeiten allen menschlichen politischen und kirchlichen Tuns. Das führt zu Konsequenzen im praktischen Leben der Kirche, zum Beispiel der, daß die Zulassung zum Abendmahl weder von einem bestimmten Verständnis des Herrenmahls, noch der Kirche abhängig zu machen ist. Interkommunion »begründet und manifestiert eine Einheit unter Christen über alle derartigen Unterschiede hinweg« (Thesen 85–86). »Jeder, der der Einladung Jesu folgend durch Teilnahme am Herrenmahl Gemeinschaft mit ihm begeht, ist zur Mahlgemeinschaft zuzulassen. Ein Ausschluß davon ist nur dort berechtigt, wo kein Wille zur Gemeinschaft mit Jesus, die durch das Herrenmahl vermittelt wird, vorausgesetzt werden kann« (These 87).

Darum kann er dann auch behaupten, daß »gerade das spezifisch religiöse und gottesdienstliche Leben der Kirche ihr bedeutendster Beitrag für die Gesellschaft« ist (These 30), eine Einsicht, die man übrigens in vielen Kirchen der Dritten Welt findet. Die wirklich einheimischen Kirchen der Dritten Welt sind Kirchen der Abendmahlsbankette und liturgischer Festivals. In vielen Gottesdiensten dieser Kirchen geschieht das, was wir in unseren liturgischen Büchern schreiben, daß es im Gottesdienst geschehen sollte[41].

Ein weiteres fällt auf bei Pannenberg. Er spricht vom Heiligen Geist »nicht in erster Linie als Ermöglichungsgrund sonst unzugänglicher Erkenntnisse, sondern als Grund des Lebens überhaupt« (These 41). Der Heilige Geist wird bei ihm nicht auf Kirche und Christentum beschränkt. Pannenberg will den Heiligen Geist als »das besondere Wirken des Geistes im Gottesvolk als Sonderfall dessen herausstellen, was für alle menschliche Gemeinschaft und für alle menschliche Erfahrung gilt«[42]. Hier, in der Pneumatologie

---

40. W. Pannenberg, Die Kirche und das eschatologische Gottesreich, 133.
41. Ausführlich dazu ChroSch.
42. W. Pannenberg, Das Wirken des Heiligen Geistes, 17.

überschneiden sich Pannenbergs Linien mit denen einiger Theologen aus der charismatischen und der aktionszentrierten Bewegung[43]. Nicht umsonst hat auch Moltmann seine Ekklesiologie unter ein pneumatologisches Vorzeichen gesetzt. Es ist also möglich, daß die Ausarbeitung der Ekklesiologie einer »Kirche für andere« pneumatologisch (und nicht christologisch) ansetzen wird. Hier könnten sich Ansätze aus verschiedenen Lagern treffen. Soweit die Ideengeschichte. Mich interessiert hier aber wieder die Realgeschichte einer »Kirche in der Kraft des Heiligen Geistes«. Gibt es dafür Ansätze? Man wird an bestimmte, im Westen kaum bekannte einheimische Pfingstkirchen der Dritten Welt und einige Minderheitengruppen in der charismatischen Bewegung denken. Die gesamte charismatische und pfingstliche Bewegung hier zu subsumieren hieße, Ideengeschichte und Realgeschichte unerlaubterweise in eins zu setzen. Besonders in jenen Ländern, wie in Irland und in Südafrika, wo die charismatische, pfingstliche und independistische Bewegung im Schnittpunkt politischer und rassischer Auseinandersetzungen steht, kann man eine solche Realgeschichte beobachten. Wird diese Realgeschichte aufgeschrieben, so wird die aufregende Erfahrung dieser Gruppen und Kirchen in die Ideologie eines religiös, ekklesiozentrisch und individualistisch verstandenen Heiligen Geistes gegossen[44], so daß die Bücher dieser Christen nur einen faden Abklatsch dessen darstellen, was unter ihnen geschieht. Aber das, was Pannenberg fordert, geschieht bei ihnen[45]. Aus kulturellen und anderen Gründen konnte bis jetzt die Entfremdung zwischen der biblisch-pneumatologischen Praxis dieser Christen und ihren pneumatologischen Schriften nicht überwunden werden. Theologische Artikulation – das heißt Artikulation in unseren theologischen Kategorien – ist nicht ihr Charisma.

Sofern die europäische ekklesiologische Studienarbeit die Geschichte dieser Kirchen mitbedenkt – und wie könnte sie sich diesem Studium entziehen? –, kommt hier eine Aufgabe auf den europäisch/amerikanischen Theologen zu, die erst in Umrissen erkennbar ist. Die Hoffnung ist nämlich nicht unbegründet, daß eine exakte kirchenhistorische Methode emanzipatorische Funktion gewinnen kann, wenn sie die Geschichte der »Kirche in der Kraft

43. J. L. Segundo, A Theology for Artisans of a New Humanity; H. Mühlen, Die Erneuerung des christlichen Glaubens. Die Dissertation von R. Sears über Mühlens Pneumatologie (Spirit: Divine and Human) wurde vor der Publikation von Mühlens Büchern über die charismatische Bewegung verfaßt.
44. Vgl dazu W. J. Hollenweger, Geisterfahrung und charismatisches Weltverständnis.
45. A. de Moura, O Pentecostalismo como fenômeno popular no Brasil.

des Heiligen Geistes« bei den Unterdrückten ins Licht hebt, indem sie die Unterdrückten selbst als geschichtlich handelnde Subjekte beschreibt. Geschichtswissenschaftlich würde dies eine Forschungsmethode bedingen, die exakte Interpretation von in Europa meist unbekannten Texten mit partizipierender Beobachtung verknüpft und so Menschen rehabilitiert, denen die europäische Forschung ihre Geschichte geraubt hat. Die »Rückgabe des Raubes« könnte sich für die Ekklesiologie beider Partner als fruchtbar erweisen.

Die Differenz zwischen Sprache und Erfahrung, zwischen Ideengeschichte und Realgeschichte, ist paradigmatisch für weitere Differenzen. Sprache kann nicht nur reale Differenzen semantisch überkleistern, sie kann auch reale Übereinstimmungen verdunkeln. Das heißt nicht, daß alle ekklesiologischen Streitpunkte auf solche Sprachverdunkelung zurückgehen; aber es heißt, daß in anderen gesellschaftlichen und kulturellen Schichten das Gleiche verschieden gesagt werden muß, damit das Gleiche begriffen wird[46]. Und hier bekommt die transbegriffliche Sprache transkulturelle Dignität und ekklesiologische Funktion. Sie ist eben nicht lediglich Popularisierung für diejenigen, die nicht scharf begrifflich denken können[47], sondern ein Sprachmedium, das Funktionen ausüben *kann,* die der begrifflichen Sprache verwehrt sind. Ich werde das am Beispiel des Mythos klarmachen.

3. Hoekendijk

Der holländische Theologe Johannes Christiaan Hoekendijk war nicht nur ein Kenner der Bonhoefferschen Theologie, er hat als Theologe in der holländischen Widerstandsbewegung die Spannungen und Verheißungen der Bonhoefferschen Theologie gelebt. Von seinen Kritikern allerdings wird er nicht zu den Bonhoeffer-Schülern, sondern zu der »kleinen, aber sehr geschickten und aktiven Gruppe von ›Säkularisierern‹«[1] gezählt, die – so wurde gesagt – die Welt sakralisieren und die ökumenische Studienmaschinerie beherrschen.

---

46. J. Müller (vgl Anm. 11), S. 34.
47. Darum ist auch die neutestamentliche Pluriformität und begriffliche »Unschärfe« des Kirchenbegriffes nicht ein Defizit, das durch »begriffliches Begreifen« korrigiert werden muß, sondern ein theologischer Tatbestand, der *als solcher* zu begreifen, mit dem zu rechnen und von dem auszugehen ist.
1. P. Lønning, Eine Stellungnahme, 70. Vgl aber contra Lønning H. H. Ditmanson, Zur Welt geöffnete Türen; L. Mettler, Traft der mit »Realität« gespitzte Pfeil? A. v. d. Heuvel, Uppsala.

In früheren Zeiten gingen die Anstöße zur theologischen Arbeit von den theologischen Fakultäten aus.

Heute aber, so sagt man, scheint die Zukunft der Theologie »weniger in den Händen der theologischen Forscher als der ökumenischen Manager«, ja in denjenigen »theologischer Cliquen«[2] zu liegen. Früher hieß es: Cuius regio, eius religio. Heute aber muß man feststellen: Cuius machina, eius theologia![3] Ich frage mich allerdings, ob dies früher so anders war.

Man denke nur an Karl Barth, der seinen entscheidenden Römerbriefkommentar schließlich auch nicht an einer theologischen Fakultät, sondern in seinem Pfarramt in Safenwil, im Gedränge der Auseinandersetzungen mit Gewerkschaften und Industrie, Gemeindearbeit und Konfirmandenunterricht schrieb. Aber vielleicht ist er eine Ausnahme. Trotzdem muß man sich fragen, wer eigentlich zu tadeln wäre, wenn die berufsmäßigen Theologen ihren Einfluß verlören, eine Behauptung, die übrigens erst noch zu beweisen wäre.

Ich habe allerdings Hoekendijk nicht als Ober-Manipulator und theologischen Bandenchef, sondern als aufmerksamen Zuhörer erlebt. Nicht selten hörte er sich eine Diskussion zwei Stunden lang an, ohne ein Wort zu sagen. Wenn er aber dann sprach, leise und langsam, gar nicht so, wie man sich einen frommen Radikalinski vorstellt, dann mußte man sich oft fragen: So einfach ist das? Dabei bestand seine Zusammenfassung der Diskussionslage oft in einer Nacherzählung eines biblischen Textes. Den Nestle-Text offen vor sich, las er langsam und bedächtig, die vertrauten Worte in einer ad hoc-Übersetzung. Die Konzentration seiner Übersetzung, die Sparsamkeit seiner Worte und die Frömmigkeit seines Denkens faszinierten uns genauso wie die gedankliche Präzision und die persönliche Hingabe an das, was er übersetzte.

Er glaubte nicht an die Vorherrschaft einer Kultur, einer Sprache, einer Theologie, war er doch selber in der katholischen und orthodoxen Theologie ebenso zu Hause wie in der protestantischen, und konnte er sich doch ebenso prägnant auf deutsch wie auf französisch, englisch oder holländisch ausdrücken (dazu beherrschte er die biblischen Sprachen und eine Anzahl orientalischer Sprachen).

Es ist darum verständlich, daß er ein Anwalt einer pluriformen Kirche wurde. Er hat dieses Verständnis der Kirche aus dem Neuen Testament und aus seiner Missionserfahrung gewonnen und nicht durch Konzessionen an die Welt, wie ihm seine Gegner vorwerfen. Er träumte von einer Kirche, in der verschiedene Frömmigkeiten, verschiedene Theologien, verschiedene politische Ansichten, verschiede-

---

2. P. Lønning, 77ff
3. AaO, 81.

ne Mythen, verschiedene Theologien miteinander im schöpferischen Konflikt standen. Eine schöne, aber unwirkliche Vision, werden die einen sagen. Die anderen werden mit Hoekendijk knapp antworten: Die einzige Wirklichkeit, die der Kirche als Kirche bleibt. *G. Coffele, der eine hervorragende italienische Dissertation über Hoekendijk schrieb, gehört wahrscheinlich zu den ersteren.* Coffele kennt den Menschen *Hoekendijk nicht, der mehr von Ereignissen als von Essais, mehr von Konflikten als von Konzepten beeinflußt wurde; um so eindrücklicher ist Coffeles Beschreibung der* Gedanken *Hoekendijks, der Ideengeschichte hoekendijkiana, angefangen von der Dissertation (KuV) bis zu den letzten Vorlesungen am Union Theological Seminary in New York*[4]. *Trotz seiner offensichtlichen Sympathie für Hoekendijk hält der katholische Verfasser Hoekendijks Funktionalisierung und Eschatolisierung der Kirche für ekklesiastischen Selbstmord.*

Zweifellos trifft diese Kritik, nicht nur bei Hoekendijk, sondern auch bei der ökumenischen Studie »Die Kirche für andere«, etwas Richtiges. Ich vermute, daß Hoekendijk wie andere vor ihm und wie viele heute, den Mythos nur in seiner zerstörerischen Form kannte, als »Ethnopathos«, als »morphologischen Fundamentalismus«, als »Barmen-Trauma« und wie seine provozierenden Formulierungen alle lauten mögen. Die Beschreibung dessen, was die Kirche nicht ist, geschieht in starken, mythisierenden Farben. Die Beschreibung dessen aber, was die Kirche werden soll, geschieht in der trockenen soziologischen Terminologie der Pluriformität. An diesem Punkt müssen wir daher – so scheint es mir – über Hoekendijk hinaus gehen[5].

Hans Hoekendijk, Hans J. Margull, Paul Kraemer (der Sohn von Hendrik Kraemer), Werner Simpfendörfer und weitere Mitglieder der Westeuropäischen Arbeitsgruppe des Referates für Fragen der Verkündigung vom Ökumenischen Rat der Kirchen saßen im Frühjahr 1965 zu später Nachtstunde im Keller des Predigerseminars der Niederländisch-Reformierten Kirche in Driebergen und

---

4. G. Coffele, J. Chr. Hoekendijk. Da una teologia della missione ad una teologia missionaria (Rez. Int. Review of Mission 66/262, April 1977, 192f). Für Publikationen Hoekendijks, die nicht in den Anmerkungen erscheinen, vgl das Literaturverzeichnis.

5. Vgl dazu unten, S. 62; das Folgende erschien ursprünglich unter dem Titel »Johann Christian Hoekendijk: Pluriformität der Kirche«, in: Reformatio 16/10, Nov. 1967, 663-677.

feierten Abschied. Hoekendijk sollte eine Professur am Union Theological Seminary, New York, übernehmen, der Soziologe Kraemer wollte nach Chicago auswandern, und Margull bereitete sich auf eine Gastprofessur in Japan vor. Als Neuling auf dem ökumenischen Parkett wollte ich die Gelegenheit benutzen, mehr von den Motiven zu verstehen, die *hinter* der Theologie dieser Männer standen. Vor allem beschäftigte mich in ihrer Theologie die unerhörte Variationsbreite dessen, was christlich vertretbar und ethisch richtig sei.

Ich wandte mich an den ältesten von ihnen, Hoekendijk, der wie ein schneeweißer Patriarch mir gegenüber in der Ecke saß, gemächlich an seiner kurzen Pfeife sog und mit sichtlichem Vergnügen ein Glas Dornkaat in kleinen Schlucken kostete: »Bedeutet diese Theologie nicht, daß das, was wir bislang als unerschütterliche ethische Grundsätze festhielten, plötzlich irrelevant oder falsch wird?« »Gewiß«, antwortete er, »zur Zeit der deutschen Besetzung Hollands gehörte das Lügen und Stehlen, oft auch das Morden zur ethischen Pflicht eines Christen. Das ›Geschrei um die Juden‹ war unüberhörbar. Man konnte nicht neutral sein. Wer aber Juden bei sich versteckte, mußte, um sie ernähren zu können, Rationierungskarten oder Lebensmittel stehlen. Und wenn dann der falsche Mann merkte, was wir taten, hieß die Frage: Entweder töte ich ihn, oder er verrät mein Judenversteck und liefert meine Schützlinge ins Konzentrationslager ab.«

3.1 Schmutzige Hände

Die andern pflichteten bei, und ich, der einzige Schweizer, merkte plötzlich, daß meine ethischen Grundsätze offenbar nur in einer behüteten Schweizerfamilie unbeschadet durch den Krieg hinübergerettet werden konnten. Die übrigen Mitarbeiter der Arbeitsgruppe hatten in Notzeiten gelernt: »Wo es nötig ist (ex necessitate cogente, pro necessitate), kann nach gründlicher Prüfung der näheren Umstände ad hoc Dispens von jeder (!) ›Regel‹ gegeben werden, bis der Notzustand aufgehoben ist[6]. Was geschieht denn aber in einer Notsituation, deren Ende nicht abzusehen ist und in der nicht nur einzelne leben, sondern vielleicht eine ganze Generation?

---

6. Hoekendijk zitiert hier in seinem Aufsatz »Weltoffenes Abendmahl« H. Dombois, Das Recht der Gnade I, 171f, 843ff; Zukunft, 71. Kritisch dazu: H. D. De Loor, Hoekendijk en verder.

Welche pastorale Durchbrechung der ›Regeln‹ darf man dann erwarten?«[7] Es war ihnen klar geworden: bei dieser Mission wird es »schmutzige Hände« geben, »höchstwahrscheinlich auch äußerst riskante Assoziationen mit zweideutigen Machtkonzentrationen. Aber das scheint nun einmal der Preis zu sein, den wir für einen politischen Gottesdienst bezahlen müssen, um so endlich aus unseren konservativen Schneckenhäusern herauszukommen und den ›geschichtlichen Absentismus‹ von gestern zu beendigen«[8]. Für die Kirche, die erkennt, daß sie in der Missionssituation steht, »ist jede konfessionelle Unterscheidung sinnlos«[9].

In jener stürmischen Zeit des Zweiten Weltkrieges hatte Hoekendijk seine theologische Dissertation geschrieben[10], »größtenteils in Verstecken und Schlupfwinkeln und unter der ständigen Bedrohung der Entdeckung, weit weg von allem, was einer ›akademischen‹ Atmosphäre ähneln könnte, und mit dem Nachhall der Worte von Barmen in den Ohren«[11]. Vorerst aber bekam er von der holländischen Exilregierung in London den Befehl, auf dem »Untergrundweg« nach England zu kommen. In Frankreich verlor er seine Kontaktleute und floh in die Schweiz, wo er durch sechs Flüchtlingslager geschleust wurde. Sobald Südfrankreich befreit worden war, stellte er sich in London der holländischen Exilregierung zur Verfügung. Er wurde zum Missionskonsul in Neuguinea ernannt. Nachdem er verschiedene halboffizielle Aufträge in Südostasien erfüllt hatte, war er 1947–1949 Sekretär des holländischen Missionsrates, 1949–1953 Sekretär des Referates für Fragen der Verkündigung beim Ökumenischen Rat in Genf und 1953–1965 Professor für moderne Kirchengeschichte in Utrecht, seit 1965 bis zu seinem Tode 1975 Professor für Mission am Union Theological Seminary, New York[12].

---

7. Das Zitat geht weiter: »Konkret: Mit welchem Dispens darf unsere Generation rechnen, die gezwungen wird, in der Notsituation eines skandalösen und gottentehrenden getrennten Abendmahls zu bleiben? ... Das ›gemeinsame Begräbnis‹ ist eine Form – und manchmal die einzige – von Interkommunion, gegen die keine Einwände bestehen« (vgl dazu den Anglican-Orthodox Interburial Consensus von1869/70); Zukunft, 72f.
8. KuV, 319.
9. Kfa, 40.
10. KuV (holländisch).
11. J. Chr. Hoekendijk, Anhang zu seiner Dissertation (»Zur Frage einer missionarischen Existenz«), KuV, 301.
12. Kurzbiographie von L. A. Hoedemaker in: H. J. Schultz, Tendenzen, 577-581.

3.2 Ethnopathos

Obschon Hoekendijks Dissertation unter turbulenten Bedingungen entstanden ist – sie geriet zudem während der deutschen Besetzung Hollands in falsche Hände, und er mußte sie später aus dem Gedächtnis neu schreiben –, täuscht der sich, der von Hoekendijk eine Art christlichen Baedeker zum Thema »Wie macht man einen Aufstand« erwartet. Es ist eine minutiös gearbeitete, sorgfältig mit Quellenhinweisen belegte Spezialarbeit über »Kirche und Volk in der deutschen Missionswissenschaft«.

Im ersten Teil wird das »Missionsjahrhundert« in Deutschland (Fabri, Ehrenfeuchter, Graul, Harms, Löhe, Plath, Buss, Warneck), im zweiten Teil »Kirche und Volk in der neueren deutschen Missionswissenschaft« (Frick, Gutmann, Knak, Keysser, Rosenkranz, Freytag, Hartenstein) dargestellt. Ein dritter, mit »Konfrontation« überschriebener Teil setzt sich kritisch mit dem Verhältnis von Kirche und Volk in der deutschen Missionswissenschaft auseinander.

Hoekendijk verliert trotz seiner im ganzen kritischen Beurteilung der deutschen Missionswissenschaft deren verheißungsvolle Anfänge nicht aus den Augen, als sie in den Jahren bis 1836 um einen Platz an den theologischen Fakultäten kämpfen mußte und man die Anfänge der deutschen Mission als »geistliche Cholera« verdächtigte und von Staatsseite verfolgte. »Erschreckt durch die Freiheitsideen der Französischen Revolution, sah man in jedem Vereinigungsbestreben (auf internationaler Ebene) eine drohende Gefahr für das Vaterland!«[13] »Die Wissenschaft nahm der Mission gegenüber die Miene an, welche etwa die vornehme Stadtdame der bäuerlichen Verwandten gegenüber zeigt, die unerwartet in den glänzenden Salon tritt.«[14] Aber sie blieb anfänglich Zinzendorfs Ideen treu »in der Überzeugung, daß der bei uns geschichtlich entstandene Confessionsunterschied nicht in die Heidenwelt zu verpflanzen ist«[15].

Aber seit 1836 wurde die Mission vor den konfessionellen Wagen gespannt. »Nachdem wir durch unser Vermögen lange genug andere ermächtigt haben, unreine Lehren zu predigen, gehen wir nun selbst hinaus und predigen das reine Wort des Lebens allen Völkern.«[16]

---

13. KuV, 27.
14. K. Graul, Stellung und Bedeutung der christlichen Mission im Ganzen der Universitätswissenschaften, 1864; KuV, 25.
15. Bremen, Statuten § 2; KuV, 28.
16. W. Löhe, Drei Bücher von der Kirche, 1845, 115; KuV, 30.

»Sündengeld« nannte W. Löhe alle Gaben an die nicht-lutherische Mission[17]. Jedoch griff das konfessionelle Luthertum nicht auf den Luther von 1517, sondern auf das Luther-Verständnis von 1817 zurück[18]. »Die bestürzende unkritische Leichtigkeit, mit der man ›lutherische‹ Schemata benutzt, läßt erkennen, daß die konfessionelle Theologie hier schon zu einer massiven Konfessionsmorphologie entartet ist.«[19] In der lutherischen Lehre wurde das Reich der Natur so von dem Reich der Gnade geschieden, daß dazwischen für »ein mittleres natürliches Gebiet« Platz gefunden wurde[20]. In diesem regnum medium kann man sich frei und ohne Urteil »folkloristisch bewegen, sich ergötzen an der Fülle ›natürlich-interessanter‹ Dinge«[21]. »Mit der nachdrücklichen Versicherung, daß dieses Stück ›Natur‹ (in diesem Fall ging es um das Volk) für das Luthertum akzeptabel sei . . . wurden Zögern und Spannungen beschworen.«[22] Darum hat sich die Mission auf das zu missionierende *Volk* einzustellen. Dabei ist zu bedenken, daß das Wort »Volk« einen mystischen Klang erhielt, der jede angemessene Übersetzung unmöglich macht, weil es dabei seinen ideologischen Beigeschmack verlöre. »The word ›Volk‹ is, strictly speaking, quite untranslatable into English, because it designates both a sentiment and a body of convictions to which there is no exact, even approximate, parallel elsewhere«, stellte man 1937 an der Oxford-Konferenz fest[23]. »Gratia non tollit, sed perficit naturam. Übersetzt: ›Das Christentum zerstört die Volksindividualität nicht, sondern verklärt sie.‹«[24]

Aber was geschieht, wenn das »Volkliche« des zu missionierenden Volkes sich nicht zur Anknüpfung für das Evangelium eignet? Dann muß das volkliche Element des *missionierenden,* im spezifischen Falle also des deutschen Volkes, stellvertretend in die Lücke springen. Das ist aber weiter nicht tragisch, denn das deutsche Volk hat wie kein anderes ein »Missionscharisma« vom Schöpfer mitbekommen. »Es (Deutschland) ist eben ein Volk, das sich zu allen

---

17. KuV, 31.
18. KuV, 251.
19. KuV, 78.
20. G. Hermann, K. Graul und seine Bedeutung für die lutherische Mission, 1867, 155; KuV, 68.
21. KuV, 68.
22. KuV, 102.
23. KuV, 103. Oxford (engl.), 223 (Longer Report on Church and Community, III. The Christian Position Analysed; c) The Church and Community; 2) The Church and National Community [Volk]). Im deutschen Bericht von Oxford fehlt dieser »Longer Report«.
24. J. Dürr, Sendende und werdende Kirche, 1947, 223; KuV, 104.

Nationen paßt, sie alle liebt und sich in ihre Weise zu schicken inkliniert mit Hintansetzung, ja selbst zum Despekt seiner eigenen: darum ist es auch so gut zum Apostolat zu gebrauchen!«[25] »Den Deutschen eignet als besonderes Charisma eine . . . Respektierung fremder Nationalität, die sie befähigt, selbstlos, unbefangen schonend auf die Eigentümlichkeiten anderer Völker einzugehen.«[26] »Es hat nun einmal kein Volk in dem Umfang wie das deutsche seine gesamte Kultur bis in die letzten Prinzipien von christlichem Geist durchdringen lassen. In diesem Sinne sei es vielleicht nicht zuviel gesagt, daß das evangelische Deutschland der Evangelist unter den Völkern ist.«[27] »Uns Deutschen hat Gott den falschen Imperialismus aus dem Herzen gerissen.«[28] Und Hoekendijk kommentiert: »Ist man nur konsequent und entschieden Deutscher, so wird man von selbst die rechte Haltung fremder Volksart gegenüber finden können.« »Die Reformation ist eine deutsche Angelegenheit geworden.«[29]

Während und nach dem Ersten Weltkrieg wurde die (mehrheitlich angelsächsische) internationale Missionsleitung unter starke Kritik genommen, und man wies rühmlich darauf hin, daß die Missionare zum Beispiel in Afrika »direkten Anteil an den Kriegshandlungen« gehabt hätten[30].

»Ethnopathos« und »Zwangsneurose« nennt Hoekendijk die Haltung, »die unverzüglich nach dem Wort ›Volk‹ oder seinen Derivaten greift, sobald der Mensch in einem Lebensverband in Sicht kommt«[31]. Die Überschätzung der europäischen, insbesondere der deutschen Ausprägung des Evangeliums kannte fast keine Grenzen; wäre Europa nicht das Zentrum der Evangelisation, »dann hätte das die unmögliche Konsequenz, daß ein neues Weltzentrum entsteht und die biblische Prophetie (Japhet!) Lügen gestraft wird«[32]. Das Zusammengehen oder die Sukzession von Mission und kolonialer Expansion wird als »providentiell geordnet«[33] erkannt. »Die Völker, die man früher Heiden nannte, waren nun die ›Wilden‹, deren weiteres Bestehen davon abhängig sein

25. U. Uttendörfer, Zinzendorfs Weltbetrachtung, 1913, 46ff; KuV, 103.
26. G. Warneck, Ev. Missionslehre 1903, 3/III, 23; KuV, 103.
27. J. Richter, Ein nationaler Einschlag im Missionsmotiv, 1915, 310; KuV, 133.
28. KuV, 104.
29. KuV, 133.
30. U. a. Kroele, Jahrbuch 1919, 59; KuV, 115.
31. KuV, 311.
32. F. Fabri, Die Entstehung des Heidentums, 1859, 101; KuV, 57.
33. Bericht Leipoldt über ein Referat von Fabri, Allg. Missionszeitschrift 11, 1884, 314f.

sollte, ob sie Anteil bekämen an der einzigen Kultur von Dauer und Bestand: der europäischen.«[34] Die Aufforderung, sich der bestehenden Volksart anzupassen, sie »liebevoll zu würdigen«[35], geschah vom »ethischen« Standpunkt aus und meinte ein tiefes Sichherabbeugen, um den andern »bis zur vollen Höhe christlichen Glaubens und Lebens«[36] emporzuheben, das heißt bis zu der eigenen Höhe. Die kulturpropagandistischen Gedanken in der deutschen Mission wurden durch die Konferenz für Weltmission in Edinburgh 1910 noch unterstützt, als John Mott erklärte, »that before many of us taste death we shall see the Kingdom of God come with power«[37]. »Das war vier Jahre vor dem Ersten Weltkrieg«, fügt Hoekendijk lakonisch bei. Schon 1900 hatte Warneck geschrieben, dem Jahrhundert der Mission werde mit einiger Sicherheit das Jahrhundert der *Welt*mission folgen[38].

Während der Auseinandersetzung mit dem Nationalsozialismus zeigte sich in der deutschen Mission dieselbe Zweideutigkeit wie in der deutschen Kirche. Zwar scharte sich nach K. D. Schmidt 1934 die gesamte deutsche Mission um die »Bekenntnissynode der Deutschen Evangelischen Kirche«[39]. Hoekendijk erwähnt insbesondere die Schweizer Missionswissenschafter, die sich nicht vom deutschen »Ethnopathos« anstecken ließen (Schärer, Dürr, de Quervain).

Besondere Sorgfalt wendet Hoekendijk an die Darstellung des berühmten deutschen Missionswissenschafters Bruno Gutmann und zeigt, wie Gutmann nicht aus opportunistischen Gründen, sondern in konsequenter Fortführung des »ethnopathischen« Zuges in der deutschen Missionswissenschaft zu seiner Unterstützung der nationalsozialistischen Umwälzung kam. A. Köberle sagte dazu: »Diese Stunde der deutschen Geschichte (1934) hat in hoffnungsvollen Ansätzen das gebracht, wofür Gutmann seit Jahrzehnten in Volk und Heimat, in Kirche und Mission mit beharrlicher Treue kämpft.«[40] »Das Ideal (der Mission) ist die Heranbildung leistungsfähiger Staatsbürger auch aus den Eingeborenen ... Jeder Stamm

---

34. KuV, 85.
35. A. Harnack, Reden und Aufsätze II, 1906, 121.
36. E. Buss, Christliche Mission, 1876, 253; KuV, 86.
37. Edinburgh, 351; KuV, 87.
38. KuV, 111.
39. 23. 10. 1934; K. D.Schmidt, Die Bekenntnisse des Jahres 1934, 162; KuV, 128.
40. A. Köberle, Zur Einführung, in: B. Gutmann, Zurück auf die Gottesstraße, 1934, 6; KuV, 143.

hat sein Recht auf Grund und Boden erst zu erweisen durch seinen Beitrag zur Weltwirtschaft.«[41]

Positiv, aber viel kürzer, referiert Hoekendijk die neueste Missionswissenschaft (vor allem Freytag und Hartenstein[42]), bei denen er wertvolle Anstöße zu einer Überwindung der »Zwangsneurose« findet.

In der kritischen Konfrontation setzt sich Hoekendijk wie zu erwarten vor allem mit dem Begriff »Volk« als Adressat der evangelischen Botschaft auseinander. Er stellt in Anlehnung an Barth der Kirche *des* Volkes die Kirche *für* das Volk entgegen. Der Gegensatz zur Kirche *des* Volkes ist also für Hoekendijk nicht die Freikirche, sondern eine Kirche, deren Gemeinden sich »auf alle Segmente der sie umgebenden funktionierenden Gemeinschaft« richten. Dies drückt Hoekendijk durch das Stichwort Ökologie aus. »Wenn das nicht geschieht und die Kirche sich weiterhin an das ›Volk‹ wendet, spricht sie in Wirklichkeit nur den Mittelstand an, für den das ›Volk‹ noch die reale Gesellschaftsform und der konkrete soziale Raum ist. Andere Gruppen (z. B. Bauern, Arbeiter, Intellektuelle), die einem anderen sozialen Raum angehören (Nachbarschaft, Dorf, Klasse, ›europäische Kultur‹), werden von dieser Sprache nicht erreicht. Warneck hat das scharf und richtig erkannt. Dieser Typ der Volkskirche *muß* bürgerlich sein.«[43] »Die Selbsttäuschung, der wir uns immer wieder hingeben, ist hier doch allzu durchsichtig, und wir sollten einmal aufhören, die paar Arbeiter, die noch ›am Gemeindeleben teilnehmen‹, immer wieder zu den sprichwörtlichen Schwalben zu machen, die uns sagen müssen, daß es wirklich Sommer sei.«[44] »Der Begriff ›Volkskirche ist einfach ein Anachronismus, dessen man sich in der Kirche und a fortiori in der Mission so schnell als möglich entledigen sollte.«[45]

Unter dem mythisierten Begriff »Volk« kommt nach Hoekendijk die reale Umgebung, in die die Verkündigung erfolgen soll, nicht in den Blick[46]. Das Reden von der Volkskirche gibt uns fälschlicherweise ein gutes Gewissen, wenn wir den Adressaten der Mission so sehen, wie wir ihn gerne hätten, anstatt in geduldiger empirischer

---

41. B. Gutmann, Zwischen uns ist Gott, 1935, 73; KuV, 147.
42. Vgl dazu K. Hartenstein, Adnotationes ad dies poenitentiae et spei (Ms 1946). Das Hoekendijk unbekannte Dokument wird von E. M. Jackson referiert (Red Tape and the Gospel, 76, 335, Anm. 67).
43. KuV, 230, 265.
44. Zukunft, 178.
45. Zukunft, 127.
46. Dazu ist sehr instruktiv: Manfred Linz, Anwalt der Welt (oben, S. 31, Anm. 5).

Forschung zu erheben, in was für Lebensverbänden diejenigen leben, denen die Kirche das Evangelium verkündigen will. Dabei hätte nach Hoekendijk ein Blick ins Alte Testament genügt, um zu zeigen, daß zum Beispiel die Israeliten zu verschiedenen Zeiten in *variablen* Lebensverbänden lebten. Von einer definitiven Gemeinschaftsordnung konnte nicht die Rede sein. »Wir betreten hier eine Welt, in der Umwälzungen stattfanden, die sich in ihrem Charakter nicht von der Desintegration unterscheiden, die von der Zivilisation ausgelöst wurde, wenn auch Umfang und Tempo dieser sozialen Entwurzelung nicht so bestürzend sind.« Dabei muß Hoekendijk auch das »prächtige Bild« Thurneysens korrigieren: »Die Bibel denkt in Völkern . . ., das heißt inmitten der Völker sollen wir an einer, an zwei, an zehn, an hundert Stellen das Wort aufrichten, so wie man eine Fahne hißt, und nun flattert sie an diesen paar Orten und flattert doch über dem ganzen Lande, soweit man sehen kann. Das ganze Volk ist von diesen paar Orten aus nun für Christus in Anspruch genommen.«[47] Hoekendijk bemerkt dazu: »Das ist ordinologisch gedacht. Von der Ökologie her wird man sagen, daß es hier ankommt auf: ›soweit man sehen kann‹. Es kann sein, daß das ganze Volk dieses Zeichen sieht; ebenso ist es aber auch möglich, daß nur eine kleine Gruppe rund um die Gemeinde oder aber andere Völker jenseits der Grenzen diese Fahne des Evangeliums flattern sehen. Denn die Bibel denkt nicht in Völkern, sondern sie proklamiert das Evangelium für die Ökumene. Nicht allein Israel, sondern vielleicht nur ein Teil von ihm, vielleicht aber auch Samaria können im ›oikos‹ der Gemeinde liegen. ›Soweit man sehen kann.‹«[48]

3.3 Das »Barmen-Trauma«

Als 1966 eine deutsche, gekürzte Übersetzung der Dissertation Hoekendijks herauskam, schrieb Hoekendijk einen kritischen Anhang: »Zur Frage einer missionarischen[49] Existenz.«[50] In diesem Nachwort geht er mit sich ins Gericht. Er wünscht sich das Buch nach zwanzig Jahren »etwas weniger ambitiös und prätentiös als

---

47. E. Thurneysen, Warum Mission heute? 1942, 114; KuV, 259.
48. KuV, 259.
49. Hoekendijk versteht »missionarisch« im Anschluß an Evanston im weitesten Sinn. Vgl dazu Hoekendijk, Bemerkungen zur Bedeutung von Mission (arisch), in: MaSt, 30-39.
50. KuV, 297-354.

jenes Genre Literatur, welches nur ein übermütiger Promovend meint schreiben zu müssen (und auch noch zu können!); und ohne all die pedantische Besserwisserei des Neulings, die gewöhnlich in Dissertationen zur Schau gestellt wird. Um den Wunschzettel noch zu vervollständigen, wünschte ich es mir nicht mehr so unerbittlich streng, überall Unheil witternd, überall die Meßlatte der augenblicklichen Orthodoxie anlegend, sondern mit viel mehr offenen Fragen und einer größeren Dosis jenes ›gläubigen Agnostizismus‹, den man sich nun einmal – wie es scheint – eher in vita als in schola aneignen kann«[51]. Im Rückblick distanziert er sich »von einem gewissen Stil der Argumentation, wie er auf manchen Seiten zu finden ist«. Er meint damit das »Barmen-Trauma«, das »Barmen« fixierte, »statt in der Perspektive der Barmer Erklärung resolut weiterzudenken«[52]. Hoekendijk fürchtet,»daß wir aus dem Regen des ›Synkretismus‹ (zu Recht gefürchtet!) in die Traufe eines zwar korrekten, aber monotonen ›Ghettoismus‹ geraten sind«. Darum sind ihm auch »die Veteranentreffen, die eifrig ihre BK-Mystik kultivieren, das oft genannte, unverhohlene Heimweh nach der ›großen Zeit‹, die ›Wiederholungen‹ von Barmen in Festsälen Anno 1966«[53] ein Greuel. Heute ist uns der »theologische Stil, der uns vor noch relativ kurzer Zeit so vertraut erschien, abhanden gekommen. Als die Krüppel (Jakob), die wir geworden sind, sind wir nicht schnell genug, um in der neuen Garde Schritt zu halten«[54].

Zu diesem neuen Stil gehört, daß Hoekendijks Theologie von einem Gruppenerlebnis her geschieht, innerhalb der Partnerschaft einer ökumenischen Arbeitsgruppe. »Zu jedem einzelnen Thema lagen die Meinungen weit auseinander. Wir haben das immer gewußt, bis zuletzt darum gestritten und später wohl auch zusammen darüber gelacht. Das war, glaube ich, die letzte Konsequenz dessen, daß wir uns in unserer Verschiedenheit gegenseitig ernst nahmen: das gemeinsame entspannte Lachen darüber, wie kleinlich wir Zäune zwischen unseren Gärten errichtet haben.«[55] Wenn das, was die Gruppenmitglieder zu sagen hatten, »bisweilen noch etwas derb und unnuanciert herauskommt, heißt das nicht, daß sie es nicht besser wissen, sondern daß das, was sie wissen, aber nicht vorbringen wollen, in der gegebenen Situation unbrauchbar ist und nur einen unnötigen Ballast darstellt. Es wird nach *mehr,* aber dann

51. KuV, 298.
52. KuV, 304.
53. KuV, 305.
54. KuV, 306, vgl unten S. 112ff.
55. KuV, 341.

auch nach *anderer* Theologie verlangt, einer Theologie, die nicht im Elfenbeinturm eines Klosters oder einer Akademie formuliert wird, sondern sich wie eh und je auf dem Markt und auf der Straße finden läßt«[56]. Aber das ist erst die Vorbereitung seiner wichtigsten Selbstkritik. Diese gruppiert sich um die Frage:»Ich hätte gerne Aufschluß über die beunruhigende Frage, ob und inwiefern auch mein Buch ›auf der verkehrten Seite der Revolution steht‹ – und ehrlich gesagt, ich fürchte das Ärgste.«[57] Damit kehrt er zur Grundfrage seines Lebens zurück: Wie geschieht Mission? Sie geschieht trotz der »konfessionellen Hochkonjunktur«[58], in der wir leben, nicht als konfessionelle Propaganda (Propaganda ist:»Wiederholungen machen dessen, was man selber ist«[59]). Was Hoekendijk in diesem Zusammenhang über das Abendmahl schreibt, erscheint sehr avantgardistisch, ist aber bei nahem Zusehen genau das, was man zum Beispiel in den reformierten Kirchen der Schweiz schon lange predigt, ohne es zu praktizieren: weltoffenes Abendmahl[60].

Mission geschieht ferner nicht als europäische Kulturpropaganda oder Übertragung von »Verantwortlichkeit an die jungen Kirchen«. In dieser Beziehung war zwar die Kirche aufs ganze gesehen wirklich der Welt voran. »Der politische Unterbau hat in diesem Fall einmal nicht die Entwicklung der Dinge im geistigen Überbau diktiert. Es gibt hier einen Phasenunterschied von einem halben Jahrhundert, denn seit zirka 1850/60 steht die Verselbständigung der Kirchen mit großen Lettern auf jedem redlichen Missionsprogramm geschrieben. Ohne große Mühe kann man für verschiedene Teile der Welt die Behauptung beweisen, daß eine sich ihrer Selbständigkeit bewußt werdende Kirche als Laboratorium und manchmal geradezu als Organisationsbasis für die Emanzipation des ganzen Volkes gedient hat.«[61] Aber heute wird mehr gefordert. Es wird die Übertragung von Macht verlangt – oder in der Sprache Arthur Richs ausgedrückt: Es ist illusorisch, Verantwortungs*sinn* zu wecken, ohne gleichzeitig einen Verantwortungs*raum* zu schaffen.

---

56. KuV, 344.
57. KuV, 314.
58. KuV, 314.
59. KuV, 314.
60. Vgl auch seinen Aufsatz »Weltoffenes Abendmahl«, in: Zukunft, 58-61.
61. KuV, 320; Beispiele im Buch des englischen Journalisten G. Moorhouse, The Missionaries, in der Dissertation von I. J. M. Haire, The Character and Theological Developement of the Church in Halmahera, und in der Geschichte der reformierten Kirche Kameruns von W. Keller, Zur Freiheit berufen.

Ein solcher Appell an das Verantwortungsbewußtsein wäre heuchlerisch oder unrealistisch[62].

Es geht nach Hoekendijk überhaupt nicht um die Mission *der Kirche*, sondern um die *Missio Dei*, das heißt um das, was Hoekendijk die »Schalomatisierung des gesamten Lebens« nennt, »um ein richtendes und Hoffnung eröffnendes Eingreifen in den Lauf der Dinge, wodurch es möglich wird, daß Menschen wieder (ohne ›persona‹, das heißt Maske; ›Gott sieht diese persona nicht‹) Menschen und Dinge wieder (nicht mehr Idole oder Material, sondern) Dinge sein können«[63]. Das biblische Wort »Schalom« macht es unmöglich, dabei zwischen Wohl und Heil zu trennen. »Wir projizieren eine antiquitierte Anthropologie auf unsere Zeitgenossen, wenn wir immer wieder so tun, als ob sie nach einem gnädigen Gott Ausschau hielten, der ihre Sünden vergeben kann. Wir können hier Bonhoeffer frei zitieren: es ist nicht im voraus selbstverständlich, daß die Strukturierung des kirchlichen Lebens immer wieder um den ›gregorianischen Gesang‹ herum (und hier können wir nun alle analogen Wörter einsetzen: korrekte Predigt, Sonntagsgottesdienst usw.) stattfinden muß; es wäre oft viel legitimer, wenn es um das ›Geschrei zugunsten der Juden‹ herum geschähe, auch hier können wir genug Analogien finden.«[64]

Mission ist ebenfalls nicht eine Eroberung des Unglaubens für den Glauben. »Erst waren es die Akatholiken, dann die Nichtchristen, noch später die Ungläubigen, und alle diese Kategorien konnten wir genau (sogar im Sechsfarbendruck auf der Weltkarte) lokalisieren. Das Unterwegssein nach den andersfarbigen Teilen unserer Karte war nun genau das, was das Proprium der Mission ausmachte.« Früher waren dazu lange Reisen nötig, und hinzu kam die »Salzwasser-Mythologie« (Bridston) und »une imagination kilométrique« (Dewailly). »Heute behaupten wir, es komme auf die Entfernung nicht mehr an; es seien also auch keine Ozeane mehr zu überqueren, sondern nur noch ›eine Grenze zwischen Glauben und Unglauben zu passieren‹, um alles, was wir weiterhin tun werden, als ›missionarisch‹ qualifizieren zu können. Aber wer kann uns sagen, wo diese Grenzen verlaufen, und wer kann ausmachen, ob wir nicht in eine baalistische Seßhaftigkeit des ›Glaubens‹ verfallen, das heißt

---

62. A. Rich, Verantwortlichkeit des evangelischen Erziehers; ders., Verantwortliche Existenz in der technisierten Welt. Vgl auch die provozierende Rede von 'Bola Ige auf der Konferenz »Kirche und Gesellschaft« über »Politik und wirtschaftliche Probleme neuerwachter Völker«: »Our basic demand is for a share of the power. . .« (Genf 1966, 18 [englisch], nicht im deutschen Text).
63. KuV, 347.
64. KuV, 348.

in eine religiöse oder heidnische Perversion des Evangeliums, wenn wir den christlichen Glauben so kartographisch zu präzisieren wissen.«[65]

3.4 Blindes Vertrauen in das Wort

An seiner Hauptkritik an der deutschen Mission, dem Vorwurf des »Ethnopathos« hält Hoekendijk fest. Die krampfhafte Verteidigung der Volkskirche rechnet mit *dem* Volk, das nach Hoekendijk als Lebensgemeinschaft nicht mehr existiert (siehe oben, S. 54). Auch die anderen Institutionen der Volkskirche, zum Beispiel die Parochie, geraten unter schweres Feuer. Sie war einmal geeignete Missionsgemeinde. Aber heute ist etwas ganz anderes aus ihr geworden: »ein kanonisiertes, normatives Modell, eine unveränderliche göttliche Institution!«[66].

Werden die gegenwärtigen Institutionen der Volkskirche derart verabsolutiert, so haben wir es nach Hoekendijk mit einem »morphologischen Fundamentalismus« zu tun, ja mit »häretischen Strukturen«[67]. Häretische Strukturen sind kirchliche Organisations- und Verkündigungsformen, »die die Kirche von ihrem Herrn und ihrer Sendung scheiden, Menschen voneinander fernhalten und das Evangelium von seinen sozialen Implikationen trennen«[68]. Das betrifft vorerst die konfessionalistische Organisation. »Kirchliche Innenarchitektur«[69] nennt sie Hoekendijk. Selbst die Predigt kann, wenn verabsolutiert, zu einem Instrument werden, das Menschen vom Evangelium scheidet.

Zum Verständnis dieser für einen reformierten Theologen ungewöhnlichen Position zitiert Hoekendijk einen Satz von F. Delekat als Motto über seinem Anhang: »Christliche Verkündigung ist nicht ein Reden über, sondern ein Handeln mit dem Wort Gottes.«[70] Es kommt eben bei der Verkündigung des Evangeliums nicht nur auf das an, was gesagt wird, sondern viel mehr noch auf das, was gehört

---

65. KuV, 336.
66. Zukunft, 46.
67. Die Begriffe »häretische Strukturen« und »morphologischer Fundamentalismus« spielten eine große Rolle in der Studie des Ökumenischen Rates der Kirchen »Die missionarische Struktur der Gemeinde«, vgl Kfa, 22f, 32; MaSt, 127, und C. Williams, Gemeinden für andere, 98ff.
68. E. L. Stockwell, Claimed by God for Mission, 19ff.
69. KuV, 331.
70. F. Delekat, Zur Prinzipienlehre der evangelisch-theologischen Ethik, 263; KuV, 297.

wird. Wenn wir uns die Mühe nähmen, einmal zu kontrollieren, was auf Grund unseres Unterrichtes und unserer Predigten wirklich gehört wird, würden uns die Haare zu Berge stehen. Ein Blick auf das Image, das sich Filmschaffende und Schriftsteller von Mission und Kirche machen, könnte uns da vor einigen Illusionen bewahren[71]. Der Einwand, daß diese Filmkünstler und Romanschriftsteller ihren Unterricht und die Predigt nicht verstanden hätten, beweist gerade, was Hoekendijk sagen will: Unser »blindes Vertrauen in das Wort als Kommunikationsmittel«[72] hindert uns offenbar, die Verkündigungsformen der Kirche zu erkennen, die von der Mehrheit mißverstanden werden *müssen*. Es handelt sich bei dieser Mehrheit nicht um Ablehnung des Evangeliums, sondern um Ablehnung eines Mißverständnisses des Evangeliums (was natürlich nicht heißt, daß sie, wenn sie es verständen, es nicht erst recht ablehnen würden). Und die noch viel peinlichere Frage bleibt, ob es etwa bei einem Teil der kirchentreuen Minderheit um die Annahme eines Mißverständnisses des Evangeliums gehen könnte. »Die Verkündigung ›nach außen‹ kann niemals eine Wiederholung der Predigt sein. Sie ist etwas völlig anders als die Predigt. Noch stärker: Man gäbe sich Illusionen hin, wollte man annehmen, Kommunikation könne nur durch das Wort möglich sein . . . Kommunikation des Evangeliums wird im heutigen Westeuropa vor allem und zuerst eine Demonstration der Bereitschaft bedeuten müssen, wirklich an der Lebenssituation des anderen teilzunehmen. Es ist einfach nicht wahr, daß die Kirche in ihren Gliedern doch in der Welt lebe! Für bestimmte Sektoren unserer Gesellschaft gilt diese Behauptung unter keinen Umständen! An diese Gesellschaftsgruppen werden aus der Ferne Ansprachen gehalten, ohne daß jemand bemerkte, wie das abgefeuerte Wort an dem sicheren ideologischen Schilde abprallt und nicht ankommt.«[73]

Daß die Laien in dieser Kirche immer wieder zu falschen Funktionen verführt werden, verwundert nicht. »Der Laie ist nicht Assistent des Pfarrers, ›verlängerter Arm‹; er ist nicht Miniatur- oder Karikaturamtsträger; vielmehr ist der Pfarrer Diener des Laien. Seine Arbeit ist darauf gerichtet, das Missionsvolk Gottes bei seinem Auftrage zu halten. Aber er erscheint nicht selbst auf der Bühne der Welt. Da wird ein Laienspiel aufgeführt, in dem er nicht mitspielen kann. Er wird ab und zu Regisseur sein dürfen, vor allem aber Souffleur. Leider gleicht die Kanzel aber nur allzuwenig einem

---

71. KuV, 323.
72. Zukunft, 146.
73. Zukunft, 156f.

Souffleurkasten und bleibt der, der auf ihr steht, peinlich sichtbar.«[74]

Woher kommt es, daß das Wort ›Kirche‹ Assoziationen an ein asthmatisches Harmonium, heulenden Gesang und einen ewig redenden schwarzen Mann weckt, daß kirchliche Tugendhaftigkeit nach Dorothy Sayers als Kombination von Würde, Kinderei, Schüchternheit, Öde, übertriebenem Feingefühl, Sentimentalität und Niedergeschlagenheit verstanden wird[75]? Woher kommt es, daß Evangelisation »fast ausschließlich Rand-Mission, Küstenschiffahrt der Kirche, geistlicher Vorortsverkehr«[76] ist? Und dies, obschon an fast allen Institutionen unserer Gesellschaft »christliche Fingerabdrücke« zu finden sind[77].

Nach soviel Kritik fragt man sich, ob Hockendijk einen Weg in die Zukunft zeigen könne. Sein Ratschlag heißt: Pluriformität der Kirche. »Kirchlicher Pluralismus impliziert auch den eventuell (nämlich wenn es sich als nötig erweist) bleibenden Fortbestand kontradiktorischer Gemeindeformen mit grundverschiedener sozialer Dichte und Morphologie nebeneinander. Für dieses Nebeneinanderbestehen kommen in Frage: die ›Institutionen des permanenten Angebotes‹ (Kortzfleisch), die ausschließlich ›Dienste‹ zur Verfügung stellen, ohne Gemeindebildung zu intendieren; die traditionelle Parochialgemeinde, die wahrscheinlich erst dann wieder ein deutliches Profil erhält, wenn sie aus ihrer Illusion einer Monopolstellung befreit wird und einen wesentlichen Teil ihrer gegenwärtigen Funktionen an andere Instanzen delegiert; Institutionen der permanenten Gemeinschaft mit einem streng disziplinierten Gemeindeleben, wie zum Beispiel die zahlreichen ›ordoiden‹ Gemeinschaften (Taizé u. a.), mitunter auch Hausgemeinden, dazu in der letzten Zeit viele ›team-‹, bzw. ›group-ministries‹; Arbeitsgemeinschaften, die einen genau umgrenzten und beschränkten Auftrag auszuführen haben und dann wieder aufgelöst werden, usw. Im voraus ist keine dieser Strukturen ausgeschlossen oder, weil unvollständig, disqualifiziert. Im Gebrauch erst wird sich zeigen, was verwendbar ist.«[78]

Auf die Frage, ob es solche Kirchenformen gebe, weist Hoeken-

---

74. Zukunft, 34.
75. Zukunft, 143.
76. Zukunft, 137.
77. Zukunft, 21.
78. KuV, 352f. Hoekendijk verweist in diesem Zusammenhang auf G. W. Webber, Gemeinde in East Harlem; L. Russel, Christian Education in Mission (beide Autoren arbeiteten in der East Harlem Protestant Parish), und den Bericht Kfa.

dijk auf den Bericht der nordamerikanischen Arbeitsgruppe des Referates für Fragen der Verkündigung des Ökumenischen Rates hin, in dem »diese Konzeption einer in der Mission an der pluralistischen Gesellschaft stehenden Kirche vor allem in Nordamerika auf dem Hintergrund eines straff durchgeführten action-research ein deutliches Profil erhalten hat«[79].

Was Hoekendijk vor über zwanzig Jahren als prophetische Vision beschrieb, ist heute in den meisten Kirchen Westeuropas Wirklichkeit geworden. Die Konsequenzen seiner Frömmigkeit des Denkens erschienen damals vielen utopisch. Heute haben die meisten Kirchen Institutionen des permanenten Angebotes eingerichtet. Sie sind froh über die Institutionen permanenter Gemeinschaft. Sie organisieren selber Arbeitsgemeinschaften mit beschränktem Auftrag. Und sie erleben, daß die Entlastung der Parochie dieser mehr Profil gibt.

Nicht gelöst aber ist die Zuordnung dieser verschiedenen ekklesialen Wirklichkeiten zueinander. Das Nichtparochiale wird gelegentlich als Vorform oder Zuträger bezeichnet und vor allem behandelt (zum Beispiel in den Haushaltsdebatten). Dabei ist doch jedem Beobachter sonnenklar, daß viele dieser ekklesialen Wirklichkeiten nie in eine Parochialstruktur eingeordnet werden können. Eben darum brauchen wir eine Theorie, eine Ekklesiologie, die diese verschiedenen ekklesialen Wirklichkeiten zusammensieht, einen Mythos, der die in ihnen verborgene Einheit erfahrbar und zelebrierbar macht, ein Kommunikations- und Führungsmodell in der Kirche, das die in diesen Wirklichkeiten liegenden Konflikte so erfahren läßt, daß sie kreativ gelöst, das heißt in neue, vorwärtsweisende Fragestellungen verwandelt werden[80].

---

79. KuV, 353.
80. Zu diesem Thema einiges Material in der ökumenischen Didaktik von W. Simpfendörfer/H. Dauber, Eigener Haushalt und bewohnter Erdkreis.

II.
ERFAHRUNGEN

4. Der Mythos stirbt nicht!

*Wenn ich ein Buch lese, werde ich gelegentlich ungeduldig, weil ich
wissen möchte, wo der Autor hinaus will, bevor ich die letzte Seite
umgeblättert habe. Ich suche nach einer Voranzeige, die mir angibt,
wohin er mich führen will, damit ich abschätzen kann, ob ich mich im
einzelnen auf seine Argumente einlassen will oder nicht.*

*Die folgende kurze Einleitung ist ein solcher Vorausblick. Er
signalisiert knapp und ohne die weiter unten auszubreitenden
Begründungen und Beispiele die allgemeine Richtung, in die mich
meine Erfahrungen führten.*

*Ich beginne dabei mit der Beobachtung, daß in unserem säkularen
Zeitalter die Mythen nicht ausgestorben sind. Es gibt beobachtbare
Tatsachen, die uns zeigen, daß eine Kirche ohne Mythos, ein Glaube
ohne Mythos von der Mehrheit der Christen (inklusive der Pfarrer),
ganz zu schweigen von den Nichtchristen, nicht verstanden wird. Das
ist deshalb so, weil Christen (inklusive die Pfarrer) auch Menschen
sind und den allgemein beobachtbaren Erfahrungen menschlicher
Kommunikation unterliegen; Kommunikation von Informationen,
Überzeugungen, Urteilen und Meinungen ohne Mythenrahmen hat
sich in allen Bereichen des menschlichen Wissens und Handelns als
undurchführbar erwiesen. Das ist kein Sonderthema der Theologie.*

*Die Funktion des Mythos besteht darin, ein Ensemble von Über-
zeugungen in archetypischer Form auszudrücken. Um zu funktionieren, muß der Mythenrahmen so mehrdeutig sein, daß sich die
überwältigende Zahl der Kirchenmitglieder (Staatsbürger, Parteimit-
glieder) in ihm verständigen kann. Der Rückbezug auf eine legitimie-
rende Geschichte gibt dem Mythos Würde und Priorität über andere
Interpretationsrahmen. Der Mythos muß aber andererseits so eindeutig sein, daß er Grenzziehungen möglich macht. Nicht jeder gehört
zur betreffenden Kirche (zum betreffenden Staat, zur betreffenden
Partei). Nicht jeder versteht sich im Mythenrahmen der betreffenden
Kirche (des betreffenden Staates, der betreffenden Partei).*

*Die Frage nach dem spezifischen Mythenrahmen einer christlichen
Theologie muß daher gestellt werden. Es ist die Frage nach der*

*theologischen Hermeneutik. Dadurch wird die Wahrheitsfrage noch
nicht entschieden, sondern bloß gestellt.* »*Ob ein Mythus Wahrheit
enthält oder nicht, ist durch seine literarische Form weder ausge-
schlossen, noch verbürgt.*«[1] *Was aber macht aus einem x-beliebigen Mythos einen theologisch
verantworteten Mythos? Wir lernen diese Unterscheidung aus dem
Umgang der biblischen Schriftsteller und Propheten mit dem ihnen
vorliegenden Mythenmaterial. Darum enthält dieser Band ausführli-
che Vergegenwärtigungen des Umgangs biblischer Verfasser mit
ihren Mythen. Mythen werden in Riten dargestellt und in Festen zelebriert. Die
wichtigste Darstellung für das, was ich einen wahren Mythos nenne,
ist der christliche Gottesdienst. Dieser wahre Mythos wird wirklich,
wenn wir ihm nicht nur zuschauen, sondern wenn wir* »*dabei sind*«*.
Darum enthält dieser Band viele Vergegenwärtigungen von Gottesdiensten. Diesen Vergegenwärtigungen folgen jeweils Abschnitte des
Nach-Denkens, in denen das Vergegenwärtigte auf seine Wahrheit
und seine Wirklichkeit untersucht wird*[2].*

*Im folgenden Kapitel werden die beobachtbaren Tatsachen, die
darauf hinweisen, daß der Mythos nicht stirbt, in vom Marxismus
beherrschten Gesellschaften und in der Dritten Welt erwähnt. Das
Hauptgewicht aber liegt auf dem Mythos im Westen, da die Feststellung* »*Der Mythos stirbt nicht*« *dort am umstrittensten ist.*

4.1 Die vom Marxismus beherrschte Welt

Ungefähr ein Drittel der Weltbevölkerung lebt in vom marxistischen Gedankengut beherrschten Gesellschaften. Nun behauptet
der Marxismus zwar, ein wissenschaftlicher Materialismus zu sein,
und bestreitet den nichtmarxistischen Soziologien, Naturwissenschaften, Philosophien und Theologien ihre Wissenschaftlichkeit.
Aber bei genauerem Hinsehen wird es klar, daß Karl Marx und
seine Interpreten den Materialismus ganz anders verstehen als die
übrigen (zum Beispiel die englischen und französischen) Philosophen des Materialismus[3]. Trotz der Behauptung, der Marxismus sei

---

1. J. Herwig, Oedipus auf der Couch, 128.
2. In anderer Form wurde das Thema von mir behandelt am 16. Evangelischen
   Kirchbautag in Kassel (1976), gedruckt in: R. Bürger/U. Conrads (Hg),
   Umgang mit Raum, Gütersloh 1967, 89-97, und in: Chancen und Schwierigkeiten interkultureller Theologie, in: J. Brantschen/P. Selvatico (Hg), Unterwegs
   zur Einheit. Festschrift für H. Stirnimann (Herder 1980), 854-74.
3. Vgl A. Th. van Leeuwen, Critique of Heaven and Earth, II, 12ff (Diskussion von

eine unmythische Weltanschauung, kann leicht gezeigt werden, daß der Mythos, im engeren Sinne des Wortes, im Marxismus eine große Rolle spielt. Es gehört mit zu den Mißverständnissen westlicher, insbesondere englischer Marxismusinterpreten, im Marxismus lediglich eine gesellschaftliche Theorie oder schlimmer noch lediglich eine soziale Lehre zu sehen. Das ist nicht der Fall. Er ist vielmehr eine »metaphysische Weltanschauung«[4], ein »messianischer Mythos«[5], ein »neuer Islam«[6]. Daher rührt seine Durchschlagskraft. Interessanterweise kehren alle die großen Themen christlicher Mythen wieder, wie Schöpfung und Fall, das auserwählte Volk, der eschatologische Prophet, sein Tod und seine Auferstehung, die Interimszeit (die länger dauert als ursprünglich erwartet wurde) und eine Institution, die die Glaubensüberzeugungen am Leben erhält und auslegt, eine gegenwärtige und zukünftige Heilsgeschichte, die Erwartung einer neuen Erde – all dies taucht im Marxismus wieder auf, und zwar nicht als »metaphorische Sprache«, sondern als Mythos, der als Grundlage für das individuelle und kollektive Leben geglaubt und angenommen wird.

Ich kann vorläufig nicht auf die Frage eingehen, ob diese Mythen gesellschaftlich fruchtbar sind. Könnten wir nämlich bestimmen, welche Mythen gesellschaftlich »richtige Reaktionen« verursachen, dann könnten wir auch die »Wahrheit eines Mythos« testen. Es genügt hier vorläufig einfach festzustellen, daß es – trotz Bultmanns Verdikt[7] – möglich ist, im technologischen Zeitalter von Mythen motiviert zu sein.

4.2 Mythen in der Dritten Welt

Wie verhält es sich mit den übrigen zwei Dritteln der Welt? Die Mehrheit der übrigen zwei Drittel lebt in der sogenannten Dritten Welt. Ich brauche hier kaum den Beweis zu führen, daß dort eine mythische Weltanschauung vorherrscht, eingeschlossen jene Gebiete, die vom Christentum, der modernen Technik, vom Marxismus oder allen dreien gleichzeitig beeinflußt werden. Einem unparteiischen Beobachter ist es darum klar, daß eine nichtmythische

---

»Die Heilige Familie«, 1844); vgl auch L. Kolakowski, Main Currents of Marxism I, 151.
4. J. M. Bochenski, Marxism-Leninism and Religion, 4.
5. D. E. Jenkins, The Contradiction of Christianity, 33.
6. K. Bockmühl, Herausforderungen des Marxismus.
7. R. Bultmann, neues Testament und Mythologie (1941), KuM I, 15–48; unten, S. 73f.

Sprache in der Dritten Welt eine Nicht-Sprache ist[8]. Für einen christlichen Theologen ist dies dann noch wichtiger, wenn diejenigen Beobachter recht haben, die behaupten, daß das zahlenmäßige und theologische Schwergewicht des Christentums sich vom Nordatlantik weg nach Afrika und Lateinamerika hin bewegt[9].

4.3 Der Mythos im Westen

Bleibt also noch die Frage, ob die nicht-mythische Sprache eine Funktion in Europa und Nordamerika habe. Denn wenn das sichergestellt werden könnte, dann könnten wir wenigstens für die Eingeborenen von Nordamerika und Europa eine »einheimische Theologie« verlangen. Können wir mit Christen und Nichtchristen in Europa und Nordamerika in einer hauptsächlich nicht-mythischen Sprache reden? Die folgenden Beobachtungen zeigen, daß dies nur sehr beschränkt möglich ist. Es ist nämlich bis heute keiner Gesellschaft gelungen, ohne Religion, ohne ein Drama von Mythen, ohne ein Ritual zu überleben.

Allerdings, das Mythische ist oft in Randgebiete und in Träume verdrängt worden. Dort aber existiert es, wie folgende Beobachtungen zeigen. C. G. Jung erzählt: »Mehr als einmal bin ich von

---

8. W. J. Hollenweger, Kilibob und der Mythos der Weissen, in: Th. Ahrens/ W. J. Hollenweger, Volkschristentum und Volksreligion im Pazifik. Wiederentdeckung des Mythos für den christlichen Glauben (Perspektiven der Weltmission 4), Frankfurt 1977, 81ff Passim in: ChroSch; Lesebuch; ITh I und unten.
9. W. Bühlmann, Wo der Glaube lebt. Vor allem aber die luzide Feststellung von W. Huber: »Es geht nicht darum, daß die Christenheit in der Welt in eine Minderheitssituation gerät, sondern daß die westliche Christenheit gegenüber den Christen aus Asien, Afrika und Lateinamerika zur Minderheit wird. Die Folgen dieses Umbruchs sind erheblich.« Auf die Frage, ob die Christenheit *in der Welt* eine Minderheit darstelle – immerhin eine wesentliche Minderheit von 28,7% (im Jahre 1900) bis 30,7% (im Jahre 2000) der Weltbevölkerung, was eine drastische Zunahme der Christen in absoluten Zahlen darstellt – gibt er drei Antworten:
– »In der gesamten christlichen Geschichte waren die Christen eine Minderheit; ihr prozentualer Anteil an der Weltbevölkerung steigt im 20. Jahrhundert leicht an.«
– »Innerhalb der Weltchristenheit werden die Kirchen Europas und Nordamerikas, die noch in der ersten Hälfte unseres Jahrhunderts die Majorität darstellten, zur Minderheit.«
– »In den europäischen und amerikanischen Ländern, in denen der größte Teil der Bevölkerung (statistisch betrachtet) christlich ist, sind diejenigen, die im alltäglichen Leben ihren Glauben bekennen wollen, eine Minorität.« W. Huber, Kirche, 187. Vgl auch L. Vischer, Europäische Theologie weltweit herausgefordert.

intelligenten und gebildeten Leuten konsultiert worden, die merkwürdige und teilweise erschreckende Träume, Phantasien oder auch
Visionen hatten. Sie glaubten, kein gesunder Mensch könne derar-
tige Träume haben, und jemand, der eine Vision habe, sei offenbar
geistesgestört. Ein Theologe sagte mir einmal, die Visionen Eze-
chiels wären nichts anderes als Krankheitssymptome gewesen, und
als Moses und andere Propheten ›Stimmen‹ hörten, hätten sie
Halluzinationen gehabt. Man kann sich vorstellen, welchen pani-
schen Schrecken er bekam, als ihm selbst einmal ›spontan‹ etwas
ähnliches geschah. Wir sind so sehr an die scheinbar vernünftige
Beschaffenheit unserer Welt gewöhnt, daß wir uns kaum etwas
vorstellen können, das nicht mit dem gesunden Menschenverstand
zu erklären wäre.«[10] Die Primitiven sind da besser dran. Sie würden
in diesem Falle nicht an ihrem Geisteszustand zweifeln, sondern an
Fetische, Geister und Götter denken, das heißt, ihre Religion hilft
ihnen bei der Bewältigung solcher Erfahrungen. Und unsere?

Auf einer Pfarrertagung stellt ein Pfarrer fest: Wir können nicht
mit den Verrückten beten. Die physisch Kranken weisen wir ins
Krankenhaus, die psychisch Kranken geben wir an den Psychiater
weiter. Ich fragte ihn:»Warum nicht? Warum können Sie nicht mit
ihnen beten?« Der Pfarrer schaute mich ganz entgeistert an, als
wäre ich ein Marsmensch. Stille. Ohne Überleitung erzählte der
Diskussionsleiter, ein promovierter Theologe, von einem Briefträ-
ger in einem allen bekannten Dorf, der die Gabe der Krankenhei-
lung im Geheimen ausübe (er habe sie von einer alten Frau auf
deren Sterbebett erhalten).»Soviel ihm bekannt sei«, fügte der
Diskussionsleiter noch hinzu,»seien viele Menschen durch das
Gebet des Briefträgers (er betete jeweils das ›Unser Vater‹) geheilt
worden«. Nun war der Bann gebrochen. Viele der Anwesenden
faßten Mut und erzählten von ähnlichen Erfahrungen. Der wirkliche, aber falsche Mythos des ersten Interventen[11] (falsch, weil nicht
im Einklang zur Wirklichkeit stehend) war durch die mythische
Sprache des Diskussionsleiters relativiert worden. Es wurde den
Teilnehmern klar, daß es hier nicht um ein rationales versus ein
mythisches Weltbild ging, sondern um zwei verschiedene Mythen,
die beide auf ihren Wahrheitsgehalt zu testen waren[12].

Oder ein anderes Beispiel: Zu einer Konferenz über »den Geist«

---

10. C. G. Jung, Der Mensch und seine Symbole, 45.
11. Der Mythos sagt: Für Krankheiten sind Ärzte und Psychiater allein zuständig.
    Das Gebet hat hier nichts zu suchen.
12. Diese Thematik wird ausführlich diskutiert im dritten Band dieser Interkulturel-
    len Theologie.

kommen fünfhundert Menschen aus ganz Großbritannien. Sie müssen nicht nur Reise und Unterkunft, sondern auch Hörgeld bezahlen. Unter den Referenten ist ein bekannter Professor der Physik, der über die speziellen Molekularveränderungen bei verbogenen Nägeln und Büroklammern berichtet. Die Konferenzteilnehmer können die Metallobjekte sehen und berühren. Sie sind von Knaben durch »mind-power« verbogen worden, in einem Falle sogar durch eine abgeschlossene Glaskugel hindurch. Die verbogenen Stellen weisen – so sagt der Physiker – eine Molekularstruktur auf, wie sie sonst nur unter großer Hitzewirkung entsteht[13]. In diesem Fall wird der allgemein westliche Mythos (der sagt: außer den von uns messbaren Kräften und Einwirkungen gibt es keine realen Kräfte) durch Tatsachen in Frage gestellt, die im gegenwärtigen Mythenrahmen nicht erklärt werden können. Vermutlich wird dies zu einer Erweiterung dieses Mythenrahmens führen.

Ich erwähne diese Beispiele, um die Verbreitung mythischen Denkens im Westen zu belegen – und dies oft auf beiden Seiten, auf der Seite derjenigen, die an die herrschenden Mythen glauben und auf der Seite derjenigen, die sie in Frage stellen. Mythisches Denken ist modernes Denken! Das heißt noch lange nicht, daß wir die Behauptungen und Aussagen des modernen mythischen Denkens ungeprüft übernehmen. Es heißt nur, daß der moderne Mensch offenbar mit dem Mythos weniger Schwierigkeiten hat, als er allgemein zugibt.

Ein Beispiel modernen mythischen Denkens ist auch das Krankenhaus. Niemand hat bis jetzt beweisen können, daß eine unqualifizierte Vermehrung der medizinischen Technologie die Gesundheit einer Gesellschaft fördert. Trotzdem werden ungeheure Summen für diesen unbewiesenen Mythos ausgegeben, ein Mythos, der geschützt wird durch eine komplizierte Mythologie, genannt medizinische Wissenschaft, eine Priesterschaft, genannt Ärzte (nicht zu vergessen der clerus minor, genannt Krankenschwester), eine Liturgie komplett mit weißen Talaren, Chorknaben und lateinischen Formeln, genannt Arztvisite. Diese Beschreibung entstammt nicht meiner Phantasie. Sie ist eine Zusammenfassung dessen, was eine sich immer deutlicher artikulierende Minderheit von Medizinern sagt[14].

---

13. J. Hasted, The Metal-Benders (Diskussion in: ITh III).
14. M. Wilson, The Hospital; ders., Health is for People; H. Schaefer, Die Medizin in unserer Zeit; V. Djukanovic/E. P. Mach, Alternative Approaches to Meeting Basic Health Needs in Developing Countries; K. W. Newell, Health by People (die letzteren beiden Publikationen wurden von der Weltgesundheitsorganisation in Genf herausgegeben).

Ein kurzer Blick auf die elektronische Ikonographie, auf ein populäres Fernsehprogramm, zeigt uns mehr Mythen aus der Welt des Sportes und der Unterhaltungsindustrie. Sie werden ritualisiert und dienen dann als eine Art Identifikationsmechanismen mit den Stars aus den Himmeln des Sportes und der Popwelt. Sie geben dem, der sich mit dem Sieger, dem Held, dem Retter, dem Vorbild identifizieren kann, Dignität und Status. Ob dies etwas Gutes oder Schlechtes ist, steht hier nicht zur Diskussion. Zur Diskussion steht die Kommunikation in Form von Mythen.

Die Welt der Politik ist ein weiterer fruchtbarer Boden für die Mythenforschung. Ein Politiker, der seine Messe nicht täglich liest und sein Brevier nicht regelmäßig aufsagt, kann nicht überleben. Die zelebrierten Mythen sind für das Überleben eines Staates wichtig[15]. Man denke an den Dünkirchen-Mythos[16] oder – um ein Beispiel aus Frankreich zu zitieren – an die Tatsache, daß erst der Mythos eines kurzen Krieges den Franzosen den Mut gab, in den Krieg zu ziehen[17].

Nicht nur rechte, auch linke politische Gruppen, Politiker und Theoretiker arbeiten mit dem Mythos: »Wir kritisieren weder den faschistischen noch den kommunistischen Mythos – denn wir wissen, daß er unterhalb und oberhalb jeder Ratio und damit auch jeder Kritik liegt. Wir setzen ihnen unsere Mythen entgegen: Wunschmythen, antistaatliche Mythen, Rauschmythen des Dionysus, bunte Bilderkarten unserer Gefühle, Zaubermythen der Liebe, Abenteuermythen. Wir sind Polytheisten gegen den Monotheismus auch der sozialistischen Bewegungen, wir setzen den griechischen Götterhimmel und auch den matriarchalischen Göttinnenhimmel gegen Jahwe und auch die Urgöttin Cybele, antihierarchische Bilder statt Führerverherrlichung, auf unserer Erde gibt es Tiermenschen, listige Füchse, Steppenwölfe, weissagende Kröten, stolze Adler, singende Hündinnen. Unser Mythos spiegelt die Vielfalt revolutionärer Bewegungen, die gegen den großen Einheitsmythos, den Moloch, die allesbeherrschende Spinne revoltiert.«[18]

Alfredo Fierro, Fachmann der lateinamerikanischen Befreiungstheologie, versteht unter »Theologie unter dem Zeichen von Karl Marx« eine mythische Theologie. »Der Mythos ist der einzige Weg, durch den Vergangenheit zu einem Ansporn der Aktion, zu einem

---

15. Darüber verhandelt G. Golding in seiner Pariser Dissertation ». . . mais délivrenous du mal«, vor allem 207.
16. Unten, S. 78f.
17. A. Sauvy, Mythologie de notre temps, 16.
18. H. Röttgen/F. Rabe, Vulkantänze, 17.

Sprungbrett für die Freiheit, zu einem offenen Fenster in das Geheimnis werden kann.«[19]
Das alles ist – vorläufig! – nicht als Kritik, sondern als Beschreibung der Wirklichkeit des Mythos gemeint, eine Wirklichkeit, von der behauptet wird, sie existiere für den modernen Menschen nicht. Beschrieben wird der schon von Paul Tillich erhobene Sachverhalt: »Eine wirklich unmythische Geisteslage gibt es nicht ... Und es kann nicht anders sein.«[20] Beschrieben wird das, was J. Gordon Davies »Proto-Glauben« und was andere Vorverständnis genannt haben. Mythische Geschichten »haben eine einzigartige und notwendige Funktion in der Beschreibung von anderweitig unbeschreibbaren und unverständlichen Ereignissen«[21]. »Le mythe est une parole«, »ein Wort«, »ein Kommunikationssystem, eine Botschaft«, »die für die revolutionäre Sprache schlichtweg unaufgebbar ist.«[22] »Der Mythos spricht eine allen Menschen verständliche Sprache: er ist Menschheitssprache.«[23] Der Mythos »ist ein Weg, um die Wirklichkeit zu interpretieren«[24], »eine Methode, um letzte Wahrheit auszudrücken«[25], »ein Instrument, um uns unsere Erfahrungen verständlich zu machen«[26], »ein ›Set‹ von Ideen, das dem Alltagsleben transzendente Sinnhaftigkeit einhaucht«[27], »sinnhafte Symbolsprache der Religion«[28]. »Mythologie ist nicht eine Krankheit, obschon auch sie krank werden kann wie alles Menschliche[29] ... Es wäre schon richtiger, wenn man sagen würde, daß die Sprachen, insbesondere die europäischen Sprachen eine Krankheit der Mythologie sind.«[30] »Der Mythos ist eine Theorie des Lebens, weder aufkeimende wissenschaftliche Neigung noch irrtümliche Wissenschaft, noch unbedingt Mangel an kritischem Sinn oder Geschichtsmethodologie, sondern eine menschliche Verhaltenswei-

19. A. Fierro, The Militant Gospel, 170.
20. P. Tillich, Mythos und Mythologie, 370. Typische Geschichtsmythen in metaphysicher Hülle sind nach Tillich Hegels und Marx' Dialektik der Geschichte, der Fortschrittsgedanke, der historische Pessimismus.
21. J. G. Davies, Every Day God, 30, 38; Davies zit. A. Malraux, The Metamorphosis of the Gods, 20f; B. Wicker, The Story Shaped World, 43.
22. R. Barthes, Mythologie, 215, 255.
23. A. Rosenberg, Mozart und der Mythos der Aufklärung, 31.
24. D. Gelpi, Charism and Sacrament, 116f.
25. G. Thulow, Biblical Myths and Mysteries, 4.
26. H. A. Murray (Hg), Myth and Mythmaking, 354f.
27. P. Berger, Pyramids of Sacrifice, 32.
28. P. Stuhlmacher, Vom Verstehen des Neuen Testaments, 191.
29. Krank wird der Mythos besonders dann, wenn er in die Wüste geschickt, isoliert und »verschupft« wird.
30. J. R. R. Tolkien, On fairy Stories, in seinem Buch, Tree and Leaf, 35.

se, ... welche danach trachtet, sich in dieser Welt zurechtzufinden.«[31]

»Je mehr die kritische Vernunft verwaltet, desto ärmer wird das Leben; aber je mehr Unbewußtes, je mehr Mythos wir bewußt zu machen vermögen, desto mehr Leben integrieren wir. Die überschätzte Vernunft hat das mit dem absoluten Staat gemein: unter ihrer Herrschaft verelendet der Einzelne.«[32] Jedenfalls sieht der indische Theologe Raymundo Panikkar im Fehlen eines Mythos, eines Kultus, einer Liturgie, eines Gottesdienstes in der UNO den Hauptgrund für ihre Krise[33]. Der Mythos ist unaufgebbar für jede Art von Kommunikation. Darum spricht Helmut Aichelin vom »Erwachen des Mythos« und Hubertus Halbfas fordert gar die »Rehabilitation des Mythos«[34] um unserer Zukunft willen. Mythos erscheint nicht nur in der Form neuer Religiosität und der religiösen Subkultur, der »getauften Revolution«[35], sondern selbst bei Skeptikern wie Gerhard Szczesny[36], Leszek Kolakowski[37] und dem Mathematiker I. R. Schafarevitsch[38].

Wenn wir den Begriff »paradigm« in Thomas S. Kuhns grundlegendem Aufsatz über »Die Struktur wissenschaftlicher Revolutionen« durch unseren Begriff »Mythos« ersetzen, wird klar, warum die sogenannten exakten Wissenschaften nicht ohne Mythen funktionieren können, nämlich deswegen, weil sie nicht »ohne ein Ensemble überlieferten Glaubens«[39] arbeiten können. Es gibt in der

31. U. Bianchi, Probleme der Religionsgeschichte, 96f.
32. C. G. Jung, Erinnerungen, Träume, Gedanken, 305.
33. R. Panikkar, Secularization and Worship, 28; deutsch in: K. F. Müller (Hg), Gottesdienst, 86; vgl ITh I, 175.
34. H. Aichelin, Das Wiedererwachen des Mythus; H. Halbfas, Erfahrung und Sprache, 177. B. Wacker, Hubertus Halbfas: Rehabilitation des Mythos, in: B. Wacker, Narrative Theologie, 60-65. H. Halbfas, Religion; ders., Das Menschenhaus. Zusätzlich zu den auf S. 135, Anm. 3 zitierten Autoren der französischen Strukturalistenschule und den Vertretern der interaktionistischen Exegese (S. 135, Anm. 4, S. 136, Anm. 5) ist vor allem noch auf I. G. Barbour (Myths, Models and Paradigms), H. W. Frei (The Identity of Jesus Christ), R. Grainger (The Language of the Rite) und U. Stegelmann (Der Begriff des Mythos) hinzuweisen.
35. H. Wöller, Die getaufte Revolution.
36. G. Szczesny, Todes Gottesproblems (zit. von Aichelin, 16-18).
37. L. Kolakowski, Der Teufel ist mir lieb (zit. von Aichelin, 19).
38. I. R. Schafarevitsch, Über einige Tendenzen in der Entwicklung der Mathematik (zit. von Aichelin, 21f).
39. Th. S. Kuhn, The Structure of Scientific Revolutions, 4. Die deutsche Übersetzung (Die Struktur wissenschaftlicher Revolutionen, 19) spricht von einer »Reihe anerkannter Überzeugungen«. Im folgenden stütze ich mich auf den englischen Text und zitiere meine eigene Übersetzung.

Naturwissenschaft wie in anderen Wissenschaften »keine neutrale Sprache«[40], sondern nur die Sprache, die zur Zeit von der wissenschaftlichen Gemeinschaft, der einer angehört, für gültig gehalten wird[41]. Was einer sieht, hängt nicht nur von dem ab, worauf er blickt, sondern auch davon, was ihn seine visuell-begriffliche Erfahrung zu sehen gelehrt hat[42]. Werden diese Bilder (die Sprache zur Weltbeschreibung) verändert, ändert sich die Welt zwar nicht. Trotzdem arbeitet nach der Bilderveränderung (Kuhn nennt das »paradigm shift«) der Wissenschafter in einer (für ihn) veränderten Welt[43]. Was nicht in die jetzt gültige Sprache (paradigm, Mythos) paßt, wird im allgemeinen »nicht gesehen«[44]. Kuhn erwähnt das Beispiel des Heliumatoms. Ist ein Heliumatom ein Molekül oder nicht? *Alles hängt davon ab, wen man fragt.* Der Chemiker wird antworten: Selbstverständlich ja, denn es benimmt sich wie ein Molekül in bezug auf die kinetische Gastheorie. Der Physiker antwortet: Selbstverständlich nein, denn es zeigt kein Molekülspektrum[45]. Auf unsere Sprache übertragen heißt das: Im Mythos des Chemikers ist ein Heliumatom ein Molekül, im Mythos des Physikers ist es kein Molekül. Man wende dieses einfache Beispiel auf die Definition gesellschaftlicher und theologischer Begriffe an, und man versteht, daß die Wahl der Begrifflichkeit und ihrer Definition nicht lediglich Vorbereitung zur Klärung von Tatbeständen ist, sondern ein Urteil darüber, in welchem Mythenrahmen ich zu argumentieren gedenke. Sie impliziert daher die meisten – formal erst später zu beweisenden Folgerungen.

Die unerwartetste Anerkennung des Mythos für die Kommunikation von Wissen kommt von den Managementwissenschaften: »Ein wissenschaftliches Datum ist für sich selber genommen noch keine Information . . . Information ist Information, wenn – und nur dann, wenn – sie im Rahmen einer ›Geschichte‹ erscheint, im Rahmen eines Mythos, der Bedeutung für den Informationsempfänger und für seine bestimmte Problemstellung hat.«[46]

---

40. Englisch, 201, deutsch, 212.
41. Englisch, 181, deutsch, 193.
42. Englisch, 113, deutsch, 125.
43. Englisch, 121, deutsch, 133.
44. Englisch, 24, deutsch, 38; vgl das instruktive Experiment der Identifikation von Spielkarten, englisch, 52f, deutsch, 75f.
45. Diese Untersuchung wurde von James K. Senior durchgeführt. Englisch, 50, deutsch, 64.
46. I. I. Mitroff/J. Nelson/R. O. Mann, On Management Myth Information Systems, 371.

4.4 Über Bultmann hinaus

Mathematiker, Physiker, Soziologen, Anthropologen, Kommunikationswissenschafter – sie alle haben herausgefunden, daß der Mythos für die Sprache, die Kommunikation unaufgebbar ist. Wenn die Theologie daher auf den Mythos verzichtet, muß sie dafür gute Gründe haben. Welches sind diese Gründe?

Bultmann, den ich hier als Repräsentanten und Sprecher einer bis heute noch nicht ausgestorbenen Schule zitiere, sagt dazu:»Man kann nicht elektrisches Licht und Radioapparat benutzen, in Krankheitsfällen moderne medizinische und klinische Mittel in Anspruch nehmen und gleichzeitig an die Geister- und Wunderwelt des Neuen Testamentes glauben« – die Blumhardtgeschichten sind ihm ein Greuel[47].»Und wer meint, es für seine Person tun zu können, muß sich klar machen, daß er, wenn er das für die Haltung christlichen Glaubens erklärt, damit die christliche Verkündigung in der Gegenwart unverständlich und unmöglich macht.«[48]

Bultmann war sich allerdings schon 1941 bewußt, daß seine Auffassung dessen, was dem modernen Menschen zumutbar ist und was nicht, nicht kritiklos akzeptiert wurde. So schränkte er seine Behauptung in einer Fußnote ein[49], deren Hauptargument er in einer späteren Schrift wieder aufnahm:»Natürlich gibt es noch viel Aberglauben unter den modernen Menschen, aber das sind Ausnahmen oder gar Abnormitäten. Der Mensch von heute baut darauf, daß der Lauf der Natur und der Geschichte, wie sein eigenes Innenleben und sein praktisches Leben, nirgends vom Einwirken übernatürlicher Kräfte durchbrochen wird.«[50] Bultmann fragte sei-

---

47. R. Bultmann, Zu J. Schniewinds Thesen, KuM I, 136.
48. R. Bultmann, Neues Testament und Mythologie, KuM I, 18.
49. »Gewiss kann man sagen, daß es heute Menschen gibt, deren Vertrauen in das überkommene wissenschaftliche Weltbild erschüttert ist, und auch solche, deren Primitivität sie für eine Zeit mythologischen Denkens qualifiziert. Gewiss gibt es allerhand Aberglauben. Aber der zum Aberglauben herabgesunkene Geister- und Wunderglaube ist etwas völlig anderes, als was er als Glaube einst war. Es kommt gar nicht darauf an, von welchen Einfällen und Spekulationen hier und dort labile Existenzen bewegt werden, auch nicht darauf, wieweit unter der Herrschaft von Schlagworten eine antiwissenschaftliche Stimmung verbreitet ist, sondern darauf, in welchem Weltbild die Menschen faktisch leben. Dieses ist aber durch die Wissenschaft bestimmt; und es beherrscht die Menschen vermöge der Schule, der Presse, des Radio, des Kino und überhaupt der Technik.«
R. Bultmann, ebda; geschrieben 1941!.
50. R. Bultmann, Jesus Christus und die Mythologie (ursprünglich englisch, 1958), 13. Es scheint, daß in der Bultmannschule die Mythenauslegung später differenziert wurde. So herrscht zum Beispiel in den späteren Ausgaben von *Kerygma*

ne Leser in aller Unschuld:»Haben Sie dort [nämlich in der Zeitung] irgendwo gelesen, daß politische, soziale oder ökonomische Ereignisse von übernatürlichen Mächten bewirkt werden, von Gott, den Engeln oder Dämonen?«[51] Offensichtlich haben Bultmann und seine Jünger andere Zeitungen gelesen als ich.

Bultmann sieht also mythische Vorstellungen als Randerscheinungen unserer Zeit, als Überbleibsel der Vergangenheit. Es mag ja hier und dort noch »labile Existenzen«, einige Spinner, geben, die in der Vergangenheit leben. Die Theologie braucht sie nicht ernst zu nehmen.

Selbst wenn Bultmann das Selbstverständnis der Mehrheit der westlichen Intellektuellen ausdrückte (ein Marxist würde sagen, wenn er sein klassenbestimmtes Vorurteil zum Ausgangspunkt seiner Wissenschaft macht), müßte man ihm entgegenhalten, daß man den von ihm anvisierten Tatbestand auch anders beschreiben kann, zum Beispiel in den Kategorien von Mircea Eliade[52].

Wer sind denn diese labilen Existenzen, die in der Vergangenheit leben,»deren Primitivität sie für eine Zeit mythologischen Denkens qualifiziert«? Zufälligerweise ist es die Mehrheit der Menschen, die

---

und Mythos ein völlig anderer Umgang mit Mythen vor. Man vergleiche dazu die Beiträge des Inders R. Pannikar (Moral des Mythos und Mythos der Moral, KuM VI/3, 151-170; Der Glaube als konstitutive Dimension des Menschen, KuM VI/4, 15-40; der Band »Kerygma und Indien«, Theol. Forschung 40), des katholischen Vorsitzenden der Rom-Colloquien Enrico Castelli (Einführung: Technik, Eschatologie und Kasuistik, KuM VI/3, 13-20; Einführung: Entmythologisierung und Moral KuM VI/3, 107-116; Einführung zum Thema: Mythos und Glaube, KuM VI/4, 9-14), des Psychologen K. Kerényi (Vom Wesen des Mythos und der Technik, KuM VI/3, 21-30). Bultmanns eigener Meisterschüler, der Jude Hans Jonas:»Das letzte Geheimnis könnte wohl besser in den Symbolen des Mythos als in den Begriffen des Denkens geschützt sein.« H. Jonas, Heidegger und die Theologie, EvTH. 24, 1964, 641; zit. P. Stuhlmacher, Vom Verstehen, 191.

Auf diese Gedanken hätte man spätestens bei Erscheinen des erhellenden Artikels eines sonst nicht bekannten Missionars in KuM kommen können (H. Sauter, Für und wider die Entmythologisierung des Neuen Testaments, KuM II, 41-65). Sauter wurde jedoch, soweit ich sehe, ignoriert.

Es ist hier nicht meine Absicht, Person und Theologie Bultmanns zu werten. Ich bin überzeugt, daß die neutestamentliche Forschung Bultmann wesentliches verdankt, hinter das sie nicht mehr zurück gehen kann. Er hat mich durch seine Lauterkeit, seine Bescheidenheit und die Disziplin seines sprachlichen Ausdrucks beeindruckt. Zur Diskussion steht hier seine Methode der Entmythologisierung, sein monokultureller, ökumenisch und interkulturell unbrauchbarer Umgang mit dem Mythos.

51. R. Bultmann, Jesus Christus und Mythologie, 39. Man bedenke, daß diese Sätze in Amerika gesprochen wurden! Hat Bultmann wohl irgendwann amerikanische Zeitungen gelesen?

auf unserem Planeten wohnen, inklusive die Mehrheit der Christen, nicht zu reden von den bedeutenden, weiter oben zitierten Wissenschaftlern, die im Mythos eine Menschheitssprache sehen und für die der Mythos notwendig für die Wissenschaft ist. Auf Grund dieser empirischen Beobachtung stelle ich fest: Der Mythos stirbt nicht! Wer immer den Mythos als Sprache abwerten will, muß bessere Gründe haben als diejenigen, die Bultmann und seine Jünger vortragen. Mit dem Hinweis »auf den modernen Menschen« kommen wir nicht weiter.

Der Streit geht also nicht darum, ob die christliche Botschaft mit oder ohne Mythos ausgedrückt werden soll. Er geht vielmehr darum, wie wir theologisch sachgerecht mit dem Mythos umgehen[53]. Das ist unterdessen auch von einigen Theologen erkannt worden, und zwar nicht nur von Karl Barth[54], sondern zum Beispiel auch von W. Pannenberg[55].

Weil die Mitteilung des Evangeliums zum Evangelium gehört – wie Bultmann richtig sieht – und weil die Mitteilung des Evangeliums nicht die Vorleistung verlangt, daß ein Hörer *zuerst* seine Denkkategorien ändern muß, bevor wir mit ihm sprechen – wie Bultmann wiederum richtig sieht –, müssen wir zwar nicht kritiklos alle mythologischen Vorstellungen sowohl der Bibel wie auch unserer Welt übernehmen, wohl aber kritisch fragen, welche von ihnen sich am besten für das Weitergeben und Nach-Denken des Evangeliums eignen.

Bevor ich diese Frage weiter verfolge, muß ich kurz auf die Alternativen zurückkommen. Bultmann wählte bekanntlich die Kategorien der Heidegger'schen Philosophie. Das ist die Sprache einer kleinen Minderheit[56] – wie übrigens die Sprache jeder moder-

---

52. M. Eliade, Die Religionen und das Heilige.
53. »It would appear, therefore, that the choice is not whether modern man shall have a myth but rather which one he shall have.« Th. Fawcett, Hebrew Myth and Christian Gospel, 312.
54. »Jesus als der Christus kann innerhalb der historischen Anschaulichkeit *nur* als Mythos verstanden werden.« K. Barth, Der Römerbrief, 6.
55. »Wenn aber die religiöse Thematik nicht schlechthin im Namen moderner Wissenschaft als antiquiert abgewiesen werden kann, erhält dann nicht vielleicht auch der rechte Mythos aufs neue Anrecht und Chance, auf sein Eigengewicht geprüft statt zusammen mit vielerlei heterogenen Sachverhalten pauschal für erledigt erklärt zu werden?« W. Pannenberg, Christentum und Mythos. Spähorizonte des Mythos in biblischer und christlicher Überlieferung, Göttingen 1972, 19.
56. Der tschechische Theologe J. B. Souček stellte schon 1955 fest, daß die von Bultmann als Sprachbrücke verwendete Existenzphilosophie in der Tschechoslowakei (sozusagen noch im Umkreis der deutschen Philosophie) so gut wie

nen Philosophie, sogar innerhalb der christlichen Gemeinden. Das bedeutet nicht, daß sie falsch oder ungeeignet sei, aber es macht sie als Hauptvehikel für die christliche Theologie ungeeignet. Wenn wir nämlich annehmen, daß christliche Theologie mit dem und für das Volk Gottes in seiner Gesamtheit geschieht, dann steht eine solche Methode von Anfang an im Widerspruch zu den Zielen, die erreicht werden sollen.

Wie schon im ersten Band dieser Interkulturellen Theologie angetönt[57], ist dies kein Plädoyer für eine oberflächliche Poptheologie. Eine gemeinsame Besinnung des gesamten Volkes Gottes, aller Theologen in allen Kulturen ist keine primitive Besinnung. Es geht nicht um das Herabtransformieren kulturell bedingter theologischer Inhalte von den Höhen der Universitätstheologie in die Niederungen des gemeinen Volkes oder der Analphabeten Afrikas. Es geht um den umgekehrten Vorgang. Es geht um die Suche nach einem theologischen Medium, das die Universitätstheologie nicht in ein einziges Kulturmedium einsperrt. Universität und Monokultur, Universität und »Einsprachigkeit« schließen sich aus.

5. Heldenmythen

»Die Heldenfigur ist ein Archetyp, der seit unvordenklichen Zeiten existiert.« »Niemand weiß, woher dieses Motiv ursprünglich kommt und wann es aufgetaucht ist. Wir wissen nicht einmal, wie wir es herausfinden könnten. Gewiß ist nur, daß jede Generation es offenbar als Überlieferung aus alten Zeiten kennt.«[1]
Im folgenden Kapitel gehe ich daher nicht den Ursprüngen des Heldenmythos nach, sondern ich versuche herauszufinden, was diese Mythen in unserer Gesellschaft heute bewirken. Dabei beschränke ich mich auf die gesellschaftlichen Bereiche, die ich aus Erfahrung kenne, den Tell-Mythos der Schweizer, den Elite-Mythos der Engländer (im Vorübergehen auch den Herrenmythos der Tausend Jahre) und den davidischen Heldenmythos der Juden und Christen.

---

unbekannt sei (Die Entmythologisierung in der tschechischen Theologie, KuM IV, 11-30), ein sicherer Hinweis darauf, daß Bultmanns theologischer Ansatz interkulturell unbrauchbar ist.
57. ITh I, 51.
1. C. G. Jung, Der Mensch und seine Symbole, 73. Vgl auch J. Henderson, Der moderne Mensch und seine Mythen, im gleichen Band, bes. 110ff und C. G. Jung, Psychologie und Alchemie (1944), bes. 382ff (Bd. 20 der Studienausgabe).

5.1 Mythos von Wilhelm Tell

Nach dem Sturze Napoleons suchten die liberalen Schöpfer der modernen Schweiz eine Idee, die das Widersprüchliche der neuen Schweiz attraktiv machte. Man stelle sich vor, was es bedeutete, einen Staat zu begründen ohne eine gemeinsame Sprache, ohne eine gemeinsame Währung, ohne eine gemeinsame Religion, ohne gemeinsame wirtschaftliche Voraussetzungen und mit einer sehr umstrittenen gemeinsamen Vergangenheit. Der liberale Gedanke des demokratischen Rechts- und Verfassungsstaates war damals vor über 150 Jahren keine Idee, die ein ganzes Volk (und nicht nur ein paar vorwärtsdenkende Köpfe) als Grundlage eines Staates begeistern konnte. Die einzigen Beispiele solcher Staaten waren damals die Vereinigten Staaten von Amerika und Frankreich. Amerika war weit weg, Frankreich aber war so nahe, daß man sich nach den Grauen der französischen Revolution und den Großmachtplänen Napoleons nicht leicht auf dieses Vorbild berufen konnte.

Die Schweiz hatte damals weder eine Nationalhymne noch eine Verfassung. Diese mußten erst noch geschrieben werden. Zum Glück aber gab es Friedrich Schiller, der die Geschichte von Wilhelm Tell dramatisierte. Er führte den Schweizern vor, wie Tell und seine Genossen den fremden Vögten trotzten und das arme Bauernvolk aus der Sklaverei in die Freiheit führten. Diese Geschichte zündete. Im Widerschein der Höhenfeuer zum 1. August, dem Nationalfeiertag, und mit den Worten des alten Schutz- und Trutzbriefes von 1291 in den Ohren, fühlte sich der Schweizer als so ein kleiner Tell, der den europäischen Großmächten trotzte. »So war es schon in der Vergangenheit, und so wird es auch in Zukunft sein«, dachte er. Der Schweizer identifizierte sich mit den Bergbauern der Innerschweiz und erzählte die Geschichte der Aufstände gegen die Habsburger im 13., 14. und 15. Jahrhundert so, wie wenn er selber dabei gewesen wäre. Historisch gesehen kämpfte die Mehrzahl der Vorfahren der heutigen Schweizer damals auf der habsburgischen Seite! Aber das schadete nichts. Die innere Kraft einer Feier hängt nicht von der historischen Genauigkeit des gefeierten Mythos ab, sondern von dem, was dieser bewirkt. Ähnliches gilt auch von den kirchlichen Feiern[2].

Der am 1. August gefeierte Mythos machte die Entstehung eines der eigenartigsten Staatsgebilde der neueren Geschichte möglich.

---

2. Darum sagt Pannenberg zu Recht: »das spezifisch religiöse und gottesdienstliche Leben der Kirche« sei »ihr bedeutendster Beitrag für die Gesellschaft«. W. Pannenberg, Thesen zur Theologie der Kirche, These 30, vgl oben S. 43.

Es war ein Staat, der die Grundlagen für einen Staat erst noch zu schaffen hatte. Man wird unwillkürlich an die neuen Staaten in der Dritten Welt erinnert. Hier wurde gefeiert, was es noch nicht gab, indem behauptet wurde, das alles sei schon Jahrhunderte alt. Und merkwürdigerweise wurde es dann mutatis mutandis Wirklichkeit. Es wurde soweit Wirklichkeit, daß der heutige Entwurf zu einer neuen Bundesverfassung in Anknüpfung an ältere Traditionen mit den Worten beginnen kann: »Im Namen Gottes des Allmächtigen! Im Willen, den Bund der Eidgenossenschaft zu erneuern; gewiß, daß frei nur bleibt, wer seine Freiheit gebraucht, und daß die Stärke eines Volkes sich mißt am Wohl der Schwachen; eingedenk der Grenzen aller staatlichen Macht und der Pflicht, mitzuwirken am Frieden der Welt, haben Volk und Kantone der Schweiz die folgende Verfassung beschlossen...«[3]

5.2 Der englische Mythos: We are on the Lord's Side

Feste machen Politik! Oft ist es schlechte Politik, wie wir uns erinnern, wenn uns die wehenden Hakenkreuzfahnen der Vergangenheit im britischen Fernsehen zum xten Mal vorgeführt werden. Nie in meinem Leben habe ich so viel gelernt über die deutsche Wehrmacht und die Waffen SS, als seit ich das englische Fernsehen im Hause habe. In den neuesten englischen Filmen – nicht etwa alte Streifen, sondern moderne Neu-Inszenierungen – wird die deutsche Wehrmacht mit einer Mischung von Furcht und Bewunderung dargestellt. Ein Mythos des deutschen Offiziers wird kultiviert: Er ist kühl, grausam korrekt, eiskalt und höflich, außerordentlich tüchtig, immer pflichtbewußt. Die Engländer dagegen bringen immer alles durcheinander. Ständig geht bei ihnen etwas schief. Entweder versagt das Funkgerät, oder irgend einer hat etwas Wichtiges vergessen. Aber da die Engländer »on the Lord's Side« sind, da sie auf Gottes und der gesamten Menschheit Seite stehen, gewinnen sie immer. Der Mythos sagt: Trotz englischem Dilettantismus wird die Gerechtigkeit, unsere Gerechtigkeit, siegen. Er sagt: Damals war das englische Volk nicht nur gesund, sondern es war – trotz Angst und Bomben, Tod und Krieg – aus Gründen einer höheren Moral den anderen Völkern überlegen[4].

Wahrscheinlich war dieser Mythos damals während des zweiten

---

3. ITh I, 17 und Kommentar des Tagesanzeigers.
4. Es gab immerhin schon während des Krieges Engländer, die diesen Mythos relativieren wollten. Vgl oben Bischof Bell, S. 23 und Sh. G. Duff, S. 24, Anm. 28.

Weltkrieges eine Überlebensnotwendigkeit. Ich sage »wahrscheinlich«, weil ich das nicht sicher beantworten kann. Aber die Kultivie-
rung dieses Mythos im jetzigen Zeitpunkt ist eine Flucht aus einer
unangenehmen Gegenwart in eine glorreiche Vergangenheit.
Gleicherweise »besingt das britische Parlament seine eigene
Macht«[5] zu einer Zeit, da es praktisch nichts mehr zu sagen hat,
denn der Premierminister ist »ein gewählter Monarch«, »dem das
Parlament seine Referenz erweist«[6]. Das ist nicht die respektlose
Äußerung eines Außenseiters, der von den Subtilitäten der britischen Politik nichts versteht, sondern die Analyse von solchen, die
es besser wissen müssen als ich. »Zwar werden die Vorlagen im
Parlament in dem Sinne diskutiert, daß die Abgeordneten sich
erheben und etwas sagen, aber von wenigen Ausnahmen abgesehen
hat das, was sie sagen, überhaupt keinen Einfluß auf die Vorlage.
Diese ist vom Premierminister und seinen Kollegen längst beschlossen worden.«[7] »Die Debatten besingen lediglich eine schon gefalle-
ne Entscheidung und geben ihr so den Nimbus des Heiligen.«[8]
Zur Diskussion steht hier nicht das Prinzip des britischen Parlamentarismus. Allerdings kann man der Meinung sein, daß die
gegenwärtige Form des britischen Parlamentarismus den heutigen
Aufgaben nicht gewachsen ist. Dann verhindert der Mythos von der
Souveränität des Parlamentes eine kritische Analyse der wirklichen
Situation. Es ist ein lähmender Mythos. Er wird solange beherr-
schend sein, bis ein besserer, ein vorwärts weisender Mythos
entsteht. Zur Diskussion steht daher, wie wir zu einem solchen
neuen Mythos kommen können.

5.3 Uminterpretation des Mythos

Ähnliches ist vom helvetischen Tell-Mythos zu sagen, dann nämlich,
wenn er dazu benutzt wird, die schweizerische Selbstgerechtigkeit

---

5. D. Horne, God is an Englishman, 166. Daß Jesus Engländer war, wurde in
   England zum Beispiel während des Ersten Weltkrieges ernsthaft behauptet
   (E. M. Jackson, Red Tape and the Gospel, 65; J. Williams, Home Fronts, 68).
   Ein Kriegsdienstverweigerer versuchte aus dem griechischen Neuen Testament
   zu zitieren: ›Greek!‹ shouted the chairman of the tribunal. ›You don't mean to
   tell me that Jesus spoke Greek. He was British to the backbone‹. (E. M.Jackson,
   334, Anm. 20; J. Graham, Conscription and Conscience, 43).
6. D. Horne, 163.
7. AaO, 163.
8. »The ›debates‹ are the means by which the prior decisions of these great men,
   often put into order by government officials, are given the honoric value of laws:
   they are a kind of religious chant to hallow an occasion.« Horne, 165.

zu untermauern, etwa nach dem Motto: »Es gibt halt niemanden wie uns!« Darum ist die historische Analyse des Tell-Mythos so notwendig wie die kritische Exegese der biblischen Texte. Sie wird auch auf die gleichen Abwehrmechanismen stoßen. Eine solche Analyse zeigt, was die Funktion des Mythos war und wie er sie erfüllte. Sie zeigt aber auch, in welcher Richtung er nun erweitert werden muß.

Adolf Muschg hat dies in dem schon zitierten Entwurf zum Präambeltext der Bundesverfassung getan. Er stellt die Schweiz in den Weltkontext (der Mythos wird sozialisiert), aber nicht so, daß die Schweiz als Super-Pestalozzi der andern auftritt, sondern so, daß sie im Kampf der Kleinen gegen die Großen nicht verzagt, aber auch nicht trotzig abseits steht. Es geht heute nicht mehr um den Kampf der Bauern gegen die Habsburger. Es geht darum, daß die von uns geschaffenen Institutionen – und seien es gute und demokratische Institutionen wie der schweizerische Rechtsstaat oder das britische Parlament – in ihrer Vorläufigkeit und Bruchstückhaftigkeit erkannt werden. Der Staat ist nicht das Letzte. Und gerade das soll in der Verfassung stehen. Sozusagen eine auf der patriotischen Tradition aufbauende konstruktive Relativierung des Patriotismus! Es geht darum, die Stärke eines Staates an seinem Einsatz für die Schwachen zu messen. Es ist Pflicht aller staatlichen Macht, am Frieden in der Welt mitzuwirken. Mit anderen Worten: der Mythos wird relativiert[9].

Das Entscheidende bei dieser Sozialisierung und Relativierung des Mythos steht allerdings noch aus. Der Tell-Mythos muß durch eine zweite Lektüre interpretiert werden (wie die Strukturalisten sagen würden). Er muß in einem übergreifenden Mythos aufgehoben werden (wie ich sagen würde), nämlich in einem Mythos, der dem normalen Schweizer die Funktion einer kleinen, vielsprachigen, interkulturellen Schweiz im Weltkontext *emotional erfahrbar* macht. Diese neue Funktion muß zelebrierbar werden. Sie muß gefeiert und erlebt werden. Das ist den Schweizern bis jetzt nicht gelungen, wie schon die Tatsache zeigt, daß sie ihre alte Nationalhymne »verloren« und noch keine neue gefunden haben. Der neue Mythos steht noch aus. Er ist aber lebensnotwendig für die Zukunft.

Vermutlich wäre auch der englische Mythos »We are on the Lord's Side« uminterpretierbar, etwa in Richtung auf eine beschei-

---

9. Vgl H. Würgler, Mehr Gerechtigkeit als Leitidee für eine neue Bundesverfassung der Schweiz. Betrachtungen zum Entwurf der Expertenkommission, Festschrift Rich, 247-272.

dene, allem Großraumdenken, allen Weltverbesserungs- und Welt-
erziehungsplänen resolut absagende, die eigenen innenpolitischen
Spannungen ernst nehmende Federation der Völker, die auf den
beiden britischen Inseln wohnen. Eine Länderkammer der britischen Völker und Kulturen und funktionsfähige Länderparlamen-
te wären wahrscheinlich ein wichtigerer Beitrag für die britische
Afrikapolitik als alle diplomatischen Kabinettstücke, schon wegen
des überragenden Vorbildcharakters des britischen politischen
Systems für die ehemaligen Kolonien des britischen Reiches. »We
have lost an empire and not yet found a nation«, sagen die Briten,
was frei übersetzt etwa heißen könnte: »Wir haben eine Weltaufga-
be verloren und noch keine, unseren geringeren Kräften angepaßte
Berufung gefunden.«[10]

Zerstörerische Mythen, wie den englischen Elite-Mythos, den
helvetischen Selbstgerechtigkeitsmythos, den nationalsozialistischen
Herren-Mythos, überwindet man nicht mit Argumenten. »Wir sind
Menschen, nicht Götter. Wir erlangen zuerst durch Erfahrung
Einblick und dann erst durch das Denken.«[11] Man überwindet
solche Mythen durch die Erfahrung eines heilenden Kultes, durch
einen Gegenmythos[12]. Die Vernunft kommt nicht auf gegen die
archetypischen Mächte, insbesondere nicht, wenn diese im Dienste
im Dienste des Überlebens. *Darum ist es in dieser Sache vernünftig,*
die Beschränktheit der Vernunft zu erkennen und Kräfte jenseits der

---

10. »Following the myth that the British are a uniquely pragmatic people, some
British intellectuals decry the whole idea that societies, like people, need some
sense of orientation. But it would seem obvious enough from what the British
now say abouthemselves that what gets on their nerves is that they no longer
know who they are. A people once poised and assured have become socially
awkward. They have not yet learned how to talk in a new way about their past,
their present and their future.« Horne, 15.
11. F. Dürrenmatt, Die Stadt, 116. Auf Dürrenmatts verborgene theologische
Einsichten wurde ich durch E. Weber aufmerksam gemacht (Friedrich Dürrenmatt und die Frage nach Gott), insbesondere auf seine getarnte Polemik gegen
Plato und Hegel und gegen die Gefangenschaft, ja »die Unmöglichkeit des
Denkens« (Weber, aaO, 202ff), sowie auf Dürrenmatts geheime Übereinstimmung mit K. Barth.
12. Darum leistet die brillante Entblätterung des Tell-Mythos durch Max Frisch
(Wilhelm Tell für die Schule) nur eben gerade dieses: Eine ersatzlose Zerlegung
des Mythos. Dagegen hat Barth dem nationalsozialistischen Mythos keine
Entmythologisierung, sondern einen besseren Mythos entgegengesetzt, obschon
er für diesen Tatbestand eine andere Terminologie verwendete, (zur Sache vgl
E. Busch, Karl Barths Lebenslauf, 220, 316), was Peter Berger zur saloppen
Bemerkung veranlaßte: »In a world full of Nazis one can be forgiven for being a
Barthian« (P. Berger, Rumour, 33).

Vernunft in den Dienst der Vernunft zu stellen. Diese These wird uns auch später noch beschäftigen.

5.4 Umgang mit dem davidischen Heldenmythos

Als der Ökumenische Rat der Kirchen seinen Bericht »Die Kirche für andere«[13] veröffentlichte, erwarteten die Herausgeber (zu denen ich selber gehörte) eine weitere Beschleunigung der Säkularisationstendenzen. In einem gewissen Sinne hat sich diese Erwartung erfüllt, besonders in Ländern wie Großbritannien, Frankreich und der Bundesrepublik. Parallel aber zu diesem Säkularisationstrend braust heute eine Welle der Religiosität durch die Gesellschaft. Wir leben in einer Welt, in der man Wahlen mit dem Hinweis auf seine Bekehrung gewinnen (oder verlieren) kann, in der ein nichtchristlicher Komponist mit einem Musical über »Jesus Christ Superstar« ein Vermögen verdienen kann, in der ein britischer Schauspieler ein Theater Abend für Abend füllt, indem er schlicht und einfach das Markusevangelium rezitiert.

»Das einzige wirklich interessante Thema ist Gott«, sagte mir ein anderer Schauspieler. »Er ist das verborgene oder offene Thema jener Stücke, die uns wirklich bewegen. Leider scheinen die offiziellen Religionsvertreter wenig über ihn zu wissen.«

Woher kommt es, fragte ich mich, daß mein Beruf, die Theologie, mitdieser Liturgie der säkularen Gesellschaft, nämlich mit dem Theater, relativ wenig zu tun hat? Wie wäre es möglich, fragte ich mich, daß das, was Künstler und Schauspieler in ihrem Innersten bewegt, nämlich die Sache mit Gott, auch von einem Theologen unter Mitberücksichtigung seines Handwerks dramatisch dargestellt werden könnte?

Solche Fragen lassen sich nicht theoretisch beantworten. Man muß sie in actu ausprobieren. Die Gelegenheit kam für mich, als Frau Heddy Maria Wettstein, die in Zürich ein eigenes Theater besitzt, mich einlud, für sie ein Monodrama zu schreiben.

Ich wählte ein Thema, das mich schon lange beschäftigte: Michal[14]. Michal war die Tochter Sauls, des ersten israelitischen Königs und die erste Frau Davids, des Rivalen und Nachfolgers Sauls. David gelang, was Saul versagt blieb, nämlich die Zusammenfassung der südjudäischen und nordisraelitischen Stämme zu einem

---

13. Oben, S. 29ff.
14. »Michal: Die Frauen meines Mannes«, Uraufführung am 6. 11. 1980 in Zürich; Veröffentlichung auf französisch (Bibl.).

Staat mit einer Berufsarmee, einer zentralen Verwaltung und einer erfolgreichen Außenpolitik. Um den Stämmen eine Hauptstadt zu geben, eroberte David das bisher von Jebusitern und Hethitern bewohnte Jerusalem, fügte dessen Militär- und Priesteraristokratie in sein Reich ein und machte es zum kulturellen, politischen und religiösen Mittelpunkt seines Herrschaftsbereiches. Auch seine Heiratspolitik diente der Zusammenfassung seines Reiches. Er wählte daher seine Frauen aus den verschiedenen Völkerschaften seines Reiches aus.

Bei dieser Strategie der Zentralisierung ging David vorsichtig zu Werke. Er war ein Mann, der auf seine Stunde warten konnte. Sie kam, als Saul eine schwere Niederlage einstecken mußte und zusammen mit dem Kronprinzen Jonathan, dem Freunde Davids, in der Schlacht gegen die Philister fiel. Das war das Signal für Davids Machtübernahme.

Trotz dieser vorsichtigen Politik konnte David Reibereien unter seinen Heeresführern, Oberpriestern und selbst unter seinen eigenen Söhnen nicht verhindern, die selbstverständlich auch seine Frauen, die Mütter seiner Prinzen, in den Strudel der Auseinandersetzungen zogen und oft zu blutigen internen Kämpfen führten.

Michal, die kinderlose Saulstochter, blieb in einem gewissen Sinne von diesen Rivalitäten verschont. Sie verfolgte das politische Kalkül, die theologischen Rechtfertigungsversuche ihres Mannes David mit innerer Anteilnahme und kritischem Verstand. Immer wieder fragte sie sich selber, die Priester und Höflinge und ihren eigenen Mann: Kann dieses Durcheinander von Kleinlichkeit und Großmut, von Eifersucht und Mitleid – kann dies alles wirklich Gottes Wille sein, wie die Priester sagen?

Michal war die Tochter Sauls, des Verteidigers einer untergehenden Kultur, nämlich der altisraelitischen Nomadenreligion. Sie war aber auch die Frau des Förderers der neuen Kultur, der zentralisierten, auf Efficiency, Diplomatie und militärische Macht gegründeten Religion des neuen Israel. Wie reagierte eine kluge Frau wie Michal auf diese Herausforderung? Wie vereinte sie die Verehrung der »guten alten Zeit« mit ihrer leidenschaftlichen Liebe zum erfolgreichen Star der neuen Zeit? Wie konnte sie ihren Kinderglauben versöhnen mit der brutalen Wirklichkeit der religiös-politischen Seilziehereien? Oder mußte sie etwa ihre Gottesvorstellung ändern und einsehen, daß es zum religiösen Wissen gehört, daß wir vieles über Gott nicht wissen können – und daß dieses Nichtwissenkönnen Konsequenzen hat für Politik und Glauben?

Die beiden Interpretationen werden in dem Stück durch zwei musikalische Symbole dargestellt. Der Verzicht auf das letzte

Gotteswissen wird durch ein Passionsmotiv dargestellt, die Politik der Selbsterfüllung und Selbstbestimmung durch den Song »I did it my way« des »erfolgreichen Amerikaners« Frank Sinatra. Die Testfrage, die Michal ihrem Mann auf dessen Sterbelager stellt, muß sie selber beantworten. Sie lautete: Kann einer ehrlich sagen »Mein Leben gehört mir allein und ich gestalte es nach meinem Gutdünken«?

Da ich noch nie ein Stück für eine Berufsbühne geschrieben habe, mußte ich mich von Fachleuten beraten lassen und war erstaunt, wieviel Hilfe und Verständnis von verschiedenen Experten der Zürcher Theaterwelt mir gerade auch für die theologischen Fragen entgegengebracht wurde. Ich mußte herausfinden, wie die komplizierten historischen und bibelwissenschaftlichen Zusammenhänge[15] auf der Bühne so dargestellt werden konnten, daß das Stück nicht einfach ein Bilderbuch à la »Die Zehn Gebote« wurde, zu einem Hymnus auf den davidischen Heldenmythos, sondern zu einem dramatischen Ablauf, in dem sich der Zuhörer selber fragen mußte, ob er nach Sinatras Rezept leben oder ob er sich den schmerzhaften Fragen der Michal stellen und damit den davidischen Heldenmythos relativieren wollte.

Das Stück hört mit dem lapidaren Satz auf: »Das kann nicht wahr sein.« Auf die Frage von Zuhörern »worauf bezieht sich dieser letzte Satz?« antwortete ich vorerst mit der Feststellung: »Die Funktion dieses Satzes ist eben gerade, diese Frage herauszulokken.« Der Zuhörer muß selber entscheiden, worauf er sich *für ihn* bezieht, denn das Schlußbild ist nicht mehr ein Bild von David, sondern es wird – durch den anachronistischen Einbezug von Sinatra – zu einem Gleichnis von mir, dem sogenannten modernen Menschen.

Ich mußte mich ferner fragen: Wie ist es möglich, mit nur einer Person auf der Bühne eine dramatische Handlung zu gestalten? Und schließlich mußte ich mir immer wieder sagen: Ein Theaterstück ist keine Predigt in dem Sinne, daß man am Schluß »die richtige Antwort« gesagt bekommt.

Das Monodrama »Michal« nimmt den davidischen Heldenmythos, den Tell-Mythos der Juden und Christen auf. Es knüpft an bei der Vorstellung des jugendlichen Goliathbezwingers, des inspirierten Psalmendichters, des großmütigen Kriegers, des begnadeten Staatsmannes, des religiös motivierten Herrschers und Retters in einer kritischen Phase der Geschichte des Volkes Israel. Es elimi-

---

15. Siehe unten, S. 139ff, und in den Anmerkungen zu »Michal: Die Frauen meines Mannes«.

niert diesen Mythos nicht, aber es relativiert und sozialisiert ihn[16]. Die Relativierung geschieht dadurch, daß die Geschichte von einer Frau erzählt wird – eine besonders wirksame (oder anstößige) Relativierung, da uns alle biblischen Geschichten in einer Männerfassung überliefert sind[17]. Die Sozialisierung geschieht, indem die Geschichte eines wahrscheinlich subjektiv ehrlichen Politikers so genau wie möglich erzählt wird. Aber die Gründe, die er für sein Ränkespiel angibt, sind die leider allzugeläufigen heutiger Politiker. Wenn man in den religiösen Begründungen Davids die quasireligiösen Begründungen heutiger Politiker mithört, so schwingt die Kritik an der »Liturgie« zeitgenössischer Politiker mit[18].

Wie wurde das Stück verstanden?[19] Die erste Reaktion war Verblüffung und Enttäuschung über diese respektlose Enthüllungsgeschichte. Viele Frauen stimmten in die Kritik Michals an David ein – und meinten dabei die Kritik an dem, was ihnen an der heutigen Männerwelt weh tut. Einige – eine kleine Minderheit – entdeckten die politische Kritik an diesem Heldenmythos. Adolf Dütsch[20], ein Zürcher Theaterkritiker, schrieb: Liegt die Schuld Michals nicht gerade darin, »daß sie sich von Gott ein Bild gemacht hat und meint, ihn zu kennen?«»Rechter Umgang mit dem Mythos« heißt also hier, den Mythos aufnehmen und ihn von Michal so erzählen lassen, daß er relativiert wird, daß er nicht das alles beherrschende Bild Gottes (und der Männer) bleibt.

5.5 Das Bild von der schweizerischen Friedensinsel

Die englische Tageszeitung »Daily Mail«[21] berichtete aus Zürich: »Das Schweizervolk besteht aus drei Rassen: Deutsche, Franzosen, Italiener. Trotzdem kennen sie keine Rassenkrawalle. Die Schweizer sprechen drei Sprachen, aber noch nie hat einer bis zum Tode

---

16. Unten, S. 160ff.
17. W. Schottroff/W. Stegemann, Tradition der Befreiung, 2; Frauen in der Bibel.
18. Unten, S. 88ff.
19. Rezensionen: M. Schoch, Neue Zürcher Zeitung, 10. 11. 1980, 29; H. H. Brunner, Kirchenbote Zürich 68/12A, 1. 12. 1980, 2; Tagesanzeiger Zürich, 10. 11. 1980; 23; Zürichsee-Zeitung, 12. 11. 1980.
20. A. Dütsch, Reformatio 30/2, Febr. 1981, 131.
21. Brian James in Daily Mail, zitiert in dem vom Schweizerverein und vom Schweizer Konsulat herausgegebenen Swiss Observer Nr. 1770, Okt. 1980, 4. Das Folgende erschien als Artikel unter dem Titel »Ich schäme mich«, in: Leben und Glauben 56/11, 11. 3. 1981, 6f.

fasten müssen, wie in anderen Ländern, um seine Sprache zu verteidigen. Sie bekennen sich zu zwei lebendigen Religionen. Aber seit hundert Jahren haben sie keine religiösen Märtyrer mehr gehabt. In der Schweiz gibt es mehr Banken und weniger Bankräuber als irgendwo in der Welt. Die Hauptsitze großer Versicherungsgesellschaften sind in der Schweiz, aber es gibt weniger Schadenfälle als irgendwo. Einbrüche kommen selten vor und Vandalismus ist sozusagen unbekannt. In den Schweizer Städten kann man ohne Furcht vor Überfällen abends spazieren gehen. Man muß keine Angst haben, irgendwo über eine unbeleuchtete Baustelle zu stolpern oder durch herumliegende Abfälle geärgert zu werden. In der Schweiz gibt es Prosperität und keine Arbeitslosigkeit. Obschon die Teuerung in den letzten Monaten anzog, bleibt die Lösung der Schweizer die gleiche: Dann werden wir eben ein wenig härter arbeiten. Natürlich ist die Schweiz kein Paradies. Aber sie ist eine Insel gesunder, vernünftiger Leute, die ganz schön komfortabel leben können, ein Land, wo man noch Kinder erziehen kann, wo sie richtig ernährt und gut ausgebildet werden, um in der nächsten Generation die Geschäfte ihrer Väter übernehmen zu können. So war es, bis vor kurzem die Krawalle in Zürich und anderswo ausbrachen. ›Warum?‹ fragten die erschrockenen Schweizer und wußten keine Antwort. Ist es vielleicht deshalb, weil die Schweizer Eltern ihren Kindern alles gaben, was sie wollten, nur keine herausfordernde Aufgabe?«

Möglicherweise hat der englische Journalist, Brian James, der diesen Bericht schrieb, recht. Die Schweizer haben die meisten Probleme gelöst, die ihre europäischen Nachbarn plagen. Sie haben eine gute Altersversorgung, niedrige Arbeitslosenraten, niedrige Steuern, eine funktionierende Verwaltung. Die Rivalitäten zwischen den verschiedenen Gruppen halten sich in Grenzen. Religiöse und soziale Konflikte, die andernorts zu bürgerkriegsähnlichen Auseinandersetzungen führten, wurden in der Schweiz durch einen typischen helvetischen Kompromiß vernünftig gelöst. Und selbst das dornenvolle Fremdarbeiterproblem ist zwar nicht gelöst, aber es wird in der Schweiz nicht schlechter gehandhabt als in anderen Ländern.

Und nun bricht in dieses friedliche Idyll eine Lawine von irrationalen, zornigen jungen Leuten ein, die alles zusammenschlagen, was ihnen in den Weg kommt. Soweit ist das nichts Besonderes. Alle europäischen Länder haben solche Eruptionen von Zeit zu Zeit erlebt. Was aber verwundert, ist die Unfähigkeit insbesondere der

Zürcher Behörden und ihrer Polizei, mit diesen unvernünftigen
Ausbrüchen vernünftig umzugehen. Daß Jugendliche mit ihren
Enttäuschungen nicht vernünftig umgehen, ist zu erwarten. Die
meisten von uns waren in diesem Alter nicht anders. Daß aber
erwachsene Polizeimänner sich von ihren Gefühlen hinreißen lassen, ist nicht zu erwarten.

Über die Vorfälle, die der Tagesanzeiger von Zürich[22] zu berichten weiß, kann man sich als Auslandschweizer nur schämen. Ich
greife von mehreren Fällen einen einzigen heraus. Erich Schmid, ein
akkreditierter Polizeiberichterstatter, schreibt[23]: »Am Heiligen
Abend drang in unsere Wohnung am Neumarkt nicht nur das
Glockengeläute, das die Weihnachtsmessen ankündigte. Trotz Dop-
pelverglasung waren Geräusche von zahlreichen Petarden, von
abgefeuerten Gummigeschossen und von klirrendem Glas, aber
auch Schreie zu hören. Angesichts dieser Szenen in der Altstadt
entschloß ich mich um 23.40 Uhr eine Bekannte, die wir eingeladen
hatten, nach Hause zu begleiten. Wir gingen den Neumarkt hinunter
in Richtung Marktgasse. Gegenüber der Kantorei hörten wir unver-
mittelt verzweifelte Schreie. Wir drehten uns beide um und sahen,
wie vier oder fünf Polizeibeamte mit Knüppeln und Schuhen auf
einen am Boden liegenden Wehrlosen einschlugen. Ich war schok-
kiert, hielt inne, blieb aber aus Furcht ruhig stehen. Meine Beglei-
terin jedoch verlor die Nerven und schrie: ›Nein! Nein! Das könnt
ihr nicht machen.‹ Daraufhin stürmten drei Polizisten aus der
Froschaugasse auf uns zu. Einer von ihnen feuerte ohne Warnung
aus fünf Meter Entfernung eine Gummigeschoßladung ab. Wir
wurden getroffen. Ich konnte kaum mehr gehen mit Prellungen an
beiden Knien.«

Der Berichterstatter meldete sich daraufhin bei der Informations-
stelle der Stadtpolizei. Der dortige Sprecher beschwichtigte ihn und
sagte, die Stimmung in der Polizei sei wegen der vermasselten
Weihnacht äußerst schlecht. Den Mannschaften sei Zurückhaltung
empfohlen worden. Dies habe jedoch dazu geführt, daß die Presse-
stelle in den eigenen Reihen nicht mehr beliebt sei. Wörtlich meinte
er: »Uns sagen jetzt nicht mehr alle Beamten ›Grüezi‹. Wir müssen
bald einmal aufpassen, daß wir nicht auch noch einen Knüppel auf
den Kopf bekommen.«

Wenn unschuldige Passanten verletzt, Verhaftete nach der Ver-
haftung mit Tränengas abgespritzt und mißhandelt, Eltern, die sich

22. Tagesanzeiger Zürich (Fernausgabe), 21. 10. 1980, 11f. (Harte Vorwürfe wegen
    Polizeiübergriffen bei Einsätzen an Demonstrationen.)
23. E. Schmid, Schreie in der Heiligen Nacht, Tagesanzeiger 30. 12. 1980, 4.

nach ihren Kindern erkundigen, angepöbelt werden, dann ist etwas faul im Staate Dänemark. Die Ausrede, die Polizisten seien müde und unwillig, weil sie Überstunden leisten müßten, zieht nicht. Ein Arzt, der über Weihnachten Dienst leisten muß, kann sich auch nicht herausreden, wenn er seiner Pflicht nicht nachkommt. Von einem Arbeiter bei den Schweizerischen Bundesbahnen, einem Pfarrer, einem Lehrer, einem simplen Autofahrer wird erwartet, daß er sich auch unter erschwerten Umständen korrekt verhält und seine Pflicht tut. Sollen diese allgemein in der Schweiz erwarteten Vorstellungen von beruflicher Kompetenz und Pflichterfüllung ausgerechnet für die Zürcher Stadtpolizei nicht gelten? Ich frage mich, was sie seit 1968 unternommen hat. Hat sie ihre Mannschaft psychologisch und taktisch trainiert, so daß sie wirksam, aber ohne unkontrollierte und schädliche Wutausbrüche ihre Arbeit tut? Hat sie dafür gesorgt, daß unfähige Polizeimänner ersetzt werden?

Die Schweizer sind zu Recht stolz auf ihre kompetenten Fachleute. Auf Polizeimänner, die ihre Nerven verlieren, können sie nicht stolz sein. Solche Polizisten schädigen den Ruf der Polizei als Hüter von Recht und Ordnung und lähmen die Bereitschaft der Bevölkerung, ihnen in ihrer schweren Arbeit beizustehen.

Diesen Kommentar schrieb ich für die schweizerische evangelische Wochenzeitung »Leben und Glauben«. Darauf hagelte es Protestbriefe. Daß das Bild von der schweizerischen Friedensinsel so brutal zerstört worden war, ärgerte die Schweizer zu Recht. Daß aber darüber hinaus noch ihr Bild von der Polizei als Hüter von Recht und Ordnung arge Risse bekam, war untragbar. Anstatt sich der Frage zu stellen, wie gehen wir vernünftig mit unvernünftigen Ausbrüchen um, statt sich zu fragen, wie können wir wieder eine Polizeitruppe bekommen, die die Schuldigen verhaftet und nicht in einzelnen Fällen gleichzeitig als Strafrichter und Rächer auftritt, wurden der Verfasser und die Redaktion der Zeitschrift beschimpft. Das Erstaunlichste aber war die Reaktion des Polizeivorstandes der Stadt Zürich. Er schrieb unter anderem: »Ich muß es Ihnen überlassen, zu entscheiden, ob eine derart verzerrte Darstellung über Ereignisse in unserem Land wirklich dem christlichen Volk dient[24].

Da wird einfach über eine Gruppe von Menschen, in diesem Fall die Polizei, hergefallen, ohne auch nur den Versuch zu unterneh-

---

24. Vgl weiter unten, wie Stefan Heym die «objektive Wahrheit« definiert (S. 137).

men, sich über die Wahrheit der Ereignisse in unserer Stadt zu erkundigen.

Kein Wort davon, daß die sogenannte ›Jugendbewegung‹ in unserer Stadt der Polizei gemeldete Sachschäden in der Größenordnung von rund 4,3 Millionen Franken verursacht hat. Kein Wort davon, daß unsere Polizisten sich schweren Angriffen mittels Pflastersteinen, Stahlkugeln und Molotow-Cocktails ausgesetzt sahen. Kein Wort davon, daß allein am ersten Tag der Demonstrationen 24 Polizisten verletzt wurden. Über die weit über 100 000 geleisteten Überstunden der Polizei wird nichts erwähnt. Verschwiegen wird Ihren Lesern auch die Tatsache, daß die Bevölkerung der Stadt Zürich seit dem 30. Mai 1980 nur noch an vereinzelten Wochenenden ungestört die Innenstadt aufsuchen konnte: Privatautos wurden beschädigt, Tramwagen abgekoppelt, Bremskabel zerschnitten, Fußgänger belästigt, Schaufenster zertrümmert, Läden geplündert etc.

Daß es bei der Bekämpfung dieser krassen Rechtswidrigkeiten zu in Einzelfällen recht unerfreulichen Auseinandersetzungen mit angeblich Unbeteiligten (Gaffern) gekommen ist, war auch mit bestem Willen nicht zu vermeiden.

Immerhin darf festgehalten werden, daß bei den 103 Veranstaltungen mit Extraaufgeboten der Polizei mit 45 direkten Polizeieinsätzen, es zu nur 100 Beschwerden gekommen ist, wobei mehrere noch den gleichen Vorfall betrafen. . .«[25]

So ist das also in Zürich. Nur hundert Beschwerden. Und wenn nur die Hälfte dieser hundert Beschwerden zu Recht erfolgten, so können die polizeilichen Übergriffe kaum entschuldigt oder gar als unvermeidlich hingestellt werden. In welchem Reglement, in welchem Gesetz steht, daß bei Schadenhöhen von über vier Millionen die Polizei im Interesse des Rechts das Recht brechen dürfe? Wo steht, daß bei über 100 000 Überstunden von der Polizei keine korrekte Erfüllung ihrer Pflicht erwartet werden dürfe? Auf meine Fragen nach der Ausbildung der Polizei wußte der Stadtrat keine Antwort.

Als ich meine Freunde in Zürich kurz nach der Veröffentlichung des Berichtes in »Leben und Glauben« besuchte, wurde ich über mir unbekannte Tatbestände aufgeklärt, zum Beispiel, daß die Unruhen von außen gesteuert seien, daß einige der Rädelsführer einzelne Polizisten zur Zeit und zur Unzeit mit Telefonanrufen

25. Stadtrat H. Frick, Polizeivorstand der Stadt Zürich, an die Redaktion von Leben und Glauben, 18. 3. 1981.

traktierten, sie beschimpften und bedrohten, daß ich darum lieber nicht mehr über Dinge schreiben solle, die ich als Auslandschweizer nicht verstehen könne. Ich hörte zu und notierte mir ihre Argumente, kann aber bis heute nicht verstehen, inwiefern diese Informationen meine Kritik entkräften. Ich mußte aber einsehen, daß die journalistische Konzentration meines Artikels auf »die Polizisten« problematisch war. Die einzelnen Polizeimänner waren offensichtlich vor Aufgaben gestellt worden, die sie trotz Einsatz, Mut und Geduld kaum noch bewältigen konnten und deren Bewältigung daher von ihnen allein nicht zu erwarten war[26].

Im Rahmen unseres Themas »Umgang mit Mythen« zeigt sich an diesem Beispiel die Schwierigkeit, die wir haben, mit Mythen vernünftig umzugehen, sowohl mit dem mythischen Bild von der schweizerischen Friedensinsel, wie auch mit dem Mythenvakuum der jugendlichen Bilderstürmer. Wie könnten wir, da wir es nie gelernt haben und uns eingeredet haben, wir seien rationale, praktische denkende Schweizer? Darum fallen wir im Notfall auf primitive und unreflektierte Racheaktionen zurück: Wer mein Bild zerbricht, mein Ritual stört, meine Mythen antastet, der soll sich nicht wundern, wenn es ihm an den Kragen geht. Mein Mythos wird dadurch – theologisch gesprochen – zum Tod bringenden Gesetz. Merken wir nicht, daß wir so eines der wichtigsten Rechtsgüter des Rechtsstaates aufs Spiel setzen, nämlich den Grundsatz, daß erlittenes Unrecht mich nicht berechtigt, ebenfalls Unrecht zu verüben? Im Umgang mit den Heldenmythen unserer Zeit werden wir mehr denn je lernen müssen, Kräfte von jenseits der Vernunft in den Dienst der Vernunft zu stellen[27].

---

26. Insbesondere macht der gut informierende Bericht von H. J. Fehle (Kirche und Unruhe – am Beispiel Zürich) darauf aufmerksam, daß die Übergriffe der Polizei »psychologisch verständlich« seien; politisch schaffen sie aber eine fatale Situation, weil die Polizei »zeitweise eher als Partei in einem Bürgerkrieg denn als faire, neutrale Ordnungsmacht erscheint«. Vgl. auch den Bericht von Jürg Altwegg (Das gestörte Ritual), der auf »ernsthafte Deutungsversuche« der Unruhen hinweist. »Die kühnen, zum europäischen Bestseller gewordenen »Thesen zu den Jugendunruhen 1980«, welche die Eidgenössische Kommission für Jugendfragen unter dem Vorsitz des bürgerlichen Genfer Politikers Guy-Oliver Segond zusammenstellte und die Bundeskanzler Schmidt voller Anerkennung ausgiebig vor dem Bundestag zitierte (der Zürcher Erziehungsdirektor hingegen als ›Propagandabuch‹ und ›gehobene Makulatur‹ bezeichnete), unterstreichen, wie notwendig es sei, die verschiedenen kulturellen Strömungen besser in die Gesellschaft zu integrieren.«
27. Ein Beispiel unten, S. 112ff.

6. Weihnachtsmythen

Es ist eigentlich erstaunlich, daß wir nicht bessere Experten im Umgang mit Mythen sind, haben wir doch in der Bibel eine großartige Vorlage, die uns zeigt, wie man mit Mythen umgeht, ohne ihnen zu verfallen, aber auch, ohne sie zu verdrängen. Sie ist allerdings kein Lehrbuch zum Thema »Wie geht man mit Mythen um«, sondern eher eine Serie von Fallstudien und Gleichnissen zum Umgang mit Mythen. Ich halte diese Didaktik für sinnvoll und richtig. Man mag mich deswegen ruhig einen Fundamentalisten schimpfen. Ich werde in den folgenden Kapiteln die Methode verwenden, die ich von den biblischen Autoren glaube gelernt zu haben, und eine Serie von Fallbesprechungen und Gleichnissen zum Umgang mit Mythen erzählen.

Dabei sind wir »gezwungen, in Bildern und Gleichnissen zu sprechen, die nicht genau das treffen, was wir wirklich meinen«[1]. »Genau so wie das Gleichnis nicht lediglich zur Illustration von Ideen dient, die man anders besser ausdrücken könnte. . ., so ist Jesus nicht einfach eine Illustration für das Reich Gottes, welches ohne ihn besser zu begreifen wäre.«[2] Das heißt doch: es ist nicht ohne weiteres möglich, die biblischen Inhalte (»die Ideen«) von der Form, in der sie dargeboten werden, zu lösen. Für meine Weise der interkulturellen Theologie jedenfalls gilt: Wenn ich das, was ich sagen will, in anderer Form (in rein begrifflicher Form) besser sagen könnte, würde ich es in anderer Form sagen.

6.1 Ein Brief aus Antiochia

Antiochien[3], 6. Januar 81.

Liebe Freundin,
    es ist spät nachts. Mein Mann ist bereits zu Bett gegangen und die Sklaven schlafen alle außer dem Türwächter. Du weißt ja, daß man

---

1. W. Heisenberg, Der Teil und das Ganze, 285. Hans Weder schreibt im Anschluß an dieses Zitat:»Wenn Heisenberg schon im Blick auf die Beschreibung der Wirklichkeit der Welt nicht auf die metaphorische Sprache verzichten kann, um wieviel mehr muß die Metapher dort unentbehrlich sein, wo es um die Wahrheit Gottes geht.« H. Weder, Die Gleichnisse Jesu als Metapher, Vorwort.
2. Sallie McFague TeSelle, Speaking in Parables, 82.
3. Zu Datum und Abfassung des Matthäusevangeliums vgl E. Schweizer, Das Evangelium nach Matthäus, 4f; J. Schniewind, Das Evangelium nach Matthäus, 8; S. Schulz, Die Stunde der Botschaft, 160-64; G. Bornkamm, Art. Evangelien, synoptische, RGG[3] II (1958), 762f.

in Daphne, nur einige Kilometer von Antiochien entfernt, besonders auf der Hut sein muß vor Einbrechern. Mein Haussklave hat eine Oellampe angezündet, denn ich muß Dir unbedingt berichten, was sich heute zugetragen hat. Wir sind nämlich an einen literarischkulturellen Zirkel des Manaen[4], dem Jugendfreund des Vierfürsten Herodes[5] eingeladen worden. Du weißt ja, daß mein Mann vor einigen Jahren befördert wurde. Deswegen mußten wir von Jerusalem nach Antiochia, in die Hauptstadt Syriens ziehen. Er hat hier die Verwaltung der modernen Wasserversorgung und der öffentlichen Bäder übernehmen müssen[6]. Es ist eine Arbeit, die ihm Freude macht, ihn aber auch sehr beansprucht. Es gefällt uns gut hier, außer daß es Zeit braucht, bis man neue Freunde findet.

Das soll aber jetzt anders werden, denn einer der Kollegen in der Provinzverwaltung ist der eben erwähnte Manaen. Er gehört zur Sekte der Christianer. Davon will ich Dir in diesem Brief erzählen. Was man für eine Bewirtung bei einem römischen Provinzbeamten erwarten kann, das weißt Du ja. Ich brauche Dir deswegen nicht das Wasser im Mund zusammenlaufen zu lassen. Aber wenn dieser Manaen typisch ist für die Christianer, dann haben sie einen guten Geschmack. Er bewohnt ein sehr schönes, modernes Haus. Nur die fehlenden Götterstatuetten fielen mir auf. Die Christianer beten zu einem Gott, der unsichtbar ist und unsichtbar bleibt.

Heute abend waren auch ein christlicher Rabbiner und einige Frauen aus der Gemeinde der Chistianer eingeladen. Diese Frauen werden Prophetinnen genannt[7]. Diese sind keineswegs, wie bei den Griechen, Römern und Semiten, entweder Tempelpriesterinnen oder Tempeldirnen. Es sind zum Teil verheiratete, zum größeren Teil aber unverheiratete Frauen, die sich zu theologischen Sachfragen äußern!! Na, so etwas. Kannst Du Dir das in Jerusalem, Athen oder Rom vorstellen? Gewiß, sie helfen auch bei der Vorbereitung der gemeinsamen Festmahle der Christianer. Aber sie haben darüber hinaus einen besonderen Platz in der Liturgie.

---

4. Apg. 13. 1. Diskussion und Lit. zu Manaen in E. Haenchen, Die Apostelgeschichte, 336.
5. W. Foerster, Art. Herodes und seine Nachfolger, RGG³ III (1959), 268f.Von Jesus »Fuchs« genannt (Luk. 13,32) und von Johannes dem Täufer gebrandmarkt, weil er seinem Halbbruder dessen Frau Herodia abspenstig machte und sie unter Verstoßung seiner eigenen Frau heiratete (Mark. 6,17ff). 39 n. Chr. verlor er sein Reich.
6. F. W.Norris, Art. Antiochien, TRE III (1978), 99-103.
7. Zum Prophetismus in der matthäischen Gemeinde vgl E. Schweizer, Das Evangelium nach Matthäus, 114-117, und ders., Beiträge zur Theologie des Neuen Testaments, 49-70.

Eine dieser Prophetinnen – stell Dir vor, sie heißt Claudia, wie ich – ist mir besonders aufgefallen. Ich glaube, sie kam – trotz ihres lateinischen Namens – aus Kreta. Sie trug eine reich bestickte Tunika. Sie erzählte, daß sie in der Nacht einen Traum gehabt habe. Der Prophet Jesaja – das ist einer der alten Propheten der Juden, Du mußt von ihm gehört haben in Jerusalem – sei ihr erschienen. Das heißt,»erschienen« ist nicht das richtige Wort. Sie hat ihn nämlich nicht gesehen, nur gehört. Er sagte ihr:»Der Herr wird euch ein Zeichen geben. Siehe, die Jungfrau wird schwanger werden und gebiert einen Sohn. Und sie gibt ihm den Namen Immanuel.«[8]

Am Morgen habe sie einen ihrer Gemeindeleiter gefragt, eben den auch eingeladenen christlichen Rabbiner, was davon zu halten sei. Er habe ihr geantwortet:»Ja gewiß, diese Verheißung steht bei Jesaja. Und, so fügte er bei, sie ist in der Geburt des Jesus, den wir Christianer als Heiland anbeten, erfüllt.«

Mit größter Spannung hörten die Eingeladenen zu. Lucius von Cyrene[9] meinte grimmig:»Ich begreife, Claudia, daß dir diese Jungfraugeschichte gefällt. Aber wir wissen doch, daß die Mutter Jesu mit Joseph verheiratet war. Wir kennen die Brüder Jesu. Einer von ihnen, Jakobus, hat sich mächtig viel auf seine Verwandtschaft eingebildet und uns hier in Antiochia auch genug Schwierigkeiten gemacht mit seinem jüdischen Starrsinn.« Symeon mit dem Beinamen Niger[10], weil er dunkelbraune, fast schwarze Haut hatte, ließ seine weißen Zähne blitzen und sagte langsam mit dem musikalischen Ton, den wir an den Schwarzen gewohnt sind, wenn sie griechisch reden:»Ach du mein Gott. Alle anständigen Religionsstifter im römischen Reiche sind Jungfrausöhne[11]. Das soll offenbar eine Anpassung an die Zeitströmung sein. In unseren alten syrischen und aramäischen Dokumenten jedenfalls – die ihr Griechen nicht lesen könnt (er sagte das sehr betont) – ist Joseph eindeutig der Vater des Jesus[12].«

Manaen hatte schweigend zugehört. Nun bat er den eingeladenen christlichen Rabbiner um seine Ansicht. Dieser zog eine Pergamentrolle hervor und bemerkte:»Ich glaube, es ist nötig, neben dem Evangelium des Markus, das wir alle kennen, und den sonst

---

8. Jes. 7.14.
9. Apg. 13,1; E. Haenchen, 317f, Anm. 6.
10. Apg. 13,1; E. Haenchen, 336, Anm. 4.
11. E. Schweizer, Das Evangelium nach Matthäus, 14; K. Goldammer/W. Marxsen/ P.Althaus, Art. Jungfrauengeburt, RGG³ III (1959), 1068ff (Lit.); G. Delling, Art, parthenos, ThWNT V, 827ff.
12. Zitiert in Zürcherbibel zu Matth. 1,16, vgl ITh I, 11.

umlaufenden Einzelgeschichten über Jesus von Nazareth noch
einmal ein Evangelium zu schreiben, das diese Tradition des Jesaja
mitberücksichtigt. Ich habe den Anfang dieses Evangeliums
geschrieben und möchte ihn euch vorlesen, damit ihr mir sagt, was
ihr davon haltet.«

Er begann mit leiser Stimme:»Mit der Geburt Jesu Christi aber
verhielt es sich so. Da seine Mutter Maria dem Joseph verlobt war,
fand es sich, ehe sie noch zusammengekommen waren, daß sie
schwanger war vom heiligen Geist. Joseph aber, ihr Mann, der sie
nicht bloßstellen wollte, beschloß, sie ohne Aufsehen zu verlassen.
Indem er aber dies bei sich erwog, siehe, da erschien ihm ein Engel
des Herrn im Traum und sprach: Joseph, du Sohn Davids, fürchte
dich nicht, Maria, deine Frau, zu dir zu nehmen; denn das in ihr
erzeugt ist, das ist von dem heiligen Geist. Und sie wird einen Sohn
gebären, und du sollst seinen Namen Jesus nennen, denn er wird
sein Volk von ihren Sünden retten. Dies alles aber ist geschehen,
damit erfüllt würde, was vom Herrn durch die Proheten gesagt
wurde, der da spricht: Siehe, die Jungfrau wird schwanger sein und
einen Sohn gebären, und man wird seinen Namen Immanuel
nennen, das heißt übersetzt: Gott mit uns. Als aber Joseph vom
Schlaf aufstand, tat er, wie ihm der Engel des Herrn befohlen hatte
und führte seine Frau heim. Und er erkannte sie nicht, bis sie einen
Sohn geboren hatte, und er nannte seinen Namen Jesus.«[13]

Der Rabbiner faltete sein Pergament zusammen. Eine peinliche
Stille herrschte. Nur die Augen der Claudia aus Kreta glühten.
Schließlich sagte sie laut:»Gottseidank!«»Was sagst du da«,
widersprach ihr der schwarze Symeon.»Nimmt mich wunder, was
Joseph zu dieser Fabelgeschichte zu sagen hätte, wenn er noch lebte.
Und Maria war doch als rechtschaffene Mutter und normale Frau
bekannt. Nein, diese Auslegung gefällt mir nicht«.

Manaen räusperte sich. Er ließ noch einmal Wein auftragen, aus
der Staatskellerei, wie er nicht unterließ zu bemerken. Dann sagte
er:»Die alte syrisch-christliche Tradition, die daran festhält, daß
Joseph der Vater unseres Herrn Jesus ist, und trotzdem glaubt, daß
Jesus von Nazareth für uns der Christus, der Immanuel ist, ist mir
wohl bekannt. Wir dürfen aber die neue Tradition des christlichen
Rabbiners deswegen nicht einfach verwerfen. Wer weiß, ob sie in
Zukunft nicht eine große Rolle spielen wird. Nach meiner Meinung
gehört es zum Wesen unseres christlichen Glaubens, daß wir in
Sachen Geburt Jesu verschiedene Traditionen vertreten und trotz-

---

13. Matth. 1,18-25.

dem gemeinsam glauben, daß es dieser Jesus-Immanuel ist, der die Welt errettet.«

Das hielt ich nun doch für ein starkes Stück, nämlich, daß ein einfacher Handwerker aus Galiläa, der wegen Aufruhrs hingerichtet wurde, die Welt erretten sollte. Hast Du davon etwas gehört in Jerusalem? Und ist etwa unsere Welt besser geworden, seit dieser Jesus gekommen ist? Kannst Du mir bald darauf antworten? Eines jedoch ist sicher: Die Christianer sind anders als wir, weil sie an ihren Jesus glauben können auf verschiedene Weise, auf die Weise der Claudia und des Rabbiners, die die Geschichte von der Jungfraugeburt erzählen, und auf die Weise des schwarzen Symeon und der alt-syrischen Tradition, die lehren, ihr Jesus sei der Sohn des Joseph. Und dies alles in ein und derselben Religionsgemeinschaft. Selbst, wenn ich nicht an ihren Jesus glaube, ihre Weise, mit Konflikten umzugehen, macht mich nachdenklich. Stelle Dir vor, was dies im Klima der politischen Intrigen und Seilziehereien in der römischen Kolonialverwaltung bedeuten könnte! Mich nimmt nur wunder, worin der Zusammenhalt unter den Christen besteht, wenn sie sich derart verschiedene Glaubensauffassungen leisten können. Bitte, schreibe mir bald,

Deine Claudia.

6.2 Vergleich zweier Weihnachtsgeschichten

Der Brief aus Antiochia nimmt vorerst ein Thema des ersten Bandes dieser Interkulturellen Theologie wieder auf, indem die beiden Fassungen der Weihnachtsgeschichte des Matthäusevangeliums miteinander verglichen werden. Die eine Fassung wird im kulturellen Medium des Alten Testamentes, in der aramäischen Sprache erzählt. In dieser Tradition ist Jesus der Sohn des Joseph. Das ist eine sehr alte und ehrwürdige Tradition.

Die andere Weihnachtsgeschichte wird im Medium des Hellenismus erzählt, dem Medium der neuen griechischen Kultur, die auch nach Antiochia eingedrungen war. Nach dieser Tradition war Jesus vom Heiligen Geist gezeugt worden.

Beiden Traditionen gemeinsam ist, daß sie in Jesus etwas besonderes sehen. Sie drücken dies aber in kulturell widersprechenden Formen aus.

Der Vergleich zeigt, daß die Inkulturation des Glaubens sich auf Haupt- und nicht lediglich auf Nebensachen des Glaubens bezieht. Kulturell bedingte Weisen der Theologie verändern die Theologie selber. Es wird oft angenommen, Kultur sei eine Art Dekoration, etwas, das man dem Eigentlichen überhänge. Es wird angenommen, es gebe so etwas wie den Inhalt der biblischen Botschaft, der dann in verschiedenen Tonarten moduliert werden könne. Aber – gibt es denn ein Musikstück, das nicht schon in einer bestimmten Tonart komponiert ist? Natürlich kann man von einer Tonart in eine andere transponieren. Aber wer transponiert, verändert. Es ist ein himmelweiter Unterschied zwischen H-Dur und B-Dur, obschon die Grundtöne nur einen Halbton voneinander entfernt sind.

Gleicherweise ist die biblische Botschaft schon in einer bestimmten kulturellen Tonart konzipiert – in einer der hellenistischen oder jüdischen Tonarten. Es gibt die biblische Botschaft nicht außerhalb einer bestimmten kulturellen Tonart.

Man wird einwenden: Dann sollen die Verkündiger gefälligst bei der originalen Tonart bleiben und nicht ständig die Vorzeichen ändern. Darauf ist zu antworten: Ganz abgesehen, daß dies für die Gemeinde ungeheure Schwierigkeiten mit sich bringen würde – wir müßten auf griechisch und hebräisch beten, singen und die Bibel auslegen –, verbietet dieses Vorgehen schon die Bibel selber, wie der Brief aus Antiochia zeigt. Beim Übergang vom Judenchristentum zum Heidenchristentum wurden die Glaubensinstrumente so verändert, daß gewisse Tonarten nicht mehr spielbar waren und neue gesucht werden mußten:
Die Judenchristen sprachen vom Sohne Josephs,
    die Heidenchristen vom Jungfrausohn.
Die Judenchristen hielten den Sabbat und die Speisevorschriften,
    die Heidenchristen hielten den Sabbat nicht mehr und aßen
    sogar Götzenopferfleisch.
Die Judenchristen sahen in Jesus den großen Propheten, den
    leidenden Gottesknecht, den Messias Israels,
    die Heidenchristen sahen in ihm den Herrn der Welt, den
    Kyrios, den Weltlogos, den, der alle Welt zur Vernunft bringt.
Da alles, was wir sagen, schon kulturell gestimmt ist, da alle Formen der Theologie, alle Erfahrungen des Glaubens kulturell mitbedingt sind, gibt es keine reine Theologie und keinen reinen Glauben. Es gibt kein reines Christentum. Es gibt kein reines Evangelium. Es gibt nicht den reinen Glauben und dann noch dessen kulturelle Abwandlung. Das Problem ist daher nicht, welche kulturelle Form – die erzählende, die argumentierende, die mündliche oder die schriftliche, die mythische oder die entmythologisierende, diejenige der Frauen oder diejenige der Männer, diejenige der Claudia oder diejenige des Symeon Niger – welche von allen diesen Formen die wissenschaftlichere ist (oder, um ein anderes beliebtes Kriterium einzuführen: welche von diesen Formen die biblischere ist). Die

Frage ist vielmehr: Welche der erwähnten Formen sind für die theologische Arbeit mit dem ganzen Volke Gottes tauglich? Für eine wissenschaftliche Leib-Christi-Theologie tauglich sind nur diejenigen, die ihrem Gegenstand angemessen sind, das heißt diejenigen, die offen sind für Korrektur und Ergänzung durch andere Glaubensformen[14].

Karl Barth[15] sieht in der Verwechslung des Glaubens mit bestimmten menschlichen Erlebnissen, Überzeugungen, Tendenzen und Thesen den großen Fehler der Korinther. Sie verwechselten ihren kulturell erlebten und reflektierten Glauben mit dem Glauben schlechthin.

Eine wissenschaftliche Theologie wird immer damit rechnen, daß ein anderer anderes im Evangelium (oder in meiner Geschichte aus Antiochia) hört. Wir hören verschiedenes. Ein Ohrenmensch, ein Augenmensch, ein motorischer Mensch, ein Kopfmensch, ein katholischer Mensch, ein evangelischer Mensch, ein weißer Mensch, ein schwarzer Mensch, eine Frau, ein Mann... jeder hört *seine* Geschichte in meiner Geschichte (oder auch im Evangelium).

Nun sagt uns aber Paulus, daß kein Organ am Leibe Christi für sich allein funktionieren könne. Der Kopf kann nicht ohne den Fuß sein, sagt er zum Beispiel; das heißt, das Denken kann nicht existieren ohne seine rhythmische Inkarnation. Das eben ist das Thema der interkulturellen Theologie, nämlich, daß die kulturellen Gaben außerhalb unseres Gesichts-, Kultur- und Bildungskreises für *unsere* Theologie wichtig sind. Die Theologie der Frauen ist wichtig für die Theologie *der Männer*. Sie ist nicht einfach ein Seitenthema der Haupttheologie. Die Theologie der Schwarzen ist wichtig *für die Weißen*. Sie ist nicht einfach unterentwickelte Theologie.

Alle Kulturen haben zu Kirche und Theologie etwas beizutragen. Nicht alle das Gleiche, aber alle etwas. Wir müssen also unsere Theologie so organisieren, daß alle ihr Charisma einbringen können, zum Beispiel das Charisma des Träumens und dessen Auslegung, das Charisma der Vision und deren Analyse, das Charisma des Erzählens und dessen kritische Exegese. Das setzt voraus, daß

---

14. »Das Neue Testament ist ein Offenbarungsbuch mit großen inneren Spannungen. Diese Spannungen lassen sich aber sämtliche begreifen als geschichtliche Wegmarken auf dem Wege des zur vollendeten Sprachgestalt drängenden Versöhnungsevangeliums.« P. Stuhlmacher, Vom Verstehen des Neuen Testaments. 245.
15. K. Barth, Die Auferstehung der Toten, 3f; zit. H. Conzelmann, Der erste Brief an die Korinther, 49.

es eine Brücke gibt zwischen schwarz und weiß, Mann und Frau, Claudia und Symeon. Es setzt voraus, daß es eine wissenschaftlich verantwortbare Sprachbrücke gibt zwischen Traum und Auslegung, zwischen Vision und Analyse, zwischen Erzählung und kritischer Exegese.

6.3 Sprachbrücken

Wenn es aber keine universale Sprache des Glaubens gibt, da alle Sprache des Glaubens schon kulturell mitbedingt ist, wenn selbst in unseren westlichen Kirchen, genau wie in der Kirche von Antiochia, verschiedene Menschen ihren Glauben verschieden erleben, feiern und ausdrücken, und wenn das so sein muß, weil es schon von allem Anfang so war, wie entsteht dann eine Verständigung zwischen den verschiedenen Glaubenskulturen?

Folgende Möglichkeiten wurden versucht:
1. Ich erfinde eine abstrakte Sprache, von der ich meine, sie stehe über den Kulturen. Sie steht aber nur in meiner Einbildung über den Kulturen[16]. De facto funktioniert diese Sprache als eine kulturelle Kunstsprache für eine kleine Minderheit. Diese kulturelle Kunstsprache ist das, was meist für theologische Wissenschaft gehalten wird. Solange wir in dieser Sprache *eine* unter anderen Möglichkeiten sehen, ist dagegen nichts einzuwenden. Es ist eine kulturell bedingte theologische Sprache neben anderen. Wenn dann aber gesagt wird, daß unsere theologischen Väter wegen ihrer Unkenntnis dieser Sprache keine Theologen waren – so wörtlich geschehen bei einer öffentlichen Debatte von einem Theologen, dessen Name ich hier taktvollerweise verschweige –, so führt dies zu einer Einengung des Theologisierens auf wenige Experten. Jesus, die Propheten und Martin Luther werden zu Lieferanten von theologischem Rohmaterial zurückgestuft! Selbstverständlich wurden Frau und Kinder des betreffenden Theologen von der Theologie ausgeschlossen. »Das interessiert sie sowieso nicht«, bedeutete er mir. Und das ist weiter nicht verwunderlich. Diese Weise des Theologisierens führt notwendigerweise zu einem Gespräch unter Spezialisten. Das Volk Gottes, die Nichtspezialisten, die Idiotai[17], insbesondere die Frauen und die Neger[18], können ihren Beitrag zu *dieser*

---

16. Vgl oben den Versuch Bultmanns, Heideggers Sprache zu universalisieren, S. 75, Anm. 56.
17. 1. Kor. 14,16, ITh I, 39.
18. Sofern sie die Sprache der Herrschenden nicht übernommen haben.

Theologie nicht leisten und verlieren darum auch das Interesse an einer Sache, an der sie nicht beteiligt sind.
2. Es wird auch der gegenteilige Weg eingeschlagen. Ich finde mich mit der Vielsprachigkeit ab. Die verschiedenen Frömmigkeits- und Sprachtypen werden in verschiedenen Formationen und Konventikeln in Kirche und Universität gesammelt. Es gibt dann liberale und positive, evangelikale und charismatische, linke und rechte Gruppen und Grüpplein.

Solche Formationen haben eine legitime Funktion, solange sie nie vergessen, daß sie nur Teil am Ganzen sind. Andernfalls geht das Zeugnis der Kirche als Kirche verloren. Vor langer Zeit einmal hatten die Bischöfe die Funktion, den Zusammenhang zwischen diesen verschiedenen Glaubensformen sichtbar zu machen[19]. Taufe[20] und Abendmahl[21] waren ebenfalls Gleichnisse für die Einheit und Zusammengehörigkeit dessen, was sich systematisch und denkerisch nicht leicht zusammenfügen ließ.

Auch der Weihnachtsmythos ist ein solches Zusammenhangswort. Wenn es in diesem Weihnachtsmythos darum geht, daß ein Gott Mensch wurde, daß er von irgendwoher kam und gottmenschliche Gestalt annahm, daß Engel und Hirten an seiner Krippe sangen und die Weisen aus dem Morgenland ihre Gaben brachten, dann werden wenige mit diesm Mythos leben können – außer in gewissen religiösen Augenblicken unter dem Weihnachtsbaum. Aber wenn der Mythos von einem Durchbruch in der Geschichte der Menschheit spricht, wo die Liebe sichtbar, faßbar und teilweise verstehbar wird, dann ist dieser Mythos weder vernünftig im landläufigen Sinne des Wortes noch beweisbar, aber er mag zur Lebensgrundlage für Christen – und wie wir im nächsten Abschnitt sehen werden, auch für einen Marxisten – werden.

6.4 Weihnachtsmythos eines Marxisten

Ich werde mich immer an die Antwort erinnern, die der französische Marxist Roger Garaudy einem Radioreporter auf die Frage gab: Was werden Sie tun, wenn Sie aus der Kommunistischen Partei Frankreichs ausgeschlossen werden? Roger Garaudy antwortete: »Ich werde das zwar nicht verstehen können, wohl aber akzeptieren müssen. Trotzdem werde ich solidarisch bleiben mit den Entrechte-

---

19. ITh I, 258ff.
20. ITh I, 178ff.
21. Unten, S. 123ff.

ten, den Verfolgten und – den Marxisten. Ich werde ihr Freund
bleiben, auch wenn sie nicht mehr meine Freunde sein wollen.«
Unterdessen ist Roger Garaudy aus dem Zentralkomitee der
Kommunistischen Partei Frankreichs ausgestoßen worden. Einer
der Gründe war seine Kritik an der sowjetischen Intervention in der
Tschechoslowakei, ein weiterer seine Kritik an der sowjetischen
Religionspolitik, die nach Garaudy »den Grundprinzipien des
sowjetischen Regimes zuwiderläuft«. Zu Recht verweist aber
Garaudy auf das ganz andere Beispiel Polens. Er sagt:»1937 gab es
in Polen 40 Bischöfe, 11000 Priester und 15000 Mönche oder
Nonnen; 1965 gibt es in Polen 70 Bischöfe, 16000 Priester und
30000 Mönche oder Nonnen. Nach den Statistiken von Professor
Maika von der katholischen Hochschule Lublin sind mehr als 80
Prozent der Bevölkerung religiös. Die katholische Presse verfügt
über zahlreiche Organe, und, um nur ein Beispiel anzuführen, das
Wochenblatt der Diözese von Katowice hat eine Auflage von 80000
Exemplaren. . . Es sieht so aus, als ob der Sozialismus dem Katho-
lizismus mehr Dynamik verliehen habe.«[22]
Aber auch das Umgekehrte ist nach Garaudy möglich: Das
Nachdenken über Christus gibt dem Marxismus eine neue Dynamik.
Garaudy ist selber ein Beispiel für diese These. Er hat die maßgebenden katholischen und evangelischen Theologen, die ökumenischen Dokumente, nicht nur gelesen, er hat sie auch verstanden.
Das bedeutet nicht, daß für Garaudy Christentum und Marxismus
identisch sind. Aber es bedeutet, daß für beide ein Dialog lebensnotwendig wird im Interesse einer menschlicheren Welt.
Einer seiner eindrücklichsten Texte ist Garaudys Versuch einer
kurzen Auslegung der Evangelien[23]: »Ungefähr zur Zeit, als Tiberi-
us Kaiser war, hat irgendwo und irgendwann ein Mensch. . . eine
Bresche in den Horizont der Menschen geschlagen. Er war
bestimmt weder Philosoph noch Volkstribun, aber er muß so gelebt
haben, daß sein Leben eine einzige Aussage war: daß nämlich jeder
von uns zu jeder Zeit eine neue Zukunft beginnen kann. Viele,
vielleicht Hunderte von populären Geschichten erzählen diese frohe
Botschaft. Wir kennen drei oder vier Versionen. Der Schock, den
ihre Erzähler damals erhielten, findet in den Gestalten einfacher

---

22. R. Garaudy. De l'anathème au dialogue, 57; deutsch, 63. Zur weiteren
Entwicklung Garaudys vgl Adelheid Müller-Lissner, »Aufruf an die Lebenden«
und die weiteren Werke Garaudys im Literaturverzeichnis.
23. R.Garaudy, L'homme de Nazareth, ursprünglich erschienen in: »Le Monde«,
abgedruckt in: Evangile aujourd'hui, No 64; deutsch in: ÖRK, Heil der Welt im
Horizont der Erfahrung, 46f.

Menschen seinen Ausdruck: Erniedrigte, Beleidigte, Verletzte, die davon träumen, daß alles möglich geworden ist; der Blinde sieht, der Gelähmte kann wieder gehen, die Hungrigen aus der Wüste erhalten Brot, die Dirne erwacht zur Frau, ein totes Kind beginnt wieder zu leben.

Um die frohe Botschaft ganz und bis zum Schluß zu verkünden, mußte er durch seine Auferstehung zeigen, daß alle Grenzen, selbst die letzte Grenze des Todes, überwunden sind. Mag auch dieser oder jener Gelehrte jede Tatsache der Existenz dieses Menschen bezweifeln, es ändert nichts an jener Gewißheit, die das Leben ändert. Eine Glut ist entfacht, sie ist der Beweis für die Flamme, die sie einmal entzündet hat. Diese Glut war zunächst ein Aufstand der Bettler und der Armen, sonst hätte das ›Establishment‹, von Nero bis Diokletian, nicht so hart zugeschlagen. Die Liebe jenes Mannes muß militant, subversiv gewesen sein, sonst hätte man ihn, den Ersten, nicht gekreuzigt.

Die Weisen damals dachten alle über das Schicksal nach, über die Notwendigkeit, die mit der Vernunft verwechselt wurde. Er hat ihnen gezeigt, wie töricht sie waren. Er, das Gegenteil des Schicksals. Er, die Freiheit, die Schöpfung, das Leben. Er, der der Geschichte das Fatalistische, das Zwanghafte genommen hat... Alle Götter waren tot und der Mensch begann. Er war die Neugeburt des Menschen.«

Jeder, der die marxistische Literatur kennt, wird ohne Zweifel die marxistischen Züge in dieser Christusinterpretation erkennen. Aber sind diese Züge nicht genuin biblisch? Christus wird nicht dargestellt als Denker, der die Welt interpretiert, sondern als ein Mensch, der durch sein Leben die Welt verändert. Er ist der Freund und Weggenosse der Armen. Selbst wenn man – wie die neuere Forschung am Neuen Testament zeigt – über seine Biographie nicht viel sicheres sagen kann – eines ist sicher: Er hat eine Glut entzündet. Er hat als Erster den verbauten Horizont aufgerissen und den Hoffnungslosen eine Hoffnung zu einem neuen Leben geschenkt. Und selbstverständlich fehlt auch der Hinweis auf das Moment der Beunruhigung dieser frohen Botschaft nicht. Obwohl dieser Mensch aus Nazareth kein Revolutionär war, zittern die Herrscher vor der Macht des machtlosen Kindes.

Gleichzeitig aber fallen diejenigen Züge auf, die im Gegensatz zu den landläufigen marxistischen (*und* verwässerten modernen) Christusinterpretationen stehen. Die Auferstehung ist für Garaudy zentral, weil erst die Überwindung jener letzten Grenze, der Grenze des Todes, diese Hoffnung von einer enthusiastischen Illusion unterscheidet.

Eine weitere Differenz ist ebenso wichtig: Für Karl Marx ist der Mensch sein eigener Schöpfer. Erst wenn Gott abgeschafft ist, kann der Mensch zu seiner wahren Würde kommen. Beim Marxisten Garaudy wird diese Aussage von Karl Marx umgedreht. Die Götter müssen zwar sterben – darin ist sich Garaudy mit Marx, Barth und dem Neuen Testament einig. Das heißt für Garaudy aber nicht, daß der Mensch sein eigener Schöpfer, sein eigener Gott wird. Durch ihn, diesen Menschen aus Nazareth (dessen Namen Garaudy nicht nennt), werden wir zu Menschen neugeboren. Der Mensch macht sich nicht selbst. Er wird durch ihn zum Menschen.

Garaudy schließt seinen Text mit einer eindrücklichen Predigt an die Christen, in der er beklagt, daß sie es zu wenig verstanden haben, das Einzigartige an diesem Jesus klar zu machen. Er wirft uns vor, daß unser Christuszeugnis das Wichtigste verschweigt: »Ihr, die Hehler jener großen Hoffnung, die Konstantin uns gestohlen hat, Kirchenleute, gebt ihn uns zurück. Sein Leben und sein Tod gehören auch uns, gehören all denen, für die sie einen Sinn haben. Uns, die von ihm gelernt haben, daß der Mensch als Schöpfer geboren ist.«

Was mich an diesem Text Garaudys am nachdenklichsten gemacht hat, ist, daß Garaudy nicht für eine entmythologisierte Weihnachtsgeschichte plädiert. Seine eigene Evangelienauslegung ist voller Mythos. Es ist gerade die Mythenform des Evangeliums, die ihn anspricht. Was würde wohl Bultmann von Garaudy halten, diesem modernen Menschen, der gar nicht in Bultmanns Bild vom modernen Menschen paßt[24].

6.5 Bethlehem

Wenn nun aber der Mythos entscheidend für Staat und Politik ist (wie wir oben gesehen haben) und wenn er offensichtlich ein Medium ist, um auch mit dem sogenannten »modernen Menschen« ins Gespräch zu kommen – wie wichtig ist er dann für die Kirche? Die Kirche muß wieder etwas von der archaischen Dimension des Festes gewinnen, damit ihr Gottesdienst der Ort wird, wo mehr als das Vorhandene zelebriert, wo das dem Menschen von Gott Eröffnete, wo die Neugeburt des Menschen, der Durchbruch durch den Fatalismus gefeiert wird, wo das Vernünftige erfahrbar und durchführbar wird, wo die zerstörerischen Mythen erkannt und durch eine Mythen*erfahrung* ersetzt werden, die in uns die Freude am Teilen

---

24. Oben, S. 73ff.

weckt und das Teilen zu einer neuen Lebensmöglichkeit macht, wo
wir die Relativität unserer eigenen Institutionen und Werte erfahren
und darüber nicht griesgrämig, sondern froh werden.

Darum wäre die logische Fortsetzung dieses Buches, eine solche
Liturgie zu schaffen – nicht eine Liturgie der korrekten Begriffe,
sondern eine Liturgie, wo das Wunder der Liebe, der Toleranz
möglich wird, wo es erfahrbar wird für alle, daß Gott uns nicht nach
unseren Werken, nicht nach unserem Denken beurteilt, sondern
daß er uns aus lauter Freundschaft so nimmt, wie wir sind in unseren
kulturellen und psychologischen Bedingtheiten.

Da aber das gedruckte Wort eine solche Zusammenarbeit nicht
möglich macht, versuche ich das Zweitbeste. Ich beschreibe solche
Liturgien:

Als am späten Nachmittag des 17. Dezember 1968 die Stabsmit-
glieder des ökumenischen Zentrums in Genf samt Kindern und
Familienangehörigen, die spanischen Putzfrauen und das Hilfsper-
sonal aus der Vervielfältigungsabteilung in der Kapelle an der route
de Ferney zusammenströmten, roch es nach Kerzen und Tannen-
duft. Die Kapelle war weihnachtlich geschmückt und der verstärkte
Chor sang die Worte des Weihnachtsevangeliums nach Lukas auf
französisch. Die dunkelbraunen Augen der spanischen Putzfrauen
leuchteten, denn französisch konnten sie verstehen:

Der Erlaß I (Luk. 2.1-7): »Es begab sich aber zu der Zeit, daß ein
Gebot von dem Kaiser Augustus ausging, daß alle Welt geschätzt
würde. Und diese Schätzung war die allererste und geschah zur Zeit,
da Cyrenius Landpfleger in Syrien war. Da machte sich auf auch
Joseph aus Galiläa, aus der Stadt Nazareth, in das jüdische Land zur
Stadt Davids, die da heißt Bethlehem, darum daß er von dem Hause
und Geschlecht Davids war, auf daß er sich schätzen ließe mit
Maria, seinem vertrauten Weibe, die war schwanger. Und als sie
daselbst waren, kam die Zeit, daß sie gebären sollte. Und sie gebar
ihren ersten Sohn und wickelte ihn in Windeln, und legte ihn in eine
Krippe; denn sie hatten sonst keinen Raum in der Herberge.«

Die Orgel verwandelte die weihnachtliche Melodie in eine Reihe
schmerzhafter Dissonanzen, bevor einer der Pfarrer die gleiche
Geschichte nochmals im heutigen Kontext erzählte:

Der Erlaß II: »Es begab sich aber zu der Zeit, daß ein Erlaß ausging
in Europa, durch den Polizisten freigesprochen wurden, die Gefangene mißhandelt und protestierende Studenten getötet und geprü-
gelt hatten, der aber zugleich eine Frau verurteilte, die einen
Ministerpräsidenten ins Gesicht geschlagen hatte. Dieser Erlaß
erging zu der Zeit, da Martin Luther King ermordet wurde und
Robert Kennedy einem Attentat zum Opfer fiel, da der General de

Gaulle das französische Fernsehen zensierte und eine befreundete Armee unaufgefordert das Land ihrer Verbündeten besetzte. Und jedermann in der Welt war von diesen Vorgängen betroffen, ein jeglicher in seiner Stadt.

Und in diesen Tagen machte sich Carolina Maria de Jesus aus Sacramento auf den Weg in die Stadt Sao Paulo in Brasilien, obwohl sie schwanger war; denn sie hoffte, dort Nahrung und Unterkunft zu finden. Und als sie daselbst war, kam die Zeit, daß sie gebären sollte. Und sie gebar ihren ersten Sohn, wickelte ihn in Zeitungspapier und legte ihn in einen Seifenkarton; denn man hatte keinen Platz für sie in den Krankenhäusern von Sao Paulo.«

Nun setzte wieder der Chor ein und sang die Fortsetzung der ersten Weihnachtsgeschichte:

Die Kirche I (Luk. 2,8-14):»Und es waren Hirten in derselben Gegend auf dem Felde bei den Herden, die hüteten des Nachts ihre Herde. Und siehe, des Herrn Engel trat zu ihnen, und die Klarheit des Herrn leuchtete um sie; und sie fürchteten sich sehr. Und der Engel sprach zu ihnen – (das Folgende wurde von einer Sekretärin des Ökumenischen Rates in freiem Rezitativ gesungen) –: Fürchtet euch nicht! (Ausrufezeichen durch die Orgel). Siehe, ich verkündige euch große Freude, die allem Volk widerfahren wird; denn euch ist heute der Heiland geboren, welcher ist Christus der Herr, in der Stadt Davids. Und das habt zum Zeichen: Ihr werdet finden das Kind in Windeln gewickelt und in einer Krippe liegen. Und alsbald war da bei dem Engel die Menge der himmlischen Heerscharen, die lobten Gott und sprachen: Ehre sei Gott in der Höhe und Friede auf Erden den Menschen seines Wohlgefallens.«

Wieder erinnerte die Orgel mit starken Dissonanzen an das Jahr 1968 und ein Sprecher erzählte die Lukasgeschichte auf seine Weise:

Die Kirche II:»Und es waren Christen in derselben Gegend auf der Wacht – in der Welt der Gerichte, auf den Kriegsfeldern, in den Nächten der Abwertung und des Hungers. Und die Klarheit des Herrn leuchtete um sie. Und sie begannen in der Finsternis zu unterscheiden zwischen dem Wesentlichen und dem Unwesentlichen. Sie begannen, an ihren eigenen Wertvorurteilen und denjenigen ihrer Welt zu zweifeln. Und sie fürchteten sich sehr.

Aber ein Freund sagte zu ihnen: Fürchtet euch nicht, denn siehe, ich verkündige euch große Freude, die allen widerfahren wird, die in die Gesetze dieser Welt verstrickt sind. Denn euch ist heute der Befreier geboren. An welchem Zeichen werdet ihr ihn erkennen? Im Zentralkomitee der Kommunistischen Partei werdet ihr einen Menschen finden, der die Wahrheit zu sagen wagt. Ihr werdet einem

Arbeiterpriester begegnen, der keine Angst hat, von seiner Kirche exkommuniziert zu werden. Und ihr werdet einen verfolgten Neger treffen, der für seine Peiniger betet, einen Wirtschaftsfachmann, der keine Scheu hat, die wahren Ursachen des Hungers zu bezeichnen. Ihr werdet einen Buddhisten sehen, der sich als Zeuge gegen den Krieg selbst verbrennt. Und euch wird ein Theologe begegnen, der auf andere hört.

Und alsbald war da bei dem Freund eine Menge Menschen guten Willens, die lobten Gott und sprachen: Ehre sei Gott in der Höhe und Frieden auf Erden unter den Menschen.«

Der Chor nahm das Thema des Lukasevangeliums wieder auf und sang unter dem Titel »*Und wir?*« den nachdenklichen Schluß der Weihnachtsgeschichte: »Und da die Engel von ihnen gen Himmel fuhren, sprachen die Hirten untereinander: Laßt uns gehen nach Bethlehem und die Geschichte sehen, die da geschehen ist, die uns der Herr kundgetan hat. Und sie kamen eilend und fanden beide, Maria und Joseph, dazu das Kind in der Krippe liegen. Da sie es aber gesehen hatten, breiteten sie das Wort aus, welches zu ihnen von diesem Kind gesagt war. Und alle, vor die es kam, wunderten sich der Rede, die ihnen die Hirten gesagt hatten. Maria aber behielt alle diese Worte und bewegte sie in ihrem Herzen. Und die Hirten kehrten wieder um, priesen und lobten Gott um alles, was sie gehört und gesehen hatten, wie denn zu ihnen gesagt war.«

Als Antwort auf diesen Text intonierte die Orgel *Venite Adoremus* und alle Kinder und Erwachsenen, die spanischen Putzfrauen und die Theologen aus der Abteilung für Glauben und Kirchenverfassung stimmten ein: »Herbei, o ihr Gläubigen. . .«

Bei einem evangelischen Weihnachtsgottesdienst ist das Denken nicht verboten. Auch beim Beten darf man nachdenken. So forderte einer der Pfarrer die Gemeinde auf: »Laßt uns nun gehen nach Bethlehem und die Geschichte sehen, die da geschehen ist.«

Aber dann hielt er inne und fragte: »Herr, wo ist Bethlehem? Die Stadt Bethlehem wird heute durch Haß und Krieg bedroht. Statt der Menge der himmlischen Heerscharen singen christliche Geistliche ihre eigenen Liturgien, einer neben dem anderen oder sogar gegeneinander.«

Die Gemeinde stimmte in die Bitte ein: »Herr, zeige uns, wo wir die Geschichte sehen können, die in Bethlehem geschehen ist.«

Und wieder fragte der Vorbeter: »Herr, wo ist Bethlehem? Bei den Flüchtlingen, den Fremdlingen, den Ausgestoßenen, den Extremisten oder den Gelangweilten in unseren Büros?«

Wieder betete die Gemeinde: »Herr, zeige uns, wo Bethlehem heute ist, daß wir die Geschichte sehen, die da geschehen ist.«

Und wieder fragte der Vorbeter: »*Herr, wo ist Bethlehem heute?* Dort, wo bekannt wird, daß du für die Armen gekommen bist? Ja, dort ist es. Wir sind arm. Nicht an Geld fehlt es uns, aber an Geduld, Mut und Beharrlichkeit. Herr, wir danken dir, daß du für die Armen gekommen bist.

O Herr, wo ist Bethlehem? Ist es dort, wo bekannt wird, daß du für die gekommen bist, die sich vor der Zukunft fürchten? Ja, dort ist es! Wir fürchten uns vor der Zukunft. Wir zweifeln, ob unser Leben zu deiner Zukunft, deinem Advent beiträgt. Wir danken dir, Herr, daß du zu denen kommst, die deine Zukunft nötig haben.

O Herr, wo ist Bethlehem? Ist es dort, wo bekannt wird, daß du für die gekommen bist, die nicht vergeben können? Ja, dort ist es! Wir können nicht vergeben. Wir erwarten von dir, daß du uns vergibst und wir können anderen nicht vergeben. Und jetzt ist Weihnachtszeit. Vergib uns, daß wir nicht vergeben können. Erfülle unser Leben mit deinem Weihnachtsgeist, deiner Freundlichkeit, deiner Großzügigkeit im Vergeben. Wir danken dir, Herr, daß du für die gekommen bist, die nicht vergeben können.

Laßt uns beten:

Herr, wir wissen nun, wo Bethlehem ist: Wo die Armen reich gemacht werden, wo die Hoffnungslosen dein Kommen sehen, wo jene, die nicht vergeben können, das Vergeben lernen.

Herr, wir haben die Geschichte von Bethlehem gesehen, wir danken dir. Wir werden sie weitersagen und dich loben und preisen. Halleluja.«

Orgel und Chor setzt mit Händels Halleluja ein:

»Halleluja, denn Gott, der Herr, regiert allmächtig, Halleluja! Das Königreich der Welt ist fortan das Königreich des Herrn und seines Christs, und er regieret auf immer und ewig, Halleluja! Herr der Herrn, der Welten Gott, und er regiert auf immer und ewig, Halleluja!

Halleluja, er wird regieren von Ewigkeit zu Ewigkeit.«

Der Gottesdienst schloß mit dem Segen aus Luk. 2,19-20: »Laßt uns all dies in unseren Herzen bewegen, Gott loben und preisen um alles, was wir gehört und gesehen haben.«

6.6 Kritik: Das »extra nos« wurde verraten!

Auf bis jetzt ungeklärten Wegen geriet eine verstümmelte und fehlerhaft übersetzte[25] Liturgie dieses nicht offiziellen Gottesdien-

---

25. Luth. Monatshefte 8/12, Dez, 1969, 620-23; Konsequenzen 3/6, 1969, 62-64.
   Zum Beispiel wurden »les nuits des dévaluations« (die Nächte der Abwertung,

stes in die Zentralausgabe des epd (27. 12. 1968) und von dort in eine breitere Presse – gewiß die einzige ökumenische Liturgie, die je in der Zeitung gedruckt wurde. Aus der Flut der Kritiken, die darauf in Genf eintrafen, greife ich eine einzige heraus, diejenige von Pastor Paul Reinhardt aus Seggebruch[26]. Er nennt die Parallelgeschichte eine »zeitgemäße Fassung« des Weihnachtsevangeliums, ein Begriff, der in der Liturgie nicht vorkommt. Er mißt die »zeitgemäße Fassung« daran, wie nahe sie dem biblischen Original kommt, und stellt – wie könnte es anders sein – eine Anzahl schwerwiegender Defizite fest. Daß in der »zeitgemäßen Fassung« der Engel durch einen Freund ersetzt wird, mag noch angehen.

Aber der Gang der Carolina Maria de Jesus[27] von Sacramento nach Sao Paulo kann doch nicht mit dem Gang von Joseph und Maria nach Bethlehem verglichen werden! Und vor allem: aus der Geburt des Kindes der Maria Carolina kommt uns keine zusätzliche »Klarheit des Herrn«.

»Und nun das Zeichen! Merkwürdigerweise ist das ›Zeichen‹ in Lukas 2 für unsere Begriffe überhaupt nichts Besonderes! Windeln braucht jedes Kind, und die Krippe war in der geschilderten Situation eine gar nicht so schlechte Notlösung. Hierhin gehört keine Weihnachtsromantik, die die Krippe verklärt. Hierhin gehört auch keine pseudomoderne Aufgeregtheit: der ›Pappkarton‹ erscheint schon 1958 in einer ›aktuellen‹ Textauslegung![28] ›Es ist schon in diesem Bilde jene Zumutung an den Glauben gestellt, die auch noch in Kreuz und Auferstehung Anstoß und Ärgernis ertragen wird. Und doch sind Windeln und Krippe nicht nur Verhüllung, sondern zugleich nach den Worten des Engels ›Zeichen‹, an denen sich nach Gottes Willen der Messias zu erkennen gibt‹ (W. Trillhaas). Er wird also in seiner ganzen menschlichen Niedrigkeit ›erkannt‹.

Die ›zeitgemäße Fassung‹ nennt ganz andere Zeichen: es sind Zeichen, die mit den Umständen der Geburt nichts zu tun haben!

---

ein Fachbegriff aus der Welt der Finanz) psychologisiert in »eine dunkle Nacht der Entwürdigung«; »ils mettent en question leurs systèmes de valeurs et ceux de ce monde« wurde zum »Zweifel an ihrem eigenen Wert«. Ferner war in der ersten Ausgabe der biblische Text aus dem Lukasevangelium gestrichen worden.

26. P. Reinhardt, Weihnachtsevangelium zeitgemäß, Luth. Monatshefte 8/12, Dez. 1969, 620-23.

27. Einige Bischöfe aus der Bundesrepublik kritisierten den Verfasser wegen dieser ehrfurchtslosen Namensgebung. Kann ich etwas dafür, daß Frau de Jesus so heißt? Vgl Carolina Maria de Jesus, Tagebuch der Armut.

28. Der Pappkarton ist kein schriftstellerischer Geistesblitz, sondern Erzählung von Wirklichkeit, vgl C. M. de Jesus, Tagebuch der Armut.

Man lese noch einmal nach: ›Woran werdet ihr ihn erkennen? Im
Zentralkomitee der Kommunistischen Partei.. .‹ Was besagen die
Beispiele, die dort aufgeführt werden? Es sind Beispiele für das, was
– leider! – unter uns eben nicht selbstverständlich ist: angefangen
von dem Mann, der im ZK der KP die Wahrheit zu sagen wagt, bis
hin zu dem Theologen, ›der auf andere zu hören versteht‹. Wer so
das Ungewöhnliche zu tun wagt, wer als Neger für seine Peiniger
betet und als Wirtschaftsfachmann ›keine Scheu hat, die wahren
Ursachen des Hungers in der Welt auszusprechen‹, der kann dies
aus einer letzten Veantwortung vor Gott tun, er kann dies als Christ
tun. Aber diese Aussage ist nicht einfach umkehrbar: Wer das
Ungewöhnliche tut, braucht damit noch lange kein Zeichen Jesu
Christi zu sein!
    Hier sind wir an dem Punkt angelangt, an dem die eigentliche
Gefahr jener ›zeitgemäßen Fassung‹ deutlich wird. Sie scheint –
getragen von dem phonetischen Gleichklang mit der vertrauten
Weihnachtsgeschichte – diese mit ganz anderen Worten zu interpre-
tieren. In Wirklichkeit höhlt sie die Geschichte aus, weil sie die
grundlegende Bedeutung der damaligen Geschehnisse, jenen
Anfang des Glaubens auflöst. ›Auch heute gilt in der Predigt das
Damals und Dort, wenn denn unser Glaube Glaube an Jesus
Christus ist und nicht heimlich in ein ›glauben wie Jesus‹ verwandelt
wird‹ (G. Koch). Die ›zeitgemäße Fassung‹ löst das Damals und
Dort auf in ein bloßes Bild, das in andere Kultur- und Sozialberei-
che übertragen werden kann, und erweckt den Anschein, als werde
Jesus überall da Ereignis, wo das Ungewöhnliche geschieht. Hier
beginnt eine große Täuschung. Kein persönlicher Einsatz – wie
mutig und selbstlos er auch sei! – und keine Solidarität mit den
Unterdrückten – wie leidenschaftlich sie auch sei! – kann so einfach
das Evangelium zu Gehör bringen. Dazu bedarf es der Gemeinde,
die durch Lebenszeugnis und mündliches Zeugnis den verkündigt,
der nicht nur sich heute als lebendig erweist und sich also ›ereignet‹,
der vielmehr ›war und ist kommt‹.«
    Da haben wir's also wieder einmal. Lauter Irrlehren und Häre-
sien! Zu schade, daß nach vielen Monaten korrekten theologischen
Predigens und Liturgens im ökumenischen Zentrum endlich einmal
auch die Putzfrauen und die Kinder, die Musiker und die Sänger an
einem Gottesdienst wirklich mitmachen konnten. Tut nichts, sie
haben sich an einer Aushöhlung von Weihnachten gefreut.
    Zu schade auch, daß es gelungen ist, mit ganz wenig Worten[29]

---

29. Wer dreisprachig Gottesdienste feiert, muß außerordentlich sparsam mit Worten
    sein. Wörtliche Übersetzungen zerdehnen und zerstören eine Liturgie. Es

etwas von dem einzigartigen Geschehen von Weihnachten zu vermitteln.

Und schließlich kann ich mich nur darüber wundern, daß die Zeichen von Liebe und Wahrheit in der heutigen Welt nicht als Zeichen des gegenwärtigen und wiederkommenden Christus erkannt werden. Woher kommt es denn, daß Menschen die Wahrheit sagen in einer Welt der Opportunisten? Ich meine, es kommt daher, weil »das Reich dieser Welt unserem Herrn und seinem Christus gehört«. Aber wer weiß, vielleicht ist Händel auch ein Häretiker für Paul Reinhardt. Kann denn einer ehrlich der Meinung sein, Christus sei nur dort am Werk, wo die Christen von Christus reden?

Trotzdem stimme ich Paul Reinhardt zu, wenn er moniert, daß das Verhältnis zwischen dem geschichtlichen Jesus von Nazareth und dem unter uns und in der Welt wirkenden Christus in der Liturgie so wenig geklärt ist wie im Lukasevangelium. Die zwei Geschichten wurden parallel erzählt. Die biblische Geschichte, als die normative, wurde zuerst erzählt (und gesungen). Die heutige wurde danach erzählt (und nicht gesungen). Es kann aber keine Rede davon sein, daß die beiden Geschichten miteinander identifiziert wurden. Das Verhältnis der beiden Geschichten zueinander und zum »damals und dort« ist offen gelassen – wie es der narrativen und mythischen Predigtweise entspricht. Es ist Gegenstand der theologischen Reflexion und der Meditation des Gottesdienstbesuchers (»Wo ist Bethlehem?«). Er fragt sich selber, wie die beiden Geschichten zueinander gehören.

6.7 Weihnachten mit Christen und Nichtchristen

In der Dezembernummer der Kirchenzeitung von Frankfurt am Main[30] wurden die Nichtchristen eingeladen, die kirchliche Weihnachtsfeier mitzugestalten:

»Es wird kritisiert: ›Leute, die sich das liebe lange Jahr keinen Deut um die Kirche, das Evangelium, das Gebet, den christlichen

---

braucht vielmehr eine besondere Technik der Wiederholung in anderen Worten und Bildern. In diesem Falle erhielten die Gottesdienstbesucher ein ziemlich ausführliches Gottesdienstformular mit einigen Angaben auf englisch und französisch. In der Liturgie selber wurde nichts übersetzt, aber das sprachliche Medium (deutsch, französisch, englisch) wurde so gewechselt, daß die, die nur eine Sprache verstanden, den Eindruck hatten, sie verstünden alles (Musik!), während die dreisprachigen Teilnehmer sich nicht zu langweilen brauchten.

30. W. J. Hollenweger, Weihnachten – nur für Christen?, Evangelisches Frankfurt 2/6, Dez. 1978, 1.

Glauben kümmern, entdecken urplötzlich an Weihnachten, daß sie Christen sind. Sie stecken Lichter an einen Tannenbaum, singen ›Stille Nacht, heilige Nacht‹, gehen in einen Mitternachtsgottesdienst und – wenn's hoch kommt – lesen sogar ein Kapitel aus der Bibel.‹ Es gibt Christen, die das für falsch halten. Sie möchten Weihnachten für sich behalten, für sich, die treuen Christen. Sie meinen, nur wer auch das Jahr hindurch Christ sei, dürfe an Weihnachten singen: ›Herbei, o ihr Gläubigen. . .‹ Von den Ungläubigen sei hier nicht die Rede.

Von den Ungläubigen, den Nichtchristen, ist jedoch die Rede in den biblischen Weihnachtsgeschichten. Dies wird schon daran klar, wie die Berichte beginnen. Da ist zum Beispiel Matthäus. Man hat ihn schon den jüdischsten der Evangelisten genannt. Er beginnt seine Geschichte mit Abraham. Nun sind aber auch die Araber und andere Semiten Nachkommen Abrahams.

Mehr noch, Mattäus läßt die Weisen aus dem Morgenland, Anhänger östlicher Religionen, das erste Gebet an seinem Weihnachtsfest sprechen. Er konnte ja von Glück reden, daß er seine Gottesdienstordnung nicht vor einer Expertenkommission verteidigen mußte.

Und dann ist da Markus. Er beginnt seine Geschichte mit dem jüdischen Propheten, Johannes dem Täufer. Jedenfalls gilt Weihnachten nach ihm auch den Juden.

Und Lukas beginnt sogar mit Adam. Weihnachten gilt ihm für alle Menschen. Jedenfalls waren die Hirten, die nach seiner Geschichte die Liturgie am ersten Weihnachtsfest sangen, weder fromm noch besonders tüchtig. Sie galten als unehrliche und unreligiöse Außenseiter.

Und schließlich ist da noch Johannes. Er beginnt noch weiter vorn, mit der Schöpfung. Weihnachten gilt bei ihm nicht nur für die Völker und Familien, sondern auch für die Fische und Vögel, die Blumen und Blätter, die Steine und Sterne.

Darum werden wir in Frankfurt ein Weihnachtsfest feiern für ›Christen und Nichtchristen‹. Einsichten und Einfälle, Gebete und Gaben, Kirchenlieder und Kritiken von Christen *und* Nichtchristen gehören zu unserem Weihnachtsfest.«

Und so geschah es, daß in der Adventszeit etwa vierzig Personen sich zur Vorbereitung in einem Kirchgemeindehaus trafen; etwa die Hälfte gehörten zur Kerngemeinde, die andere Hälfte gehörte zu jenen Personen, die nicht so recht wissen, was mit Weihnachten anzufangen ist, da sie nur einen sehr losen oder keinen Kontakt zur Kirche hatten.

Zuerst wurde ein Vesperbrot verzehrt und Kontakt aufgenommen. Ich fragte sie nach dem Thema ihrer Weihnachtsfeier, und sie schlugen das schon im obigen Artikel erwähnte Thema »Der Besuch der drei Könige« vor. Die Gruppe vergegenwärtigte sich die Geschichte und las sie im Neuen Testament nach.

»Was haben wohl die Könige geträumt, daß sie auf dem Heimweg nicht wie abgemacht bei Herodes vorsprachen?« (Matth. 2,12) fragte ich sie. »Bitte, überlegen Sie sich zehn Minuten lang, was sie wohl geträumt haben.« Schweigen. Nach der Meditation erzählte jeder, was die Könige wohl geträumt haben mochten. Die erstaunlichsten Träume kamen da ans Tageslicht, die mir mehr über die Gruppe sagten, als wenn sich jeder eine Viertelstunde lang vorgestellt hätte. Drei der Träume wurden nun ausgewählt, die in stilisierter Form in die Weihnachtsfeier eingebracht werden sollten. Zu jedem Traum wurde ein entsprechendes abstraktes Bild ausgewählt.

Während der Diskussion steuerte der Stadtdekan Dieter Trautwein ein Lied bei, das Elemente des Gesprächs aufnahm und zum liturgischen Rückgrat der Feier wurde: »Wir kommen weit des Wegs. . .«

Am Heiligen Abend versammelte sich eine neugierige Festgemeinde in der Kirche; Verwandte und Bekannte der Vorbereitungsgruppe und der Akteure hatten sich besonders viele eingefunden. Mitten in der Kirche standen zwei (ausgestopfte) Kamele. Mit Orgel- und Trompetenklang marschierten die drei Könige ein und stellten sich vor: Wir haben Träume mitgebracht. Sie erzählten ihre Träume und indem sie sie erzählten, erzählten sie auch von sich selbst, von ihrer Furcht vor Herodes (der Traum von »der eisblauen Kälte«), vor dem Durcheinander und den Sticheleien der hohen Diplomatie (Phantomtraum und Wespentraum). Sie erzählten aber auch, was für sie anders geworden sei, seitdem sie bei der Krippe gewesen seien, und luden die Gemeinde ein, darüber nachzudenken, was denn anders geworden sei in dieser Welt, seitdem dieses Kind in Bethlehem geboren ist.

Die Funktion dieses Gottesdienstes war, auf einer einfachen meditativen Ebene die Furcht, die viele Menschen am Heiligen Abend beschleicht, aufzunehmen, und zu artikulieren. Im schützenden Raum einer Gemeinschaft lernten sie gemeinsam glauben, daß dieser alte Mythos[31] nicht nur die historische Bedeutung des Chri-

---

31. Die Beteiligten wußten, daß es sich hier höchstwahrscheinlich um eine Legende handelte, was keine antikritischen Gefühle auslöste, denn die Liturgie nimmt – wie das Lukasevangelium – die Legende auf und verwandelt sie.

stusereignisses adaequat ausdrückt, sondern uns auch hilft, mit unseren Angstträumen so umzugehen, daß wir nicht »den Herodessen« dieser Welt in die Hand spielen.

7. Mythen der Gottesbegegnung

Im folgenden beschreibe ich die Erfahrungen, die ich im Umgang mit dem Mythos vom Jakobskampf (Gen. 32) gemacht habe. Ich suchte eine theologische Liturgie, die den Kampf Jakobs mit dem »Isch«, mit dem Manne, der ihn überfiel an der Jabboksfurt, so darstellte, daß eine Brücke zu den Menschen unserer Zeit geschlagen wurde, die unsere theologische Mythenauslegung nur schwer verstehen und die kirchlichen Lieder nicht mitsingen können, weil sie arm sind an kirchlicher Kultur, aber doch voller Fragen, Erwartungen und Hoffnungen.

Ich schrieb darum die Sprechkantate »Gomer: Das Gesicht des Unsichtbaren«[1]. Sie will die Unsichtbarkeit Gottes sichtbar machen und zwar nicht nur für die musikalisch und literarisch Gebildeten. Sie will das, was sie verkündigt, in ihrer Verkündigungsweise erlebbar machen, indem Menschen mit verschiedenem schichtspezifischen und bildungsmäßigen Hintergrund sich ihre Erfahrungen mit diesem unsichtbaren Gott zusprechen. Die Kantate wurde so geschrieben, daß sie die technischen Möglichkeiten einer normalen Stadtgemeinde oder einer mittleren Dorfgemeinde nicht übersteigt. Sie kann mit drei Posaunen (oder Waldhörnern), einem Fagott, einer Blockflöte, Schlagzeug, Sprechern und Sprechchor aufgeführt und in einen normalen protestantischen Gottesdienst eingefügt werden.

7.1 Gomer: Das Gesicht des Unsichtbaren

Es handelt sich bei der Sprechkantate nicht um ein Konzertstück. Mein Anliegen ist vielmehr, daß Menschen, die keinen Zugang haben zu dem, was wir die Welt der Kunst nennen, eine Identifikationserfahrung machen können. Diese Menschen sind die Mehrheit in unserer Bevölkerung. Ihre Welt der Kunst besteht aus einigen Volksliedern, Geschichten, die sie von ihren Müttern oder Großmüttern gehört haben, einigen Schnulzen, vielleicht einigen Kirchenliedern, ausgewählten Stücken aus dem Fernsehprogramm.

---

1. Veröffentlichung s. Literaturverzeichnis.

Ich habe nicht die Absicht, den Kunstverstand der Gemeinde zu heben[2]. Vielmehr sollen sie sich mit Liedmotiven, die ihnen bekannt vorkommen, identifizieren können oder auch mit der Biographie bestimmter Sprechrollen.

Mein Anliegen ist, daß Menschen, die den modernen exegetischen Umgang mit Mythen nicht bewältigen und nie werden bewältigen können, nicht einfach für dumm verkauft werden, indem ihnen entweder der uninterpretierte Mythos vom Jakobskampf telquel vorgesetzt wird oder indem ihnen gesagt wird:»Aus exegetischen Gründen, die Sie sowieso nicht verstehen (ganz zu schweigen davon, daß damit auch viele Pfarrer Mühe haben), verhält es sich mit der Geschichte von Jakob am Jabbok so und so« – worauf dann die Auslegung des Pfarrers folgt. Oder:»Es dürfte ja jedem klar sein, daß diese Geschichte so nicht passiert ist« (eine andere Art, der Gemeinde zu sagen, daß sie zu dumm ist, die Gründe für diese Argumentation zu verstehen), worauf dann eine Predigt über *die Bedeutung* dieser nie passierten Geschichte folgt. Wenn nämlich »die fünf Bücher Mose nicht von Moses, sondern von irgendwelchen anonymen Schriftgelehrten geschrieben sind, wenn Jesus die Bergpredigt so nie gehalten hat, wem soll man dann noch glauben? Die Antwort legt sich nah: Den Theologen natürlich«[3].

Das ist eine unhaltbare Situation für die Kirche des Wortes und für die Theologen dieser Kirche. Sie ist ein Hindernis für eine Theologie mit dem und für das Volk Gottes. Sie wird nicht besser durch den Hinweis auf ähnliche Situationen in anderen Disziplinen. Es ist mir bis jetzt nicht bekannt geworden, daß Mathematiker, Mediziner oder Kunsthistoriker dem Satz vom allgemeinen Priestertum, von der mündigen Gemeinde, verpflichtet sind (obschon dies ihnen zu empfehlen wäre, aber vorerst müssen wir Theologen damit selber ernst machen). Ob es uns gefällt oder nicht, wir in der Kirche sind dem allgemeinen Priestertum verpflichtet. Theologie geschieht bei uns mit dem Volke Gottes zusammen oder sie geschieht überhaupt nicht. Darum ist der theologische Analphabetismus nicht nur des gewöhnlichen Kirchenvolkes, sondern auch und gerade der Akademiker, ein unhaltbarer Zustand. Auch können wir die Schuld dafür nicht einfach auf die anderen abwälzen. Wir Theologen müssen uns ernsthaft mit diesem Dilemma auseinandersetzen.

Das wird sich durch Kurse nur leicht ändern. Wirklich anders wird

---

2. Dies ist keine Polemik gegen kulturelle Veranstaltungen, deren Ziel es ist, Menschen in die ihnen bis jetzt unzugängliche Welt der Kunst einzuführen; aber dies ist hier nicht mein Anliegen.
3. W. Wink; Bibelauslegung als Interaktion, 30; vgl unten, S. 147.

dies erst, wenn die Christen über den Weg einer biblischen Ausle-
gungs*erfahrung*, eines erlebten Umgangs mit Mythen, die verschiedenen Auslegungsebenen und -möglichkeiten des Textes durch-
schreiten können. Diese Auslegungserfahrung ist nicht schichtspezi-
fisch, da die verschiedenen schichtspezifischen Denk- und Interpre-
tationsmuster in der Auslegung miteinander im Gespräch sind.
Die Sprechkantate ist so angelegt, daß sie einer kritischen
Exegese standhält und im Nachgespräch auf ihre historische und
exegetische Stichhaltigkeit geprüft werden kann. Das ist ein Unterschied zu einer normalen Kirchenkantate. Gleichzeitig soll aber
auch auf der unmittelbaren Erlebnisebene, beim erstmaligen Hören
mit Hilfe der eingebauten Assoziationen, vor allem der Rhythmen,
dem normalen Gemeindeglied die Möglichkeit gegeben werden,
sich im Spiegel dieser alten Geschichte zu fragen, wie wir mit dem
Gott zu Rande kommen, der uns zerbricht, wenn es denn Gott ist,
der Jakob zerbrochen hat. Denn auch dies ist nicht sicher. Es gehört
zum Genialen und Ärgerlichen der Geschichte des Jakobskampfes,
daß der »Isch«, der Mann, der da Jakob bei Nacht und Nebel
überfällt – oder ist es etwa umgekehrt: Überfällt Jakob den
Mann? –, nicht faßbar ist. Wer ist dieser Unbekannte? Ist es Gott,
ein Engel, ein Dämon? Wissen wir es überhaupt? Das sind genau
die Fragen, die der Mythos uns stellt.

Auf diese Fragen geben die theologisch richtigen Antworten
keine Antwort. Die Antwort auf diese Fragen wird gefunden, indem
die Erfahrung des Gebetes, die Erfahrung des Jakob, zu meiner
eigenen Erfahrung wird. Wenn ich in der Liturgie mit Jakob
zusammen den Unbekannten fragen kann »Wer bist du eigentlich?«
fange ich an zu beten. Und Beten ist heute bekanntlich etwas vom
Schwierigsten.

Um den Mythos vom Jakobskampf als einen biblischen Mythos
darstellen zu können, mußte ich ihn in einen historischen Rahmen
stellen. Die biblischen Mythen sind in dem Sinne besondere
Mythen, als sie aus dem altorientalischem Zyklusdenken herausge-
brochen und historisiert, sozialisiert und relativiert werden. Das sind
drei große Worte, die nur der versteht, der schon weiß, was damit
gemeint ist. Eben darum kann ich den Jakobskampf nicht mit Hilfe
dieser Begriffe auslegen, sondern muß ihn so erzählen, daß die
Weise meines Erzählens den alten Mythos historisiert, sozialisiert
und relativiert.

Ich lerne vom biblischen Verfasser, wie man mit Mythen umgeht.
Ich gehe mit seinem Mythos so um, wie er mit dem ihm vorgegebe-
nen Mythenmaterial umging. Ich tue das, indem ich die Jakobsge-
schichte dort datiere, wo ich die einzig sicher datierbare Angabe der

Tradition vom Jakobskampf in der Bibel finde, nämlich beim Propheten Hosea (Historisierung). Ich sage also der Gemeinde (und den zu Evangelisierenden) nicht: »Das ist ein Mythos. Er bedeutet folgendes. . .« Sondern ich sage: »Der Prophet Hosea erzählt diese Geschichte (oder eine Nebenform dieser Geschichte) in einer bestimmten historischen Situation, in der er damit folgenden Sachverhalt klarlegen wollte.« Ich muß aber noch einen Schritt weiter gehen. Hosea ist ein heiliger Prophet. Wenn ich ihn direkt auftreten lasse, dann denkt wenigstens ein Teil der Gemeinde, daß kritische Sichtung der hoseanischen Aussagen unangebracht sei. Also lasse ich diese Geschichte nicht von Hosea selber, sondern von Hoseas Witwe und seinen Kindern erzählen (Sozialisierung und Relativierung). Der Mythos wird im Umfeld eines bestimmten sozialen Konfliktes erzählt. Er wird von Menschen erzählt, die ein emotional besetztes, gebrochenes Verhältnis zum Mythos haben. Das heißt, Erzähler und Sprecher sind in einer ähnlichen Situation wie die Zuhörer.

So zitiert zum Beispiel Lo-Ammi, der Sohn Hoseas, seinen Vater, wie dieser von sich selber und von Jahwe sagt:

Ich aber bin wie Eiter für Ephraim
und wie Wurmfraß für das Haus Juda[4].

Chor und Pauken skandieren dazu »Wurmfraß und Eiter, Wurmfraß und Eiter«. Die »u« und »a« fressen sich in die Sprecher, den Chor, die Zuhörer ein. »Eiter« wird ganz spitzig ausgesprochen und die Flöte trillert dazu einen falschen Ton. Wer da den Eiter nicht spritzen sieht!

Lo-Ammi aber fährt fort: »Jahwe und unser Vater sind wie Wurmfraß. Sie fressen alle Lebenslust, allen Mut weg.« (Wer denkt da nicht an Erlebnisse mit der Kirche, mit den Pfarrern, mit der eigenen Mutter, den Kindern, dem Mann, der Frau?)

Lo-Ruchamah, die Tochter Hoseas, klagt: »Er hat mich stets Lo-Ruchamah genannt, das heißt die Nichtbegnadete, die Non-Graziella! Und ich wäre doch so gerne Graziella gewesen! Bei jedem Gutenachtwunsch, bei jedem Gruß, hieß es: Du bist nicht begnadet. Selbst die Kinder auf der Straße fragten mich: Nichtbegnadet willst du mit uns spielen? Sagte ich ja, so war ich nicht begnadet. Sagte ich nein, so war ich isoliert.«

Dieser unheimliche Gott läßt durch den Mund des Propheten eigene Kinder »nicht begnadet« und »NichtmeinVolk« nennen. Er läßt die Frau Hoseas, Gomer, öffentlich eine Hure schimpfen und

---

4. Hos. 5,12; für die exegetische und historische Fachdiskussion verweise ich auf den Anmerkungsapparat in Gomer: Das Gesicht des Unsichtbaren.

spottet über ihre keck zur Schau getragenen Brüste. Und gleichzeitig sagt er, er liebe sie von Herzen. Hier vermischen sich die Eheprobleme Hoseas mit seiner Theologie. Vielleicht hat er sich übernommen, als er die Tochter aus dem Hause eines assyrischen Kultusbeamten heiratete. Hosea war bekanntlich ein Ostjordanier. Für diese konnte Kult, Handel und Wandel Samarias nur ein Greuel sein. Trotzdem – oder gerade deswegen – zog ihn die elegante Gomer an. Gleichzeitig beschimpft er sie und sagt, er habe sie lediglich aus göttlichem Gehorsam geheiratet. Auch hier, im brutalen Psychodrama, das Hosea in aller Öffentlichkeit aufführt, vermögen einige Sprecher und Zuhörer unausgesprochene und unaussprechbare Konflikte ihres eigenen Lebens zu erkennen, die tiefer gehen als das, was allgemein eine Ehekrise genannt wird.

Und das Allerschlimmste ist, daß dieser zerrissene Hosea, dieser merkwürdige, beinahe pathologische Prophet im Kern seiner Prophetie recht hatte. Was das für ambivalente Gefühle bei seiner Frau und seinen Kindern auslösen muß! Daß er recht hatte ist ja wohl auch der Grund, warum sein Buch aufbewahrt wurde. Er hat – trotz oder gerade wegen seiner Übersensibilität – die Situation Israels richtig, richtiger als alle andern, eingeschätzt.

Unter seinen Prophetensprüchen erwähnt er auch die Geschichte Jakobs am Jabbok. Es ist der selbe unheimliche Gott, der die Kinder Hoseas »nicht begnadet« und die Frau des Propheten eine Hure nennt, der da auftritt. Zwar wird noch gesagt, daß der Unbekannte Jakob segnete. Aber wer er ist, das verrät die Geschichte nicht. Vielleicht weiß es wirklich niemand – wobei wir wieder bei der innersten Frage des Gebetes sind: O Gott, wer bist du, wenn es dich gibt? Wo finde ich dich, wenn du irgendwo bist? Oder in den Worten Luthers:

Aus tiefer Not *schrei* ich zu dir,
Herr Gott, erhör mein Flehen.
Dein gnädig Ohr neig her zu mir,
laß meine Bitt’ geschehen.
Denn so du das willst sehen an,
was Sünd’ und Unrecht ist getan,
wer kann, Herr, vor dir bleiben?

Das also ist das Grundmuster dieser Liturgie einer Mythenauslegung. Wie wird nun aus diesem Grundmuster ein gemeinsamer Auslegungsprozeß mit den Sprechern, dem Chor und den Zuhörern?

Vorerst mußte ich das Grundmuster prüfen. Die erste Fassung der Sprechkantate war von Ferdinand Schlingensiepen vom Diakoniewerk Kaiserswerth für ein Jahresfest bestellt worden. Nach der ersten Aufführung gab es eine erregte Diskussion, die so ablief, wie ich es später immer wieder erlebte: Die Fachleute, die Psychologen und Theologen sagten:»Der Verfasser ist komplett verrückt. Ein Stück mit so vielen historischen, theologischen und psychologischen Schwierigkeiten kann einer normalen Gemeinde nicht zugemutet werden.« Darauf aber protestierte die Gemeinde, und zwar gerade diejenigen, denen man sonst keinen theologischen und künstlerischen Sachverstand zumutet.»Wir haben sehr wohl verstanden«, sagte eine Köchin,»wir haben sehr wohl verstanden, daß Gomer unsere Geschichte erzählte. So ergeht es uns mit unseren Propheten. Es ist Zeit, daß dies einmal öffentlich gesagt wird.« Das heißt, die Köchin hattte das Stück von einem bestimmten Standpunkt her verstanden, nämlich von ihrem, den sie mit Gomer teilte.

Nach dieser ersten Aufführung war es klar, daß es im Text einiges zu vereinfachen gab. Vor allem aber merkte ich an den spontanen Ergänzungen von Chor und Musikern, daß der musikalische Teil zu erweitern war.

Etwas später wurde das Stück vom Süddeutschen Rundfunk übernommen und mit einer modernen, abstrakten Musik versehen. Ich verstand, warum den Radioleuten meine »primitive Musik« nicht zusagte. Aber mit der intellektuellen Musik, die sie dem Text zufügten, hoben sie das Stück genau in jene »Höhe der Kunst«, in der es nur »für die Höheren« zugänglich wurde.

Der nächste Schritt bestand darin, daß ich den Text bei Pfarrerkonferenzen von Pfarrern und ihren Frauen – ohne die Musik – sprechen ließ. Das Resultat war so unerwartet wie verblüffend. Die Pfarrer gingen mit Neugier und Freude an das Stück heran und lasen es in Rollen einander vor. Im Laufe der Lektüre aber veränderte sich die Atmosphäre von der spielerischen auf die meditative und – fast möchte man sagen – auf die seelsorgerliche Ebene. Jedenfalls weigerten sich die Pfarrer nach der Lektüre, das Stück »zu diskutieren«, obschon Diskussion im Programm vorgeschen war.»Was uns da widerfahren ist, können wir nicht diskutieren«, sagten sie und beraumten eine Pause an, in der sie Kaffee tranken und von etwas anderem redeten.

Eine Ausnahme waren diejenigen Konferenzen, wo die Diskussion *in den Rollen* des Stückes weitergeführt wurde. Besonders eindrücklich ist mir eine beinahe zweistündige Diskussion mit hundert Frauen des Frauenwerkes in Erinnerung. Gomer und ihre Kinder, aber auch die übrigen Personen des Stückes wurden auf ihre Motivationen, Erfahrungen und Hoffnungen hin befragt, was eine Diskussion ermöglichte, die in tiefe Erlebnisschichten reichte, deren Intimsphäre aber durch die historische Fiktion geschützt blieb.

7.2 Der Prozeß der Mythenauslegung

Ich suchte nach einer Möglichkeit, die Brauchbarkeit der Kantate für die Evangelisation zu testen. Diese Möglichkeit ergab sich, als das Dekanat Giessen bei mir eine Evangelisation bestellte. Ich ließ mich zu einer Vorbesprechung einladen, bei der ich die normale, allen bekannte Evangelisation folgendermaßen beschrieb: »Man lädt einen bekannten Evangelisten ein, der eine Woche lang, Abend für Abend das sagt, was jeder Pfarrer auch sagen kann, nur vielleicht etwas einfacher. Die Evangelisation ist dann gelungen, wenn eine genügend große Anzahl von Gemeindegliedern sich derart mit dieser Veranstaltung identifizieren, daß sie davon bei ihren Freunden und Bekannten erzählen und diese neugierig werden.

Von mir erwarten Sie jetzt, daß ich das Gleiche tue, aber mit anderen theologischen Inhalten als die Ihnen bekannten Evangelisten. Das kann ich aber nicht, denn diejenigen Menschen, die sich für eine offene Theologie engagieren lassen, müssen in Ihrer Stadt erst noch gefunden werden. Wir finden sie nicht durch eine Vortragsreihe. Aber wir finden sie, wenn wir Gemeindeglieder, sogenannte Randsiedler und Menschen, die wenig oder nichts mit der Kirche zu tun haben, für die Aufführung der Sprechkantate ›Gomer: Das Gesicht des Unsichtbaren‹ gewinnen können. Für den Chor brauchen wir zwischen dreißig und hundert Menschen. Es müssen keine musikalisch begabten Menschen sein, denn es ist ein Sprechchor. Nur rhythmisch sprechen müssen sie. Ferner brauchen wir noch Solosprecher und Musikanten. Ich bin sicher, daß die Texte den Mitspielern im Alltag nachgehen werden, daß sie darüber nachdenken und auch mit ihren Freunden und Bekannten, vielleicht sogar mit dem Pfarrer darüber sprechen wollen. Mit anderen Worten: Ich versuche, Sie für ein Modell zu gewinnen, mit dem Sie Ihrerseits Ihre Gemeinde zur aktiven Evangelisation gewinnen können.«[5]

Die Pfarrer waren fasziniert und verärgert. Das Konzept leuchtete ihnen zwar ein. »Aber wo finden wir die Menschen, die mit uns zusammen arbeiten wollen?« fragten sie verzweifelt. »Auf der Straße, in der Schule, bei Konfirmandenbesuchen, überall, wo Sie mit normalen Menschen in Berührung kommen«, gab ich zurück. »Diese laden Sie ein. Nicht zu einer Evangelisation, sondern zu

---

5. Zu dem hinter dieser Evangelisationspraxis liegenden Evangelisationsverständnis vgl ITh I, 121ff.

einer Sprechkantate, einer neuen Kunstform, zu der wir sie als
aktive Mitarbeiter, als Akteure brauchen. Und wenn sie sagen ›Wir
sind nicht kirchlich, nicht religiös etc.‹, dann antworten Sie: ›Genau
solche Menschen suchen wir.‹«[6]
Die Pfarrer machten ungläubige Gesichter, waren aber bereit,
sich auf das Experiment einzulassen. Vorläufig waren ihnen sämtliche plausiblen Ausreden ausgegangen. Zur nächsten Sitzung luden
sie einen Oberkirchenmusikdirektor ein, von dem sie erwarteten, er
werde meine Sprechkantate nach Strich und Faden auseinanderneh-
men. »Wenn Sie mich nach dem künstlerischen Wert dieser Kantate
fragen«, antwortete er auf ihre unausgesprochenen Fragen, »dann
haben Sie die falsche Frage gestellt. Diese Musik ist Gebrauchsmu-
sik. Ihr Wert beurteilt sich daran, ob sie die Funktion, die sie
erfüllen will, erfüllt. Unterstützt sie den Verstehensprozeß? Inspi-
riert sie Menschen, mitzumachen? *Diese* Fragen müssen vorbehalt-
los mit ›ja‹ beantwortet werden. Ob aber der Text ihrem Anliegen
als Theologen entspricht, das heißt, ob er ein guter, ein evangelischer, ein theologisch verantwortbarer Text ist, das, meine Herren,
müssen Sie nicht den Kirchenmusiker fragen.«
Der Ball war wieder bei den Pfarrern gelandet. Diese beschlossen, den Versuch zu wagen. Sie fanden eine junge Pfarrerin,
Eva-Maria Meinecke, die bereit war, die Regie zu übernehmen und
einen Kirchenmusikdirektor, Herfried Mencke, der erklärte, die
Chorpartien der Kantate ließen sich in zwei bis drei Sitzungen
einüben.
Nun aber kam Widerstand vom Pfarrer der Petruskriche, die
wegen ihrer zentralen Lage für die Aufführung ausgewählt worden
war. In einem denkwürdigen Memorandum, unterzeichnet von
Pfarrer K. A. Lebrecht, wurde die Mitarbeit von Nichtchristen in
der Veranstaltung beanstandet. Insbesondere wurde bemängelt, daß
ein Psychologe der Giessener Universität, der aus der Kirche
ausgetreten war, aber durch sein Buch »Der Gotteskomplex« sich
zum Thema der Kantate öffentlich geäußert hatte, zu einer Diskussion eingeladen werden sollte. Der Kirchenvorstand war der Meinung, ohne gründliches mehrabendliches Einführungsseminar würden die Zuhörer überfordert[7]. Insbesondere aber wurde das, was ich
oben Sozialisierung und Relativierung des Mythos nannte, beanstandet. Man fand es befremdend, daß Gomer Glaubensaussagen
ihres Mannes Hosea in Frage stellte, zum Beispiel, wenn sie sagt:

---

6. Zu dieser Art Einladung siehe die im Lesebuch (229ff) beschriebenen Erfahrungen, oben, S. 109ff und unten, S. 122f.
7. Ein immer wieder auftauchender Einwand, vgl oben, S. 117.

»Ich glaube, niemand weiß, wer er ist. . .«[8] Pfarrer Lebrecht schlug stattdessen vor, Gomer sagen zu lassen: »Wir wissen wohl, wer ER ist, aber wir können ihn nicht immer begreifen.« Kurz, Pfarrer Lebrecht verlangte, daß rechtes Leben und richtige Lehre klar und eindeutig verkündigt wurde. Die Fragen und Nöte von Gomer, Lo-Ruchamah, Lo-Ammi, die Fragen der Männer und Frauen von Giessen, sollten nicht öffentlich artikuliert werden, schon gar nicht in der Kirche. Und dann wundert man sich noch, daß wenige mitarbeiten wollen!

Aus Gründen, die mir unbekannt sind, wurde aber dann die Kantate doch aufgeführt mit Menschen, die sich noch nie mit Hosea auseinandergesetzt hatten[9]. Wie zu erwarten, war die Kirche voll. Die Aufführung brachte für mich mehrere Überraschungen, denn die Ausführenden hatten in einem weiterführenden Interpretationsprozeß mein Grundmuster verändert. Sie hatten meine rein akustische Liturgie in eine gleichzeitig visuelle verwandelt. So trugen zum Beispiel die Kinder Hoseas braun-orange Überwürfe. Der Erzähler (Evangelist) hatte einen grünen Talar usw. (Die Kostüme waren aus dem städtischen Theater geliehen worden, wodurch sich wieder Beziehungen zum Theater ergaben.)

Das Stück begann mit dem Erzähler, der die Situation Samarias nach der Zerstörung der Stadt durch die Assyrer schilderte. Dumpfer Paukenwirbel, unterbrochen durch ein Synkopensignal, das durch die ganze Kantate geht. Langsam klagte der Chor: »Toten-kla-ge Ho-se-as, To-ten-kla-ge Ho-se-as.« Mit Pauken und Trommeln schrien sie: »Totenklage Hoseas!« Die »o« und »a« der Totenklage legten sich wie ein Grabtuch auf die Gemeinde. Da stand jemand in der Gemeinde auf und sagte langsam: »Ich bin Lo-Ammi.« Er bewegte sich zum Mittelgang der Kirche, drehte sich um und sagte traurig: »Ich halte Totenklage.« Einige Schritte bewegte er sich vorwärts und wiederholte: »Ich halte Totenklage für meinen Vater, den Propheten Hosea.« Dann erzählte er in knappen Sätzen von seinem Vater. Seine Schwester Lo-Ruchama, seine Mutter Gomer, erhoben sich ebenfalls aus der Gemeinde, stellten sich vor und beklagten Hoseas Tod.

Mit anderen Worten: Chor, Regie und Sprechchor (das heißt einerseits »die Gemeinde«, andererseits die sog. Randsiedler) hatten meinen Text ihrem eigenen Verständnis angepaßt.

---

8. Oben, S. 116.
9. Bei der Aufführung saß der Pfarrer zuhinterst in der Kirche und kontrollierte anhand der Partitur den Ablauf. Ob er die Musiknoten auch kontrollierte, weiß ich nicht.

Auch Frau Gomer bekam ein eigenes Gepräge durch die Frau, die die Rolle übernahm. Sie war mir schon bei der Probe aufgefallen, weil sie das Wort »Hure« verschluckte. Ich befragte sie unter vier Augen. »Ach«, antwortete sie, »ich kann dieses schreckliche Wort nicht aussprechen, schon gar nicht in der Kirche.« »Dann müssen Sie es eben üben«, erwiderte ich, »laut, mit einem langen ›uuuu‹, daß es bis zu hinterst in der Kirche gehört wird.« An der Aufführung tönte das Wort wirklich durch die ganze Kirche hindurch zum Erschrecken vieler. Im übrigen aber stellte sie Gomer nicht – wie ich gedacht hatte – als eine temperamentvolle, etwas widerborstige Gattin dar, sondern als eine intelligente, einfühlsame Frau, der man seine Sympathie nicht versagen konnte. Sie litt unter ihrem Mann und seinem Gott und versuchte, sie zu verstehen.

Eindeutig gelangen die beiden Gemeinde-Chöre, die in Luthers Choral »Aus tiefer Not« das ganze Stück sowohl gedanklich wie auch musikalisch zusammenfaßten, indem sämtliche musikalischen und rhythmischen Elemente der Kantate in der Begleitung des Gemeindegesanges wieder in Erscheinung traten. Nach der Aufführung brach spontaner Beifall aus – etwas, das bekanntlich in der Kirche unerwünscht ist.

Ich diskutierte noch die halbe Nacht mit den Akteuren, dem Kirchenmusikdirektor, den Choristen und Musikanten. Choristen und Sprecher hatten – obschon das eigentlich nicht nötig gewesen wäre – den Text auswendig gelernt. In der Diskussion mit mir und untereinander zitierten sie lange Passagen aus der Kantate, nicht nur, weil ihnen der Rhythmus gefiel, sondern weil sie in diesen Rollen das sagen konnten, was sie erfahren hatten. Mit anderen Worten: Sie hatten sich ein Stück biblischen Umgangs mit Mythen angeeignet. Menschen, die bisher die größte Mühe mit biblischen Mythen hatten, machten die Erfahrung, daß sie in diesen Mythen ihr eigenes Gebet, ihren Schrei zu Gott, ihren Versuch zu glauben ausdrücken konnten.

8. Schöpfungs- und Versöhnungsmythen

Definitionen sind per definitionem Spaltworte. Sie spalten ab und unterscheiden. Sie sind wichtig für das Nachdenken. Bevor wir jedoch nachdenken können, müssen wir etwas erfahren, das uns nachdenkenswert erscheint.

Mythen sind Zusammenhangworte. Sie fassen zusammen, was logisch und definitorisch nicht immer unter einen Begriff gefaßt werden kann. Der biblische Schöpfungsmythos ist ein solches Zusammenhangwort. Wie dieses Zusammenhangwort erfahren werden kann, wird im ersten Erfahrungsbericht dieses Kapitels geschildert. Zusammenhang entstand in dieser Liturgie nicht nur zwischen Mensch und Kosmos, sondern auch zwischen Christen und Nichtchristen[1].

Im zweiten Beispiel wird beschrieben, wie die Nachbarschaft von Modenschau und Eucharistiefeier die Fragen nach dem Zusammenhang von Schöpfung und Erlösung hervorlockte bei Menschen, die sich sonst derlei theologische Fragen nicht stellen.

Im dritten Beispiel wird der Zusammenhang zwischen den italienischen Fremdarbeitern und der schweizerischen Bevölkerung gesucht. Es ist eine antizipatorische Zelebration des Leibes Christi, eine Eucharistiefeier. Bei allen drei Beispielen wird erfahren: »*Teilen ist das Geheimnis der Freude.*«

Im vierten Abschnitt wird die Frage nach der Benennung der einzelnen Elemente des beschriebenen Festes aufgeworfen. Es wird also abgetrennt, unterschieden, nachgedacht. Es wird versucht, die Bedingungen zu beschreiben, unter denen ein Fest »*schöpferisch*« *wird, das heißt, unter denen der ritualisierte Umgang mit dem Mythos zu fruchtbarem theologischem Nachdenken, zu kritischen Unterscheidungen führt.*

8.1 Eine Schöpfungsliturgie im Ökumenischen Zentrum

Im Ökumenischen Zentrum in Genf findet ein Futuristenkongreß statt. Ein Drittel der Teilnehmer sind praktizierende Christen verschiedener Konfessionen, ein Drittel sogenannte latente Christen, und ein weiteres Drittel gehört entweder anderen Religionen an oder ist religionslos. Wie gestaltet man ein ökumenisches, interkulturelles Fest mit einer so gemischten Gruppe, ein Fest oder eine Liturgie, die in Bezug zum Thema der Arbeitstagung steht?

Ich übergehe die recht komplizierte Vorbereitungsgeschichte und beschreibe nur das Resultat. Das Fest – oder ist es ein Gottesdienst? – beginnt mit einem modernen tschechischen Chanson über Maria Magdalena. Darauf eröffnet der hussitische Bischof das Fest. Auf seinem Talar leuchtet ein rot gestickter Kelch. Die Festrede (oder ist es eine Predigt?) besteht aus einem kurzen Gespräch dreier Kongreßteilnehmer über Mark. 14.3-9 (Die Salbung in Bethanien).

---

1. Zu Gottesdiensten mit Christen und Nichtchristen, vgl oben, S. 109ff und Lesebuch, 229ff.

»Ein schlechter Text für einen wissenschaftlichen Kongreß«, eröffnet Harvey Cox das Gespräch. »Wir bekämpfen den Hunger mit besseren Anbaumethoden, die Armut mit besseren Schulen, die Bevölkerungsexplosion mit familienplanerischen Maßnahmen. Und nun müssen wir vernehmen, daß Jesus die Verschwendung sanktioniert: die Armen hätten wir immer, ihn aber nicht.«

»Das ist es eben«, widerspricht ihm eine Frau, »nicht nur Geld und Wissen dürfen wir miteinander teilen, sondern auch Parfüm, Freude (fun), Schönheit . . .« »Teilen ist das Geheimnis der Freude«, nimmt der Bischof den Faden wieder auf. Darauf lädt er die Teilnehmer ein, irgendeinen Gegenstand, der für sie persönlich, für ihr Land oder ihre Kirche bedeutungsvoll ist, auf einen Tisch in der Mitte zu legen. Zu meiner Verwunderung erhebt sich mehr als die Hälfte der Teilnehmer. Blumen, Äpfel, Dokumente, Bücher, eine Schildkröte, Tonbandgeräte, eine Lampe, ein Zigarettenetui, eine Brille, Kugelschreiber, eine japanische Luftpostzeitung und vieles mehr türmt sich auf dem Tisch (oder ist es ein Altar?) auf.

Als sich alle wieder gesetzt haben, ergreift der Bischof das Zigarettenetui. »Wer hat das gebracht? Warum?« »Das ist meine letzte Erinnerung aus China.« »Und diese Lampe?« Eine nichtchristliche anmutige Inderin erhebt sich: »Ein Sinnbild des Lichts«. »Und diese Brille?« Ein baumlanger schwarzer Westinder erhebt sich und sagt mit geschlossenen Augen: »Ohne Brille kann ich Ihre Gesichter nicht sehen. Dank dieser Brille, die ich seit meiner frühesten Kindheit trage, kann ich überhaupt arbeiten.« »Und diese Dokumente?« Ein Mitarbeiter des Ökumenischen Rates steht auf: »Darin sind zwölf Hilfsgesuche aus Afrika. Diese Woche müssen wir entscheiden, welche wir übernehmen und welche wir ablehnen werden.«

Darauf zündet der Bischof den Weihrauchkessel an und beräuchert die Gegenstände. Das Fest (oder ist es ein Gottesdienst?) schließt mit einer Zusammenfassung (oder ist es ein Fürbittgebet?), in dem die von den Teilnehmern ausgesprochenen Sorgen und Hoffnungen, ihre Dankbarkeit und Erwartungen nochmals zur Sprache kommen. Nach dem Lobgesang aber diskutieren die Teilnehmer noch lange über das Fest.

8.2 Die Directrice als Liturgin

An einer Ostertagung für junge Lehrer, Seminaristen, Lehrlinge, Studenten erhielt ich den Auftrag, einen Gottesdienst vorzubereiten. Ich war der Meinung, daß ein Gottesdienst, der *für* und *nicht mit* den Teilnehmern gestaltet wurde, die gleiche Struktur habe wie die Arbeitszeit der jungen Menschen, nämlich die Struktur der Fremdbestimmung und Fremdbegreifung. Es wären eben nicht *ihre* Erfahrungen mit *ihren* Ausdrucksmitteln »begriffen« worden. Hätte ich nun einfach gesagt: Gestaltet einen Gottesdienst auf Grund eurer Erfahrungen und mit euren Begriffsmitteln, so wäre das Ergebnis entweder nichts oder eine schlechte Imitation dessen gewesen, was die Teilnehmer als Gottesdienst kannten[2].

Es fiel mir auf, daß an der Tagung eine bestimmte Kategorie von Teilnehmern nicht zum Zuge kam: Da war einmal eine Anzahl von Verkäuferinnen und Verkäuferinnen-Lehrtöchtern aus einem Modehaus und einige Mechanikerlehrlinge. Sie fanden die Diskussion und die Vorträge der Tagung langweilig und zwecklos.

Ich fragte die redegewandteste unter den Verkäuferinnen – sie war gleichzeitig Directrice in einem Modehaus –, wie wir unsere je verschiedenen Liturgien miteinander ins Gespräch bringen könnten. »Verschiedene Liturgien«, das hieß die »Liturgie des Abendmahls« und »die Liturgie einer Modenschau«. Wer schon bei einer Modenschau gewesen ist, wird gewiß nicht bezweifeln, daß der Begriff Liturgie für dieses Geschehen nicht unangebracht ist: Alles läuft nach einem bestimmten Schema ab, es gibt definierte Rollen und einen eindeutigen Höhepunkt der Liturgie. Das Ergebnis der Besprechung war folgendes: Die Directrice war bereit, mit ihren Mädchen zusammen einen Abendmahlsgottesdienst nach meiner (das heißt der kirchlichen) Liturgie zu gestalten, und ich war bereit, eine Modenschau nach der Liturgie des Modehauses zu gestalten. Nun stellte sich für mich die Frage, *welche* kirchliche Liturgie. Ich schlug den liturgischen Text nach dem Evangelium Lukas vor.

Luk. 22,17: »Und er nahm den Kelch, sprach das Dankgebet darüber und sagte: Nehmet ihn, teilet ihn unter euch. Denn ich sage euch: Ich werde von jetzt an vom Gewächs des Weinstocks nicht mehr trinken, bis das Reich Gottes gekommen ist.«

Und so begann denn auch der Abendmahlsgottesdienst (der zugleich ein Abendbrot war, wie wir gleich sehen werden), indem die Verkäuferin diesen Text las und durch ihre Mitarbeiterinnen Wein verteilen ließ.

Luk. 22,19: »Und er nahm das Brot, sprach das Dankgebet darüber, brach es, gab es ihnen und sagte: Das ist mein Leib, der für euch hingegeben wird; das tut zu meinem Gedächtnis.«

---

2. Über das Handwerkliche solcher Gottesdienstvorbereitungen siehe KBB, 103ff, 135ff.

Gleicherweise wurde dieser Text vorgelesen und das Brot verteilt, das auch das Brot für das Abendbrot war. Es wurde gegessen und getrunken und die Teilnehmer redeten miteinander. Dann ertönte die Tischglocke und die Verkäuferin las:

Luk. 22,20: »Und ebenso nach der Mahlzeit (nahm er) den Kelch und sagte: Dieser Kelch ist der neue Bund in meinem Blute, das für euch vergossen wird.« Der Kelch wurde wieder verteilt. Darauf wurde ein kurzes Dankgebet gesprochen.

Nun geschah etwas Unerwartetes. Ein Teilnehmer erhob sich und spielte am Klavier aus »My Fair Lady« »I could have danced all night«[3]. Man erinnert sich, dieses Lied kommt in dem Stück an jener Stelle vor, wo Eliza zum ersten Male als Person angenommen und als Mensch ernst genommen wird. Nun war ja Christus bei uns am Tisch gesessen und hat sich uns mitgeteilt. Wer hätte da mehr Grund als wir zu sagen: I could have danced all night.

Die Teilnehmer verstanden die Aufforderung: In der Form einer Polonaise wechselten wir hinüber in einen anderen Saal. Dort wurde musiziert, ein wenig getanzt und dann, gegen 10 Uhr abends ging die große Modenschau über die Bühne. So wie ich vorher die Verkäuferinnen informiert hatte, so hatten sie mich in die Geheimnisse *ihrer* Liturgie eingeführt. Ich hatte noch nie in meinem Leben eine Modenschau präsentiert. Aber ich mußte alle diese komischen Namen lernen: Prinzeßgrün, Courège-Schnitte – na, das meiste habe ich sowieso wieder vergessen. Ich gab jedem Mädchen einen italienischen und jedem Kostüm einen französischen Namen. (Die Kleider waren uns von einem Modehaus geliehen worden.) Mit der Modenschau war ein Wettbewerb verbunden: Welches Kleid ist das teuerste? Nach der Modenschau gab es noch eine Eiskrem und ein Abendlied. Jedermann legte sich frohgemut zur Ruhe.

Am andern Morgen aber war der Teufel los. Die Teilnehmer wurden sich bewußt, daß sie die Begriffe, die Namen, die Kategorien durcheinandergebracht hatten. Was vorher fein säuberlich in bestimmten Schubladen gelegen hatte, befand sich nun in anderer Umgebung. Es wurde beinahe unheimlich. Sie entdeckten, daß sie beim Abendmahl ähnliche Gefühle und Erlebnisse gehabt hatten wie bei der Modenschau und umgekehrt, daß das, was vorher fein säuberlich gespalten war, sich zusammenfügte. Sie waren mir bitterböse, weil ich sie in diese Sache verwickelt hatte. »Hätten Sie wenigstens eine anständige Pause von einer halben Stunde zwischen die beiden Veranstaltungen gelegt, so daß wir klar und deutlich

---

3. Versuch einer Auslegung von »My Fair Lady« in: ITh I, 106ff.

hätten trennen können zwischen dem ernsthaften und dem gesellschaftlichen Teil! Aber so hat sich bei uns alles ineinander verwik-
kelt«, warfen sie mir vor. »Gewiß«, antwortete ich, »ich bin an der
Verwicklung nicht unschuldig, denn die zwei Teile gehören zusammen. Das predigen unsere Pfarrer jeden Sonntag von der Kanzel.
Wenn das, worüber sonst nur geredet wird, ernst wird, dann
erschrecken wir. Der erste Teil heißt in der Theologie ›Versöhnung‹
(da wird von der Vergebung, von der Heiligung, vom neuen
Menschen gehandelt), und der zweite Teil (wo wir die Modenschau
hatten) heißt in der Theologie ›Schöpfung‹ (da wird von den Gaben
und Kräften, vom Schönen und Unheimlichen der Schöpfung
geredet und wie wir damit umgehen sollen). Nun aber behaupten
die Theologen, die beiden Teile seien auf merkwürdige und notwendige Weise miteinander verbunden.«

Und so diskutierten wir einen ganzen Morgen lang – es war der
Ostermorgen – über das Verhältnis zwischen Schöpfung und Versöhnung. Die Verkäuferinnen und die Lehrlinge machten mit, denn
die Begriffe hatten sich unterdessen für sie mit Erlebnisinhalt
gefüllt.

In meinem Urteil wurde dieser Umgang mit Mythen in dem
Augenblick theologisch brisant, als die Gefährlichkeit dieses Unter-
nehmens den Teilnehmern bewußt wurde. Diese gefährliche Kom-
ponente des Umgangs mit Mythen hat gerade, wenn wir ihn im Spiel
üben, einen allgemein-menschlichen und in diesem Sinne auch
einen politischen Charakter. Theologischer, die Neugier weckender
und sie leitender, unsere Grenzen explorierender Umgang mit
Mythen kommt nahe an das Wort von Karl Barth aus seiner
Römerbriefauslegung heran, wo er sagt: »Der Staat mag sich mit
seinen Sklaven und Verehrern dabei beruhigen, daß wir ihm vorerst
nur die Seelen entfremden. Sollte er einst die Gefährlichkeit dieser
Revolutionsmethode erkennen, dann wird's immer noch Zeit sein,
uns als Märtyrer zu bewähren.«[4]

In gewissen wirtschaftlichen, politischen und kirchenpolitischen
Ernstfällen kann sich gerade das Spielerische, Zufällige, Spontane
als ein recht wirksames Mittel erweisen, ernsthafte, aber erstarrte
Fronten, ernsthafte, aber eingefrorene Gedanken wieder zum Auf-
tauen zu bringen.

Ob allerdings alle Menschen und alle Christen so gefährlich leben
können (und sollen), weiß ich nicht. Es ist aber unsere Aufgabe als
christliche Kirche, dem Einzelnen bei der Abklärung dieser Frage

---

4. K. Barth, Römerbrief, 390f.

beizustehen. Wenn Möglichkeiten, Räume und Menschen zur Verfügung stehen für einen vorwärtsweisenden Umgang mit Mythen,
dann wird es im einzelnen herauskommen, bei welchen Menschen
ein eingefrorenes Potential aufgetaut werden kann und bei welchen
nicht.

Liturgien von der beschriebenen Art haben die Funktion einer
Probesonde ins Urgestein des Alltags. Soll es sich dabei um einen
psychologisch verantwortbaren Umgang mit Mythen handeln, so
muß der Liturg vorher so sorgfältig wie möglich abzuschätzen
versuchen, wieviel von dem Urgestein ans Tageslicht befördert
werden soll. Soll es sich um einen *theologisch* verantwortbaren
Umgang mit Mythen handeln, muß das Urgestein in seiner Schich-
tung und Faltung, in seinem archaischen Zusammenhang interpretiert werden[5].

8.3 Kellner und Liturgen

a) Luigi[6]

Ich heiße Luigi und komme aus einem Bergdorf der Carnia. Die
Carnia ist ein gefährliches Erdbebengebiet und liegt im Osten
Italiens, dort, wo Österreich, Jugoslawien und Italien zusammen-
kommen. Wenige Schweizer wissen, wo die Carnia liegt, obschon
aus unseren Bergen seit mehr als drei Generationen Tausende von
Maurern in die Schweiz kommen. Es sind gute Maurer. Darum
finden sie überall Arbeit, selbst in Australien, wohin sie mit der
ganzen Familie auswandern. In die Schweiz kommen die Männer
allein für eine »Saison« von elf Monaten. Wir sind in der Schweiz
von Gesetzes wegen »Saisonarbeiter«, auch wenn wir elf Monate im
Jahr arbeiten. Saisonarbeiter sein heißt: in der Baracke leben, fern
von Frau und Kindern. Es heißt ferner, daß wir jederzeit abgescho-
ben werden können, wenn wir krank werden oder wenn man uns
zeitweise nicht braucht oder wenn wir – zu Recht oder zu Unrecht –
der kommunistischen Agitation beschuldigt werden.

Und doch sind wir in Chiasso mit einem Koffer voller Hoffnung
eingereist. Während der sanitären Untersuchung in der Baracke
neben dem Bahnhof Chiasso konnte ich das Herzklopfen nicht
verbergen: Werde ich als zu wenig gesund, als arbeitsunfähig
zurückgewiesen? Nein, ich wurde eingelassen in das Haus der

---

5. Ausgeführt unten, S. 158ff.
6. Die Geschichte von Luigi ist Fiktion. Die Sachinformationen findet man in:
   Reformatio, April 1970 und November/Dezember 1980.

Schweizer. Mein Koffer wurde mir nach gründlicher Untersuchung
wieder ausgehändigt.

Einer von uns kann dichten, Leonardo Zanier. Er dichtet auf
ladinisch, in unserer Sprache, die auch eine der schweizerischen
Nationalsprachen ist (Engadin). Aber wen kümmert das schon? Er
singt über meinen Koffer:
Die Koffer eines Emigranten
enthalten keine Lumpen
sondern Hoffnung
und Hoffnung seine Hände
aber nur die ersten Male
dann wird sein Name:
Emigrant
sein Beruf
und er lernt, daß er geht
nicht um zu leben, sondern um nicht
zu sterben[7].

Jetzt arbeite ich an der Autobahn. Wir haben auch Jugoslawen
auf der Baustelle und sogar Türken. Der Türke betet immer am
Nachmittag um drei Uhr.»Es ist gut, daß wenigstens einer betet,
denn unsere Arbeit ist gefährlich«, sagt der Priester, der uns ab und
zu besucht.

Ich muß sparsam sein, damit ich Geld nach Hause schicken kann.
Die Schweizer nennen mich»Tschingg«. Ein»Tschingg« ist ein
Italiener, der in der Schweiz ist, um Geld zu verdienen. Die
Schweizer sagen, wir seien nicht»assimiliert«. Aber ich muß Geld
verdienen für meine Familie. Die Schweizer sagen von uns, wir
hätten zu viele Kinder. Die Armen haben immer zu viele Kinder.
Ich will, daß es meine Kinder einmal besser haben.

Meine Frau ist viel allein. Über sie gibt es auch ein Lied von
Leonardo Zanier. Wenn ich allein bin, singe ich es für sie, auf der
Gitarre:
Warum mir dies, Herr?
jedes Jahr wieder mir, Herr?
dieses Kreuz
diese Leere gegen Abend

---

7. las valiis di un emigrant   dopo il so non:
   no an pezots denti   emigrant
   ma sperança   al deventa il so mistiir
   a sperança las soos mans   e al impara ch'a nol va par vivi
   ma sool las primas vooltas   ma par no murii.
   L. Zanier, Libars di scugnii las (Frei, fortgehen zu müssen); zit. ladinisch und
   deutsch in Zanier, Wie sieht der Eingewanderte seine Situation in der Schweiz,
   253.

allein so lange Zeit
in diesem großen Bett, das knarrt
ich ziehe mich aus im Dunkeln
Herr
aus Angst, mich zu sehen
Herr
und ich rühre mich nicht an
Herr
aus Angst zu weinen
zu schreien . . .
ich habe das Bett gewechselt
Herr
ich spürte seinen Geruch
unseren Geruch
ich habe frische Leintücher gelegt
von unserer Aussteuer
aber mein Körper
nein Herr
aber mein Herz
nein Herr
kann ich nicht ändern
Herr
hörst Du mich Herr?
Hörst Du mich Herr?
Gute Nacht Mann
denk an mich
lebe wohl
schreibe!
Komm![8]

---

8. Parcè a mi Signôr?
   ogni an a mi Signôr?
   chesta crôs
   e chest vueit sorasera
   restâ tant timp bésola
   in chest jet grant
   ch'al cricja
   mi spuei al scûr
   Signôr
   di poura di jodimi
   Signôr
   e no mi tocj la cjar
   Signôr
   di poura di vai
   di vosâ . . .
   j'ai cambiât i linsui
   Signôr
   'a vevin il sô odôr
   il nesti odôr
   'ju ài metûs nosc
   di chei dal coredo
   ma il gno cuarp
   no Signôr
   ma il gno cuor
   no Signôr
   no pos cambiàju
   Signôr
   mi scoltaiso Signôr?
   MI SCOLTAISO SIGNÔR? . . .
   Buinanot om

Der Priester erzählte mir, daß bei den Evangelischen alle Ausländer, auch die Italiener, Stimm- und Wahlrecht in der Kirchengemeinde haben. Warum tun die Evangelischen so etwas? Ich bin katholisch, aber ich möchte ein Mensch und nicht nur ein »Tschingg« sein.

b) Das Abendmahl

Luigi möchte ein Mensch und nicht nur ein »Tschingg« sein. In der folgenden Abendmahlsliturgie erleben Luigi, seine Freunde und die gastgebenden Schweizer sich als Menschen. Das geschieht nicht deshalb, weil die Abendmahlsliturgie theologisch richtige Aussagen macht, sondern weil in ihr etwas geschaffen wird, das vorher nicht da war, Freundschaft. Freundschaft zwischen Fremdlingen und Einheimischen am Tisch des Herrn wird von den Teilnehmern erfahren und im Mythos vom Leibe Christi artikuliert:

Schwarz gekleidet, wie es sich gehört für einen Eidgenössischen Dank-, Buß- und Bettag, kamen die Gottesdienstbesucher der deutsch-schweizerischen Gemeinde Genf zur Kirche. Aber was war das für ein ungewohnter Geruch in der Kirche? Richtig, das war der Duft frisch gebrauten Kaffees. Und da standen auch bereits die spanischen und italienischen Kellner, begrüßten die Kirchgänger und offerierten ihnen eine Tasse heißen, duftenden Kaffee.

Als Präludium ertönte das Kyrie eleison aus der Misa Criolla (Senor, tien piedad de nostros), und herein marschierten Italiener, Spanier und Schweizer, angeführt von einem französisch-schweizerischen Pfarrer im Talar. Gemessenen Schrittes prozessionierten sie. Sie trugen Brot und Wein für das Abendmahl herein, aber auch einen großen Sack Kaffeebohnen, der auf den Abendmahlstisch ausgeleert wurde. Darauf zelebrierten die Fremdarbeiter für die Deutsch-Schweizer die Abendmahlsliturgie auf Spanisch und Italienisch (mit wenigen andeutungsweisen Übersetzungen).

Der Kaffee: Jeder Gottesdienstbesucher erhielt ein Säckchen Kaffeebohnen. Dazu erzählte ein Spanier, wieviel der brasilianische Plantagenarbeiter verdient; nur so viel, daß er – bei einer guten Ernte – sich und seine Familie während acht Monaten ernähren kann. Während vier Monaten muß er sich mit Betteln und Gelegenheitsarbeiten durchschlagen oder hungern.

Das Brot: Ein Italiener las die berühmte Geschichte vom Abendmahlsbild aus der Novelle »Fontamara« von Ignazio Silone[9].

<table>
<tr><td>pensimi</td><td>VEN!</td></tr>
<tr><td>staben</td><td>L. Zanier, aaO, 257f.</td></tr>
<tr><td>scrîf</td><td></td></tr>
</table>

9. Der Text von Silone wurde in ITh, I, 166, zitiert.

Ein Spanier erzählte vom römisch-katholischen Bischof von Cuarnavaca (Mexiko), der alle Heiligenbilder, außer einer einzigen Maria, die auf den Gekreuzigten zeigt, aus seiner Kirche entfernt hatte. Auch einen Tabernakel gibt es nicht mehr in der Kirche von Cuarnavaca. Zum Abendmahl wird – wie in Zwinglis Liturgie – ein Tisch hereingetragen. Der Leib des Herrn ist für den Bischof von Cuarnavaca nur dann real präsent, wenn Abendmahl gefeiert wird, wenn die Gläubigen, um Brot und Wein versammelt, sola gratia in den Leib des Herrn verwandelt werden[10].

Die Arbeiter und Indianer von Cuarnavaca läßt er von einem Priester ausbilden, so daß sie das Revolutionäre des Abendmahlsgeschehens erfassen. Darum gehen die Arbeiter von Cuarnavaca zu den Fabrikherren, Direktoren und Gewerkschaftsbossen und fragen: »Woher kommt es, daß wir am Tisch des Herrn gleichberechtigte Brüder sind, nicht aber am Konferenztisch?«

Der Kelch: »Der Kelch ist der neue Bund in meinem Blut« (Luk. 22,20). »Der neue Bund«, sagte Luigi, »ist die neue Freundschaft«. Dann sang er sein Lied über die »Koffer eines Emigranten«, »Keiner von uns«, fügte er dann noch hinzu, »hat nur Lumpen in seinem Koffer. Wir alle suchen Hoffnung. Ich weiß nicht, was die Hoffnung der Schweizer ist. Meine Hoffnung ist der neue Bund, die Freundschaft.«

Die Predigt: Der Pfarrer predigte auf französisch (gemeinsame Sprache aller!) fünf Minuten! Wenn das Abendmahl *geschieht,* wird der Mythos bereits interpretiert. Dann muß nicht mehr lange erklärt werden. Der Pfarrer beschrieb die Berufung des Zöllners Levi. Dieser war aus begreiflichen Gründen ein Außenseiter seiner damaligen Gesellschaft. Heute würden wir vielleicht sagen, er sei ein Emigrant oder auch ein Polizist oder ein Künstler. Als er von Jesus berufen wurde, richtete er für seine Freunde und Bekannten ein Fest. Der Text berichtet nichts davon, daß Jesus bei diesem Fest gepredigt habe. Trotzdem war er der Verursacher dieses Festes. Ein solches Fest wollen wir heute feiern.

Während der Austeilung des Abendmahles bekamen die Kirchgänger Karten, auf die sie ihre Vorschläge zu folgenden Fragen beschreiben sollten: Was können wir tun, damit die Brasilianer mehr bekommen für ihren Kaffee, damit die Süditaliener genug Brot haben und damit die Außenseiter in unserer Gesellschaft nicht kaltgestellt werden? Was wird anders in unserer Welt durch das Herrenmahl?

Die eingegangenen Antworten wurden im Schlußgebet und in

---

10. Vgl I Th I, 308f.

einem Artikel des Genfer Kirchenboten zusammengefaßt. Etwa die Hälfte der Leute antworteten nicht direkt auf die angesprochene Thematik, sondern formulierten ihre Bewertung dieser Form des Abendmahles. Zur ersten Thematik wurde vorgeschlagen, mit Nestlé über den Kaffeepreis zu reden. Andere aber waren der Meinung, daß wir das Problem bei uns, bei den Außenseitern unter uns anpacken müssen. Eine Frau meinte: »Während der ganzen Woche müssen wir immer diese fremden Sprachen hören. Warum sollen sie uns am Sonntag auch noch in der Kirche begegnen?« Andere wieder meinten, sie hätten in diesem Gottesdienst zum erstenmal die wirkliche Gegenwart des Herrn erlebt. Ein Spanier schrieb in unmöglicher spanischer Orthographie: »Ich danke dem Herrn für das Vorrecht, mit den deutsch-schweizerischen Brüdern zusammen das Abendmahl feiern zu dürfen.«

8.4 Benennen

Der Zusammenhang zwischen Christen und Nichtchristen, zwischen Mensch und Schöpfung im ersten Beispiel, zwischen Schöpfung und Versöhnung im zweiten Beispiel, zwischen Ausländern und Schweizern im dritten Beispiel wird auf einer vorbegrifflichen Ebene erfahren. Der Mythos der Gemeinsamkeit wird erfahren, bevor er begriffen wird.

Auf das Begreifen, das Nachdenken kann jedoch – wenigstens im Nachhinein – nicht verzichtet werden. Zur Vorbereitung dieses Begreifens isoliere ich im folgenden die Elemente, die jedes der drei Feste (Gottesdienste), jeder der drei Umgänge mit Mythen auszeichneten. Es sind:
1. eine Liturgie (ein Programm)
2. ein Gastgeber (oder eine Gastgeberin)
3. ein Anlaß.
Die Liturgie: Sie bestimmt die Abfolge der verschiedenen Programmpunkte. Sie kann geschrieben oder ungeschrieben sein. Um Freiheit, Festlichkeit, die Erfahrung des Zusammenhangs zu ermöglichen, muß jedes Fest einen Anfang, einen erkennbaren Fortschritt und einen Schluß haben. Im Rahmen dieses Abfolgeschemas gibt es große Variationsmöglichkeiten. Ich habe jedoch die Erfahrung gemacht, daß es sinnvoll ist, das einer Gemeinde vertraute Abfolgeschema zu verwenden, ganz abgesehen davon, daß es schwierig ist, die liturgischen Einsichten und Erfahrungen von Jahrhunderten zu verbessern. In jedem Fall aber besteht die Kunst einer guten Fest-(oder Gottesdienst-)liturgie darin, die Teilnehmer ihre Einfälle, ihre

Beiträge der Freude, des Dankes, der Besinnung, die Mythenfragmente ihres Alltagslebens als Teil eines Ganzen erleben zu lassen. »Teilen ist das Geheimnis der Freude«, sagte der hussitische Bischof. Darum muß solches Teilen ermöglicht werden. Eine Festliturgie, die keine Teilnahme der Feiernden erlaubt, wird zu einer Vorstellung. Auch eine Vorstellung kann starke Impulse ausstrahlen. Man denke nur an eine Oratorienaufführung, an ein gelungenes Theaterstück, an eine packende Predigt. Immer wenn die Zuhörer und Zuschauer sich mit Elementen der Vorstellung identifizieren können, nehmen sie innerlich teil am Geschehen. Nur bedingt die Vorstellung einen hohen Grad künstlerischer Verdichtung, während das Fest – weil die Teilnehmer direkt agieren – mit ganz einfachen Formen des Teilens und der Identifikation auskommt.

Der Gastgeber (oder die Gastgeberin): Der Gastgeber richtet das Fest an. Er (oder sie) stellt die Festredner und -teilnehmer vor (vgl dazu die Funktion des hussitischen Bischofs im ersten, der Directrice im zweiten, des Pfarrers im dritten Beispiel). Er schafft und ermöglicht das Klima der Freude und die Atmosphäre der Offenheit[11]. Das Neue Testament erzählt uns von einem von Jesus inspirierten Fest, an dem der Finanzier Zachäus so froh wurde, daß er einen Teil seines Vermögens verschenkte. Und dann sagt man noch, Feste (und Gottesdienste) hätten keine politische und wirtschaftliche Relevanz. Gute (wie schlechte) Feste (und Gottesdienste) sind staatspolitisch, sozialethisch und theologisch so wichtig wie gute staatspolitische, sozialethische und theologische Theorien.

Der Anlaß: Freunde, die sich gut kennen, können auch ein Fest ohne Anlaß feiern. Meistens jedoch treffen sich Menschen mittels einer Sache, sie brauchen einen Anlaß. Das kann ein Geburtstag, ein Abschied, eine Hochzeit, eine Taufe, ein Todesfall sein. Es kann auch ein Fußballspiel, ein Schützenfest, eine Degree Congregation[12], eine »Käseverteilung«, eine Einweihung, eine gelungene Prüfung oder der Nationalfeiertag sein[13].

Das Fest der Kirche, die Eucharistie, ist insofern ein Anlaß besonderer Art, als es einen Abwesenden feiert, der zugleich ein Kommender und ein Gegenwärtiger ist. Er kann deshalb nur in mythischer Sprache gefeiert werden. Die reine Sachsprache kennt keine Kategorien für diese logischen Widersprüche.

Dieser mythische Anlaß des Festes wird in vielen Feiern nichtbegrifflich ausgedrückt: der Weihrauch im ersten Beispiel, Wein und

---

11. Zur Funktion des Bischofs als Gastgeber, ITh I, 263ff.
12. Oben, S. 9f.
13. Oben, S. 77.

Brot im zweiten und dritten Beispiel, die mittelalterliche Kleidung und die lateinischen Formeln bei einer Degree Congregation, das Feuer und die Flagge bei einem schweizerischen Nationalfeiertag, Kamel, Kerzen und Christbaum bei den Weihnachtsfeiern, Rhythmen und tonmalerische Elemente bei der Sprechkantate »Gomer: Das Gesicht des Unsichtbaren«. Solche nichtbegrifflichen Elemente sind aber auch der Hochzeitskuchen, die Champagnerflasche, der Händedruck, das Anstoßen der Gläser, das Kaminfeuer, selbst das gemeinsame Rauchen von Zigarren. Der Kundige sieht hinter all diesen Handlungen einen uralten Umgang mit Mythen, religiöse Riten, die zwar von den Beteiligten nicht mehr als solche bezeichnet, aber knapp unter der Bewußtseinsgrenze als solche empfunden werden.

Ich hoffe, daß die Hinweise genügen, um die Bedeutung des Umgangs mit Mythen im öffentlichen und privaten, im kirchlichen und politischen Leben offensichtlich zu machen. Wenn dem aber so ist, so gehört es zur Arbeit eines Theologen, den theologisch verantwortbaren vom unverantwortlichen Umgang mit Mythen zu unterscheiden. Dieser Aufgabe wenden wir uns im übernächsten Kapitel zu. Vorerst aber ist ein kurzer Blick auf die exegetische Wissenschaft nötig mit der Frage, wie sie denn sich dieser Problematik gestellt hat.

9. Eine andere Exegese

Die historisch-kritische Exegese hat die im vorigen Abschnitt formulierte Aufgabe eines theologisch verantworteten Umgangs mit Mythen bis jetzt kaum geleistet. Sie ist eine exklusive Wissenschaft geworden, die nur noch die Experten verstehen. Sie geschieht nicht mehr mit dem und für das Volk Gottes.

Welche Alternativen stehen zur Verfügung? Als die hermeneutische Frage vor mehr als fünfundzwanzig Jahren wiedereröffnet wurde, geschah dies auf der Basis eines Verständnisses der Sprache als inter-personalen Geschehens. Unterdessen ist es aber klar geworden, daß Sprache – auch und vor allem wissenschaftliche Sprache – ein gesellschaftliches Phänomen ist, das von den materiellen Bedingungen seiner Produktion mitbestimmt wird. Die aus dieser Beobachtung hervorgegangene materialistische Exegese[1] zerstörte die Fiktion einer

---

1. H.-W. Bartsch, Die Bibel anders lesen; E. Cardenal, Zerschneide den Stacheldraht; ders., Das Evangelium der Bauern von Solentiname, 2 Bde; M. Clévenot, So kennen wir die Bibel nicht; J. H. Cone, God of the Oppressed; H. Gollwitzer,

objektiven Geschichtsschreibung und zwang uns zu einer neuen Definition des Sitzes im Leben biblischer Texte und ihrer Interpretationen[2].

Da alle Sprache durch die Bedingungen, unter denen wir sie produzieren – das heißt unter anderem auch durch unsere Interessen – mitbestimmt und manchmal überbestimmt ist, wird es immer schwieriger, die Wahrheit einer Aussage zu beurteilen. Die Strukturalisten[3] *lösten das Problem, indem sie die Suche nach dem Sinn der Sprache überhaupt aufgaben. Es gibt nur »Zeichen«. Und sie bedeuten Sinnlosigkeit.*

Neben dieser akademischen Diskussion sind aber unterdessen neue Methoden der Bibelarbeit entdeckt worden, mit denen neue Erfahrungen gemacht wurden. Die daraus entstandene Literatur ist nicht lediglich eine praktische Anleitung zur Bibelarbeit, *sondern angewandte Methode,* bevor *diese Methode theoretisch formuliert wurde – ein Tatbestand, der von den Exegeten mit gespanntester Aufmerksamkeit verfolgt werden sollte und der zeigt,* »*daß wissenschaftliche Exegese nicht im Getto der Fachgelehrsamkeit bleiben muß und von neuem theologische Relevanz gewinnt*«[4]. *Im allgemeinen wurde die Herausforderung hauptsächlich von einigen Theologen der Dritten Welt, zum Beispiel von James Cone und Juan Luis Segundo aufgenommen worden. Was diese Theologen mit den erwähnten Bibelarbeitern gemeinsam haben, ist der Wille, die exegetische Wissenschaft dort zu plazieren, wo sie hingehört, nämlich in die weltweite Gemeinschaft der Christen. Daß dies enorme Schwierigkeiten bietet, ist offensichtlich. Die Schwierigkeiten sind ein Hinweis darauf, wieweit die biblischen Wissenschaften selber verwirrt und von ihrer Aufgabe abgerückt sind.*

Historischer Materialismus und Theologie; H. C. Kee, Christian Origins in Sociological Perspective; Kommunität März 1978, D. A. Lane (IIg), Liberation Theology; M. Machoveč, Jesus für Atheisten; W. A. Meeks (Hg), Zur Soziologie des Urchristentums; Neue Exegese; S. Rostagno, Essays on the New Testament; W. Schottroff / W. Stegemann (Hg), Traditionen der Befreiung, 2 Bde; dies. (Hg), Der Gott der kleinen Leute; J. L. Segundo, A Theology for Artisans of a New Humanity; ders., The Liberation of Theology; verschiedene Arbeiten von G. Theissen (Literaturverzeichnis).

2. H. H. Schmid, Der gegenwärtige Neuaufbruch in der Pentateuchforschung.
3. H. Lang, Die Sprache und das Unbewußte; L. Marin, Semiotik der Passionsgeschichte; G. Schiwy, Strukturalismus und Christentum; S. McFague TeSelle, Speaking in Parables; D. O. Via, Die Gleichnisse Jesu.
4. Zitat: W. Stegemann in: W. Schottroff / W. Stegemann (Hg), Traditionen der Befreiung 2: Frauen in der Bibel, 7. Zum Ganzen: H. Barth / T. Schramm, Selbsterfahrung mit der Bibel; W. Erl / F. Gaiser, Neue Methoden zur

Die von mir selber praktizierte narrative *Exegese*[5] *bietet keine neue Hermeneutik. Aber sie kann uns einen Weg zeigen, wie wir eine neue Hermeneutik finden und prüfen können, nämlich durch die Entwicklung einer wissenschaftlichen Exegese, die dem Urteil aller denkenden Christen im Leibe Christi unterworfen wird. Eine Exegese, die verstanden und diskutiert wird im ganzen Leibe Christi, ist eine wissenschaftlich und theologisch verantwortbare und verantwortete Exegese, was nicht heißt, daß jedermann mit ihren Aussagen einverstanden sein muß; aber immerhin sollten die Christen in der Lage sein, sich über Einverständnis und Ablehnung bestimmter exegetischer Aussagen klar zu werden. Die Ablehnung bestimmter exegetischer und theologischer Aussagen durch das Volk Gottes sollte auf Wissen und nicht auf Angst beruhen. Mit anderen Worten: Die Exegese der Zukunft ist eine Exegese, zu der alle Charismen einen Beitrag leisten, alle Interessen, alle Kulturen, Männer* und *Frauen, alle Gaben im Leibe Christi.*

Im folgenden werden daher die materialistische, die interaktionistische und psychoanalytische[6]*, die narrative und strukturalistische Exegese und deren praktische Anwendungen auf diese ihre Tauglichkeit geprüft. Diesem Kriterium muß auch meine eigene Arbeit unterworfen werden*[7].

9.1 Die Fiktion von der objektiven Geschichtsschreibung

Stefan Heym ist 1913 in Karl Marx-Stadt geboren. Er emigrierte 1933 in die Tschechoslowakei, studierte später in Chicago, wurde 1943 eingezogen und nahm als amerikanischer Offizier, zuständig für psychologische Kriegsführung, an der Invasion in der Norman-

---

Bibelarbeit; E. Lange, Predigen als Beruf; W. Neidhart / H. Eggenberger (Hg), Erzählbuch zur Bibel; Praktische Bibelarbeit heute; A. Steiner / V. Weymann, Jesus-Begegnung; dies., Wunder Jesu.

5. H. Anselm, Gott als Dichter; C. Coccioli, Mémoires du Roi David; St. Heym, Der König David Bericht; W. J. Hollenweger, GGG; ders., Konflikt in Korinth; ders., Erfahrungen in Ephesus; ders., Michal; ders., Gomer; ders., Lesebuch; D. Ritschl / H. O. Jones, »Story« als Rohmaterial der Theologie; Theology Today 32/3, Juli 1975; L. Steiger, Erzählter Glaube; B. Wacker, Narrative Theologie; R. Textor, Silvester 1999.

6. F. Dolto / G. Séverin, L'evangile au risque de la psychanalyse, Bd. 2; Y. Spiegel (Hg), Psychoanalytische Interpretationen biblischer Texte; ders. (Hg), Doppeldeutlich; W. Wink, Bibelauslegung als Interaktion.

7. Das Folgende ist eine überarbeitete Fassung meines Forschungsberichtes in »Verkündigung und Forschung« 1981/2, 5–24; englisch in: »Horizons in Biblical Theology« 3, 1981.

die teil. Die ersten Besatzungsjahre verbrachte er in München, wurde dann wegen prokommunistischer Einstellung in die USA versetzt und aus der Armee entlassen, worauf er Offizierspatent und Kriegsauszeichnungen zurückgab und 1952 nach Ostberlin übersiedelte. Er ist Träger des Nationalpreises der DDR. Durch sein Eintreten für Biermann und andere Regimekritiker der DDR und seinen Roman »Der König David Bericht« wurde er als reaktionärer und der nötigen Objektivität entbehrender Tendenzschriftsteller entlarvt, der die amtlich anerkannte (sprich die objektive) Wahrheit zu hinterfragen begann.

Diese Sachlage wird in dem erwähnten Roman »Der König David Bericht« dargestellt. Ethan aus Esra bekommt den Auftrag, den »Einen und Einzig Wahren und Autoritativen, Historisch Genauen und Amtlich Anerkannten Bericht über den Erstaunlichen Aufstieg, das Gottesfürchtige Leben, sowie die Heroischen Taten und Wunderbaren Leistungen des David ben Jesse, Königs von Juda während Sieben und beider Juda und Israel während Dreiunddreißig Jahren, des Erwählten GOttes und Vaters von König Salomo«[8] zu schreiben. Wie Heym selber kommt Ethan von weit her. Er versucht, die Wahrheit über David zu schreiben, die er von Soldaten und Huren, von Davids Frauen und von Wahrsagerinnen erfahren hat. Aber die Wahrheit ist nicht eine einzige. Was Wahrheit ist, was objektive Geschichtsschreibung ist, wird von den Interessen der Informationsträger mitbestimmt. Darum werden im Laufe der Recherchen Ethans die Interessen sämtlicher Beteiligten bloßgelegt: die Interessen Michals, Tochter Sauls und zweimaliger Frau Davids; die Interessen Benajas, Stabchefs der Armee; die Interessen Nathans, des Hofpropheten (denn auch dessen Objektivität ist von seiner Interessenlage bestimmt); und schließlich die Interessen Salomos, des Sohnes der Bathscheba und des Siegers in den Thronfolge-Intrigen, dessen objektive Wahrheit, weil sie die Wahrheit der Herrschenden ist, auch die herrschende Wahrheit wird.

Wie aber ist mit diesen verschiedenen Wahrheiten umzugehen? Zadok, der Hohepriester, erklärt Ethan die Grundsatzentscheidung zwischen zwei verschiedenen Wahrheiten: die eine ist diejenige, die Ethan zu finden hofft; die andere ist die auf das Wort des Herrn Jahwe gegründete. Und wo die zwei Wahrheiten nicht übereinstimmen, muß Zadok verlangen, daß der Lehre gefolgt wird! Denn die Lehre leitet mich sicher in der Wahrheitssuche. Was soll aber mit denen geschehen, die die Geschichte anders erfahren haben? Es sind ja zur Zeit Ethans noch Menschen am Leben, die seinerzeit

---

8. St. Heym, Der König David Bericht, 34.

dabei gewesen sind und deren objektive Wahrheit mit derjenigen der Lehre kollidiert. Sollen sie »umgeschult« werden? Sollen sie zur Einsicht gebracht werden, daß es nur eine einzige Wahrheit gibt? Heyms Roman ist in vielerlei Beziehungen bemerkenswert. Einmal erscheint hier die Quellenscheidung nicht als reine Literaturanalyse (obschon auch nebensächliche Aussagen Heyms bei genauer Untersuchung der Texte wenigstens als mögliche Interpretation bestimmter alttestamentlicher Schichten erscheinen), sondern als Instrument, um bestimmte theologische, historische und gesellschaftskritische Wahrheiten in ihrer Dependenz von und Einbettung in bestimmte Gesellschaftsgruppen erkennen zu können. Zum zweiten erstaunt, wie eine genaue Analyse des heute im Alten Testament enthaltenen tendenziösen Thronfolgeberichtes diesem Informationen entlockt, die er verbergen wollte. Und drittens ist es eine merkwürdige Ironie der Geschichte, daß das meines Erachtens gelungenste Beispiel einer materialistischen Exegese von einem jüdischen Marxisten stammt, der innerhalb der und gegen die Machtstrukturen eines sozialistischen Staates schreibt, in welchem er, der Atheist, in den kirchlichen Gemeindegruppen am meisten Echo findet.

Was materialistische Exegese leisten kann (und was nicht!), wird in dem meines Erachtens besten Jesusbuch der letzten zehn Jahre, nämlich in *Milan Machoveč'* »Jesus für Atheisten« beispielhaft vorgeführt. Machoveč, ein tschechischer marxistischer Philosoph (der allerdings nach dem Prager Frühling in die Wüste geschickt wurde) und ein hervorragender Kenner der katholischen und evangelischen Fachexegese, fragt in Anwendung der materialistischen Methode: Wer hat was, aus welcher Interessenlage heraus gesagt, geschrieben, geglaubt?[9] In konsequenter Anwendung dieser Methode kommt er auch an ihre Grenze. Er gibt sich *nicht* der Täuschung hin, daß eine solche Fragestellung immer auch Antworten *für den Grund* solchen Redens, Schreibens und Glaubens finden kann.

Das zeigt sich zum Beispiel an seinem großartigen Kapitel über Ostern, das den schlichten Titel »Christus« trägt. Über hundert

---

9. »Wem nützt der Satz?
   Wem zu nützen gibt er vor?
   Zu was fordert er auf?
   Welche Praxis entspricht ihm?
   Was für Sätze hat er zur Folge? Was für Sätze stützen ihn?
   In welcher Lage wird er gesprochen? Von wem?«
   Bert Brecht, zitiert von H. Gollwitzer in seinem Aufsatz »Historischer Materialismus und Theologie«, 13.

Seiten sorgfältiger Exegese führen zu der Schlußfolgerung: »Es ist eigentlich auf den ersten Blick – und noch auf den zweiten – ziemlich merkwürdig, daß mit dem tragischen Tod Jesu am Kreuz ›seine Sache‹ nicht endet und daß Jesu Anhänger nicht bald danach sich zerstreuten und in Vergessenheit gerieten wie die Anhänger so vieler anderer Propheten, Rebellen, Prediger, Mahner, Erneuerer, Oppositioneller, Revolutionäre, die das Opfer des staatlichen Interesses an Ruhe und Ordnung im Lande wurden . . . Wie kam es, daß ein Prophet, dessen Voraussage sich nicht erfüllt hatte, zum Ausgangspunkt der größten Weltreligion wurde?«[10] Wie konnte Petrus das Häufchen erschrockener und verwirrter Jünger davon überzeugen, daß das, wofür Jesus lebte und starb, mit dessen Tode nicht zu Ende war?

Machoveč beantwortet diese Frage – in strenger historisch-kritischer Weise[11] – mit dem Hinweis auf den Auferstehungsglauben. Wenn aber nun weiter gefragt wird nach den Gründen und nach der Entstehung dieses Glaubens, so diskutiert Machoveč zwar die gängigen materialistischen Erklärungen, lehnt sie aber alle samt und sonders als oberflächlich und historisch nicht einleuchtend ab. Er versucht also keineswegs, den Osterglauben von den sozial-ökonomischen Interessen und Entwicklungen der Jünger her zu erklären. Ja, man gewinnt den Eindruck, die Interessen der Jünger stünden im Gegensatz zum Osterglauben und seinen Konsequenzen. Die Frage »Warum glaubten die Jünger?« läßt Machoveč als ehrlicher Atheist offen. Im Grunde genommen ist es die Frage nach Gottes österlichem Eingriff. Mit dem Offenhalten der Gottesfrage respektiert er die Grenze der materialistischen Exegese.

Ein weiteres Beispiel desselben Ansatzes ist das Buch von *Michel Clévenot,* dessen Arbeit die Absicht der neueren materialistischen Exegeten allgemein verständlich zusammenfaßt. Clévenot stellt den

10. M. Machoveč, Jesus für Atheisten. Bedeutsam auch der Aufsatz von H. Bosse, Marx, Weber, Troeltsch.
11. Schon Harnack ist auf Grund seiner historisch-kritischen Forschung zum selben Resultat gekommen: »Jesus Christus war eine wirkliche Person und ist wirklich gestorben – und zwar den Kreuzestod, den kein Mythus vorgesehen hat; . . . und seine Jünger haben ihn geschaut und waren über die Wirklichkeit dieser Schauung nicht zweifelhaft. Auch weist keine Spur darauf hin, daß diese Schauung durch einen Mythus hervorgerufen worden war, der den Jüngern längst geläufig gewesen wäre; es führt vielmehr keine Überlieferung auf die Annahme, daß in den Kreisen, aus welchen Petrus und die ersten Jünger stammten, bzw. in dem damaligen frommen Judentum Palästinas, ein solcher Mythus überhaupt bekannt gewesen ist oder gar innerhalb der Religion eine Stelle gehabt hat . . .« (A. von Harnack, Die Entstehung der christlichen Theologie, 17; zit. W. Kümmel, Das Neue Testament, 459).

Jahwisten (J) als Hofschreiber Salomos dar. Der Text von J entpuppt sich »als ideologische Produktion, welche die Machtposition Salomos religiös rechtfertigen soll«[12]. Insbesonders besteht die List seiner Darstellung darin, die Wirren der davidischen Thronfolge so darzustellen, »als ob alle diese Todesfälle die natürlichsten Vorkommnisse ohne jeden Bezug zu der Nachfolge Davids seien«[13]. Mit der Zentralisierung der Geschichtsschreibung, das heißt mit der Produktion einer einzigen, nämlich der herrschenden Wahrheit, geht Hand in Hand die Errichtung einer Hauptstadt, die Zentralisierung der Verwaltung, der Religion und der Literatur.

Liest man die jahwistische Quelle »in erster Linie als die schöne Geschichte einer Reihe göttlicher Verheißungen, die sich in der Machtergreifung Salomos erfüllen, dann bedeutet dies, daß man voll in die vom Text aufgestellte Falle gegangen ist«. Um dem zu entgehen, müssen wir den Jahwisten mit einem Geschichtsschreiber des israelitischen Nordreiches, mit dem Elohisten (E) konfrontieren. Die Nordstämme wurden eine Zeitlang von David und Salomo beherrscht, gewannen aber ihre Unabhängigkeit nach dem Tode des letzteren zurück[14].

In dieser Optik kommt E besser weg als J. Zwar gelingt es dem Verfasser nicht, das Nordreich als eine Art sozialistischer Räterepublik darzustellen. Trotzdem nimmt er Partei für den Elohisten gegen den Jahwisten. Die Begründung dieser Parteinahme wird in der Auslegung des Markusevangeliums geliefert. Das Markusevangelium oder »die Erzählung von der Praxis Jesu ... unterminiert fortwährend das System der gesellschaftlich sanktionierten Positionen, indem die Ausgeschlossenen (Wahnsinnige, Kranke, Unreine, Arme) integriert und die herrschenden Kräfte bedroht werden«. Die subversive Dynamik dieses Textes rührt daher, daß er »die Gewalt zwingt, ihr Spiel aufzudecken (diese Gewalt des Todes, welche die Magie des Systems der Reinheit zu beschwören sucht), sich zu veräußerlichen, sich zu objektivieren, indem sie ihren Niederschlag im Text findet«. Etwas einfacher ausgedrückt: Markus zerreißt das Gewebe der jüdischen Ideologie[15]. »Unsere materialistische Lektüre läßt uns hier eine Strategie erkennen, die man kommunistisch, nicht-revolutionär, internationalistisch nennen könnte. ›Kommunistisch‹, weil sie das System des Teilens an die Stelle des Systems des Kaufens setzt, weil sie den Gebrauchswert

12. M. Clévenot, Approches matérialistes, 33; So kennen wir die Bibel nicht, 31.
13. AaO, franz., 28; deutsch, 26.
14. AaO, franz., 41; deutsch, 38.
15. AaO, franz., 103; deutsch, 97f.

über den Tauschwert stellt. ›Nicht-revolutionär‹, weil die ökonomi-
schen und politischen Bedingungen des jüdischen Subasiatismus,
der in den römischen Sklavenhalter-Imperialismus integriert ist,
keine revolutionäre Veränderung der Produktionsverhältnisse
zulassen. ›Internationalistisch‹, weil die Erzählung fortwährend die
Grenzen Palästinas überschreitet und mit dem Aufbruch nach
Galiläa in Richtung auf die heidnischen Länder endet.«[16]

9.2 Eine neue Bestimmung des »Sitzes im Leben«

Außer Machoveč und Heym haben mich die meisten materialistischen Exegeten nicht restlos überzeugt. Ich will kurz an der
Markusauslegung von Clévenot meine Bedenken anmelden. Verglichen mit den Nichttheologen Machoveč und Heym, die mit dem
Text arbeiten und sein besonderes Profil respektieren, scheint mir
bei Clévenot das Detail des Textes nicht zur Sprache zu kommen,
sondern wird einer der Schulen der französischen Intellektuellen
integriert, in diesem Falle der Schule des einflußreichen französischen Neo-Marxismus. »Da diese Hermeneutik bereits vor Beginn
der Exegese weiß, was Wirklichkeit ist und welche Komponenten
Geschichte konstituieren, kann sie mit der Überlieferung kaum in
einen offenen Dialog über das Menschsein des Menschen und die
konstitutiven Dimensionen des Seins eintreten.«[17]

Wendet man die materialistische Exegese auf Clévenots Text
selber an, so ist hier die Interessenlage mit Händen zu greifen: Um
verstanden zu werden, drückt man sich in der Sprache derer aus,
von denen man verstanden werden will. Das sind aber nicht »die
Unterdrückten« oder gar die Arbeiter!

Damit ist die materialistische Exegese keineswegs erledigt.
Erstens ist sie selber ein Beispiel für ihre These, nämlich, daß jeder
Text Ausdruck einer bestimmten Interessenkonstellation ist (auch
dieser Bericht, siehe dazu S. 145). Da diese These weder im
allgemeinen noch in bezug auf die biblischen Texte bestritten
werden kann, müssen wir uns wohl oder übel mit einer neuen,
nämlich die gesellschaftlichen und wirtschaftlichen Interessen mit-
berücksichtigenden Bestimmung des »Sitzes im Leben« abfinden.
Selbst das berühmte Theologische Wörterbuch zum Neuen Testament kann sich diesen soziologischen Fragen nicht länger verschlie-

---

16. AaO, franz., 115; deutsch, 108.
17. P. Stuhlmacher, Vom Verstehen des Neuen Testaments, 215.

ßen, zum Beispiel in bezug auf den »Sitz im Leben« des neutestamentlichen Griechisch[18].

Hier aber entstehen fast unüberwindbare Schwierigkeiten, sofern man diese Forderung wirklich ernst nimmt und nicht einfach mit einem marxistischen Geschichts-Schematismus abfertigt. Was wissen wir denn konkret von der Interessenlage des Jahwisten?[19] Bei den davidischen Thronfolge-Geschichten ist die historische Ausgangslage wenigstens einigermaßen klar. In bezug aber auf die »Interessenlage« der Evangelisten, respektive ihrer Gemeinden, tappen wir weitgehend im Dunkeln. Und was wissen wir denn konkret vom kulturellen und wirtschaftlichen Hintergrund der ersten Jünger? Als ich einem berühmten Neutestamentler bei einer Bibelarbeitertagung des Kirchentags genau diese Fragen stellte, schaute er mich halb belustigt und halb irritiert an und antwortete: »So unverschämt können nur Sie fragen. Wir wissen es nicht.«

Stuhlmacher hält die Ausklammerung der »Geschichte Israels und des Urchristentums, der Probleme der biblischen Zeitgeschichte und der Soziologie des frühen Christentums« zu Recht für äußerst gefährlich. Dadurch »verliert die biblische Glaubensverkündigung ihren Wirklichkeitsbezug und wird zur esoterischen Reflexion. Ohne wirklich triftigen Grund wird das gesamte Gebiet der Schöpfung, der Geschichte und der sozialen Ethik aus dem theologischen Denken entlassen«[20]. Unterdessen aber hat *Gerd Theissen* durch eine Reihe höchst bemerkenswerter Studien gezeigt, daß meine Frage so unverschämt nicht ist und daß »eine ruhig fortschreitende Entwicklung« auf dem Gebiete der Soziologie des Urchristentums möglich ist, »deren methodische Disziplin in Kontinuität zur historisch-kritischen Erforschung des Neuen Testamentes steht und auch dort, wo die Nähe zu aktuellen Fragestellungen unverkennbar ist, eine kritische Distanz diesen gegenüber ermöglicht«[21]. Mir haben Theissens Analysen eingeleuchtet, insbesondere diejenigen zur Soziologie der korinthischen Gemeinde[22].

Aber selbst wem seine Analysen zum Beispiel zum urchristlichen Wanderradikalismus nicht einleuchten, wird einräumen müssen, daß eine historisch-kritische Exegese, die historisch und kritisch sein will, die »materiellen Bedingungen« der Entstehung der neutestamentlichen Literaturen nicht vernachlässigen darf. Er wird sich der

18. G. Friedrich, Zur Vorgeschichte des ThW, in: ThW X (1978), bes. 41ff.
19. Vgl dazu neuerdings H.-H. Schmid, Der sogenannte Jahwist.
20. P. Stuhlmacher, 189.
21. G. Theissen, Studien, III.
22. Vgl mein »Konflikt in Korinth« und ITh I, 34ff.

Frage nicht verschließen können: Wer hat was, wann, in welcher sozialen Gruppe, für welche soziale Gruppe, warum geschrieben, beziehungsweise gesprochen?»Solange sich die neutestamentliche Wissenschaft nicht von der Altertumswissenschaft trennt, wird sie immer soziologische Fragen stellen und, soweit die Quellen erlauben, zu beantworten versuchen.«[23] Bei der Rekonstruktion sozialer Konflikte und Relationen setzt Theissen nicht seine Phantasie oder eine moderne (marxistische oder nicht-marxistische) Konflikttheorie ein, sondern sein Wissen über jene Zeit und eine minutiöse Analyse des schichtspezifischen Vokabulars des Textes – eine unaufgebbare Vorbedingung für die weiter unten zu besprechende narrative Exegese (S. 145).

Hier setzt der Forschungsbericht von *Howard C. Kee* und der von *Wayne A. Meeks* herausgegebene Band mit amerikanischen Aufsätzen»zur Soziologie des Urchristentums« ein. Die Herkunft eines Begriffes ist für die Verfasser dieses Bandes weniger wichtig als seine Funktion im Rahmen der Gruppen, in dem er in der biblischen Tradition auftaucht – also ein klares Gegenprogramm zum Kittelschen Wörterbuch, übrigens ohne dies polemisch zu artikulieren! So wird»die Bedeutung wirtschaftlicher und sozialer Faktoren für die Ausbreitung des Christentums in Kleinasien« (Samuel Dickey) untersucht. Es wird eine Verhältnisbestimmung zwischen»sozialer Unruhe und Urchristentum« (Clarence L. Lee), zwischen»Philosophenschulen und Theologie« (Robert L. Wilken), zwischen»sozialer Ebene und literarischer Bildung« (Abraham J. Malherbe), zwischen »Charisma und sozialer Wirklichkeit« (John Howard Schütz) versucht. Die Verfasser konzentrieren sich nicht einseitig auf sozialpolitische Kategorien; die kulturellen sind ihnen ebenso wichtig. Die frühen Christen können darum auch »als scholastische Gemeinschaft« (E. A. Jugde) beschrieben werden.

Nun weist aber die materialistische Exegese nicht nur auf das Klasseninteresse der biblischen Autoren hin, sondern auch auf das Klasseninteresse der heutigen Prediger und Hörer. Nicht nur was geschrieben wurde, sondern auch was und wie gelesen wird, gehört zur Wahrheit. Wenn aber die Auslegung der Schrift von der Interessenlage des Exegeten, seiner Kollegen, seiner Arbeitgeber und Studenten mit- (und manchmal über-)bestimmt wird (ähnliches wäre vom Prediger, von seiner Gemeinde und seinem Arbeitgeber zu sagen!), wenn das Raster der Auslegung durch die Realgeschichte der betreffenden Gruppe bestimmt wird, so ist es verständlich,

23. G. Theissen, Studien, 4.

warum die entstehende Bürgergemeinde in den schweizerischen Städten zur Zeit der Reformation eine Befreiungsbotschaft in der Predigt der Reformation hörte (nämlich die Befreiung vom Söldnerdienst[24]), während die Bergbauern der Innerschweiz in eben dieser Predigt einen Angriff auf ihre Produktionsweise (nämlich den selben Söldnerdienst) hörten. Die von Harvey Cox mehrmals apostrophierten Gemeinden in den Villenvierteln Kaliforniens hören etwas anderes im Evangelium als die Bauern von Solentiname. Wer aber hört wirklich die Wahrheit? Der Marxist hat da keine Schwierigkeiten. Für ihn ist die Wahrheit bei den Bauern von Solentiname, wenigstens theoretisch und insbesondere, wenn sie so eindrücklich und bewegend dargestellt wird, wie dies in den Schriften von *Ernesto Cardenal* geschieht.

Aber ist es die Wahrheit? Ich glaube, daß die Bibelauslegung der Bauern von Solentiname die Wahrheit der Bauern von Solentiname ist. Dies scheint mir sowohl ein biblischer, wie auch ein marxistischer Satz zu sein. Etwas anderes ist, was *wir* mit dieser Wahrheit machen. Vorerst sollen wir einmal zuhören. Eine vorschnelle theologische Kritik *und* eine vorschnelle politische Approbation dieser Auslegung bringt nichts Gutes. Ein Gespräch zwischen den Christen von Kalifornien und den Bauern von Solentiname (aber ein »physisches Gespräch«, nicht vermittelt über Druckerschwärze) hat eine theologische Verheißung. Aber dieses Gespräch stößt sich an den Interessen derer, denen »die Lehre« wichtiger ist als die Wahrheit – und zwar auf beiden Seiten, ganz zu schweigen von den technischen Schwierigkeiten eines solchen Gesprächs. »Technische Schwierigkeiten« haben es in sich, der Unvernunft einen Mantel der Vernunft zu leihen. Jedenfalls zeigt sich von hier aus nochmals die theologische – und nicht lediglich die praktische – Bedeutung der S. 135 und S. 152 erörterten Methodenfrage. Warum es aber *meiner* Interessenlage entspricht, solche Gespräche zu suchen, werde ich gleich noch ausführen.

Es ist theologisch bedeutsam, daß der Jahwist (wenn denn Clévenot mit seiner Analyse Recht hat) im Kanon ist. Es ist theologisch bedeutsam, daß die politische und ökonomische Vereinnahmung des ursprünglich subversiven Impulses des Evangeliums nach Markus durch die späteren Schichten des Neuen Testaments (so jedenfalls stellt Clévenot die Sache dar) Bestandteil des Neuen Testaments sind. Wo kommen wir denn hin, wenn jeder seinen Lieblingsautor aus der Bibel auswählt, weil ihm dessen Interessen-

---

24. ITh I, 299-328 (Lit.).

lage entspricht, und mit Hilfe dieser einen Theologie alle anderen auslöscht! Nach meinem Verständnis ist die Kirche Jesu Christi der Ort, wo die Klassenkämpfe und Konflikte, sowohl die theologischen wie auch die wirtschaftlichen (und beide gehören, wie wir gerne von den Marxisten lernen wollen, irgendwie zusammen) so organisiert werden, daß daraus für alle Beteiligten neue Einsichten und neue Praxen entstehen. Das jedenfalls ist das Interesse, das mich bei meinen eigenen Versuchen narrativer Exegese leitete. Die narrative Form wählte ich, weil ich so die Sprache (die Welterklärung) der Herrschenden als eine mögliche (weder als eine falsche, noch als die einzig wissenschaftliche und wahre) neben anderen möglichen Sprachen in einen interkulturellen Dialog einbringen kann. Ich wählte sie, weil ich so die Sprache (die Welterklärung) der kulturell, wirtschaftlich und theologisch Unterlegenen als eine mögliche (weder als eine unwissenschaftliche, noch als *die* Sprache des Evangeliums) neben anderen möglichen Sprachen als wissenschaftlich vertretbare Sprache erweisen kann[25]. Daß für diese Position eine ganze

---

25. Die neuere Geschichte der narrativen Theologie erzählt Bernd Wacker folgendermaßen: 1973 veröffentlichten H. Weinrich (Narrative Theologie) und J. B. Metz (Kleine Apologie des Erzählens) ihre Überlegungen zur narrativen Theologie. Darauf folgte H. Zahrnt mit seinem Aufsatz »Religiöse Aspekte gegenwärtiger Welt- und Lebenserfahrung«, worauf eine Fülle von Publikationen und Argumenten zum gleichen Thema folgte.

Für mich stellt sich die neuere Geschichte der narrativen Theologie anders dar (die übrigens überhaupt keine Erfindung des 20. Jahrhunderts ist!). Nachdem ich schon 1968 in der Vorbereitung auf die Vollversammlung des ÖRK in Uppsala erfolglos versucht hatte, einen Sektionsentwurf in quasi-narrativem Stil zu verfassen (vgl Sektionsentwürfe, ÖRK, Genf 1968, 29ff; redaktionskritische Analyse von J. Müller, Uppsala II; oben, S. 33f) gelang die Verwendung narrativer Kategorien für die theologische Debatte auf der Missionsweltkonferenz 1972/73 in Bangkok (»Heil der Welt heute«).

Im Vorbereitungsheft (Heil der Welt im Horizont der Erfahrung, Genf 1971) wurden fast ausschließlich erzählende Texte aus verschiedenen Kulturbereichen aufgenommen, weil es sich an einer interkulturellen Konferenz als außerordentlich schwierig erwies, über Argumentationen und Definitionen – vor allem, wenn ständig in andere Sprachen übersetzt werden muß, die auch wieder nicht die Muttersprachen der Hörenden sind – zu gegenseitigem Verstehen zu kommen. Im Verlauf dieser Bemühungen versuchte ich, sowohl als Mitverfasser des erwähnten Vorbereitungsheftes wie auch als Redaktor der Konferenzzeitung und Mitverfasser von Protokollen, die Ergebnisse der Konferenz so darzustellen, daß der Prozeß der Kommunikation, der Übereinstimmungen und Konflikte erzählend nachvollzogen wurde. Diese ersten Fingerübungen fanden dann ihren Niederschlag im Bericht aus Bangkok, der unter dem Titel »Professor Unrat geht nach Bangkok« in den EvKomm 6, 1973, 146-149 erschien (ausgebaut in: GGG). An den Vorbereitungstreffen der Bibelarbeiter für den Kirchentag und

Reihe von Schimpfnamen aus dem Arsenal der Ketzergeschichte
aufgerufen werden können (und aufgerufen werden) bekümmert
mich. Trotzdem erscheint sie von meiner Interessenlage als authen-
tische Bibelauslegung.

9.3 *Meine Auslegung und unsere Auslegung*

Ein ähnliches Interesse finde ich in den verschiedenen praktischen
Anleitungen zur Bibelarbeit, zum Beispiel bei *Hermann Barth/Tim
Schramm*. Ihr »Schlüssel zum Lesen und Verstehen« sollte nicht als
simple Praxisanleitung für Pfarrer und Bibelstundenleiter abgetan
werden. Zwar ist es eine gute Praxisanleitung. Aber »Lesen und
Verstehen« ist unter anderem auch das Handwerk des wissenschaftlichen Exegeten. Mit D. Gewalt fordert Tim Schramm den Exegeten
auf, »die gesellschaftlichen Voraussetzungen seines eigenen Denkens (und die biographisch-individuellen dazu!) zu analysieren,
wenn er einen biblischen Text exegesiert«[26]. Freilich trifft diese
Aufforderung auf erhebliche Reserve. »Doch nur so kann er
wirklich Teilnehmer werden im Dialog, sein ›Vorverständnis‹ oder
sein ›vorgängiges Lebensverhältnis zu der Sache‹ nicht nur vage
benennen, sondern durcharbeiten und klären. Rudolf Bultmanns
Einsicht, daß die Texte der Bibel mir Möglichkeiten meiner selbst
erschließen wollen, die ich freilich ›nur verstehen kann, soweit ich
für meine Möglichkeiten erschlossen bin und mich erschließen
lassen will‹[27], läßt sich als Hinweis auf die Notwendigkeit von
Selbsterfahrung lesen, eine Notwendigkeit, die zur Zeit offensichtlich in der wissenschaftsethischen Diskussion deutlicher empfunden
wird als in den historischen Disziplinen der Theologie.«[28]
   Diese Reflexion über mich, den Exegeten, ist deshalb wichtig,
weil der Exeget eine privilegierte Stellung einnimmt. Wenn nämlich

---

am Kirchentag selber entwickelte ich diese Methode weiter, die dann später
Gegenstand der theologischen Diskussion wurde. Was mich mit den erwähnten
Theoretikern über die Narrativität verbindet, ist die Entdeckung des Narrativen
als einer theologischen Kategorie. Was mich in einem gewissen Sinne von ihnen
unterscheidet, ist der Wille, diese Erkenntnis in der Praxis auf ihre Tragfähigkeit
zu testen.

26. D. Gewalt, Neutestamentliche Exegese und Soziologie, 98.
27. R. Bultmann, Die Bedeutung der »dialektischen Theologie« für die neutesta-
    mentliche Wissenschaft (1928), in: Glauben und Verstehen I, 114-133; Zitat,
    127.
28. T. Schramm in: H. Barth / T. Schramm, Selbsterfahrung mit der Bibel, 74.
    Grundlegend für die wissenschaftskritische Diskussion in den Naturwissenschaf-
    ten ist die oben (S. 71f) und unten (S. 216f) erwähnte Arbeit von Thomas S.
    Kuhn.

»die fünf Bücher Mose nicht von Moses, sondern von irgendwelchen anonymen Schriftgelehrten geschrieben sind, wenn Jesus die Bergpredigt so nie gehalten hat, wem soll man dann noch glauben? Die Antwort legt sich nah: den Theologen natürlich!« (Walter Wink[29]). R. Augstein formulierte den gleichen Sachverhalt polemischer. Er fragt, »mit welchem Recht die christlichen Kirchen sich auf einen Jesus berufen, den es nicht gab, auf Lehren, die er nicht gelehrt, auf eine Vollmacht, die er nicht erteilt, und auf eine Gottessohnschaft, die er selber nicht für möglich gehalten und nicht beansprucht hat«[30].

Walter Neidhart bestätigt und korrigiert diesen Sachverhalt. Für ihn ist es gerade nicht der wissenschaftliche Theologe, sondern der Erzähler, der an die Stelle der Tradition tritt: Ich trete »als Erzähler für meine Schüler an die Stelle des biblischen Erzählers, der in seiner Zeit für eine bestimmte Hörergruppe erzählt hat. Ich übernehme dieselbe Verantwortung wie er und habe dieselben Freiheiten zur Umgestaltung. Für heutige Menschen, für erwachsene Nicht-Theologen und erst recht für Schüler ist die ursprüngliche Meinung des biblischen Erzählers nebensächlich ... Was Markus mit seiner Geschichte sagen wollte ist eine historisch-exegetische Frage, die für mich, den Erzähler, sofern ich Theologe bin, interessant ist. Aber nachdem ich auf Grund meiner historisch-kritischen Exegese einmal zu einem (immer nur vorläufigen) Verständnis für das gekommen bin, was der biblische Erzähler mit seiner Geschichte will, bin ich nicht mehr ihm, sondern Gott oder der von mir erkannten Wahrheit direkt verantwortlich für das, was ich erzähle. Meine Erzählung soll nicht am Glaubensverständnis der Priesterschrift oder des Lukas, sondern an *meinem* Glaubensverständnis orientiert sein. Sie ist darum nicht am Kriterium zu messen, ob sie die Meinung des biblischen Erzählers richtig wiedergibt. Nur *das* Kriterium gilt, ob ich selber verantworten kann, was durch meine Geschichte beim Hörer ausgelöst wird«[31].

Eine steile Formulierung! Ich selber bin nicht bereit, in meinen biblischen Geschichten den Anspruch aufzugeben, daß ich die Meinung des biblischen Schriftstellers treu wiedergebe. Ob ich mein Ziel erreiche, ist allerdings eine andere Sache. Zu fragen wäre hier immerhin noch, wie ich denn einigermaßen wissen kann, was meine Geschichte bewirkt. Meine eigene Geschichten jedenfalls haben oft nicht so gewirkt, wie ich es erwartet hatte. Sei dem, wie ihm wolle,

---

29. W. Wink, Bibelauslegung als Interaktion, 30.
30. R. Augstein, Jesus Menschensohn, 7; zit. Stuhlmacher, Vom Verstehen, 29.
31. W. Neidhart, Erzählbuch zur Bibel, 31.

die Erfahrung, daß ich mich *letztlich* nicht hinter dem Text verstek-
ken kann, hat wohl jeder Prediger und Lehrer gemacht. Ist es aber
auch eine Erfahrung, die dem wissenschaftlichen Exegeten zugemutet werden muß? Die Antwort auf diese Frage ist vermutlich strittig.
Ob die von Stuhlmacher beklagte »Reihe von gravierenden Fehlleistungen«[32] der wissenschaftlichen Exegese etwas mit dieser ungeklärten Frage zu tun hat?
    Trotzdem gilt: »Die Art, wie wir einen Text lesen, muß selbst
Gegenstand der Untersuchung werden.«[33] Und eben dieses Ziel hat
sich Wink gesetzt auf Grund der Überzeugung, daß »die historische
Bibelkritik bankrott« ist. »»Bankrott‹ ist hier im genauen Wortsinn
gemeint. Eine Firma, die den Bankrott erklärt, ist (in der Regel)
nicht wertlos, sie ist auch nicht unfähig, Nützliches zu produzieren . . . Der einzige Fehler besteht darin, daß sie nicht mehr in der
Lage ist, das zu tun, was ihr erklärtes Ziel ist: Gewinn zu erwirtschaften.«[34] Der Grund liegt darin, daß die angewandte Methode
den Intentionen des Textes nicht gerecht wird. »Die ›objektive
Neutralität‹ fordert die Opferung gerade der Fragen, auf die die
Bibel eine Antwort geben will . . . Der Objektivismus aber ist nicht
einfach im Irrtum. Er ist falsches Bewußtsein.« Er unterdrückt die
Zeichen seines Irrtums systematisch. »Er gibt vor, distanziert zu
sein, obwohl der Forscher tatsächlich einer Institution angehört, die
großes Interesse an der Sozialisation von Studenten und der Erhaltung der Gesellschaftsordnung hat. Der Forscher selbst hat Interesse, innerhalb dieser Institution durch die Publizierung seiner For-
schungsergebnisse vorwärtszukommen. Der Objektivismus gibt vor,
unvoreingenommen zu sein, auch wenn er eine schwere rationalisti-
sche Last mit sich schleppt, die durch ihr Eigengewicht irrationale,
subjektive, emotionale Daten als unbedeutend oder unsichtbar
erscheinen läßt. Er gibt vor, nach ›gesicherten Ergebnissen‹ und
›objektivem Wissen‹ zu forschen, in Wirklichkeit leistet sich diese
Methode radikale erkenntnistheoretische Zweifel, die per definitionem jede neue Brut ›gesicherter Ergebnisse‹ verschlingt, so wie der
Millionenfisch seine Jungen. Der Objektivismus gibt vor, sich
Werturteilen zu enthalten, was schlichtweg unmöglich ist, denn alle
Forschung geschieht auf der Basis von Fragen, die man stellt, und
zwar nach einer bestimmten Prioritätenskala[35]. Solche Urteile aber

---

32. P. Stuhlmacher, Vom Verstehen, 28.
33. W. Wink, aaO, 37.
34. AaO, 7.
35. Emil Brunner hat in »Wahrheit als Begegnung« bereits das Schema Objektivis-
    mus/Subjektivismus erfolglos kritisiert.

setzen ein Wertsystem und eine Sinn-Ontologie voraus, durch die unsere Fragen nicht nur gewichtet, sondern überhaupt erst möglich werden. Schon die Wahl des Vokabulars und des Satzbaus ist ein gesellschaftlicher Akt, der festlegt, wie ›Fakten‹ erfahren werden können, ja in gewissem Sinn die zu studierenden Fakten selbst produziert.«[36] »Biblische Forschung wurde mehr und mehr Opfer einer Form technologischer Ideologie, die nur solche Fragen als legitim anerkennt, die mit ihren Methoden auch beantwortbar werden können.« Damit schnitt sie sich gerade von der Gemeinschaft ab, »für deren Existenz ihre Ergebnisse bedeutsam sind«. Sie war einmal revolutionär. »Aber wie bei anderen Revolutionen, die den Umsturz zuwege brachten, waren die Revolutionäre der Bibelkritik nicht fähig, dann auch zu regieren.«[37]

9.4 Sprache als Modell der Welt

Nun ist dies aber kein Sonderproblem der biblischen Exegese. Die Strukturalisten weisen in ihrer skurrilen Sprache auf ähnliche Phänomene in anderen Disziplinen hin. »Descartes, der eine Physik begründen wollte, schnitt den Menschen von der Gesellschaft ab. Sartre, der eine Anthropologie begründen will, schneidet seine Gesellschaft von anderen Gesellschaften ab.«[38] Man könnte weiterfahren: XY, der eine wissenschaftliche Exegese der Bibel begründen wollte, schnitt die Auslegung der Bibel von der Basis der Gemeinden ab. Gerhard Ebeling sagt dies vornehmer: »Die Gefahr einer hochgezüchteten, aber steril gewordenen wissenschaftlichen Technik ist gerade in dieser (der neutestamentlichen) Disziplin nicht zu unterschätzen. Ihr korrespondiert die Gefahr einer Resignation, die sich von dem wissenschaftlichen Umgang mit den Texten oder gar von diesen selbst nicht mehr viel verspricht.«[39]

Die wissenschaftliche Technik hat eine der Basis unzugängliche Sprache entwickelt. Da aber »die Sprache selbst ein Modell der Welt ist«[40], bedeutet dies, daß die Gruppen, die verschiedene und nicht-kommunizierbare Sprachen sprechen, in verschiedenen Wel-

---

36. W. Wink, aaO, 10f; vgl auch den Kommentar zu »Gomer«, oben, S. 112ff.
37. W. Wink, aaO, 11-15.
38. C. Lévi-Strauss, Das wilde Denken, 286f; zit. bei G. Schiwy, Strukturalismus und Christentum, 14.
39. G. Ebeling, Studium der Theologie, 23; vgl auch P. Stuhlmacher / H. Class, Das Evangelium von der Versöhnung in Christus.
40. G. Schiwy, aaO, 27; ähnlich schon W. v. Humboldt, Einleitung in die Kawi-Sprache, Bd. VII, 1889ff, 59 und Ferdinand de Saussure, 1916; alles bei Schiwy referiert, 27f.

ten wohnen, oft ohne dies zu wissen. Sie reden noch miteinander, aber die Sprache dominiert so stark, daß sie ihre dienende Funktion gegenüber dem Sprechen vergißt; dadurch hört sie selber auf, lebendige Sprache zu sein[41].

Von da ist es dann nicht mehr weit zu dem, was Schiwy einen »ideologischen Determinismus« nennt: Der Mensch spricht nicht. Er wird gesprochen. Er denkt nicht. Er wird gedacht[42]. »Ça parle . . . Ce n'est pas seulement l'homme qui parle mais . . . dans l'homme et par l'homme ça parle.«[43] Claude Lévi-Strauss, Jacques Lacan, Michel Foucault und andere propagieren eine moderne Stilart des Nominalismus. »Das ›Ich‹ ist zerstört (denken Sie nur an die moderne Literatur) – nun geht es um die Entdeckung des ›es gibt‹. Es gibt ein ›man‹. In gewisser Weise kehren wir damit zum Standpunkt des 17. Jahrhunderts zurück, mit folgendem Unterschied: nicht den Menschen an die Stelle Gottes setzen, sondern ein anonymes Denken, Erkenntnis ohne Subjekt, Theoretisches ohne Identität . . . Ich glaube, daß man sagen kann: Der Humanismus gibt vor, Probleme zu lösen, die er sich nicht stellen darf . . . Die Beziehungen des Menschen zur Welt, das Problem der Realität, das Problem des künstlerischen Schaffens, des Glücks und all die Zwangsvorstellungen, die es in keiner Weise verdienen, theoretische Probleme zu sein . . . Den Menschen zu retten, den Menschen im Menschen wieder zu entdecken usw., das bedeutet das Ende all dieser geschwätzigen, zugleich theoretischen und praktischen Unternehmungen, die z. B. Marx und Teilhard de Chardin zu versöhnen suchen (Unternehmungen, die vor lauter Humanismus seit Jahren die gesamte geistige Arbeit zur Sterilität verdammt haben . . .). Unsere Aufgabe ist es, uns endgültig vom Humanismus zu befreien. In diesem Sinne ist unsere Arbeit eine politische Arbeit, insofern als alle Regime des Ostens oder des Westens ihre schlechte Ware unter der Flagge des Humanismus durchbringen . . .«[44]

Das »es gibt«, das »man« ist in der Sprache zu finden. Dieser »Positivismus nicht der Tatsachen, sondern der Zeichen« steht selbstredend nicht nur im Gegensatz zum Humanismus, sondern auch zum Marxismus und zum Christentum. Aber er kann all diese Denk- und Lebenshaltungen in sein System aufnehmen, insofern als jede ihre Sprache hervorgebracht hat. Der Strukturalist fragt dabei nicht: Was hat Marx, was hat Paulus, was hat Jesus gemeint? Er

41. G. Schiwy, aaO, 43.
42. G. Schiwy, aaO, 51.
43. J. Lacan, Ecrits, 1966, 413, 688.
44. Michel Foucault, 1966, Zit. nach Schiwy, aaO, 17.

fragt: Was steht da? Dieser Frage widmen sich Louis Marin und Dan Otto Via.

Bei dem Theologen *Dan Otto Via* äußert sich das dann folgendermaßen: Die Gleichnisse Jesu sollen weder in der Situation, in der Jesus sie gesprochen hat, noch in der Situation, in der sie von der Gemeinde *tradiert* (und neu interpretiert) wurden, ausgelegt werden. Sie sind *in sich selber* Aussage. Es handelt sich also hier um das genaue Gegenstück zur materialistischen Exegese! Das ist für die Strukturalisten deswegen wichtig, weil nach ihrer Ansicht die Sprache im allgemeinen die Auslegungskraft eines Schreibers übersteigt. Es macht wenig aus, ob der ursprüngliche Autor die volle Implikation seines Werkes sah. *Die Sprache befähigt den Autor, »mehr zu sagen als er weiß«*[45].

Bei Claude Lévi-Strauss tönt es allerdings wesentlich pessimistischer: »Alle Modelle der Welterklärung, von den alten Mythen bis hin zu den modernen ›Mythen‹ der Wissenschaften, haben den Menschen irregeführt, insofern sie nicht zu der Erkenntnis gekommen sind, daß es keine andere objektive Erkenntnis für den Menschen gibt als die von der absoluten Sinnlosigkeit. Die ›relative Wahrheit‹ aller menschlichen Daseinsentwürfe bestünde dann darin, daß sie mehr oder weniger gelungene Versuche des Menschen sind, sich das Grauen seiner sinnlosen Existenz zu verschleiern.«[46]

Das Resultat dieses Aufwandes an Scharfsinn und genauer Beobachtung der Sprachen und Kulturen in aller Welt ist also schlicht und einfach: »es« gibt keinen Sinn in der Welt, höchstens Verschleierungsversuche dieses Nichtsinnes. Zu diesen Verschleierungsversuchen gehören – und das ist das Neue – nicht nur die Religionen und Mythen, sondern auch der Marxismus und die Mythen der Wissenschaft.

Wenn einer diesen Positivismus des Nihilismus nicht aushält und dabei verrückt wird, kann er ja immer noch zu Lacan in die Behandlung gehen (sofern er das nötige Geld dazu hat). Aber Lacan wird sich hüten, ihm irgend einen Rat zu geben. Tatsächlich verweigert er dies strikt. Er hat keinen anderen Sinn anzubieten als den, den der Patient sich selber gibt. Darum handelt es sich in seiner Psychoanalyse »in Wahrheit nicht um einen Übergang zum Bewußtsein (passage à la conscience), sondern um ein Zum Wort-Kommen (passage à la parole)«[47].

---

45. D. O. Via, Die Gleichnisse Jesu, 40.
46. Referat aus »Traurige Tropen«, nach Schiwy, 25.
47. J. Lacan, La Psychoanalyse I, 1956, 206; zit. H. Lang, Die Sprache und das Unbewußte, 140.

9.5 Wenn die Basis zum Wort kommt

Kurt Marti beklagt, daß »Theologie heutzutage nicht mehr an der Basis entsteht, nicht mehr Lebens- und Denkprozeß der Gemeinde ist. Sie wird an theologischen Fakultäten und Hochschulen gemacht. Auch hier also: Arbeitsteilung – und damit Auseinandertreten von Fachleuten und Laien, von Produzenten und Rezipienten, von Theorie und Praxis, von Theologie und Erfahrung«[48]. Wie aber könnte es anders sein, wie könnte nicht nur das »es« der Strukturalisten oder der Patient Lacans, sondern die Basis der Gemeinde Jesu Christi zusammen mit ihren Spezialisten und Experten wieder zum Wort kommen, wieder eine Sprache finden, die nicht das Grauen einer sinnlosen Existenz verschleiert, sondern sich gegenseitig in den Kontexten dieser Welt das Evangelium erzählen?

In dem zu besprechenden Material zur Bibelarbeit wurden zu dieser Thematik folgende Erfahrungen beschrieben. Da ist *einmal* die Erfahrung der »Bibelauslegung als Interaktion«. Sie ist das Thema der verschiedenen psychologischen Bibelauslegungen und der praktischen Anleitungen für Gruppenarbeiten mit der Bibel. Die Arbeiten von *Anton Steiner/Volker Weymann, Willi Erl/Fritz Gaiser* und das Handbuch für *Praktische Bibelarbeit* sind nicht lediglich praktische Anleitungen. Gewiß enthalten diese Bände eine Fülle von wertvollen und brauchbaren Hinweisen, wie ein biblischer Text im Gespräch mit Erwachsenen so zum Wort kommen kann, daß die Gesprächsteilnehmer dabei selber zum Wort und miteinander ins Gespräch kommen, ohne auf die allzu bekannten Fallen der erbaulichen Konversation und des legalistisch-sozialkritischen Rituals hereinzufallen und vor allem, ohne auf die historische Exegese an den Texten zu verzichten. Indem sie die Frage »was hat der Autor sagen wollen« nicht ausblenden, fordern diese Methoden jeden einzelnen Teilnehmer im Gespräch mit dem biblischen Autor und den Gruppenteilnehmern zu der von ihm zu verantwortenden Auslegung zu kommen. Indem sie so einen Weg zur Theologie an der Basis zeigen, sind sie eben nicht lediglich praktische Anleitungen einer bereits bekannten Theologie, sondern *durchgeführte Methodenlehre für eine theologische Interaktion verschiedener Sprachen und verschiedener Welten.*

Die Frage ist berechtigt, ob es in unserer Welt überhaupt eine wichtigere theologische Aufgabe gibt. Keiner der erwähnten Praktiker postuliert eine Rückkehr zu einer naiven Bibellektüre. Aber sie postulieren eine anti-autoritäre Bibellektüre, wo die Teilnehmer

---

48. K. Marti, Grenzverkehr, 95f; zit. H. Barth, Selbsterfahrung mit der Bibel, 18.

einander und sich selber – vgl das Beispiel des Gelähmten, der durch das Dach heruntergelassen wird – als Gelähmte *und* als Schriftgelehrte sehen. Beide sind in mir. »Der Gelähmte braucht den Schriftgelehrten, damit dieser ihn verdammt. Der Schriftgelehrte braucht den Lahmen, um sich über ihn erhaben fühlen zu können. Also hat jeder ›Schriftgelehrte‹ seinen ›Gelähmten‹ und umgekehrt.«[49] Woraus sich ergibt, daß diese Art Bibellektüre nur in der Gruppe möglich ist, nämlich dort, wo ich meinem »Schatten«, dem »Gelähmten« oder dem »Schriftgelehrten« physisch begegne.

Da lerne ich – um ein Beispiel von Ingo Neumann zu nehmen –, mich in der Geschichte von Joh. 8 (Jesus und die Ehebrecherin) in alle Personen der Geschichte zu stellen[50]. In allen Personen der Geschichte komme ich vor. Diese Erfahrung wird bei Stollberg theologisch thematisiert und in Zusammenarbeit mit Dieter Lührmann als eine mögliche Konkretisation der paulinischen Rechtfertigungslehre dargestellt. Solche Bibelarbeit ermutigt »zur Authentizität und zum Risiko eigenständigen Lebens, zum Aushalten der Differenz, die sich dadurch zu anderen ergibt, ja nötigenfalls zum Konflikt und zur Intoleranz gegen alle, die keine Toleranz üben wollen«[51]. Wer versucht ist, das schlicht als bürgerlichen Liberalismus abzuqualifizieren, mag vielleicht einen Augenblick darüber nachdenken, ob nicht auch der bürgerliche Liberalismus etwas Gutes hat, ob er nicht nur an der gefallenen, sondern auch an der guten Schöpfung Gottes teil hat.

Die *andere* Erfahrung ist diejenige des Geschichtenerzählens und -hörens. Auf das Geschichtenerzählen weist *Paul Ricoeur* in seinem glänzenden Aufsatz hin und Walter Neidhart liefert eine äußerst brauchbare Anleitung und Theorie. Schließlich hat der bekannte ökumenische Theologe, der Schweizer *Hans-Ruedi Weber* (unter dem Pseudonym *Ralph Textor*) eine faszinierende kontextuale Bibelauslegung geliefert, die die wirtschaftlichen und politischen Daten des von ihm gewählten Landes »Miatopia« berücksichtigt, aber nun wieder nicht alles über diesen »materialistischen« Leisten schlägt. Besonders wichtig scheint mir an der Geschichte die Bedeutung, die er der Kunst einräumt, insbesondere der Malerei und dem Modellieren, der schöpferischen Phantasie (die er sogar in Pfarrern und Oberkirchenräten entdeckt!) als Beitrag zum Überleben nicht nur des Christentums sondern des Menschen schlechthin. Und dann ist da noch der internationale Computer-Spezialist

49. W. Wink, Bibelauslegung, 45.
50. I. Neumann in: Y. Spiegel (Hg), Doppeldeutlich, 123.
51. D. Stollberg und D. Lührmann in: Y. Spiegel (Hg), aaO, 225.

Johannes, eine Art ein moderner Niklaus von der Flüe, der seine
internationalen Reisen dazu benutzt, Christen und Nichtchristen
zum »noch nicht gedachten Denken« und zum »noch nicht gelebten
Leben« anzustiften. Warum ist wohl das Buch sowohl im deutschen
als im englischen Sprachgebiet (es wurde aus dem Englischen
übersetzt) kaum diskutiert worden? Hier ist meines Erachtens eine
exegetisch und systematisch ernst zu nehmende Alternative für die
Theologie an der Basis entwickelt worden. Durch die Weise seiner Darstellung wie auch durch den Inhalt
seines Buches demonstriert H.-R. Weber die Bedeutung der Phan-
tasie *für die Wissenschaft*. Das geht uns Theologen schwer ein. Es ist
aber nicht zu bestreiten und in der Theologie auch schon lange
bekannt, zum Beispiel bei Karl Barth[52]. Auch *Gerd Theissen* macht
darauf aufmerksam, indem er an der Entdeckung des Benzolringes
durch einen Traum Kekulés erinnert. »Er sah in ihm Schlangen, die
sich in den Schwanz bissen. Psychoanalytiker haben den Traum auf
sexuelle Spannungen Kekulés zurückgeführt und die Schlangen als
Sexualsymbole gedeutet. Angenommen, sie haben recht (ich bin da
skeptisch), so wäre wenig gesagt. Entscheidend ist: Die Wahrheit
der Entdeckung wird durch die Entstehungsbedingungen seiner
Entdeckung nicht tangiert.«[53] Gleichgültig wie die Wahrheit entstanden ist, ob im Traum, durch Inspiration oder Phantasie, bleibt
sie doch für alle Zeiten eine der Grundlagen der modernen
Chemie.

Und schließlich zeigt sich in der Wertung der Kunst noch eine
weitere Parallele zwischen Theissen und Weber. Theissen schreibt:
»Wer J. S. Bach oder J. Brahms unter der Rubrik ›Opium‹ aufführt,
macht sich lächerlich. Es hat bisher auch noch niemand versucht, die
gotischen Dome als pathologische Verarbeitungsformen von Frust-
ration zu ›entlarven‹.«[54] Und selbst wenn sie das wären – ich halte
das nicht für ausgeschlossen –, so wäre eben zwischen sinnvollen,
wertlosen und zerstörerischen Furstrationsverarbeitungen zu unterscheiden.

Der, der meines Erachtens jedoch die tiefste Einsicht in den
Zusammenhang zwischen Phantasie und kritischem Bewußtsein
hatte, ist *Ernst Lange*. Jedem Prediger und Theologen, der mit

---

52. »Zum menschlichen Erkenntnisvermögen gehört, in ihrer Art ebenso legitim,
    auch die Phantasie. Ein wirklich phantasieloser Mensch wäre im schlimmeren
    Sinn ein Invalide als Einer, dem ein Bein fehlte« (KD III/1, 59).
53. G. Theissen, Argumente, 20. Zur Funktion der Phantasie für den Erkennenspro-
    zeß vgl auch R. E. Ornstein, The Psychology of Consciousness.
54. G. Theissen, aaO, 19.

seinen Predigten, Forschungen und Vorlesungen Schwierigkeiten
hat – und wer hat sie nicht! – ist Langes Buch »Predigen als Beruf«
zu empfehlen. Es ist eine auf jeder Seite erbauliche, witzige und
gleichzeitig kritische Arbeit. Der Prediger ist von Einfällen abhängig, sagt er. »Zwar kommt der Einfall nicht unverhofft, er entsteht
bei dem mehrfachen Abschreiten jenes hermeneutischen Zirkels
zwischen Text und Situation als intuitive Wahrnehmung einer
Möglichkeit der Anordnung und Auswertung des dabei gewonne-
nen Materials für die Predigt. Aber er ist eben doch ein Ergebnis der
Intuition, der interpretatorischen Phantasie, er kommt oft überra-
schend und hat etwas Schöpferisches. Eben darum bedarf er der
Kontrolle, er muß verantwortbar sein gegenüber dem Text und im
Hinblick auf die Person des Predigers: der Prediger muß das
ausführen können, was ihm da eingefallen ist; was er jetzt sagen will,
muß ihm zustehen (Kompetenz), es muß ihm wohl anstehen
(Glaubwürdigkeit und Redlichkeit) und es muß ihm stehen (Takt
und Geschmack).«[55] Ich frage mich nur, ob nicht dieses Zusammen-
spiel von Phantasie und Kritik, von Kompetenz und Geschmack,
von Wissen und Takt für alle Theologie, auch für diejenige, die im
Raume der Universität geschieht, zu erwarten ist, sofern sie Theologie mit und an der Basis sein will.

Dies ist jedenfalls die Meinung von *Juan Luis Segundo*. Schon der
Titel seiner fünfbändigen Dogmatik »A Theology for Artisans of a
New Humanity«[56] belegt diese These. Segundo hat nämlich seine
wissenschaftliche Dogmatik *mit der Basis zusammen* geschrieben,
das heißt im ständigen Gespräch, unter den kritischen Einwürfen
und Anfragen von Laiengruppen, und das mitten in der Turbulenz
Montevideos. Diese Theologie an der Basis wurde von den Behörden als revolutionär erkannt, weshalb Segundo in Ungnade gefallen
ist. Wer aber nun seine Dogmatik zur Hand nimmt und darin etwa
ein Handbuch der Revolution zu finden hofft, wird enttäuscht sein.
Segundo ist nämlich der Meinung, daß hartes theologisches Denken
mit und an der Basis revolutionärer ist als »Aktionen« und feurige,
aber inhaltlich vage Überzeugungen. Dieser Meinung war bekanntlich schon Karl Barth. In seinem Band »The Liberation of Theology« argumentiert Segundo für diese seine Methode mit und an der
Basis. Er will ein biblischer Theologe sein, und seine Befreiung der
Theologie meint nicht eine »Befreiung« der Theologie aus ihrer

---

55. E. Lange, Predigen als Beruf, 44.
56. J. L. Segundo, A Theology for Artisans of a New Humanity. Vgl meine
    ausführliche Rezension dieses wichtigen Werkes in: Ecumenical Review 27/3,
    Juli 1975, 291-93.

biblischen Verpflichtung, sondern vielmehr aus ihrer Abhängigkeit
von der Kultur der Herrschenden. Im Vorbeigehen behandelt er
dann auch noch den Marxismus und die von ihm abhängigen
Soziologien. Auch diese sind nach Segundo Gefangene ihres Kultur-
imperialismus.

Schließlich reflektiert er über die Rolle der gebildeten Minderheit
in diesem Prozeß des Theologisierens, in seinem Falle über Rolle
und Funktion der Theologen der Befreiung. Diese Minderheit darf
sich nicht »dem mechanischen Denken und Fühlen« unterwerfen,
auch wenn dieses Ausdruck »des Volkes« ist. Die Minderheit der
Theologen muß mit der Basis im kritischen Gespräch bleiben. Sie
kann aber diese Funktion nur wahren, wenn sie ein Gegenüber
bleibt und nicht lediglich Sprachrohr der Aspirationen und Ambi-
tionen der Unterdrückten wird.

Ein ähnliches Thema verhandelt *James H. Cone,* aber mit der
Poesie und dem Pfiff eines schwarzen Nordamerikaners. »Nach
Mannheim, Stark und Berger erscheint die Behauptung, das theologische Denken sei objektiv und universal, lächerlich.«[57] Das Interessante an Cones Buch ist nun, daß er diese Behauptung an genauen
und trotzdem humorvollen Analysen der europäischen Theologie,
auch der deutschsprachigen Exegese, *nachweist.* Auch behauptet er
nicht, die schwarze Theologie sei universal. Sie ist wie jede andere
von der Interessenlage ihrer Verfasser mitbestimmt (darum auch
der Titel seines Buches: Der Gott der Unterdrückten!). Das ist
unvermeidlich. Alle Theologie ist kulturell, wirtschaftlich, gesellschaftlich und biographisch mitbestimmt. Das zu bestreiten, würde
bedeuten, die Inkarnation zu bestreiten! Nur darf man von einem
wissenschaftlichen Theologen verlangen, sofern er denn Wissenschaftler ist, daß er sich erstens über seine eigene Interessenlage
versucht klar zu werden und zweitens, daß er die Theologien
anderer, die theologischen Reflexionen, die in anderen kulturellen
Medien als den unsrigen angeboten werden (zum Beispiel in
denjenigen der schwarzen, mündlichen Kultur!), ebenfalls zur
Kenntnis nimmt. Die selektive Konzentration auf unsere eigene
Kultur ist das, was einige »Sektiererei« nennen und was Cone für
das Wesen des Rassismus hält. Cone selber hat die »anderen
Geschichten« die »anderen Theologien und Exegesen« (das heißt
für ihn, die weißen, europäischen und nordamerikanischen) zur
Kenntnis genommen. Er hat sich mit der Dialektischen Theologie
und mit der modernen deutschen und nordamerikanischen Theolo-

57. J. Cone, God of the Oppressed, 45.

gie auseinandergesetzt. Ist es da zuviel verlangt, wenn er von uns einen Schritt in Richtung auf »eine andere Exegese«, auf eine »interkulturelle Theologie« erwartet?

Die bis jetzt vorliegenden beiden Bände der »Interkulturellen Theologie« enthalten und diskutieren Versuche eines europäischen Theologen in dieser Richtung, der dabei seine europäische theologische Tradition nicht aufgibt, der sie aber der Basis – und wo möglich auch der Dritten Welt – zur Prüfung aussetzt. Das bedingt eine neue wissenschaftliche Sprache. Diese andere wissenschaftliche Sprache gehört zum Inhalt dieser Interkulturellen Theologie.

Das Monodrama »Michal« (S. 82ff), die Sprechkantate »Gomer« (S. 112ff), die Erzählung »Die Heiligen von Birmingham« (S. 166ff), »Der Brief aus Antiochia« (S. 91ff), die Lebensgeschichten von Antonio[58], Simon Kimbangu[59], der Briefwechsel mit Barbara[60], das Märchen »Rumpelstilzchen«[61] und die verschiedenen liturgischen und narrativen Stücke verwenden Elemente der *europäischen* mündlichen Tradition, vom Geschichtenerzählen bis zum antiken religiösen Theater, von den Mythen unserer Vorfahren bis zu den Märchen unserer Kinder, vom modernen Song bis zum reformatorischen Kirchenlied, um die Vielschichtigkeit, die Struktur der biblischen Texte, kurz den *exegetischen Prozeß* durchsichtig zu machen und denen zur Prüfung auszusetzen, die sonst kaum um ihre Meinung gefragt werden, die bestenfalls von den Spezialisten theologisch »gebildet« werden und die darum – wie könnte es anders sein? – in die von Gerhard Ebeling beklagte Resignation der theologischen Wissenschaft oder gar den biblischen Texten gegenüber verfallen[62]. Darum ist auch Hans ten Dornkaats Kritik an der »mangelhaften Theologie« ökumenischer Dokumente »kein provinzieller Gedanke«[63], sofern unter dem Mangel verstanden wird, daß es uns im Ökumenischen Rat bis jetzt nicht gelungen ist, mit denen zusammen, die es angeht, die grundsätzlichen theologischen und exegetischen Optionen sachgerecht herauszuarbeiten und zur Debatte zu stellen. Wenn aber die theologische Wissenschaft (und die Ökumene) nicht mit denen im Gespräch ist, für die sie nach ihrem eigenen Urteil letztlich arbeitet, so verliert sie nicht nur ihre

58. ITh I, 76ff.
59. ITh I, 57ff.
60. ITh I, 188ff.
61. ITh I, 200ff.
62. Oben, S. 149.
63. »Könnte die Wirkungslosigkeit von Uppsala nicht auch auf die mangelhafte Theologie zurückzuführen sein? Oder ist das ein provinzieller Gedanke?« H. ten Dornkaat, Zum Eigentumsbegriff im ökumenischen Denken, 415.

Legitimation, sondern auch die Freude und den Schwung für die entsagungsvolle Arbeit, die sie leisten muß.

10. Kriterien für den »wahren Mythos«

Mein Kollege David Ford schreibt in einer faszinierenden Analyse über Karl Barth, in der er den »Gott der Erzähler« mit dem »Gott der Philosophen« vergleicht: »*Nach Karl Barth hat es Gott gefallen, Menschen durch bestimmte Geschichten zum Glauben zu bringen; dies hängt nicht von unserer Fähigkeit ab, diese Geschichten als historisch irrtumslos zu erweisen; dies hängt jedoch davon ab, daß wir den Geschichten sorgfältig nachgehen und deren Verursacher vertrauen, der lebt und sie bestätigt; dies genügt für Gottes Zwekke.*«[1]

Indem ich diesen Geschichten nachgehe, entdecke ich den Mythenumgang der biblischen Verfasser. Er ist für meinen eigenen Umgang mit Mythen wegweisend geworden. In diesem Bande habe ich oft auf die biblischen Mythenexperten verwiesen; in diesem Kapitel versuche ich, diese Verweise zusammenzufassen, indem ich an einem Beispiel aus dem Kolosserbrief drei Kriterien für den theologisch verantworteten Umgang mit Mythen darstelle. Die drei Kriterien haben sich in meiner Erfahrung als Wegmarken bewährt. Ob sie in allen Situationen genügen, weiß ich nicht. Ich stütze mich dabei nicht lediglich auf die Exegese der erwähnten Stelle aus dem Kolosserbrief. Die Kriterien scheinen mir ein durchgehendes Muster biblischer Mythenarbeit zu sein.

10.1 Der Mythos der Kolosser

Ich beginne mit einem Zitat aus dem Gesangbuch der Kolosser[2]:
Er ist das Bild des unsichtbaren Gottes, der Erstgeborene der Schöpfung;

---

1. »To me, Barth is claiming that God chooses to bring people to faith through certain stories; that this does not depend on us being able to verify the stories historically or affirm them as inerrant; but that it does depend on us following the stories carefully and trusting that their subject, who is still alive to confirm them, is rendered adequately for God's purpose.« D. F. Ford, Barth and God's Story, 22; zum Narrativen bei Barth vgl auch H. Anselm, Gott als Dichter.
2. Kol. 1,15-20; Übersetzung und hymnische Darstellung in Anlehnung an E. Schweizer, Der Brief an die Kolosser, 52. Nach Käsemann handelt es sich um eine »urchristliche Taufliturgie« (Exegetische Versuche und Besinnungen I, 35ff).

denn in ihm wurde alles geschaffen im Himmel
und auf der Erde, das Sichtbare und das Unsichtbare;
durch ihn und auf ihn hin ist alles geschaffen.
Und er ist vor allem,
und alles findet in ihm seinen Zusammenhalt,
und er ist das Haupt des Leibes[3].
Er ist der Anfang, der Erstgeborene von den Toten;
denn in ihm gefiel es aller Fülle Wohnung zu nehmen,
und durch ihn und auf ihn hin alles zu versöhnen,
Frieden schaffend, sei es dem auf der Erde, sei es dem im
Himmel.

Mit guten Gründen können wir annehmen, daß dieses Lied in der Gemeinde zu Kolossä zu Ehren einer den kosmischen Leib[4] durchwaltenden Gottheit gesungen wurde. Für die Kolosser war das zweifellos Christus, obschon er nirgends im Hymnus genannt wird. Möglicherweise war es ursprünglich ein nichtchristlicher Hymnus.

Das Lied wird gesungen von Menschen, für die die Welt, der Weltleib entzweit ist. Er ist in sich selber zerrissen und muß versöhnt werden.»Der Bestand der Welt ist problematisch geworden. Der Kampf der Naturelemente gegen einander äußert sich in Katastrophen und droht zum endgültigen Zusammenbruch des Kosmos zu führen.«[5] Die Menschen werden Opfer dieser brüchigen Welt, sie erfahren sich als Gefangene der im Kampf mit sich selbst liegenden Natur.

Die uns bekannte damalige Literatur ist voll von ergreifenden Klagen über diese kummervolle Existenz des Menschen; nichts läßt sich dagegen unternehmen. So klagt der berühmte Naassenerpsalm[6] – ein in seinem Grundbestand heidnisches Lied – über die menschliche Seele:
Und sie gleicht dem scheuen Wilde,
das gehetzt wird auf der Erde
von dem Tod, der seine Kräfte
unentwegt an ihr erprobt.
Ist sie heut' im Reich des Lichtes,

---

3. »nämlich der Kirche« (Kol. 1,18) ist Korrektur des Hymnus durch den Verfasser des Kolosserbriefes; für den ursprünglichen Hymnus war »der Leib« der Kosmos, die Welt. E. Schweizer, aaO, 52f, 69.
4. »Seit Plato findet sich die Vorstellung vom Universum als einem göttlichen Leib häufig.« Schweizer, aaO, 53 und ders., Art. soma, ThW VIII, 1035, 36ff (Belege und Lit.).
5. E. Schweizer, Der Brief an die Kolosser, 68.
6. Zit. nach E. Hennecke / W. Schneemelcher, Neutestamentliche Apokryphen II, 575f.

morgen ist sie schon im Elend
tief versenkt in Schmerz und Tränen.
Der Freude folgt die Träne,
der Träne folgt der Richter,
dem Richter folgt der Tod.
Und im Labyrinthe irrend,
sucht vergebens sie den Ausweg.
...[7] Schau', o Vater,
auf dies heimgesuchte Wesen,
wie es fern von deinem Hause
kummervoll auf Erden irret,
will entflieh'n dem bitt'ren Chaos,
aber weiß nicht, wo der Aufstieg.

Sehnten sich die Menschen der damaligen Zeit nach Welterlö-
sung, suchten sie den unberechenbaren Kräften des Kosmos zu
entfliehen, die sie unentwegt quälten, so gaben die Kolosser zur
Antwort: Unser Christus hat alle diese Kräfte überwunden, den
Kosmos befriedet, den Tod getötet. Er ist Urprinzipium, Erhalter
und Erschaffer des Kosmos, Regent und Fürst seiner unberechenbaren Kräfte. »Alles findet in ihm seinen Zusammenhalt« (Kol. 2.17).
Ja, er ist der Chef, das Haupt des kosmischen Leibes. »Die
Vorstellung von Christus als Weltseele und Weltschöpfer ist der
auffälligste Zug in der ›Christologie‹ des Kolosserbriefes.«[8]

So also sangen die Kolosser in ihren Gottesdiensten und vermit-
telten ihren verwirrten und erschrockenen Zeitgenossen eine gran-
diose, mythische Heilsschau.

10.2 Historisierung, Sozialisierung, Relativierung

Wie geht nun der Verfasser des Kolosserbriefes (der Kürze halber
nenne ich ihn Paulus) mit diesem Mythos um? Wenn es nämlich um
»eine Hermeneutik des Einverständnisses mit den (biblischen)
Texten« geht, wie Peter Stuhlmacher[9] zu Recht fordert, dann
müssen wir wissen: Einverständnis womit? »Einverständnis mit den
biblischen Texten« heißt für mich: Von den biblischen Autoren zu
lernen, wie sie mit den ihnen vorliegenden Mythen umgingen. Wie
geht Paulus mit diesem kosmischen Mythos um?

---

7. »Da sprach Jesus« ist christliche Interpolation und wurde darum hier, wo es um
   das Beispiel eines typisch nichtchristlichen Hymnus geht, ausgelassen.
8. M. Dibelius, An die Kolosser, Epheser, an Philemon, 14.
9. P. Stuhlmacher, Vom Verstehen des Neuen Testaments, 246.

Vorerst geht er auf die mythische Sprache ein. Er nimmt »die Volksfrömmigkeit«, das Gesangbuch der kolossäischen Gemeinde auf. Gleichzeitig aber korrigiert er diese Volksfrömmigkeit wesentlich durch seine Interpolationen und Änderungen, sowie durch die Interpretationen, die er dem Zitat des Hymnus folgen läßt[10]. *Die Kolosser sangen.* Christus ist das Haupt des kosmischen Leibes. *Paulus* korrigiert und schreibt: Gewiß, Christus ist das Haupt dieses Leibes. Aber »der Leib« ist nicht – wie ihr Kolosser meint – die Welt. Der Leib, das sind Menschen. Der Leib, das seid ihr Kolosser. Der Leib ist die Kirche[11]. Durch euch, ihr Kolosser, übt Christus seine Herrschaft, sein Hauptsein, aus – eine unerwartete Aussage, wenn man die kleine Zahl von Christen und ihre relative Bedeutungslosigkeit in der damaligen politischen Welt in Betracht zieht.

Die Kolosser sangen: Christus hat Kosmos und Kräfte, Menschen und Mächte durch seine Auferstehung versöhnt. *Paulus* fügt hinzu: Ja gewiß, der Erstgeborene von den Toten hat uns versöhnt. Er hat uns versöhnt »in seinem Fleischesleibe durch den Tod« (Kol. 1,22). Dies ist eine massive Formulierung, die festhalten soll, daß der »Erstgeborene der Schöpfung«, »das Ebenbild des unsichtbaren Gottes« (Kol. 1,15) der selbe ist, der einen kläglichen Tod am Kreuze starb, zu einer gegebenen Zeit, an einem gegebenen, feststellbaren Ort.

Die Kolosser sangen: Der chaotische Zustand der Welt muß überwunden werden. Es muß etwas geschehen mit dieser Welt. *Paulus* antwortet: Gewiß, die Welt ist krank und muß geheilt werden, aber die Heilung der Welt geschieht nicht durch geheimnisvolle kosmische Kräfte, sondern durch Menschen, die in der Nachfolge dessen leben, der am Kreuze starb (Kol. 1,21ff), das heißt, die als Versöhnte und Versöhnende leben.

Die Art und Weise, wie der Verfasser des Kolosserbriefes mit dem ihm vorliegenden Mythos umgeht, exemplifiziert die bereits oben[12] erwähnten Kriterien zum theologisch verantworteten Umgang mit Mythen. Ich fasse sie hier zusammen:

1. Der theologisch verantwortete Umgang mit dem Mythos stellt diesen in Bezug zu gegenwärtigen gesellschaftlichen, kulturellen und wirtschaftlichen Konflikten (*Sozialisierung*). Der Mythos wird

---

10. Vor allem Kol. 1,21ff und oben Anm. 3. Kol. 1,20 wird »dia tou haimatos tou staurou autou« beigefügt. Zur Auslegungsgeschichte des Hymnus vgl H. J. Gabathuler, Jesus Christus, Haupt der Kirche – Haupt der Welt.
11. Oben, Anm. 3.
12. Oben, S. 115.

nicht isoliert und verabsolutiert. Er wird nicht in seiner strahlenden Schönheit allein gelassen. Paulus zählt (in Kol. 1,16bc) auf,»was unter dieser unbegrenzten Herrschaft Christi steht, und schon durch die konkrete Aufzählung wird deutlich, daß die ›Throne, Herrschaften, Gewalten und Mächte‹« – die sogenannten Eigengesetzlichkeiten der Wirtschaft, der Technik, des internationalen Verkehrs, der Politik, der kirchlichen Bürokratie –»nicht mehr die gleiche Rolle spielen können, die sie bisher in Kolossä spielten. Der Wille dieses Herrn, in allen Dingen seine Vorherrschaft auszuüben (Kol. 1,19), schließt jetzt ausgesprochenermaßen das Leben der Adressaten ein. Darum kann auch nicht mehr zeitlos, sondern muß ausdrücklich vom ›Jetzt aber‹ geredet werden«[13]. Der Autor muß an dieser Stelle auch von sich selber reden.»Die Macht des Christus, welche die ganze Welt durchdringt, ist nicht geheimnisvolle Naturkraft, sondern die Macht des Wortes und des Lebens des Apostels, der seinen Dienst im Schatten des am Kreuz gestorbenen Herrn tut, also schwitzend und frierend, hungernd und dürstend, geschlagen und beschimpft über die Straßen des Römischen Reiches zieht.«[14] Hier muß von der Mission der Kirche und ihrer Glieder gesprochen werden[15].

2. Der theologisch verantwortete Umgang mit dem Mythos verankert den Mythos im Kreuz. Paulus bezeugt zwar,»daß sein Christentum auch Befreiung von den kosmischen Gewalten in sich schließt«, aber an die Stelle einer mythischen Dichtung tritt im Mythos»die tatsächlich geschehene Begebenheit des Lebens Jesu auf Erden«[16]. Der Mythos wird so *relativiert* und *historisiert*. Läßt er sich diese Relativierung und Historisierung gefallen, so wird er zu einem für die Botschaft der Versöhnung potentiell transparenten Mythos. Läßt er sie sich nicht gefallen, so scheidet er als Medium der Verkündigung aus.

Dadurch wird eine Tendenz (nämlich die Historisierung des Mythos), die wir schon bei den alttestamentlichen Mythenarbeitern beobachteten, weiter getrieben. Gleichzeitig wird der Mythos relativiert und gebrochen. Es ist klar, daß nicht jeder Mythos diese Behandlung übersteht. Es kann daher auch nicht jeder x-beliebige Mythos für das Evangelium transparent gemacht werden.

---

13. E. Schweizer, Der Brief an die Kolosser, 79.
14. AaO, 80.
15. Diesen Tatbestand fanden wir schon bei der Auslegung des Mythos vom Leibe Christi in den Korintherbriefen (ITh I, 36f), sowie bei der Auslegung der apokalyptischen Mythen (W. J. Hollenweger, Erfahrungen in Ephesus).
16. M. Dibelius, aaO, 21.

3. Der theologisch verantwortete und interpretierte Mythos drückt einen »Mehrwert der Verheißung über die Geschichte« aus.

Was der Kolosserbrief über die Kirche, über die Bedeutung des Kreuzes, über die sinngebende Kraft des Christus sagt, geht über die Erfahrungen des Verfassers des Kolosserbriefes und seiner Gemeinde hinaus. Sie antizipieren in ihrem Mythos das, was noch vor ihnen steht.

Das Resultat eines theologisch verantworteten Umgangs mit einem Mythos ist ein neuer Mythos, den ich vorläufig »wahrer Mythos« nenne. Er ist insofern wahr, als er die drei erwähnten Kriterien erfüllt[17].

10.3 Anwendung der Kriterien

Inwiefern sind die in den beiden Bänden der Interkulturellen Theologie referierten Mythen »wahre Mythen«? Der im ersten Band erwähnte Kimbangu-Mythos[18] erfüllt das erste und das dritte Kriterium, während das zweite Kriterium, die Verankerung im Kreuz als eines historischen Geschehens, durch die ökumenischen Kontakte der Kimbanguistenkirche erst noch entwickelt wurde, was in Zukunft den Kimbangu-Mythos verändern wird. Der Umgang des Ökumenischen Rates der Kirchen mit der Kimbanguistenkirche ist also selber ein Beispiel eines theologisch verantworteten Umgangs mit dem Mythos[19].

Ob der helvetische Mythos von Wilhelm Tell und der englische Mythos »We are on the Lord's Side«[20] auf Grund der angegebenen drei Kriterien weiter entwickelt werden können, wage ich nicht zu beurteilen. In ihrer gegenwärtigen Form haben sie weniger Wirklichkeitsbezug, als der unkorrigierte Kolossermythos zu seiner Welt hatte.

Anders steht es mit der Mythenbearbeitung »Ein Brief aus Antiochia«[21]. Der Bezug zu gegenwärtigen rassischen, kulturellen und dogmatischen Konflikten ist eindeutig (erstes Kriterium), die Verankerung in der Geschichte des Jesus von Nazareth ebenfalls (zweites Kriterium). Der »Mehrwert an Verheißung« ist das in der

---

17. Barth braucht für einen ähnlichen Tatbestand den Begriff »Sage« (KD III/1, 89ff). Da ich aber mein Verhältnis zum Mythos im englischen Sprachbereich klären mußte, in dem der Begriff »Sage« nicht die Bedeutung hat wie im Deutschen, bevorzuge ich den Begriff »wahrer Mythos«.
18. ITh I 75.
19. ITh I 62.
20. Oben, S. 77ff.
21. Oben, S. 91ff.

Geschichte ausgedrückte Bild einer versöhnten und versöhnenden Gemeinde (drittes Kriterium). »Die Sache einer biblischen Theologie des Neuen Testamentes ist mit dem Evangelium der Versöhnung identisch.«[22]

Die beiden übrigen Weihnachtsmythen[23] erscheinen mir schwächer, vor allem in ihrer historischen Verankerung, während die Sprechkantate über Gomer[24] die Kriterien eins und drei erfüllt. Was das zweite Kriterium betrifft (Historisierung), so ist der Bezug zum normativen Gesicht des Unsichtbaren (nämlich zu Jesus von Nazareth) absichtlich nicht explizit gemacht worden. Er wird aber durch die prominente Stellung des Chorals »Aus tiefer Not« implizit gemacht.

10.4 Zurück zu den biblischen Mythen!

Auf Erfahrungen wie die beschriebenen stützt sich meine Vermutung, daß es in unserer Kultur kaum Mythen von der Durchschlagskraft eines Kimbangumythos oder eines Kolossermythos gibt, die sich als Rohmaterial für »wahre Mythen« eignen. Wenn es vollblütig heidnische Mythen gäbe (und nicht nur Mythenfragmente), so müßten wir uns mit ihnen ernsthaft auseinandersetzen. Aber in Europa werden die meisten Mythen – mit Ausnahme der im dritten Teil verhandelten Mythen vom »Klassenkampf« und vom »Gemeinsamen Wohl«[25] – als Poesie, Rhetorik und Zeremoniell verharmlost und nicht als Macht empfunden. Darum falle ich immer wieder auf die mythische Tradition des Christentums zurück.

Zwei dieser Mythen – Weihnachten und Eucharistie – scheinen in dieser Tradition eine besonders wichtige Rolle zu spielen. Wie ein marxistischer Denker wie Roger Garaudy mit dem Weihnachtsmythos umgeht, wurde oben beschrieben[26]. Wie mit diesen beiden Mythen umzugehen ist, soll hier am Beispiel der Eucharistie kurz zusammengefaßt werden.

Wenn der eucharistische Mythos von der Verwandlung eines Stückes Brot in ein Stück Fleisch spräche, dann könnten vermutlich

22. P. Stuhlmacher, Vom Verstehen, 246.
23. Oben, S. 99ff.
24. Oben, S. 112ff.
25. Unten, S. 197ff; im dritten Band dieser Interkulturellen Theologie werde ich versuchen, mich unter dem Titel der Pneumatologie mit den Mythen der Religionen und der Naturwissenschaften auseinanderzusetzen.
26. Oben, S. 99ff.

nur sehr wenig Menschen mit diesem Mythos leben. Aber wenn es
bei diesem Mythos um die Solidarität und Bruderschaft aller
Christen über alle kulturellen und gesellschaftlichen Grenzen hinweg geht – auf Grund der Realpräsenz ihres Herrn –, dann ist das
zwar ein Mythos, der nicht weniger wunderbar und nicht beweisba-
rer ist als die Verwandlung von Brot in Fleisch; darum kann dieser
Glaube auch nur in mythischer Form ausgedrückt werden. Aber er
nimmt Erfahrungen der Brüchigkeit unserer Weltgesellschaft auf,
die uns Tag und Nacht beschäftigen. Im Gegensatz zur Berichter-
stattung der Medien spricht der eucharistische Mythos von einer
unerwarteten Ganzheit. Er feiert das Kommende im Gegenwärtigen[27]. Das Unmögliche wird als möglich erklärt. Die Schranken
unserer natürlichen Sympathie und Antipathie, unserer politischen
Urteile und Vorurteile werden relativiert. Nur eine Institution, die
in der Lage ist, ihr eigenes Leben aufs Spiel zu setzen, kann ihre
Glaubwürdigkeit in einem solchen Mythos riskieren[28], denn der
Mythos widerspricht ja unserer Alltagserfahrung und allem, was wir
vom soziologischen Verhalten der Institutionen wissen. Die Kirche
ist vielleicht die einzige Institution, die ihr Leben aufs Spiel setzen
kann auf der Grundlage dieses »wahren Mythos«.

Gemessen an den drei Kriterien eines »wahren Mythos« erfüllt
nun allerdings der eucharistische Mythos, wie er normalerweise
gefeiert wird, nur den dritten Punkt. Er drückt einen »Mehrwert an
Verheißung« aus. Er spricht von etwas, das geschehen wird, das
aber hier und jetzt nicht geschieht. Was der Mythos sagt (das
Versprechen des Mythos) und wie er es sagt (seine gegenwärtige
Inkarnation in der Geschichte) erscheinen als krasser Gegensatz.
Darum wird der Ausweg in der Verinnerlichung des Mythos
gesucht. Gesellschaftliche, kulturelle, theologische und ökumenische Konflikte werden aus dem Abendmahl ausgeklammert.

Kein Aufwand an theologischem Brimborium, kein Verweis auf
die eschatologische Spannung und auf die Dialektik des Abendmahles, kann diese Situation heilen. Sie kann nur geheilt werden, wenn
die Eucharistie wieder eine Eucharistie wird, in der das Unmögliche
möglich und mindestens teilweise sichtbar, fühlbar, erfahrbar wird,
das heißt eine Eucharistie, die sich nicht selber im Wege steht durch
die Art und Weise, wie sie gefeiert wird. Solche Eucharistien gibt
es[29], wie wir im übernächsten Kapitel sehen werden.

---

27. Vgl G. Wainwright, Eucharist and Eschatology.
28. Es ist der Mythos »Der Kirche für andere«, oben, S. 29ff.
29. Oben, S. 123ff und unten, S. 187.

11. Ein Beispiel: Die Heiligen von Birmingham

Die folgende Geschichte ist der Versuch, einen wahren Mythos zu erzählen. Die Bomben in Birmingham, die Auseinandersetzung zwischen Engländern und Iren, Protestanten und Katholiken sind geschichtliche Wirklichkeit. Die Einzelheiten, die Mr. Chips in der charismatischen Gebetsstunde widerfahren sind, wurden von mir beobachtet oder sind dokumentarisch belegt. Sie wurden aber von mir in der Geschichte verdichtet.

Der letzte Abschnitt, der Gedächtnisgottesdienst in der Kathedrale, war damals, als ich ihn schrieb, nichts weiter als eine Hoffnung. Es war ein Versuch, den Mitchristen von Birmingham an einer Jahrestagung der Bibelgesellschaft der West Midlands (deren Präsident ich bin), zu erzählen, was wir tun könnten, wenn wir glaubten[1].

Ferner wollte ich herausfinden, ob dieser wahre Mythos mehr als lokale Bedeutung habe. Die Gelegenheit bot sich, als ich an eine vom Ökumenischen Rat einberufene Konsultation zum Studium der Fragen, die die charismatische Erneuerung aufwirft[2], eingeladen wurde (März 1980 im Ökumenischen Institut in Bossey). Eingeladen waren Vertreter der charismatischen Erneuerung, der Afrikanischen Unabhängigen Kirchen und die Mitglieder des für die Unterabteilung »Erneuerung und Gemeindeleben« im Ökumenischen Rat zuständigen Arbeitsausschusses.

Unter den Teilnehmern war der schwarze Generalsekretär der African Israel Church Niniveh aus Kenya (eine Unabhängige Afrikanische Mitgliedskirche des Ökumenischen Rates[3]), sowie der Apostel der Cherubim- und Seraphimgesellschaft aus Birmingham. Die Cherubim- und Seraphimgesellschaft gehört zu den großen Aladura-Kirchen (= Gebetskirchen) in Nigeria[4]. Neuerdings missionieren sie auch in England, Frankreich und Deutschland. Der Apostel der

---

1. Die Hoffnung verwirklichte sich dann anders, als ich erwartet hatte, siehe unten, S. 186ff.
2. Literatur zur ökumenischen Studie über die charismatische Erneuerung: A. Bittlinger, Papst und Pfingstler (weitere Lit. in der Bibl.); W. J. Hollenweger, Roots and Fruits; ders., Towards a Church Renewed; ders.; Der ÖRK und die Charismatische Erneuerung; Lesebuch, 221ff; wichtig ist der von A. Bittlinger herausgegebene Dokumentenband der Konsultation (Bossey 1980) mit Beiträgen von Ziemer, Felber, Potter, Hocken, McDonnell, Ingrid Reimer und anderen (Bibl.).
3. Lesebuch, 192ff.
4. H. W. Turner, History of an African Independent Church; vgl auch den Aufsatz des weiter unten erwähnten Oberapostels John Adegoke (Mark. 9.17-27: Heilung) in den Predigtstudien.

Cherubim- und Seraphimgesellschaft in England ist diplomierter Buchhalter von Beruf. Am Sonntag amtiert er als Geistlicher in seiner Kirche. An der Tagung in Bossey leitete er den Sonntagmorgengottesdienst. Dazu hatte er seinen reich bestickten Aposteltalar angezogen. Er kniete vor der orthodoxen Ikone in der Kapelle in Bossey und betete nach der Liturgie seiner Kirche – sehr zur Verwunderung der katholischen und protestantischen Charismatiker, die völlig unwissend waren über die liturgische Tradition dieser schwarzen Kirche, die trotz, oder vielleicht gerade wegen, ihrer streng liturgischen Gottesdienste offen ist für Visionen, Gebet mit Kranken, Zungenreden und Prophetie.

Anwesend war auch der Kabinettschef der Kimbanguistenkirche aus Zaïre, von Beruf Atomphysiker. Ferner hörte und sah man einen Chor der Church of God in Christ. Der den Chor begleitende Pfarrer ist von Beruf Fahrlehrer. Am Sonntag zieht er einen schwarzen Talar an und amtiert als Pfarrer. Er ist gleichzeitig Student an der der Universität Birmingham angeschlossenen theologischen Wochenend-Schule[5].

Neben diesen Afrikanern waren noch Vertreter der Orthodoxen Kirchen anwesend, sowie natürlich die Theologen der charismatischen Erneuerung in der römisch-katholischen und in sämtlichen protestantischen Kirchen[6]. Auch die deutschen und Schweizer Kirchen waren angemessen vertreten.

Vor der Tagung mußte sich der Ökumenische Rat fragen, wie denn Menschen mit so verschiedenen kulturellen, kirchlichen und intellektuellen Hintergründen in einen sinnvollen theologischen Dialog eintreten können. Da ich das einleitende theologische Grundsatzreferat zu halten hatte, stellte sich diese Frage für mich besonders dringend. Ich wählte die Geschichte »Die Heiligen von Birmingham«[7]. Parallelen und Differenzen zur Erfahrung Bonhoeffers[8] liegen in der Natur der erzählten Ereignisse. In Bossey erwies sich die Geschichte als ein theologisches Medium, das die Afrikaner und Westinder in einen theologischen Dialog verwickelte und das den Akademikern keineswegs banal vorkam.

---

5. Unten, S. 181ff.
6. Bester Überblick bei K. McDonnell (Hg), Presence, Power, Praise, 3 Bde (mit über 100 kirchenamtlichen Dokumenten).
7. »Saints of Birmingham«, Theol. Renewal no. 17, Febr. 1981, 27-38; Research Bulletin, Dept. of Theology, University of Birmingham 1981, 102-113; Bossey 1980, 87-99; deutsch in Luth. Monatshefte 19/9, Sept. 1980, 538-42.
8. Oben, S. 18f.

Als sie sich der hell erleuchteten Rotunde, dem Wahrzeichen der Industrie- und Handelsstadt Birmingham, näherten, stockte der Verkehr und das Taxi hielt an. Mr. Chips sah Scheinwerfer, die die Straße hell erleuchteten, und Automobile mit Blaulicht. Jetzt hörte er auch die Sirenen von Polizei- und Krankenwagen. Ein Polizeilautsprecher verkündete: »This is an emergency. Wir bitten alle Taxifahrer, sich sofort zur Rotunde zu begeben. Wir brauchen sie dringend.« Der Taxifahrer sagte »Sorry« und öffnete die Türe. Bevor Chips es sich versah, war er im Freien. Zum Glück konnte er noch rasch seinen Koffer ergreifen.

11.1 Bomben in Birmingham

Er bedauerte, daß er nie richtig fluchen gelernt hatte, denn nun hätte er es – so dachte er – wirklich gebrauchen können. Aber schließlich war er ein gebildeter grammar school teacher. Er machte sich zu Fuß auf in Richtung des Bahnhofs New Street, aber dort versperrte ihm ein Polizeikordon den Weg. Die Polizisten wiesen alle Passanten zurück, da in einem stark frequentierten Pub eine Bombe losgegangen sei[9]. Richtig, Chips konnte die eingedrückten Fensterscheiben sehen. Er wandte sich zum Gehen, aber er wußte nicht wohin. Ein Taxi zu finden, war offensichtlich schwierig.

Da kam ihm die Idee, seine Bekannte, Shirley Delattre, anzurufen. Sie war eine französische Nonne. Ihr konnte er seine Situation erklären. Er fand eine Telephonzelle und suchte die Nummer. Da – ein gewaltiger Knall erschütterte die Kabine. Chips hielt sich beide Ohren zu. Er trat aus der Kabine heraus. Auf der gegenüberliegenden Seite der Straße war eine weitere Bombe losgegangen. Chips hörte Schreie und Wehklagen. Die halbe Fahrbahn war mit Möbeltrümmern, Mauerbrocken und unzähligen Glassplittern übersät. Dazwischen – Chips traute sich kaum hinzusehen – sah er zerschundene und blutende Arme und Beine. Er rannte über die Straße und half einer Frau, sich aus den Trümmern zu befreien.

»Wie während des Krieges, wie während des Krieges«, dachte Chips. »Wir haben nichts gelernt.« Die Frau war nur leicht verletzt, aber ihr Gesicht war von Glassplittern grauenhaft entstellt. Chips gab ihr sein Taschentuch. Nun kamen auch schon die Sanitäter und Polizisten, die noch mit dem Aufräumen der ersten Explosion beschäftigt gewesen waren, und übernahmen die Suche nach Ver-

---

9. Lesebuch, 82ff.

letzten. Ein Polizist sagte höflich, aber bestimmt: »Bitte entfernen Sie sich rasch. Es könnten noch weitere Bomben losgehen.« Chips schaute ihn an: »Ja, wenn ich wüßte, wohin?« Irgendwie fand er ein Taxi. Unterwegs informierte ihn der Taxifahrer, daß nach Berichten im lokalen Radio über zweihundert Menschen verwundet und zwanzig getötet worden seien. »It's always these bloody Irish – immer diese verdammten Iren«, fügte er grimmig hinzu und schüttelte den Kopf.

»Gerade rechtzeitig, gerade rechtzeitig«, sagte Shirley Delattre, als Chips bei ihr eintrat. »Heute abend werden Sie mit mir zu einem Abend der Spiritualität kommen in der Villa des stadtbekannten Orthopäden, Dr. Hellberg.« »Augenblick bitte . . .«, knurrte Chips. »Nein, mein Freund, wir haben keine Zeit zu verlieren. Sie können mir ja alles auf dem Weg erklären.« Schon saß Chips in Shirley Delattres 2 CV, und weg fuhren sie. Er räusperte sich: »Ihr himmlischen Charismatiker, ihr lebt wirklich in einer anderen Welt. So lange ihr eure religiösen Parties abhalten könnt, spielt alles andere keine Rolle. Die Welt könnte in die Luft gehen . . ., das wäre euch alles egal.«

»Ach so ist das«, lächelte Shirley Delattre, »Sie werden bald sehen, daß jetzt die Stunde des Gebets und nicht des Jammerns und Diskutierens ist.«

Frau Hellberg empfing sie persönlich und stellte sie der kleinen Gesellschaft vor, die im großen Wohnzimmer stand oder saß. Shirley Delattre hatte Mr. Chips von Dr. Hellberg erzählt. Man schätzte seine Hingabe und sein berufliches Können hoch ein. Aber man sagte ihm auch etliche Schrullen nach. Zum Beispiel habe er sich bei offiziellen Anlässen schon als Schreiner vorgestellt. Ein Schreiner sei er, weil er Knochen repariere, zusammensetze, auswechsele, so wie etwa ein Antiquitätenschreiner einen kostbaren Schrank aus dem 18. Jahrhundert repariere. Auch hatte Chips davon gehört, daß sich in seinem Hause eine originale Apotheke aus napoleonischer Zeit befinde. Gar zu gerne hätte er sie gesehen. Aber er getraute sich nicht, danach zu fragen. Er war schließlich zu einem »Abend der Spiritualität« eingeladen.

Vorläufig ging es allerdings nicht spirituell zu. Da wurde gelacht und geschwatzt. Und was mußte er da sehen: Der Direktor der Ortssparkasse hielt ein Whiskyglas in der Hand. Er grüßte mit Kopfnicken. Der älteste Sohn Hellbergs schenkte ein, was immer einer wünschte: Weißwein, Rotwein, Johannisbeersaft, Whisky, Bier. Plötzlich stand eine junge Frau vor ihm, streckte Chips die Hand hin und sagte mit starkem irischen Akzent: »Guten Abend, Mr. Chips. Sie kennen mich nicht mehr?« Chips konnte sich nicht erinnern ... Da dämmerte es ihm: Das war die junge Frau, die jeden Freitag sein Klassenzimmer reinigte. Er hatte sie in ihrem Arbeitskleid, mit Hosen, Schürze und Kopftuch kaum beachtet. Heute abend bemerkte er zum ersten Mal ihr glänzendes rotes Haar und ihre funkelnden Augen.»Ich habe meine Schwester mitgebracht«, fügte sie schelmisch lachend hinzu,»und sie hat noch nie einen grammar school teacher begrüßt. Moira, komm her!« Moira kam, grüßte Mr. Chips und sagte:»Also so sieht ein richtiger grammar school teacher aus!« Chips lachte verlegen und dachte bei sich selbst:»Und so sieht eine richtige irische Revoluzzer-Braut aus.« Aber da er ein Engländer war, behielt er seine Gedanken für sich.

Stattdessen sagte er:»Nice to meet you here. Freut mich, Sie kennen zu lernen. Was führt Sie hierher?«»Wir kommen schon seit einem Jahr regelmäßig zu diesen Gebetsabenden. Als wir nach England kamen, waren wir wie verloren. Das Wetter und die Menschen erschienen uns eiskalt. Der Sparkassendirektor dort drüben, bei dem ich jede Woche putze, lud uns hierher ein. Er ist Anglikaner, ich aber bin Katholikin. Ich wollte zuerst unseren Pater fragen. Da kam er gleich mit und war verwundert, daß die Gastgeber, die Hellbergs, katholisch waren. *Englische* Katholiken, versteht sich. Zudem trafen wir hier einige Ordensleute. Es gefällt mir hier.«

Niemand schien irgend etwas von den Bomben im Stadtzentrum gehört zu haben. Alle waren fröhlich, Iren und Engländer, Katholiken und Protestanten.

Frau Hellberg nahm die Gitarre von der Wand und intonierte einige kurze, eingängige Songs, die Chips nicht kannte.»Gottes Liebe ist wie die Sonne«, hieß einer. Dann sang sie eine Ballade über Petrus:

»Kennt ihr den Bericht von Petrus, der nicht nur Fische fing,
der erst laut und trotzig war, bis er mit Jesus ging?
Er vertraute vor allen Dingen, auf seine eigene Kraft,
doch er merkte nur zu bald, daß man so nichts schafft.
Er lernte:
Beten ist Reden mit Gott und Hören,
Beten kann Sorge in Freude kehren.
Gott hat versprochen, Gebet zu hören,
Bete, und nimm ihn beim Wort!«[10]

---

10. Die Ballade von Petrus unter dem Titel »Beten« auf Projektion J (Schallplatten-verlag, 3561 Mornshausen, Wiesenstr. 2) PJM 500L. Text, Melodie und Arr.: R. Carmichael; deutscher Text: E. Lange, W. Gleichmann, M. Siebald.

Beim Refrain »Beten ist Reden mit Gott« stimmte jedermann kräftig ein. Die beiden Irinnen hatten unterdessen ihre Gitarren ausgepackt und spielten mit, während ein junger Neger auf der Posaune einen originellen Ostinato-Baß spielte.

11.2 Der Hippie aus Athen

Darauf stimmte Frau Hellberg eine Art Litanei an. Es tönte in den Ohren von Mr. Chips katholisch – und doch, es war nicht katholisch, so wie er es gewöhnt war. Die Anrufung der Heiligen begann mit dem Bräutigam der Armut, unserem Bruder Franziskus, Nachfolger Jesu und Freund der Schöpfung. Sie schloß unter anderen ein: Gandhi, den Apostel der Gewaltlosigkeit und Vorwurf an die Kirchen; den lieben Papst Johannes, den Freund der Armen, der sich nach der Einheit aller Menschen sehnte; Athenagoras, Patriarch der Liebe, und Simon Kimbangu, Prophet und Gefangener in Hoffnung; die Friedensstifter Dag Hammerskjöld und Albert Luthuli; Buddha Gautama, Maske Christi und Brunnen der Barmherzigkeit; Johannes von Patmos, den Seher und Apostel, Widerstandskämpfer gegen das Tier; Dante, Bunyan und Isaac Watts, die Seher und Dichter, Pilger des inneren Lichts; Maria Magdalena, die getreue Hure und erste Zeugin des neuen Lebens; Bach, Mozart und Beethoven, die die Sprache der Seele sprechen; Darwin und Teilhard de Chardin, Erforscher der Erde, der Vergangenheit und Zukunft; Einstein, Marx und Freud, Kinder der Synagoge; Menno Simons und George Fox, Erforscher des Evangeliums und Generäle im Krieg des Lammes, und viele andere, die Chips nicht kannte. Auch die Unschuldigen von Coventry, Dresden und Hiroshima und die letzten Opfer von Londonderry, Belfast und Birmingham wurden eingeschlossen (»Sie hatten also doch von den Bomben gehört«, dachte Chips bei sich selber). Sokrates hieß – sehr zur Verwunderung von Chips, er ist schließlich ein gebildeter Mensch »der Hippie aus Athen«. Weiter ging es im Gedächtnis an die heilige Maria, die ledige Mutter, Quelle unserer Befreiung. Die Litanei kulminierte im Preis auf unseren Held und Führer, Jesus, den Handwerker, Wurzel unserer Würde, den Propheten, der dem Establishment widerstand, den Befreier, der ein König war, weil er zuerst ein Diener war, den Dichter, der eine neue Sprache schuf, Jesus, den Gottessohn, den glänzenden Eckstein unserer neuen Einheit[11].

---

11. Diese Liturgie in J. P. Brown / R. L. York, The Covenant of Peace; Diskussion in ITh I, 96ff.

Chips staunte über diese interkulturelle Theologie. Aber nun ging die Gebetsstunde weiter. Ungeniert betete man für persönliche Anliegen, Krankheiten, Kinder, die Arbeit, die Schule – hier seufzte Chips innerlich –, die Kirchen, für ihre »boys« in der Britischen Armee und ihre »boys« in der Irish Republican Army. Immer wieder beteten sie um den Heiligen Geist. »Komm, Heiliger Geist!« sangen sie. Ein Mann, den Chips nicht kannte, betete in Zungen. Chips spitzte die Ohren, aber er konnte kein Wort verstehen. Nach der Zungenrede Stille – eines der irischen Mädchen legte die Zungensprache auf englisch aus. Ihr Englisch war schlicht und beinahe fehlerlos, was Chips mit Genugtuung zur Kenntnis nahm. Immerhin, wenigstens für die Pflege des Englischen war diese Gebetsgemeinschaft gut!

Chips hatte die Augen offengehalten. Irgend etwas kitzelte ihn in der Nase. Ja, natürlich, neben ihm am Boden saß der katholische Priester und rauchte gemütlich seine Pfeife. »So was, ist das eigentlich eine Gebetsstunde oder eine Party?« fragte sich Chips.

Frau Hellberg stimmte wieder einen kurzen Refrain an und fragte: »Will jemand einen Bibelabschnitt oder eine Frage zur Diskussion stellen?« Chips wollte gerade seine Frage »Party oder Gebetsstunde« formulieren, aber da stand eine Nachzüglerin auf, die er bis jetzt nicht beachtet hatte. Sie versuchte etwas zu sagen, aber ihre Worte wurden von heftigem Weinen erstickt. Chips war – als einziger in der Gesellschaft – verlegen. Endlich faßte sich die Frau und sagte: »Ich habe meinen Bruder und meinen Mann verloren. In Stücke zerrissen von einer irischen Bombe.« Stille. »Ich bin Protestantin und ich bitte, daß ein Protestant und ein Katholik zusammen mit mir beten, daß die Bitterkeit nicht Wurzel faßt in meinem Herzen. Bitte, helft mir an Gott zu glauben und seine Kinder zu lieben.« Sie sank auf die Knie und wurde wieder von heftigem Weinen geschüttelt[12].

Der katholische Priester stellte sich neben sie. »Welcher von den Protestanten will mit mir beten?« fragte er. Shirley Delattre stieß Chips an. Aber er wollte nicht an dieser öffentlichen Gruppentherapie teilnehmen. »Nein danke«, flüsterte er. Glücklicherweise meldete sich Herr Denkhaus, ein Lehrer, den er dem Namen nach kannte. Was die beiden beteten, vergaß Chips sofort wieder, denn er

---

12. Zur Bedeutung der charismatischen Erneuerung für den Irlandkonflikt: Jerome McCarthy, The Charismatic Renewal and Reconciliation in Northern Ireland; ders., The Significance of Neo-Pentecostalism for Ecumenism; Cecil Kerr, Power to Love; Lesebuch, 85ff.

konnte beim besten Willen nicht verstehen, wie ein Katholik und ein Protestant in dieser Situation miteinander für Frieden und Versöhnung beten konnten. »Vermutlich leiden sie an einer milden Form religiösen Wahnsinns«, erklärte er sich selber. Dann sangen sie das »Unser Vater«, und die Gäste verabschiedeten sich. Chips wollte sich zum Gehen anschicken und dem Gastgeber Gute Nacht wünschen. Aber er fand ihn nirgends. Frau Hellberg erklärte ihm, ihr Mann sei während des Abends zu einem Knaben gerufen worden. Jetzt sei er in der Küche und trinke noch etwas. Chips klopfte an die Küchentür und trat ein. Dort saß Dr. Hellberg am Küchentisch, den Kopf tief in beide Hände vergraben, eine Tasse Kaffe vor sich. Chips wollte sich entschuldigen und davonmachen. »Kommen Sie nur rein«, sagte der Arzt, »und setzen Sie sich. Der Kaffee ist kalt geworden. Ich braue einen neuen für uns beide.« Chips sagte nicht nein und setzte sich. »Es geht dem kleinen Peter schlecht«, fing der Arzt wieder an, ohne daß Chips gefragt hatte. »Es geht ihm schlecht und ich habe versagt. Ja, Beten ist Reden mit Gott und Hören. Ich habe mir Mühe gegeben und habe auch gebetet. Aber Peters Bein ist nicht gesund. Und warum wurde er verletzt? Peter ist kein Politiker. Er ist ja noch ein Schuljunge. Warum traf es ihn? Er wird nie normal gehen können. Wer hat wohl hier gepfuscht, der liebe Gott oder ich, oder beide?«

Chips wurde verlegen. Das hatte er von dem bekannten Arzt nicht erwartet. Frau Hellberg kam herein und setzte sich an den Tisch, ohne ein Wort zu sagen. Aus Verlegenheit kramte Chips einen Traktat aus der Rocktasche, den ihm irgend jemand heute abend zugesteckt hatte. Darin las er: »Wenn du einen Freund bedarfst, um dich zu helfen, Jesu ist derjenige. Wir haben es so gefunden, und wir empfehlen diesen wunderbaren Heiland, diesen Freund, diesen Friedensfürst, der ganzen runden Welt an, denn wir wissen, daß Jesus dich helfen kann, wenn nichts anderes kann.« »So ein Schmarren«, dachte Chips. »Wenn die Amerikaner die ganze Welt belehren wollen, könnten sie wenigstens ihre Traktätlein in einer anständigen Sprache schreiben.« Er überlegte sich, ob er den Vers dem Arzt vorlesen sollte. Aber er unterließ es.

Chips merkte, daß der Arzt ihn anschaute. Er hatte ihm ja eine Frage gestellt. »Kann ich nicht beantworten«, sagte er kurz. »Aber eines muß ich sagen: Was Sie mir heute abend erzählt haben, ist mir wichtiger als der ganze übrige Abend der Spiritualität. Ich habe ja auch meine Schwierigkeiten in der Schule. Und daß ein berühmter Arzt wie Sie in Zweifel gerät, ist für mich so etwas wie eine Gotteserfahrung. Gute Nacht.«

Auf dem Heimweg ging ihm ein Lied, das er in der Sonntagsschule gelernt hatte, durch den Sinn. Es heißt darin:»Wenn ich auch gar nichts fühle von deiner Macht, du führst mich doch zum Ziele auch durch die Nacht.« Aber das Lied ärgerte ihn, denn jedermann weiß schließlich, daß es ein sentimentales Lied ist.

11.3 Der Gedächtnis-Gottesdienst

Am nächsten Sonntag fand ein großer Gedächtnis-Gottesdienst im Münster statt. Damit weder die Katholiken noch die Protestanten beleidigt waren, wurde beschlossen, John Adegoke, einen der Pastoren aus einer schwarzen Kirche in Birmingham, um die Leitung zu bitten. Mindestens die Hälfte des Kirchenschiffes war mit schwarzen Christen gefüllt, die gekommen waren, um mit der Gemeinde der Weißen zu beten und zu trauern.

Eine lange Prozession kam von hinten langsam durch das Kirchenschiff: zuerst ein großer schwarzer Chor, gefolgt vom Münsterchor und den Chorherren; dann der Kanzler der Universität Birmingham; hinter ihm der katholische Erzbischof und der anglikanische Bischof von Birmingham; nach ihnen kam der Präsident des Gewerkschaftskomitees der Automobilfabrik British Leyland und der konservative Bürgermeister der Stadt; und schließlich John Adegoke, Ober-Apostel der Cherubim- und Seraphim-Gesellschaft.

Ein junger Neger eröffnete den Gottesdienst mit einem Lied. Er wurde mit Schlagzeug und der Münsterorgel begleitet.
Wenn der Heilige Geist dich erfüllt,
kannst du lächeln.
Wenn dich Jesu Blut anrührt,
kannst du lächeln.
Wenn du dich wie der Täufer fühlst . . .
Hier unterbrach der Sänger seinen Vortrag und kommentierte:
»Wißt ihr, Brüder und Schwestern, Johannes der Täufer, der nur Heuschrecken und wilden Honig zu essen bekam. Wenn du dich wie der Täufer fühlst . . . Die schwarzen Christen stimmten ein:»Dann kannst du lächeln.«
Wenn sich dein Herz mit Trauer füllt,
kannst du lächeln.
Der schwarze Chor, in farbige Talare gekleidet, nahm die Worte auf:»Du kannst lächeln.« Die beiden Trommler rhythmisierten das Thema zuerst leise:»Du kannst, du kannst, ja, du kannst lächeln.« Der Chor setzte wieder mit vollen Harmonien und starken Synko-

pen ein. Die Trommler ließen ihre Schläger auf dem Trommelfell tanzen. »Du kannst lächeln.« Der Solist sang die nächste Strophe: Wenn sie mit Bomben nach dir werfen . . .

Und hier konnte er nicht singen »dann kannst du lächeln«. Nur die Trommler schlugen den Beat, und die Gemeinde verharrte lautlos.

Wenn sie dich wegen deiner Hautfarbe anstarren,
    kannst du lächeln.

»Halleluja, du kannst lächeln.« Nun geriet der Chor in Bewegung und tanzte in kurzen, rhythmischen Schritten durch den Mittelgang in die Kirche hinein. Die schwarze Gemeinde stand auf und rief und sang immer wieder: »Yes, Lord, du kannst lächeln.«

Wenn dir die Nationale Front Steine nachwirft,
    kannst du lächeln.
Wenn dich die Black Power Leute einen Feigling schimpfen,
    kannst du lächeln.

John Adegoke erhob sich. »Im Namen des Vaters, und des Sohnes, und des Heiligen Geistes.« Chöre und Gemeinde responidierten: »Amen«.

»Wir kommen hier als Brüder und als Glieder am Leibe Christi im Münster zu Birmingham zusammen. Wir begrüßen den anglikanischen Bischof von Birmingham und den römisch-katholischen Erzbischof. Wir grüßen katholische und protestantische Christen. Wir grüßen schwarze und weiße Christen. Und wir wissen, wir sind nicht allein.«

Er drehte sich zum Altar, kniete nieder, faltete seine Hände in einer großen Geste, wie sie früher bei den Anglokatholiken üblich war, und betete: »Mit den Engeln und Erzengeln, mit Cherubim und Seraphim, und der Gemeinschaft der himmlischen Wesen, mit den Heiligen der Vergangenheit aus Europa und Afrika, eingeschlossen jenen Heiligen, die erst vor kurzem abberufen wurden, preisen wir dich und beten wir dich an.«

»Amen«, sangen die Chöre wieder.

»Sie mögen in Frieden ruhen.«

Der schwarze Chor sang wieder ein Lied. Es war eines jener berühmten Spirituals, in denen sie von der endgültigen Befreiung sangen. Vordergründig war es ein Lied über den Himmel. »Dort werden wir unsere Lasten niederlegen und unsere gebeugten Rükken strecken. I'm going to lay down my heavy load.« Chips kannte das Spiritual gut. Es war von Michael Tippett in sein Oratorium »A Child of Our Time« aufgenommen worden. Frau Chips hatte ihm das Spiritual oft gesungen.

»Was, ihr Brüder und Schwestern, werden wir tun?« fragte einer der Sänger. Und in vollen Harmonien respondierten die schwarzen Christen:»I'm going to lay down my heavy load.« Eine wohlbeleibte ältere Negerin sang die nächste Strophe. Sie sang nicht nur mit ihrem Mund, den sie unwahrscheinlich weit öffnen konnte, alles an ihr sang, die gepolsterten Hüften, die stämmigen Beine, die kräftigen Arme. Selbst die festen Brüste sangen im Takt mit:»Ich weiß, daß mir das Kleid dort oben wohl anstehen wird, denn ich habe es an den Pforten der Hölle ausprobiert.« Und wieder sangen die schwarzen Christen:»Dort werden wir unsere Lasten niederlegen.«

Chips dachte an den Bürgerkrieg, der sein Land zerriß, einen Krieg zwischen Katholiken und Protestanten, Iren und Engländern, Linken und Rechten. Unwillkürlich betete es in ihm:»Dein Reich komme!«

Als das Lied zu Ende war, begrüßte John Adegoke die deutschen Lutheraner, die auch in der Kirche waren.»Wißt ihr, Martin Luther, der große Glaubensmann, ist ihr Kirchenvater«, erklärte er, denn er hatte etwas über Luther gelernt im theologischen Kurs, den die Universität Birmingham für schwarze Arbeiterpfarrer eingerichtet hatte. Zum Erstaunen von Mr. Chips brach die Gemeinde – zuerst die Schwarzen, dann auch die Weißen – in das Lied aus:»We shall overcome . . .« Chips dachte bei sich, ob sie wohl Martin Luther mit Martin Luther King verwechselten. Aber vielleicht war dies ein und dieselbe Person für sie. Sie lebten ja, als wenn für sie Raum und Zeit aufgehoben wären. Gleichzeitig war für sie, was ihnen nahe ging.

»Ja, liebe Gemeinde«, führte jetzt der katholische Erzbischof das Thema weiter,»wir werden uns noch wundern, wenn wir einmal zu den Überwindern gehören, wenn unsere Selbstsucht überwunden wird, wenn alle Heiligen in die Stadt der goldenen Gassen einziehen . . .« Und schon fing der Posaunist an zu spielen – es war derselbe, der Chips schon bei den Hellbergs aufgefallen war –:»Oh, when the Saints, oh when the Saints, oh when the Saints come marching in.« Und der Chor und einige aus der Gemeinde standen auf und tanzten und marschierten durch die Kirche.

Der katholische Erzbischof sagte laut»Amen«, und alles war wieder still.

»Freunde«, jetzt war der anglikanische Bischof an der Reihe. »Freunde«, sagte er,»wenn die Heiligen ins neue Jerusalem einmarschieren, wird es dann katholische Heilige, lutherische Heilige, anglikanische Heilige, pfingstliche Heilige geben?« »Nein, nein«, riefen die schwarzen Christen, und die Weißen machten ein verblüfftes Gesicht.

Der anglikanische Bischof war überrascht, ließ sich jedoch nichts anmerken und fuhr fort. »Wird es dann schwarze und weiße Heilige, irische Heilige und englische Heilige geben?«

Die Gemeinde rief wieder »nein, nein«, doch diesmal stimmten auch einige Engländer und Iren in den Respons ein.

»Nein«, fuhr der Prediger fort, »nein, es wird nur Heilige geben! Heilige, die Jesus von Nazareth nachfolgen. Aber einige von uns werden sich noch wundern. Im Himmel da werden wir uns noch mehr wundern als hier auf Erden. Wißt ihr, da wird es herauskommen, was wir wirklich anbeten, Jesus, den Handwerkersohn, Jesus, den Erlöser, oder eine Karrikatur unserer eigenen Ängste und Triebe. Es wird herauskommen, ob wir unsere Rasse, unser Geld, unsere Kirche, unsere Kultur, unsere Tradition, oder ob wir Jesus anbeten. Ich wäre nicht überrascht, wenn am Jüngsten Tage alle weißen Menschen einem schwarzen Jesus gegenüberständen . . .«

Der Prediger hielt inne. Es war totenstill in der Kirche.

Der Bischof fuhr fort: »Ich wäre nicht überrascht, wenn alle weißen Menschen einem schwarzen Jesus gegenüberständen und alle schwarzen Menschen einem weißen Jesus. Amen.«

John Adegoke dankte den beiden Predigern und fügte hinzu: »Ich wäre nicht überrascht, wenn am Jüngsten Tage alle Iren einem englischen Jesus gegenüberständen, und alle Engländer einem irischen Jesus. Lasset uns beten.«

Gebetsstille. Niemand sprach ein Wort. Nur hier und da ein paar Seufzer und leises Weinen. Nach dem Gebet sang der Münsterchor einen seiner herrlichen Choräle.

»Laßt uns unsere Sünden bekennen«, sagte John Adegoke. Der konservative Bürgermeister von Birmingham, der Präsident des Gewerkschaftskomitees von British Leyland und eine schwarze Frau kamen zum Altar. Sie beteten abwechslungsweise. Dazwischen sang der Chor das »Kyrie eleison«.

»Es ging uns zuerst um Wahlgewinne und nicht um das Wohl der Bürger.«

»Kyrie eleison.«

»Es ging uns zuerst um die Macht der Gewerkschaften und nicht um das Wohl der Arbeiter.«

»Kyrie eleison.«

»Wir meinten, unsere Anhänger wollten vor allem mehr Geld und merkten nicht, daß sie mehr Ehrlichkeit wollten.«

»Kyrie eleison.«

»Wir führten uns auf wie die Kirchen. Wir glaubten, daß wir, die Chefs der Gewerkschaften, wir glaubten, daß wir, die Bonzen der Parteien am besten wußten, was für das Volk gut ist.«

»Kyrie eleison.«
»Und jetzt, da unser Land in Trümmern liegt
unsere Jugend über uns lacht,
unsere Nachbarn den Kopf schütteln,
da kommen wir demütig zu dir, o Herr, und bitten dich,
hilf uns, wieder Menschen zu werden,
Menschen in unseren Arbeitsverhandlungen,
Menschen in unseren politischen Auseinandersetzungen.«
»Kyrie eleison.«

Nach einer langen Stille erhob sich der Kanzler der Universität Birmingham für die Abkündigungen. Er sagte:»Eine Frage läßt mich nicht los. Ich verstehe nicht, warum wir gemeinsam trauern, aber nicht gemeinsam handeln, warum wir gemeinsam singen, aber nicht gemeinsam Abendmahl feiern können. Wollen Sie mir versprechen, daß Sie über diese Frage nachdenken? Es ist nur die Frage eines einfachen Laienchristen.«

Mit dieser Segensformel wurde die Gemeinde entlassen. Doch Chips dachte bei sich selber:»Nur die Frage eines einfachen Laienchristen, mag sein, aber die wichtigste Frage von allen.«

Das war der Anfang eines gründlichen Prozesses des Nachdenkens bei den Christen von Birmingham. Sie fingen an, ihre religiösen und intellektuellen Gaben zu teilen – gelegentlich schlossen sie auch die Finanzen in diesen Prozeß ein –, und führten damit der Welt vor, daß Christen anders sind.

12. Ein wahrer Mythos wird Wirklichkeit

Daß der im vorigen Kapitel erzählte Mythos wahr ist im Sinne der in Kapitel 10 aufgestellten Kriterien, wird kaum bestritten werden. Ein Mythos kann jedoch wahr sein, ohne Wirklichkeit zu werden. In dem zu berichtenden Falle jedoch wurde er zu meinem eigenen Erstaunen innerhalb von wenigen Monaten nach seiner Verkündigung Wirklichkeit. Die Zelebration dieses wahren Mythos wuchs aus den Erfahrungen mit der Schule für schwarze Arbeiterpfarrer heraus, deren Entstehung und Funktion, deren wissenschaftliche Einsichten für den europäischen Wissenschaftsbetrieb im folgenden beschrieben wird[1].

---

1. Erste Berichte zur schwarzen Schule erschienen im Lesebuch, 195ff und in: W. J. Hollenweger, Eine Brücke zwischen schwarz und weiß. Theol. Ausbildung für schwarze Arbeiterpfarrer, Orientierung 44/17, 15. 9. 1980, 178–180 und in R. Gerloff, Partnerschaft zwischen schwarz und weiß.

Die politische und gesellschaftliche Szene Großbritanniens ist vom Konfrontationsmodell beherrscht. Der Bürgerkrieg in Nordirland mit seinen Auswirkungen in England ist eine auf Jahrhunderte zurückgehende Konfrontation zwischen der irisch-katholischen und der schottisch-protestantischen Kultur. Das englische Parlament, überhaupt die politische Diskussion in Großbritannien, wird beherrscht durch die Konfrontation zwischen der englisch-konservativen und der non-konformistischen Kultur. Die beiden Adjektive bezeichnen gleichzeitig religiös-kulturelle und politische Traditionen. Für die erste Tradition stehen die Anglikanische Kirche und die Konservative Partei, für die zweite die Labour-Partei, die Gewerkschaften, die sogenannten Non-Konformisten (das sind Reformierte, Methodisten, Baptisten, Katholiken) und die große Mehrzahl derer, die zu überhaupt keiner religiösen Tradition mehr gehören.

12.1 »Immigranten«

Für unseren Zusammenhang am wichtigsten ist aber die Konfrontation zwischen der weißen (angelsächsischen und keltischen) Bevölkerung und den sogenannten Einwanderern oder Immigranten. Unter »Immigranten« versteht man in England Inder und Schwarze, die im Besitze eines britischen Passes, daher Bürger Großbritanniens sind und oft auch schon in Großbritannien geboren wurden. Dieser Sprachgebrauch ist deswegen beliebt, weil die Identifikation der Rasse eines Bürgers in England von Gesetzes wegen verboten ist. Also nennt man die Schwarzen und Braunen nicht »schwarz« oder »braun«, sondern schlicht und einfach »Immigranten«.

In den schwarzen und braunen Ghettos ist es in London und Bristol zu blutigen Zusammenstößen zwischen der Polizei und »den Immigranten« gekommen. Einer der Gründe für diese Zusammenstöße ist ein 150jähriges Gesetz, das einem Polizisten gestattet, jemanden zu verhaften, von dem er vermutet, er wolle einen Diebstahl begehen. Die *Absicht*, etwas zu stehlen, gilt also bereits als inkriminierender Tatbestand. Die »Immigranten« werden häufig unter diesem Gesetzesparagraphen angeklagt. Das Verhältnis zwischen schwarz und weiß ist in England weit gespannter, als die Engländer das nach außen wahrhaben wollen.

Nur noch 2% der englischen Bevölkerung nehmen aktiv am Gottesdienstleben der Kirchen teil. Selbst die formale Kirchenmitgliedschaft liegt tiefer als in der DDR oder in Ungarn. Viele Kirchen in den Innenstädten stehen leer und müssen verkauft werden. Den

Hakenkreuz-Schmierereien der Nationalsozialisten (so kürzlich an einer schwarzen Pfingstkiche in Sheffield), den Flügelkämpfen der Labour-Partei und dem patriotischen, aber veralteten Pathos der Konservativen können die Kirchen Großbritanniens kein eigenständiges Hoffnungs- und Handlungskonzept gegenüberstellen. So tönt es in verschiedenen Variationen unter den englischen Christen, die sich Gedanken machen über die Zukunft des Evangeliums in ihrem Lande. Aber die Schwarzmalerei trifft nur einen Teil der Wirklichkeit. Die weißen Christen zahlen heute dafür, daß sie ein Vierteljahrhundert lang die Existenz einer neuen, lebendigen und verheißungsvollen Christenheit in ihrer Mitte vollständig ignorierten. Es sind die über 750 schwarzen Gemeinden in über 100 kirchlichen Organisationen[2]. Es sind Kirchen verschiedenster Prägung: methodistische, adventistische, pfingstlerische und solche, die es bisher in Europa nicht gab, schwarze unabhängige Kirchen aus Westafrika und aus dem karibischen Raum. Einige dieser Kirchen sind in ihrem Ursprungsland eigentliche Massenkirchen, so zum Beispiel die Aladurakirchen[3] und die Cherubim- und Seraphimgesellschaften in Westafrika. 20 % der schwarzen Bevölkerung Englands gehören diesen Kirchen an. Die Kirche ist damit die wichtigste, wenn nicht sogar die einzige relevante Organisationsform für die Schwarzen Großbritanniens geworden[4], was aber weder die weißen Christen, noch die Politiker und die Stadtverwaltungen daran hinderte, diese großzügig zu ignorieren.

Merkwürdig ist, daß die britischen Missionsgesellschaften, die weltberühmt sind für ihre ökumenische und theologische Pionierar-

2. In Ermangelung der zu erwartenden Dissertation von Roswith Gerloff über die schwarzen Kirchen in Birmingham ist hinzuweisen auf: R. Gerloff, Black Christian Communities; dies., Theory and Practice; dies., A Black Contribution; dies., Schwarze Schule im weißen Europa; J. Root, Encountering Westindian Pentecostalism; P. Charman, Reflections; M. Calley, God's People; »Ein Bischof tanzt vor dem Altar«, Film des Ev. Missionswerkes, Hamburg.
3. H. W. Turner, History of an African Independent Church.
4. Dessen sind sich die Studenten der schwarzen Schule bewußt. Vgl folgende Zitate aus ihren Aufsätzen: »The mission of the various blackled churches in the UK are of paramount importance in areas of preservation of culture, church transplantation, healing of loneliness, as a voice against unfair bureaucracy, as a meeting place, and as a forum for interacting and mixing in a multiracial society« (L. E. White).
»Christ in the black-led churches is the openhanded welcomer to them who are dropped out of society« (L. F. Gordon).
»In oral worship people are motivated and encouraged to become envalued. We are not just admirers, or onlookers but involvers. In an orthodox church, or most of the large established denominational churches, everything is hanged mainly on the minister« (S. E. Thomas).

beit in der Dritten Welt, die Möglichkeiten zu einem die Kirchen erweckenden interkulturellen Dialog im eigenen Land vollständig verschlafen haben. Auch die Sozialisten, die sich sonst nicht genug tun können in ihrer Kritik an Südafrika (und vor dem Wahlsieg Mugabes auch an Rhodesien), sind in ihrem eigenen Lande unfähig, das kulturelle, politische und geistliche Führungspotential dieser Kirchen zu erkennen[5]. Dazu brauchte es zwei ausländische »Missionare«. Die Rolle fiel einer deutschen Pastorin und mir zu. Wir entdeckten – sozusagen stellvertretend für die englische Christenheit, daß inmitten der verzagenden Engländer eine Erweckung im Gange war, eine Erweckung »in schwarz«.

12.2 Eine Schule für schwarze Arbeiterpfarrer

Mit der Hilfe einiger weniger Sozialarbeiter und Pfarrer und aufgrund der Forschungsarbeiten meiner Doktorandin Roswith Gerloff haben sich Kontakte ergeben, die Ansätze zu einem interkulturellen, theologischen, kirchlichen und gesellschaftlichen Dialog enthalten. Der Britische Kirchenbund, die Selly Oak Colleges (ein Verbund verschiedener kirchlicher Seminare), die Universität Birmingham und das Evangelische Missionswerk in Hamburg (!) haben ihre Hilfe zugesagt. Für das letztere war das Auftreten eines in die Augen fallenden Kontingents von schwarzen Sängern und Christen aus England an den letzten drei Kirchentagen der äußere Anlaß, sich etwas ausführlicher mit diesen »schwarzen Engländern« zu befassen.

Fast alle schwarzen Gemeindeleiter sind Arbeiterpfarrer. Sie arbeiten während der Woche in Fabriken, als Busfahrer, Eisenbahnschaffner und Buchhalter. Übers Wochenende sind sie Pfarrer und Bischöfe. Einige von ihnen tragen dann wunderschöne liturgische Gewänder und Bischofshüte. Sie agieren mit Krummstäben, Kerzen und Glocken. Verglichen mit ihnen verblaßt der Ornat eines katholischen Kardinals.

Da diese Pfarrer und Bischöfe nur wenige Jahre Volksschulbildung haben, werden sie von den weißen Pfarrern und Christen nicht

---

5. »Ethnic minorities are God's living creatures and they did not descend from space . . . Between 20–25% black people here belong to some church or other. This proves that they are not only a functioning organisation but a form of black consciousness which gives dignity to people and helps to solve their daily problems . . . They become the speakers for communities with ministers taking on the burdens of their people in health welfare, employment welfare, education and youth work« (M. Jones).

ernst genommen. An mehreren Sitzungen baten mich die Schwarzen, eine Schule für sie einzurichten, an der sie nicht nur etwas lernen, sondern von der sie auch einen in der englischen Gesellschaft gültigen Bildungsausweis erhalten können. Wir mußten daher ein Programm erfinden, das für die Schwarzen sinnvoll war und von der Universität als wissenschaftliche Ausbildung anerkannt wurde. Die Schule wurde als Wochenendkurs mit Dozenten der Universität und der Selly Oak Colleges eingerichtet[6]. Sie arbeitet nach den Prinzipien des berühmten brasilianischen Pädagogen Paolo Freire[7] (schließlich habe ich nicht umsonst lange Jahre mit ihm im gleichen Haus gewohnt und in der gleichen Institution, dem Ökumenischen Rat der Kirchen in Genf, gearbeitet). Das heißt: Die Sprache, die Vorstellungswelt und die Erfahrungen der Kursteilnehmer bilden die Grundlage für die Ausbildung.

Die Paolo-Freire-Methode auf das Fach »Mission« des Kurses angewandt bedeutet: Es wird von der Geschichte und der Erfahrung der schwarzen Kirchen, von der Erfahrung der Sklaverei, der Erfahrung der Kirche als »Ort des Überlebens«, der Mission der schwarzen Kirchen im weißen England ausgegangen. In den biblischen Fächern wird bei den erstaunlichen Bibelkenntnissen der Teilnehmer, bei dem ihnen bekannten biblischen Vokabular eingesetzt, aber auch bei den differierenden Interpretationen über das Fasten, die Fußwaschung, die Visionen, das Zungenreden vor allem zwischen afrikanischen und westindischen Kursteilnehmern, und gezeigt, daß nicht erst heute, sondern schon in neutestamentlicher Zeit die Meinungen über diese und andere Frömmigkeitsformen geteilt waren. Dies läßt die Teilnehmer die historisch-kritische Forschung nicht als ein ihnen fremdes, europäisches, einzupaukendes Fach erfahren, sondern als ein wichtiges Interpretament im Umgang mit ihren eigenen Differenzen.

Ähnlich wird auch das Fach »Christliche Glaubenslehre« unterrichtet. Gottesdienst, Gebet, Lied und Zeugnis sind in dieser Schule so wichtig wie Vorlesung und Examen. Als ich meinen Kollegen an der Universität den Vorschlag machte, den Unterricht regelmäßig mit Gebet und Lied zu beginnen, am Samstagabend immer ein öffentliches Bankett einzuschalten, das Wochenende mit einem Gottesdienst entweder in einer schwarzen oder in einer weißen

---

6. Bericht über die schwarze Schule von M. Simmonds/R. Gerloff, Learning in Partnership; W. J. Hollenweger, A l'université de Birmingham avec des pasteurs-ouvriers à peau noire.
7. P. Freire, Pädagogik der Unterdrückten.

Kirche abzuschließen und all dies als integrierende, didaktische Elemente des Unterrichts bezeichnete, erntete ich wohlwollendes Lächeln. Man erinnerte mich daran, daß wir hier an einer völlig säkularisierten Universität unterrichteten. Ich begründete mein Vorgehen mit dem Hinweis darauf, daß für die Schwarzen eine Rede über Gott ohne Rede mit Gott, eine Analyse biblischer Texte ohne Tanz, Lied und Zeugnis, eine Untersuchung der schwarz/ weißen Sozialstrukturen ohne interkulturelle, versöhnende Feier, ohne Zelebration des Versöhnungsmythos unvorstellbar sei. So wurden denn alle diese Elemente – unter dem Deckmantel einer kulturellen Konzession – in den Kurs eingebaut. Unterdessen fragten mich meine weißen Universitätsstudenten: Warum dürfen wir nicht so unterrichtet werden wie die Schwarzen?

Roswith Gerloff, die Leiterin des Projekts, faßte ihre Erfahrung in einem biblischen Bild zusammen: Die Freunde des gelähmten Mannes im Evangelium brachen durchs Dach, weil sie davon überzeugt waren, daß dieser Mann Hilfe brauchte und daß Jesus im Hause war. Auch wir sind auf unziemliche Weise »durchs Dach gegangen«, haben benachteiligte Menschen protegiert, weil wir von ihrem spirituellen und intellektuellen Potential überzeugt sind, und davon, daß Christus in unseren kirchlichen und universitären Hallen noch ein Wort mitzureden hat. Das war nicht der Glaube an die Güte der Institutionen oder ihrer Träger. Doch hat es dann in diesem Prozeß so etwas wie Bekehrungserlebnisse gegeben, angeblich unkritischer Studenten zu einem klaren Denken, und angeblich unfrommer akademischer Lehrer zu einem erfahrbaren Glauben.

Nicht alle sind begeistert darüber, daß wir durchs Dach gebrochen sind. Schließlich haben sich schon zur Zeit Jesu die Schriftgelehrten und Pharisäer über diese Unterbrechung ihrer religiösen und wissenschaftlichen Disputation geärgert. Im Falle der schwarzen Schule in Birmingham kam der Widerstand nicht, wie man vielleicht erwarten möchte, von den Universitätslehrern. Diese haben zuerst skeptisch, dann interessiert zugeschaut und schließlich ihre Mithilfe angeboten. Er kam von denen, die sonst am lautesten »für die Mission« und »für die Benachteiligten der Dritten Welt« schreien, nämlich von einigen Kollegen an den Selly Oak Missionsinstituten, von den Missionsgesellschaften und den Kirchen.

Während der schwierigen Aufbauphase zeigten die englischen Kirchen (außer der reformierten Kirche und den Quäkern) wenig Begeisterung, das Projekt finanziell zu unterstützen. Während einzelne Christen und Gemeinden mehr als das Zumutbare an Beiträgen und Mitarbeit leisteten, verhielten sich die kirchlichen und staatlichen Institutionen distanziert. Vielleicht liegt der Grund

darin, daß es dem Projekt bis heute nicht gelungen ist, das
»ausländische Image« abzustreifen und sich als »Sache der einheimischen Christen« zu profilieren. Möglicherweise gibt die folgende
Analyse weitere Hinweise für die Gründe dieser Distanzierung.

12.3 Das Experiment und seine Beurteilung

Das Folgende ist ein Auszug aus einer Analyse, die ich im Auftrag
des Britischen Kirchenbundes schrieb, die aber schließlich von
diesem nicht gedruckt wurde, weil er die darin implizierte Kritik,
insbesondere diejenige an den »sozialistischen Institutionen«, für zu
riskant hielt.

»Als wir unser Versuchsprojekt ›A Small Beginning‹ lancierten, gab
es wohlwollendes Lächeln von denen, die glaubten, daß die Wurzel
allen Übels der Kapitalismus – oder ›das System‹, wie sie es zu
nennen pflegten – sei und daß eine theologische Schule für notorisch
konservative Arbeiterpfarrer aus notorisch konservativen schwarzen Kirchen (so sahen sie die Sache) höchstens Flickwerk und
Symptombehandlung war und das Übel nicht an der Wurzel angehe.
›Revolution‹ oder zum mindesten ein ›revolutionärer Kampf‹ war
der Schlachtruf dieser Kritiker. Sie hatten ihn von einer Handvoll
schwarzer Universitätsstudenten gehört, die aber mit der schwarzen
Basis überhaupt keine Verbindung hatten.

Schließlich aber überlegten sie sich ihre ›Revolution‹ noch einmal.
Es mußte ja auch den überzeugtesten Sozialisten klar werden, daß
die Organisationen, die die lautstärkste ›revolutionäre Sprache‹
führten, nämlich die Parteien der Linken und die Gewerkschaften,
keineswegs in der Lage waren, in ihren eigenen Reihen auch nur
den Anschein von rassischer Gerechtigkeit zu erwecken. Bis jetzt
hat noch keine Linkspartei einen schwarzen Parlamentarier und
noch keine Gewerkschaft einen schwarzen Gewerkschaftsführer
auch nur zur Wahl vorgeschlagen. Die Revolutionäre sind ebenso
konservativ wie die Konservativen, wenn es um die Konservierung
ihrer eigenen Privilegien geht, wenn es darum geht, nicht nur
zugunsten der Schwarzen zu reden, sondern die Schwarzen für sich
selber reden zu lassen.

Es ist wahrscheinlich der wichtigste Aspekt theologischer Ausbildung, dem Volke Gottes zur Fähigkeit zu verhelfen, seine Religion
klar und verständlich zu artikulieren. Wenn die schwarzen Christen
ihre religiösen Aspirationen und Werte ausdrücken können, dann
wird es nicht lange gehen, bis sie dasselbe Können auch brauchen

werden, um ihre gesellschaftlichen, kulturellen und politischen Ansichten zum Ausdruck zu bringen. So werden sie dann nicht zum Manipulationspotential irgendeiner sogenannten revolutionären Demonstration, sondern sie demonstrieren selber ihre Position in den ihnen angemessenen Kategorien.

Es ist verständlich, daß einige weiße Christen und Pädagogen sich vor den Konsequenzen des Experiments schwarzer Ausbildung fürchten. Es könnte nämlich dazu führen, daß die schwarzen Kirchenführer bis jetzt unbestrittene Voraussetzungen im Reiche der Wissenschaft bestreiten. Sie könnten neue Konzepte und Kompetenzen einführen, die bis jetzt in der akademischen Welt nicht nur abwesend waren, sondern die bis jetzt von ihr durchaus lächerlich gemacht wurden. Wenn diese aber in kompetenter Weise dargestellt und angewandt werden, könnten sie von vitaler Wichtigkeit sein, nicht nur für schwarze Studien, sondern für die wissenschaftliche Arbeit schlechthin. Die Einführung solcher Kompetenzen würde allerdings die Hackordnung in der akademischen Welt empfindlich stören. Darum werden sie gefürchtet. Wenn aber die Einführung von signifikanten schwarzen Elementen in den europäischen Wissenschaftsbetrieb gelingen sollte, so wäre dies der Anfang einer ›cross-cultural‹ Ausbildung, einer interkulturellen Theologie, einer Ökumene der Sprachen, in der nicht eine Sprache mithilfe ihrer Herrschaftsinstrumente die anderen Sprachen zum Schweigen bringt[8].

Es wäre nicht die erste solche Ausbildungsform, denn ähnliche Versuche gibt es bereits in den Vereinigten Staaten von Amerika. Aber es wäre die erste in ihrer Art in Europa und würde europäische Wissenschaft auf ihre interkulturelle Kompetenz hin testen und ausweiten. Auf der theoretischen Ebene ist über diese Möglichkeit schon viel geschrieben worden. Man denke nur an Illich und Freire. Bis jetzt aber gibt es in Europa keine wirklich durchgeführten Programme. Mit anderen Worten: Dieses Experiment trägt in sich den Kern zu einer wissenschaftlich vertretbaren ›Arbeiteruniversität‹ (über die sonst viel geredet wird, die sich aber bis jetzt nie realisieren ließ), ohne daß die ›Studenten‹ gezwungen würden, die Kompetenzen ihrer Arbeiterkultur aufzugeben.

Meines Erachtens ist es allerdings wahrscheinlicher, daß das Experiment nicht gelingen wird. Es bedroht zu viele Privilegien und Interessen der Kirchen und der akademischen Welt. Es ist aber so gut wie sicher, daß das Experiment den Nachweis erbringen wird, daß es wissenschaftlich möglich ist, ›schwarze Kompetenz‹ in eine

---

8. Siehe oben Maudlyn Jones, S. 181, Anm. 5.

europäische akademische Institution zu integrieren, ohne die Träger der schwarzen Kompetenz ihrer Kompetenz zu berauben. Aber das Experiment wird vermutlich auch zeigen, daß der Grund für die Rückweisung schwarzer Kompetenz gar nicht wissenschaftlicher, sondern kirchen-, gesellschafts- und universitätspolitischer Art ist. Als Ausrede kann man auf universitätspolitischer Ebene den Niedergang des wissenschaftlichen Standards beklagen. Auf gesellschaftspolitischer Ebene kann man auf das Element der ›Unruhe‹ hinweisen, und kirchenpolitisch kann man sich hinter der Beunruhigung der schweigenden Mehrheit durch die schwarzen Frömmigkeitsformen verstecken. Das sind alles Ausreden, die psychologisch verständlich sind. Rational aber sind sie nicht verständlich. Das wissenschaftliche Niveau kann durch die Integration schwarzer Kompetenz nur gehoben werden. Gesellschafts- und kirchenpolitische Unruhe sind keine Gründe für die Zurückweisung eines Modells, sondern höchstens Gründe, sich darüber Gedanken zu machen, wie man mit solcher Unruhe kreativ umgeht. Kurz und gut: In Gefahr sind weder Kirche, noch Staat und Universität. In Gefahr sind aber die Privilegien und Interessen derer, die nur in monokulturellen Kategorien arbeiten können.

Wenn diese Analyse einigermaßen zutrifft, dann hat der theologische Kurs für schwarze Arbeiterpfarrer an der Universität Birmingham wenigstens die Maske vom Gesicht jener gerissen, die für die Schwarzen sprechen, solange diese in Zimbabwe, Südafrika, Nordamerika und der Karibik bleiben, die aber sehr nervös werden, wenn die selben Schwarzen ihre schwarze Kompetenz im Rahmen eines Systems beizutragen gedenken, das gegenüber den Kompetenzen anderer Kulturen äußerst resistent ist.«

Wie gesagt, der obige Text wurde nicht gedruckt, obschon er von mir angefordert worden war. Es ist halt immer leichter, den Amerikanern, den Südafrikanern, den Kapitalisten, den Schweizer Banken, kurz »den andern« am Zeug herumzuflicken, als seine eigenen Vorurteile kritisch unter die Lupe zu nehmen.

12.4 Der Versöhnungsmythos wird veröffentlicht

Als die ersten Absolventen der schwarzen Schule ihre Examina bestanden hatten, wurde eine eigene celebration, eine Diplomfeier, beschlossen. Sie fand in der Universitätskirche statt und wurde vom Vorsteher der Abteilung für Theologie an der Universität Birmingham, Professor J. G. Davies, präsidiert. Studenten und Dozenten hielten Kurzvorträge zum Thema: Was haben wir in dieser Schule gelernt. Eine schwarze Evangelistin gab eine brillante Analyse der schwarz/weißen Beziehungen in England[9]. Ein Dozent erklärte, wie ihm durch die Fragen der schwarzen Studenten die existentiale Dimension von Sachverhalten klar wurde, die er bislang nur als redaktionsgeschichtliche oder literarkritische hatte sehen können; zum Beispiel fragte ihn ein Student, nachdem er die Differenz zum Thema »Fasten« bei Matthäus und Lukas erklärt hatte, ob er, der Dozent, denn schon einmal gefastet habe. Plötzlich war »Fasten« nicht mehr nur ein redaktionsgeschichtliches Thema, sondern eine konkrete Anfrage an seinen Lebensstil.

Ein schwarzer Chor sang hinreißend. Er war in farbige Talare gekleidet. Die Dozenten der Universität, verschiedene Bischöfe der schwarzen Kirchen und ein englischer Bischof erschienen im Ornat.

Die celebration folgte im übrigen der Liturgie der Universität Birmingham, das heißt, der bereits früher erwähnte Mythos der Universität[10] wurde mit dem Panache der Schwarzen ritualisiert und in Szene gesetzt. Es war die erste Degree Congregation, die ich erlebt habe, die den Namen »congregation« verdiente. Nach der Verleihung der Zertifikate wurde – wieder unter dem Präsidium von Professor Davies – eine Eucharistie gefeiert, an der Schwarze und Weiße, Katholiken und Protestanten, Arbeiter und Vertreter des Establishments einander im Angesicht ihres Herrn den Frieden Christi zusagten.

Trommler und Musikanten, Chöre und Teilnehmer, Studenten und Dozenten stimmten ein in die Spirituals der Schwarzen und in die Hymnen der Weißen. Ich saß da und staunte darüber, daß inmitten von Rassenhaß und Snobismus, inmitten einer verzagenden und gelähmten Christenheit der wahre Mythos von der Versöhnung in Jesus Christus Wirklichkeit wurde.

Während ich dieses Buch schreibe, toben in Bristol Straßenschlachten und brennt Brixton (Brixton ist ein hauptsächlich von Schwarzen und Asiaten bewohntes Quartier Londons). Die Kommentare weisen darauf hin, daß vorläufig Ähnliches in Birmingham verhindert werden konnte. Neben dem schon beschriebenen Partnerschafts-Projekt ist einer der wichtigsten Gründe die Taktik und Haltung des hiesigen Polizeikommissars. Er setzte sich mit den natürlichen Führern der Schwarzen, vor allem auch mit den schwar-

---

9. Oben, S. 181, Anm. 5.
10. Oben, S. 9f.

zen Arbeiterpfarrern zusammen. Sie baten ihn, ihnen in Zukunft keine zwanzigjährigen Polizisten mehr zu senden, denn diese reagierten aus Angst und Vorurteil falsch. »Sendet uns Männer, keine Jünglinge!«, baten sie. Und zweitens schlugen sie vor, die Polizisten wie früher nicht im Streifenwagen, sondern zu Fuß patrouillieren zu lassen, damit die Bevölkerung sie kennen lernt, mit ihnen spricht, Vertrauen faßt, ihnen sagt, wo sie der Schuh drückt, und schließlich die kriminellen Elemente nicht vor dem Gesetzesarm versteckt. So kann vielleicht die Konfrontation zwischen Bevölkerung und Polizei verhindert werden. Es ist zu hoffen, denn es handelt sich hier um ein äußerst heikles Gleichgewicht.

III

ERWARTUNGEN

13. Der Parusiemythos: Das Beispiel der Korntaler Brüdergemeinde

Dieser dritte Teil beginnt mit einer historischen Reminiszenz, nämlich der Funktion des christlichen Parusiemythos für die Wirtschaftspolitik der Korntaler Brüdergemeinde. Nicht nur in Korntal, auch andernorts hat die Erwartung, daß Jesus in der nahen Zukunft auf den Wolken des Himmels zurückkehren, die Gemeinde zu sich in die Luft entrücken und darauf mit seinen Getreuen das Tausendjährige Reich aufrichten werde, in dem Gerechtigkeit und Wahrheit herrschen, in dem es kein Leid und kein Geschrei mehr geben werde – diese Hoffnung hat in ihren besten Ausprägungen starke theologische, missionarische und wirtschaftspolitische Impulse ausgelöst. In dieser Form ist der Mythos heute kaum als Inspiration für eine Wirtschaftsethik brauchbar, und dies nicht nur, weil er in der heutigen Gesellschaft keine allgemeine Resonanz findet und durch andere Mythen beinahe verdrängt worden ist, sondern auch, weil die Christen, die zum Beispiel in den Vereinigten Staaten und in der Dritten Welt in Liedern, Gebeten und Predigten die unmittelbare Wiederkunft Jesu erwarten (und ihre Zahl ist bedeutend größer, als in Europa angenommen wird), im Gegensatz zur Korntaler Gemeinde keine wirtschaftspolitischen Konsequenzen aus diesem Mythos gezogen haben.

Trotzdem gehört dem Korntaler Experiment hier ein Platz, erstens um seine Beschränkung im Rahmen einer ruralen Gesellschaft zu demonstrieren und zweitens, um in Kapitel 15 an wichtige Erfahrungen der dörflichen Genossenschaften wie diejenigen der Korntaler Gemeinde anknüpfen zu können. Meines Erachtens sind die Modelle genossenschaftlicher Partizipation bessere Wegweiser als die zentralplanwirtschaftlichen des Marxismus, um uns im nach-industriellen Zeitalter des Westens einzurichten und um die in der Dritten Welt dringend nötige intermediate technology so aufzubauen, daß sie von denen, die sie handhaben müssen, verstanden wird.

13.1 Der Korntaler Dreiklang: Naherwartung, Wirtschaftsreform, dialogische Mission

Korntal liegt einige Kilometer außerhalb von Stuttgart. Dort gibt es eine evangelische Brüdergemeinde, die heute mehr als 150 Jahre alt ist.

Äußerer Anlaß für die Gründung der Korntaler Brüdergemeinde war die Einführung einer neuen Liturgie (1791) und eines neuen Gesangbuches (1804) in der Württembergischen Landeskirche durch König Friedrich. Die neue Liturgie bestimmte, daß hinfort das Kirchenjahr nicht mehr mit dem ersten Advent, sondern mit Neujahr, dem Gedenktag der Einführung der Königswürde in Württemberg beginne. Was aber die Altpietisten Württembergs am meisten erboste, war die Ersetzung der Absagungsformel an den Teufel in der Taufliturgie (»Widersagst du dem Teufel und allen seinen Werken und Wesen?«) durch die rationalisierende Formel: »Entsagen Sie allem Unglauben und Aberglauben, allen sündlichen Gesinnungen, Neigungen und Werken?«[1]

Der innere Grund für die Gemeindegründung war nach dem »Verfassungskonzept einer wahren Gemeinde« von Johann Michael Hahn (1817)[2] die Suche nach einer wahren »Jesusgemeinde«, einer Gemeinde der »Gerechtgeborenen« und »Geisteschristen«, der »Kinder der oberen Mutter«. Die Gründer der Gemeinde baten den Württembergischen König um Dispensierung vom Militärdienst (was verweigert wurde) und vom Eid (was bis heute Privileg der Bürgergemeinde Korntal ist). Nach längeren Verhandlungen – »im ganzen wurde 17mal scribiert und rescribiert«[3] – erfolgte die Gründung der Gemeinde am 1. Oktober 1818 durch königlichen Entscheid. Alsbald machte sich Widerstand gegen die Neugründung bemerkbar, die man wohl am besten als eine Art Republica pietistica innerhalb des Königreiches Württemberg bezeichnen könnte. So wurde sie aber von der damaligen Umwelt nicht verstanden. Man beschimpfte die Korntaler als »Separatisten«,

---

1. J. Hesse, Korntal einst und jetzt, 6. Weitere benutzte Literatur: F. Grünzweig, Die Ev. Brüdergemeinde Korntal; G. Würth, Das Gewerbe in Korntal; J. Daur, Die Güterkaufsgesellschaft in Korntal; H. Lorenz (Hg), Heimatbuch der Stadt Korntal; Th. Steimle, Die wirtschaftliche und soziale Entwicklung der württembergischen Brüdergemeinden.
2. »Verfassungsconcept einer wahren Gemeinde nach Herzensverfassung von J. M. Hahn aufgesetzt im J. 1817«, in: J. M. Hahns Werke, Bd. XIII, 2. Abtl., 257ff; J. Hesse, 28, 225.
3. J. Hesse, 16.

»Narren«, »Schwärmer«, »Juden« und »Jesuiten« und verglich ihren Gottesdienst mit dem »Kälberdienst des Jerobeam«[4]. Die Korntaler Gemeinde lebte in einer ausgeprägten *Naherwartung*[5]. Sie erwartete die unmittelbare Wiederkunft Jesu in den Wolken des Himmels. »Allen bei der Gründung Korntals Beteiligten stand es unumstößlich fest, daß, wie Bengel ausgerechnet hatte, im Jahre 1836 Christus in Herrlichkeit erscheinen werde zur Aufrichtung des Tausendjährigen Reiches, dreieinhalb Jahre vorher aber die Herrschaft des Antichristen beginnen und den Gläubigen schwere Verfolgungen bringen werde. Manche seiner Voraussagungen hatten sich ja während der französischen Revolution und der napoleonischen Gewaltherrschaft erfüllt. Er hatte zum Beispiel gesagt, daß das römische Kaisertum ums Jahr 1800 aufhören und der Kirchenstaat 1809 oder 1810 aufgehoben werde. Beides war eingetroffen.«[6] Mit Bengel, Hahn und den übrigen Altpietisten glaubte G. W. Hoffmann, der erste Gemeindeleiter der Korntaler, fest an diesen Termin. Noch im Jahre 1832 hatte er einmal zu einem Bruder gesagt, der – ein Heft zusammenstechend – meinte, der Faden sei nicht mehr stark: »Er braucht ja bloß noch dreieinhalb Jahre zu halten!«[7]

In Napoleon wurde der Antichrist, der Apollyon der Offenbarung (9, 11) gesehen[8], die damals aufkommende Lautiermethode beim Lesenlernen, die Pestalozzischen Erziehungsgrundsätze wurden als Vorläufer des Antichristen erkannt[9]. Beim Pflügen wurde der Kittel am Ostende des Ackers niedergelegt, um bei der Wiederkunft Jesu nicht erst nach Westen zurückeilen zu müssen. Jahrelang stand eine Jerusalem-Kutsche bereit, um die Alten und Schwachen auf die Fahrt Jesum entgegen mitzunehmen. Die Kinder wurden beim Schlafen angehalten, die linke Hand auf die Stirne zu drücken und die rechte unter das Deckbett zu stecken, damit der Antichrist nicht sein Malzeichen während der Nacht darauf drücke[10].

Wer aber nun glaubt, diese Naherwartung hätte die Korntaler zu weltfremden Apokalyptikern gemacht und in ihrer Arbeit gelähmt, der täuscht sich. Im Gegenteil, wie in der neutestamentlichen Gemeinde die apokalyptischen Theorien mitverantwortlich für die

---

4. Quellen bei J. Hesse, 20.
5. F. Grünzweig, 24.
6. J. Hesse, 23.
7. Chr. Hoffmann, Mein Weg nach Jerusalem I, 26; zit. J. Hesse, 23.
8. J. Hesse, 24; F. Grünzweig, 23.
9. Th. Steimle, 19f; J. Hesse, 25.
10. J. Hesse, 25.

Mission der jungen Christengemeinde waren, so ist der Aufbau Korntals und Wilhelmsdorfs (einer Filialgemeinde von Korntal) ein eindrückliches Beispiel der Entwicklung des ganzen Menschen auf der Grundlage eines handfesten, eschatologisch ausgerichteten, missionarisch bewegten Pietismus. »Wir warten, beten und bereiten uns vor, wie wenn der Herr morgen käme, aber wir bauen, pflanzen und wirken auf Erden, wie wenn es noch tausend Jahre so fort ginge.«[11]

Der Parusiemythos machte den Korntalern Mut zu einem erstaunlichen »paradigm shift«, zum Wagnis eines beinahe utopischen urchristlichen Kommunismus auf Gemeindegrundlage. Die Gütergemeinschaft sollte, soviel es möglich ist (man beachte die pragmatische Einschränkung!), durchgeführt werden[12]. Dazu wurde die sogenannte Güterkaufsgesellschaft gegründet, der der landwirtschaftlich nutzbare Boden außer den Weinbergen gehörte. Es handelte sich hier um Übernahme und kritische Rezeption des altisraelitischen und altgermanischen Bodenrechtes, das den Privatbesitz an Grund und Boden stark reduziert[13]. »Freies Privateigentum an Grund und Boden gab es nicht. Jeder bekam Grundstücke gegen Bezahlung eines Übernahmepreises nach Bedarf zugeteilt und mußte sie beim Wegzug aus der Gemeinde zum Anschlagspreis wieder zurückgeben.«[14] Bodenspekulation war unmöglich. »Wer mehr als seinen Bedarf an Gütern übernommen hatte, war verpflichtet, den Überschuß ohne Vergütung für Verbesserungen zum Anschlagspreise an die Güterkaufsgesellschaft zurückzugeben. Übernahm diese Güter nicht ein anderes Mitglied, so war die Gemeinde zur Übernahme verpflichtet.«[15] »Es hat keiner seine Liegenschaft mit Ausnahme der Weinberge als eigen zu betrachten«, heißt es kurz und bündig im Protokoll der Güterkaufsgesellschaft vom 18. 1. 1859[16]. Ebenso stellt die Gemeindeordnung fest: »Grundstücke, deren Selbstbewirtschaftung nicht nur vorübergehend eingestellt wird, sind gegen Bezahlung des Anschlages zurück-

---

11. Pfr. Johann Jakob Friederich (1759–1827), zit. nach J. Hesse, Korntal, einst und jetzt, 44.
12. G. W. Hoffmann, Fortgesetzte Nachrichten von der Gemeinde Korntal 1820–1830, 246, zit. Th. Steimle, 114; J. Daur, 20.
13. J. Daur, 19ff.
14. Th. Steimle, 131.
15. Th. Steimle, 140.
16. Protokoll der Güterkaufsgesellschaft Korntal, Bd. 1–3, 1846–1928, Bd. 1, 83ff, 18. 1. 1859; zit. Th. Steimle, 161; diese und die folgenden Bestimmungen sind schon im »Königlichen Privilegium vom 22. 8. 1819« niedergelegt (abgedruckt bei J. Hesse, 195ff und bei J. Daur, 50ff).

zugeben, sofern sie nicht später von Kindern übernommen werden sollen oder im Einzelfalle eine Ausnahme gestattet wird.«[17] Zum Korntaler Pietismus gehörte eine planwirtschaftliche Regulierung des Gewerbes[18], die so weit ging, daß niemand einem Bettler oder Hausierer etwas in seinem Hause verabreichen durfte[19] – dies war Aufgabe der Gemeinde –, daß Übernachtungen von Fremden gemeldet werden mußten[20], daß Aufnahme von Geldern und Bürgschaften der Erlaubnis des Gemeinderates bedurften[21]. Die Errichtung neuer Gewerbe, ja sogar die Übertragung einer Schuhmacherwerkstätte auf einen Nachfolger war bewilligungspflichtig[22]. Die Vermögenslage jedes einzelnen wurde laufend kontrolliert.»Mitglieder, bei denen eine Vermögensverschlechterung eintritt, sollen vom Vorsteher darüber gehört und es soll untersucht werden, ›wo der Fehler stecke, solchem möglichst abgeholfen und auf diese Art ein Gant[23] in der Gemeinde für immer verhütet‹ werden.«[24] »Selbst auf dem Friedhof sollte die brüderliche Ordnung gelten: Es ist nur *eine* Art von Grabsteinen, schlichte, schräg gestellte Platten, zugelassen.«[25]

Theologisch standen die Korntaler auf der Grundlage der Augsburgischen Konfession, allerdings mit wichtigen Einschränkungen. Bekanntlich haben die meisten Artikel der Augsburgischen Konfession den Zusatz, daß alle Andersdenkenden als Ketzer »verdammt« werden. Diesen Zusatz, erklärte die Gemeinde, könne sie sich nicht aneignen, weil sie »allen Religionshaß als dem Sinn Christi schlechterdings zuwider verabscheut und alle Kinder Gottes, sie seien in welcher christlichen Religionsverfassung sie wollen, für ihre Brüder erkennt, ja *alle Menschen als Miterlöste* aufrichtig lieben will«[26].

Besonders wichtig war für die Korntaler die Hoffnung auf das Tausendjährige Gottesreich (das zwar transzendental, aber nicht jenseitig verstanden wurde) und die Möglichkeit der Wiederbrin-

---

17. Aus der Gemeindeordnung Korntal, § 18, zit. Th. Steimle, 92–93.
18. Th. Steimle, 86.
19. Aus der Gemeindeordnung Korntal, § 9, zit. Th. Steimle, 90.
20. Aus der Gemeindeordnung Korntal, § 8, zit. Th. Steimle, 90.
21. Aus der Gemeindeordnung Korntal, § 18, zit. Th. Steimle, 92f; Königliches Privilegium, § 21, zit. J. Hesse, 199.
22. Aus der Gemeindeordnung Korntal, § 18, zit. Th. Steimle, 90.
23. Aus der Gemeindeordnung Korntal, § 18, zit. Th. Steimle, 92f.
24. Gant, alemannisch für Pfändung.
25. F. Grünzweig, 51.
26. Verfassungskonzept einer wahren Gemeinde (vgl Anm. 2), zit. J. Hesse, 212. Das Glaubensbekenntnis der Gemeinde bei M. S. C. Kapff, Die württ. Brüdergemeinden, 71ff und bei J. Hesse, 202–212. Kommentare bei J. Hesse, 32–35, 212 und bei J. Daur, 48, 50.

gung aller Dinge (oder Allversöhnung); diese Punkte wollte man im Gegensatz zum Augsburgischen Bekenntnis nicht verdammen[27]. Auch in bezug auf die Trinitätslehre wollte man vorsichtiger sein als das Augsburgische Bekenntnis, denn der Begriff »Personen« in der Lehre der Dreieinigkeit ist »ein sich der Sache bloß nähernder Ausdruck . . ., bei dem man sich nicht das denkt, was man sich sonst bei menschlichen Personen vorstellt«[28]. Modern gesprochen haben wir es hier mit einem dialogischen und ganzheitlichen Missionsverständnis zu tun. Man bedenke, man will alle Menschen als Miterlöste lieben. Diese dialogische Offenheit aber lähmte die Mission nicht, sondern beflügelte sie. Kaum eine Gemeinde im süddeutschen Raum hat so viele Missionare wie Korntal hervorgebracht[29]. Das ist folgerichtig. Die Gemeinde will alle Menschen – auch die Inder, die Ungläubigen, die Heiden – als Miterlöste lieben. Das bedeutet zweierlei. Alle Menschen zu *lieben* schließt ein, daß die Gemeinde das Wichtigste, was sie hat, nämlich das Evangelium, mit ihnen teilt. Daher das große Missionsinteresse. Alle Menschen als *Miterlöste* lieben bedeutet aber auch, daß die Menschen nicht Missionsobjekte, potentielle Christen oder gar Kirchenmitglieder sind, sondern als Miterlöste angenommen werden. Gerade darum darf ihnen das Evangelium verkündigt werden. Gerade darum aber muß dies in dialogischer Form geschehen, denn sie sind ja Miterlöste.

13.2 Aus der Wirkungsgeschichte

Man ist vielleicht geneigt, dies als eine Episode im süddeutschen Pietismus zu betrachten. Immerhin, es war eine Episode von weitreichender Bedeutung. Das läßt sich an einem kurzen Überblick über die Wirkungsgeschichte Korntals nachweisen. Da ist zum ersten einmal der Einfluß Korntals auf die Basler Mission. Der erste Korntaler Gemeindevorsteher, G. W. Hoffmann, war ein regelmäßiger Redner auf den ersten Missionsfesten der Basler Mission. Sein Sohn war lange Jahre Inspektor der Basler Mission und Lehrer der Theologie am Missionshaus. Pfarrer Staudt, ein weiterer Gemeinde-

---

27. F. Grünzweig, 38.
28. Glaubensbekenntnis der Gemeinde, Zusatz zu Art I; J. Hesse, 33.
29. Staudt, Joh. Hesse, Hartenstein, Wilhelm Keller, Hermann Maurer, Eduard Wüst, Joachim Müller, Hans Brandenburg, Samuel Hebich, Ludwig Krapf, Joh. Rebmann, Karl Wilhelm Isenberg, Friedrich Traub, Martin Flad (Grünzweig, 56ff).

vorsteher von Korntal, war theologischer Lehrer im Basler Missionshaus. In der Tat, die lange Liste der Basler Missionare und leitenden Persönlichkeiten in der Basler Mission, die aus Korntal kamen, kann hier gar nicht vollständig erwähnt werden. Ferner sind bedeutende christliche Persönlichkeiten, bei denen der Korntaler Dreiklang (Eschatologie, Wirtschaftserneuerung, dialogische Mission) eine dominierende Rolle spielte, entscheidend von Korntal geprägt worden. Ich erwähne nur den nach den USA ausgewanderten Theologen Philipp Schaff[30], die beiden Blumhardt[31] und den Mitbegründer der CDU sowie Erziehungsminister Württembergs, Wilhelm Simpfendörfer[32]. Man könnte den Kreis noch weiter ziehen über die Blumhardts zu Leonhard Ragaz, Emil Brunner, Arthur Rich und Karl Barth.

Und schließlich führt ein Weg von Korntal nach Montagnola zu Hermann Hesse. Hermann Hesses eigenständige Weltfrömmigkeit, seine Offenheit für die Religionen Indiens, der Primat des Lebens vor der Lehre – all dies und vieles andere läßt sich unschwer als Impuls aus Korntal erkennen, denn Hesses Vater und Großvater waren Missionare der Basler Mission und stammten aus Korntal. Johannes Hesse, sein Vater, war langjähriger Gemeindevorsteher in Korntal und ist bis heute der beste Historiker der Gemeinde gewesen.

Bevor wir die Wirkungsgeschichte Korntals weiter untersuchen, müssen wir kurz fragen, was aus den missionarischen Impulsen in Korntal selber geworden ist. Die Korntaler haben spätestens seit 1919 gemerkt, daß »die mit Ernst Christ sein wollen«, wirtschaftlich und politisch nicht autonom bleiben können. Die Republica pietistica, die Güterkaufsgenossenschaft nach Korntaler Art, funktioniert nur in einer ruralen Gesellschaft. Insbesondere erwies es sich als unmöglich, den christlichen Kommunismus zusammen mit den Äckern seinen Kindern zu vererben. Nach Statuten hätten die Kinder, die nicht im Rahmen des Korntaler Pietismus leben wollten und die Grundstücke von ihren Eltern geerbt hatten, diese zum Anschlagspreis zurückgeben sollen. Dagegen wehrten sie sich. So verwandelte sich die Güterkaufsgenossenschaft mehr und mehr in eine Gesellschaft, die äußerst wertvolle Liegenschaften in unmittel-

---

30. J. Hesse, 148.
31. Vgl besonders Christoph Blumhardts Briefe an seinen Schwiegersohn, den Sinologen und Chinamissionar Richard Wilhelm: A. Rich (Hg), Christoph Blumhardt, Christus in der Welt. Briefe an Richard Wilhelm.
32. Aus den gleichen Gründen, aus denen er die CDU gründete, schied er im Alter aus der Partei aus.

barer Nähe zur Stadt Stuttgart besaß, diese aber nicht mehr nach ihren eigenen Prinzipien verwalten und nutzen konnte. Es gibt sogar Beobachter, die in der Güterkaufsgesellschaft das Hindernis für eine die politische Stadt Korntal einschließende Güterumlegung sehen. Was tut die jetzige Korntaler Gemeinde? Sie sieht sich mehr und mehr auf den religiösen Bereich zurückgedrängt. Hatte der Gemeindevorsteher Johannes Daur 1919 den Ertrag seiner Schriftstellerei noch der Kleinkinderpflege zufließen lassen (damals, 1919, eine geradezu revolutionäre Tat), so bestimmte Pfarrer Grünzweig 1957 den Erlös seines Buches über die Brüdergemeinde Korntal »zur Beschaffung einer neuen Orgel und eines neuen Gestühls für den Gottesdienstraum der Evangelischen Brüdergemeinde Korntal«[33]. Er sieht heute in der Güterkaufsgesellschaft eine »Not«, »eine offene Wunde« und »einen Septimen-Akkord, der nach seiner Auflösung schreit«[34]. Mit anderen Worten: Grünzweig, einer der Führer der Sammlungsbewegung in Württemberg, weicht in Erbaulichkeiten aus.

Alternativen sind allerdings nicht leicht zu finden. Zum ersten wäre einmal festzustellen, daß möglicherweise christlich-kommunistische Siedlungen nach dem Vorbild Korntals nur für eine, höchstens zwei Generationen Lebensdauer haben oder dann – nach dem Vorbild der katholischen Kirche – entweder in zölibatären Lebensformen oder in funktionalen Genossenschaften institutionalisiert werden müssen. Die Erben des Korntaler Pietismus haben die Übersetzung der Impulse aus dem Parusiemythos aus dem Rahmen einer ruralen und überschaubaren Gemeinde des 19. Jahrhunderts in Gemeinschafts- und Dialogformen der Gegenwart nicht geschafft. Im Gegenteil, sie beschimpfen und verurteilen diejenigen, die das ursprüngliche Anliegen der Korntaler Väter in veränderter Situation ernst nehmen, wie zum Beispiel der Ökumenische Rat der Kirchen, die Basler Mission[35] und die Lausanner Evangelisationskonferenz[36].

Diese Bemühungen, zusammen mit den wichtigen Arbeiten der theologischen Sozialethik, sind nicht zu unterschätzen. Allen aber fehlt der Zukunftsmythos. Selbst dem Pietismus ist die Eschatologie abhanden gekommen, trotz allem Blättern in der Offenbarung

---

33. F. Grünzweig, 4; J. Daur, Titelblatt.
34. F. Grünzweig, 185; vgl auch J. Daur, 45.
35. Vgl dazu zB W. Keller, Zur Freiheit berufen, und K. Rennstich, Mission und wirtschaftliche Entwicklung.
36. Oben, S. 40f.

Johannis und dem Buche Daniel. Zu diesem Urteil bin ich auf Grund ausgedehnter Studien der modernen, pietistischen und evangelikalen Endzeitliteratur und der Arbeit mit Doktoranden aus der Adventistenkirche gekommen. Weder Eschatologie noch Apokalyptik findet man hier. Die Endzeitberechnungen sind im Gegensatz zu Korntal völlig irrelevant für Theologie und Ethik der betreffenden Gruppierungen, von der Wirtschaftspolitik überhaupt nicht zu sprechen. Schon eher findet man solche Zusammenhänge bei den unabhängigen afrikanischen Kirchen und den synkretistischen Sekten Afrikas.

Das Fehlen einer eigentlichen Hoffnungsvision für diese von Gott geliebte Welt samt ihrer Wirtschaft – in Korntal ausgedrückt durch die Erwartung des Tausendjährigen Gottesreiches – scheint mir, ist einer der Gründe, warum dieses Vakuum durch säkulare apokalyptische Mythen ausgefüllt wurde. So wie die biblischen apokalyptischen Hoffnungen nicht der Phantasie der biblischen Seher entsprangen, sondern kritische Verarbeitungen *damaliger* Zukunftsmythen waren, so ist heute von den Christen die kritische Verarbeitung heutiger Zukunftsmythen gefordert. Diesem Thema wenden wir uns im nächsten Kapitel zu.

14. Wirtschaftsmythen der Gegenwart

Im folgenden gehe ich das Risiko ein, komplizierte Wirtschaftstheorien auf ihre mythische Grundstruktur zu reduzieren[1]. Beide Wirtschaftsmythen der Gegenwart, der marktwirtschaftliche und der

---

1. Zur Literatur vgl außer den Fußnoten in diesem und im folgenden Kapitel: A. Dumas, Théologie politique et vie de l'église; Ch. Elliot, Patterns of Poverty in the Third World; ders., Inflation and the Compromised Church; J. Ellul, La technique ou l'enjeu du siècle; E. Eppler, Wenig Zeit für die Dritte Welt; ders., Maßstäbe für eine humane Gesellschaft; ders., Ende oder Wende; J. K. Galbraith, Money; A. Th. van Leeuwen, Revolution als Hoffnung; S. R. Parker et al., The Sociology of Industry; die Arbeiten von A. Rich (vgl Literaturverzeichnis), besonders auch die Festschrift Rich und die Dissertation von H. Tonks über Richs sozialethischen Ansatz und seine Applikation in England (Faith, Hope and Decision-Making); P. K. Schneider, Wirtschaftliche Entwicklung und sozialer Wandel; M. Stockwood, The Cross and the Sickle; H. E. Tödt, Das Angebot des Lebens; R. Veller, Dialog zwischen Kirche und Wirtschaft; T. Schroyer, The Critique of Domination; F. Wilken, Das Kapital; J. P. Wogaman, Christians and the Great Economic Debate; H. F. R. Catherwood, The Christian in Industrial Society.
Aus der Arbeit des Ökumenischen Rates ist zu erwähnen: Genf 1966 (deutsch und englisch); D. Munby (Hg), Economic Growth in World Perspective; K.-M.

zentralplanwirtschaftliche glauben (glauben!), daß sich am Ende alles zum Guten wenden wird. Es sind also im Grunde Zukunftsvisionen, die uns – wie die Korntaler – dazu inspirieren sollen, ihre Anweisungen ernstzunehmen. Zum Guten soll sich alles wenden im Falle des marktwirtschaftlichen Mythos wegen der dem Wirtschaftsgeschehen inhärenten Harmonie, im Falle des planwirtschaftlichen Mythos, weil das Proletariat, einmal an die Macht gekommen, nicht seine eigenen, sondern die Interessen der gesamten Menschheit verfolgen wird. Ich habe die beiden Wirtschaftstheorien Mythen und ihre Akteure Priester genannt. Sie werden mich gewiß kritisieren, weil ich ihre Sprache nicht so gebrauche, wie sie in ihren Liturgien vorgesehen ist. Sie werden sagen: Schuster bleib bei deinem Leisten!, so wie der deutsche Kaiser weiland die Pfarrer aufforderte:»*Die Herren Pastoren sollen sich um die Seelen ihrer Gemeinden kümmern.*«[2]
Dazu ist nun allerdings zu sagen, daß es mir gerade um die Seelen geht. »*Was hülfe es dem Menschen, wenn er die ganze Welt gewönne, nähme aber Schaden an seiner Seele?*« *(Mark. 8,36) Es ist von den hier erwähnten Mythen schon genug Schaden an den Seelen angerichtet worden. Zudem bin ich mit gutem Grund der Meinung, daß die Theologie nur Theologie des Volkes Gottes werden kann, wenn alle denkenden Glieder des Volkes Gottes an der theologischen Arbeit teilnehmen. Ähnliches gilt von den Wirtschaftstheorien. Die Mythen der Wirtschaft sollen Bestandteil unserer Allgemeinbildung werden, damit wir Entscheidungen auf Grund von Wissen und nicht auf Grund von Angst treffen. Da aber die Priester der Wirtschaftsmythen (nicht nur der kapitalistischen) bis jetzt kaum in ein allgemein verständliches Gespräch über den Umgang mit ihren Mythen eingetreten sind, will ich es hier stellvertretenderweise versuchen.*

Beckmann (Hg), Wissenschaft, Glaube und die Zukunft des Menschen; Faith, Science and the Future; M. Lindquist, Economic Growth.
Zum Verständnis des Marxismus verweise ich auf die oben (S. 134f) im Zusammenhang mit der materialistischen Exegese zitierten Autoren, sowie auf die in den folgenden Anmerkungen und in ITh I, 52ff und 267ff erwähnten Werke. Dazu ist noch zu verzeichnen: J. Carmichael, Trotzki; M. Curtis (Hg), Marxism; M. Desai, Marxian Economic Theory; R. Garaudy, Le marxisme; G. Girardi, Marxism and Christianity; P. Heblethwaite, The Christian-Marxist Dialogue and Beyond; A. Künzli, Karl Marx. Eine Psychographie; A. Th. van Leeuwen, Critique of Heaven and Earth; D. McLellan, Karl Marx; J. P. Miranda, Marx and the Bible; E. E. Smith, Der junge Stalin; L. Trotzki, Der junge Lenin; B. Wielenga, Lenins Weg zur Revolution; B. D. Wolfe, Lenin, Trotzki, Stalin; I. Fetscher, Der Marxismus (3 Bde).
2. Zit. in: W. Kreck, Grundfragen christlicher Ethik, 254.

14.1 Einführung in eine zeitgenössische Mythologie

An die Stelle der apokalyptischen Mythen der Offenbarung des Johannes und des Buches Daniel sind heute zwei andere Mythen getreten. Sie orten, deuten und richten heutiges Wirtschaftsgeschehen. Es sind der kapitalistische Mythos von der »unsichtbaren Hand« und der kommunistische Mythos vom Klassenkampf.

Die Priester des kapitalistischen Mythos sind die Unternehmer (und in einer entwickelteren Form die Manager), diejenigen des kommunistischen Mythos die Agitatoren (und in einer entwickelteren Form die Parteibürokraten). Die Ikonen des ersten Mythos erscheinen als Leuchtreklamen oder als Werbespots im Fernsehen, diejenigen des kommunistischen Mythos als tiefrote Spruchbänder an Fabrikportalen oder als übermenschliche Heiligenbilder ihrer Gründer. Oberflächlich gesehen haben es die Kapitalisten auf unser Geld, die Kommunisten auf unsere Seele abgesehen[3]. Im Endeffekt aber wollen beide beides, jedenfalls in ihrer idealtypischen Gestalt.

Beide Mythen haben ihre Heiligtümer, die sich peinlicherweise nicht unähnlich sind: Die 41 Wirtschaftsministerien in Moskau[4], die »Kathedrale« von Whitehall in London, die Tempel der Versicherungen und Banken an der Wallstreet in New York. Diese in Stein errichteten »Bilder« sind nicht nur – wie G. Weisser meint[5] – Mitteilungs- und Anregungsmittel. Sie sind »konkreter, betonierter Mythos«. Sie garantieren die Aufrechterhaltung und Durchsetzung ihres Mythos durch Liturgie und Anrufung einer Instanz jenseits von Erfahrung und Logik[6]. Folgerichtig gibt es in diesen Tempeln Vorhöfe, Heiliges und Allerheiligstes. Zum Vorhof haben wir alle Zutritt, zum Heiligen nur die Priester, zum Allerheiligsten (meist in der obersten Etage oder tief in der Erde versteckt) die Hohepriester und ihre Vertrauten. Hohepriester und Priester – ob in Moskau oder in Zürich – sprechen eine Geheimsprache und schreiben eine Geheimschrift.

Die Heiligtümer sind nach dem Vorbild der großen Tempel der Vergangenheit gebaut. Man unterhält sich in ihnen im Flüsterton, denn man ist in der Gegenwart eines dem gewöhnlich Sterblichen unzugänglichen Numinosen.

---

3. P. Berger, Pyramids of Sacrifice, 49f.
4. O. Šik, Argumente, 41.
5. G. Weisser, Glaubensgewißheit und heutige Wertens- und Erkenntniskritik, 123.
6. T. S. Kuhn, unten, S. 217.

Selbstverständlich gibt es auch Opfer in diesen Tempeln. Die Opfer sind diejenigen, die die Geheimsprache nicht verstehen und die Geheimschrift nicht lesen können. Die Nichtinitiierten vermuten, eben weil sie nicht verstehen, was die Priester verhandeln, daß beide Mythen ihnen nach dem Leben trachten. Sie können die relative Gültigkeit der Mythen nicht abschätzen. Was man nicht versteht, flößt Angst ein. Angstabbau durch besseres Verständnis der Mythen ist das erste Ziel dieser Einführung in die heutige Mythologie. Die Prüfung heutiger Mythen wird dem gewöhnlichen Zeitungsleser unnötig schwer gemacht. Er versteht die Geheimsprache des Handelsteiles seines Leibblattes kaum. Zwar werden wir in der Schule in die Mythen der Griechen und Germanen eingeführt, nicht aber in diejenigen unserer eigenen Gesellschaft. Die Verwirrung vieler Bürger, inklusive vieler Akademiker und Pfarrer, ist darum verständlich. Sie fühlen sich von einem der wichtigsten Entscheidungsgebiete ausgeschlossen. »Was hilft es, wenn die Produktion wächst, den Menschen selber aber dieses Wachstum gleichgültig ist? Die Menschen müssen die Möglichkeit haben, das Wachstumstempo der Produktivkräfte wirklich zu beurteilen. Sie müssen wissen und verstehen, wie es gemessen und ausgedrückt wird, sie müssen entscheiden können, ob es schneller oder langsamer wachsen soll, und sie müssen die Alternativen verstehen können.«[7]

Stimmbürger, die es für ihre Pflicht halten, Differenzen und Parallelen der marxistischen, sozialistischen, liberalen und konservativen Mythen einigermaßen zu verstehen, die sich ein Bild zu machen versuchen über die wichtigsten theoretischen Optionen im Gebiet der Handels-, Finanz- und Wirtschaftspolitik, können sich lediglich auf ihre Intuition verlassen, wenn es zum Beispiel um Begriffe wie Kapitalismus oder Kommunismus, Inflation oder Deflation, Goldstandard oder den Internationalen Währungsfonds, den Eurodollar oder das grüne Pfund, die Währungsschlange der Europäischen Gemeinschaft oder die Geldpolitik der Schweizerischen Nationalbank geht. Dabei sind die Entscheidungen, die im Zusammenhang mit diesen Institutionen und Begriffen stehen, wichtiger als diejenigen, die uns die Politiker vorlegen.

Viele wissen lediglich, daß der Kapitalismus etwas Böses ist, daß aber der Kommunismus noch schlimmer ist. Andere ahnen, daß Proletarier (vor allem gewerkschaftlich organisierte) gefährlich sind. Noch gefährlicher aber ist der Klassenkampf. Dazu kommt, daß im

7. O. Šik, Der dritte Weg, 124.

Wahlkampf der Politiker diese Schwächen der Stimmbürger ungehörig ausgenützt werden. Wie sonst wäre es möglich, daß ein nichtssagender Slogan wie »Freiheit oder Sozialismus« in der Bundesrepublik, die Polemik des »Trumpf-Buur« in der Schweiz[8] oder auch die Verteufelung jeglichen Profits der Banken, Handels- und Industrieunternehmen in England überhaupt Aussicht hat, ernstgenommen zu werden?

Dabei fehlt es nicht an gut informierenden Einführungen zur Beurteilung wirtschaftlicher Mechanismen. Jedoch werden diese Schriften hauptsächlich von den schon Informierten gelesen. Es handelt sich hier um eine Parallele zum oben verhandelten theologischen Analphabetismus in der Kirche[9].

Ferner haben wir oft Mühe, uns einzugestehen, daß mehr noch als in den Glaubensaussagen der Kirche, die Mythen der Wirtschaft vorgeben, einen reinen Tatbestand auszudrücken, während sie eben gleichzeitig eine *Deutung, eine Wertung* und *eine Prophetie* mitliefern. *Eine reine Tatsachenbeschreibung gibt es nicht*, weder in den Naturwissenschaften, noch in der Theologie, noch in den Wirtschaftswissenschaften, wie Th. S. Kuhn und andere unverdächtige Forscher gezeigt haben[10].

Das kann nicht anders sein. Fakten, auch wirtschaftliche Fakten, sagen an und für sich so wenig aus wie die Information, daß zu einer

---

8. Der »Trumpf-Buur« polemisiert im Rahmen des »typisch schweizerischen Freiheitsideals« gegen kirchliche und sozialethische Verlautbarungen und gegen alles, was ihm nach Sozialismus riecht. Die Gründer und Geldgeber dieser Inseratenkampagne kamen aus jenem Lager, das auf dem Höhepunkt der nationalsozialistischen Gewaltherrschaft eine Eingabe an den Bundesrat richtete (die sog. Eingabe der Zweihundert, vgl G. Waeger, Die Sündenböcke der Schweiz, vor allem 254ff, wo Text und Unterzeichnerliste abgedruckt sind), in der sie eine schärfere Zensur der Presse forderten. Insbesondere kritisierten sie Robert Grimm, weil er »in verantwortungsloser und vergiftender Kampfweise« geschrieben hatte: »Diese Diktaturen stellen in ihrer Gesamtheit einen Rückfall in die Barbarei dar.« Sie forderten aber selbstverständlich keine Zensur der unflätigen Frontistenliteratur jener Zeit (dazu im einzelnen W. Wolf, Faschismus in der Schweiz).

Die Neue Zürcher Zeitung bezeichnete die Aktion als Teil einer »geistig-politischen Anpassungsoperation großen Stils« (zit. A. Meyer, Anpassung oder Widerstand, 162). Alice Meyer kommentiert: »Man weiß nicht, was man dabei denken soll, daß ausgerechnet diejenigen Leute, die zur gleichen Zeit eine bösartige Diffamierungskampagne gegen die eigenen Landsleute und die eigene Presse vorbereiteten, mit einem der gefährlichsten nationalsozialistischen Agenten ›im Einverständnis mit den schweizerischen Behörden Besprechungen über die schweizerische Presse pflogen‹« (Meyer, aaO, 165).

9. Oben, S. 60, S. 99, S. 113, S. 149.

10. Oben, S. 72 und unten, S. 217.

bestimmten Zeit ein Zimmermann namens Jesus von Nazareth eine
Anzahl Jünger berief und an einem Kreuz starb. Erst die aus dem
Ostererlebnis herausgewachsene Deutung gibt diesem Leben Jesu
seine Einmaligkeit, seinen Sinn und sein Gewicht. Selbstverständlich kann die Deutung nicht im flagranten Widerspruch zum
»Fleisch gewordenen Wort«, zum historischen Geschehen »Jesus
von Nazareth« stehen. Darum gibt es falsche Aussagen über Jesus
von Nazareth, falsche Christologien[11], zum Beispiel, wenn dieser
Jesus von Nazareth mit einem indischen Buddha, mit einem afrikanischen Messias oder mit einem europäischen Helden identifiziert
wird. Andererseits muß jede Kultur diesen Jesus von Nazareth mit
dem ihr zur Verfügung stehenden Vokabular in seiner Fremdheit
und in seiner Nähe zum Menschen beschreiben. Darum gibt es
verschiedene Christologien in verschiedenen Kulturen. Darum aber
gibt es auch verschiedene Wirtschaftsmythen zu verschiedenen
Zeiten und in verschiedenen Kulturen. Und darum braucht es nicht
nur eine interkulturelle Theologie, sondern auch eine interkulturelle
Wirtschaftstheorie, wovon wir allerdings noch weit entfernt sind.
Unsere Wirtschaftstheoretiker (aller Schulen) benehmen sich in
dieser Hinsicht eindeutig monokultureller als selbst die Missionare
der christlichen Kirche.

Angewandt auf unsere beiden Mythen heißt dies: Die Tatsache,
daß verschiedene Unternehmer miteinander konkurrieren, ist noch
kein Wirtschaftsmythos. Wenn aber diese Konkurrenz als die
bestimmende Bedingung, eine Notwendigkeit zur Erreichung des
»bien commun«, des Allgemeinwohls, deklariert wird, erscheint der
Konkurrenzkampf als eine Deutungskategorie, als ein aus den
Tatsachen allein nicht ableitbarer Mythos. Die Bezeichnung des
Spiels von Angebot und Nachfrage als eines lebens- und gesell-
schaftserhaltenden notwendigen Phänomens ist ein Mythos. Die
Frage zu klären, ob es ein wahrer Mythos ist im Sinne der erwähnten
Kategorien, ist unsere nächste Aufgabe.

Gleicherweise ist zu sagen: Daß die Arbeitnehmer andere Inter-
essen als die Arbeitgeber vertreten, ist eine täglich zu beobachtende
Tatsache. Daß aber dieses Verhalten das treibende Motiv aller
Geschichte ist, sozusagen von Adam und Eva bis heute, und daß
dieses Verhalten, jetzt Klassenkampf genannt, *notwendigerweise* zur
Errichtung der klassenlosen Gesellschaft führen wird, das ist eine
Deutung dieses Phänomens, die nur im Rahmen einer bestimmten
Mythologie, in diesem Falle der marxistischen, möglich ist.

---

11. Oben, S. 161.

14.2 Der kapitalistische Mythos

Wenn der Begriff »Kapitalismus« ein Wirtschaftssystem bezeichnet, in welchem Kapital in Industrie- und Handelsbetrieben, in Verkehrs- und Verteilsystemen investiert werden muß und in dem von solchen Investitionen ein Gewinn erwartet wird, ist jedes Wirtschaftssystem ein kapitalistisches. Keine Wirtschaft, auch nicht die sowjetische oder chinesische, kann ohne Gewinn funktionieren. Der Grund ist einfach: Fabriken, Transportsysteme und Läden müssen erneuert, verbessert, modernisiert werden. Die Arbeit und die Güter, die für diese Erneuerung gebraucht werden, müssen aus dem erwirtschafteten Gewinn bezahlt werden. Darum braucht jeder Betrieb – ob im Westen oder im Osten – Reserven, die aus dem Gewinn gespeist werden. Wenn das investierte Kapitel auf die Länge keinen Gewinn abwirft, so können die betreffenden Unternehmen nicht erneuert werden. Sie veralten und werden konkurrenzunfähig. Eine Zeitlang können sie, wie zum Beispiel die britische Automobilfabrik British Leyland, durch staatliche Hilfe über Wasser gehalten werden. Aber auch diese staatliche Hilfe ist nur möglich, wenn andere Betriebe Gewinn erwirtschaften und so genügend Steueraufkommen beitragen. Die Funktion der Staatshilfe ist daher lediglich, British Leyland soweit zu sanieren, daß der Betrieb wieder auf eine gewinnbringende Grundlage gestellt werden kann. Gelingt dies nicht, so muß er seine Tore schließen. Die Folge ist Massenarbeitslosigkeit[12].

Da jede moderne Wirtschaft Kapitalwirtschaft ist, ziehe ich für das, was hier gemeint ist, den Begriff *Marktwirtschaft* vor. In ihrer idealtypischen Gestalt – die heute jedenfalls in Europa und in den Vereinigten Staaten von Amerika ausgestorben ist[13] – funktioniert sie ausschließlich nach dem Prinzip von Angebot und Nachfrage. »In einer Marktwirtschaft hängt die Entscheidung, was produziert werden soll und was nicht, von den Konsumenten ab. Was sie kaufen wollen, verkauft sich gut und gewinnbringend. Was sie nicht

---

12. Dabei wird nicht unterstellt, daß es Unternehmen gibt (Transportsysteme, Schulen, Spitäler und anderes), die auf Grund einer Willensentscheidung der Bürger mit Verlusten operieren müssen, weil in diesem Falle die Aufrechterhaltung bestimmter Dienstleistungen zu bestimmten Preisen für entscheidend gehalten wird. Solche Defizite müssen dann über die Steuern ausgeglichen werden. Im Falle einer Automobilfabrik besteht kaum ein solcher Mehrheitswille. Zudem müssen nicht alle Staatsbetriebe eo ipso Verluste machen (vgl zB die schweizerischen Postbetriebe, eine Anzahl französischer Banken und Industriebetriebe).

13. S. Williams, Politics is for People, 17.

kaufen, verkauft sich schlecht und wird daher dem Produzenten Verluste bringen . . . Das Regulativ in einer Marktwirtschaft, das die wirksamste Ausbeutung und Verarbeitung der Rohstoffe garantiert, ist das Preissystem, die Konkurrenz und das Gewinnmotiv.«[14] Die Käufer kaufen die Güter, die die höchste Qualität zum tiefstmöglichen Preis versprechen. Wenn daher die Japaner Automobile von gleicher oder besserer Qualität als die englischen Automobilfabriken, aber zu einem tieferen Preis anbieten, so werden die Engländer in einer freien Marktwirtschaft – Patriotismus hin oder her – japanische Automobile kaufen. Die japanische Automobilfabrikation wird daher expandieren, die englische zurückgehen.

Hinter der Theorie einer freien und unkorrigierten Marktwirtschaft liegt der Mythos einer alles leitenden »unsichtbaren Hand«[15]. Der Unternehmer »ist dabei nur auf seinen persönlichen Gewinn aus und wird dabei, wie in so vielen andern Dingen von einer unsichtbaren Hand geleitet, die alles zu einem Endergebnis führt, das er an sich gar nicht beabsichtigt hatte . . . Bei der Verfolgung der eigenen Interessen fördert der Einzelne die der Allgemeinheit oft wirkungsvoller, als wenn er sich dieses Ziel selbst gesetzt hätte«[16].

Adam Smith, der diesen Mythos wirkungsvoll formulierte, glaubte, »von einem einheitlichen Wirklichkeitsverständnis ausgehen zu können, da die dem ›Buch der Natur‹ von Gott eingelegten Gesetze dem gleichen Willen entstammten wie die Gesetze im ›Buch der Schrift‹«[17].

Nach diesem Mythos verkauft der Arbeitnehmer seine Arbeit zum Marktpreise und erhält dafür seinen Teil am Gewinn. Theoretisch ist er ein gleichberechtigter Partner des Unternehmers und Kapitaleigners.

»Der Trieb zum höchstmöglichen Gewinn erhielt ethischen Glanz und Schimmer, er macht den richtigen Geschäftsmann; die kapitalistische Ethik verachtete den traditionellen Wirtschaftsmenschen, dessen Geschäftsziel in der Deckung des bestehenden Bedarfs

---

14. J. F. Sleeman, Economic Crisis, 146f.
15. »Invisible hand« (oder manchmal »Schöpfungsordnung« genannt) zeigt »den Rückbezug auf eine metaphysische Grundverfassung des Daseins an, aus der die neo-liberale Wirtschaftstheorie ihre Legitimation ableitet«, Chr. Walther, Wohlstand als Thema theologischer Ethik, 237. Eine fundierte wirtschaftswissenschaftliche Kritik am marktwirtschaftlichen und zentralplanwirtschaftlichen Mythos findet man in: H. Arndt, Wirtschaftliche Macht.
16. Zit. in: A. Rich, Christliche Existenz in der industriellen Welt, 49.
17. Th. Strohm, Vorwort zu Festschrift Rich, 7.

seiner begrenzten Kundschaft und der eigenen Familie lag; sie
forderte vielmehr Erweiterung des Kundenkreises, Erhöhung des
Einkommens, steigende Rentabilität des Kapitals; sie ist revolutionär, alle ›Schlafmützigkeit‹ verachtend, ist sie erobernd und expan-
siv. Sie treibt auch ganze Völker zur ›Eroberung von Absatzgebie-
ten‹, zur Erhöhung der Handelsbilanz, kurz in den auf privatwirt-
schaftlicher Basis sich vollziehenden Konkurrenzkampf der auf
wirtschaftliche Welteroberung eingestellten Volkswirtschaften untereinander.«[18]

Diese Verabsolutierung des marktwirtschaftlichen Mythos – die
selbstredend in seiner Anlage enthalten ist – hat zu schwerwiegenden Störungen geführt und diesen Mythos als das entlarvt, was er
ist; ein falscher Mythos. »Neoliberale Ökonomen gelangen mit
ihren theoretischen Prinzipien einer freien, respektive sozialen
Marktwirtschaft in wachsenden Widerspruch zu der praktischen
Wirtschaftsrealität. Immer mehr ihrer theoretisch fixierten Bedingungen einer grundsätzlichen Funktionsfähigkeit dieser Marktwirtschaft werden von der wirklichen Wirtschaftsentwicklung überrannt
und verwandeln sich in Wunschträume, um deren Verwirklichung
mit ethischen ›Sollkategorien‹ gerungen wird«[19] – übrigens eine
Erscheinung, die ihre Parallelen in den vom zentralplanwirtschaftlichen Mythos beherrschten Wirtschaften hat, und genau das Gegenteil des ursprünglichen Mythos von der »unsichtbaren Hand«, die
unabhängig von der Motivation des Unternehmers am Ende alles
zum Guten leiten wird.

Diese Feststellung wird nicht nur von sozialdemokratischen Wirt-
schaftswissenschaftlern wie J. K. Galbraith[20] getroffen, sondern
auch von so unverdächtigen Zeugen wie F. Kneschaurek (eine
Zeitlang wirtschaftswissenschaftlicher Berater des Schweizerischen
Bundesrates). Es ist für ihn »betrüblich, feststellen zu müssen, daß
wir recht eigentlich erst durch unser Verhalten einer immer stärke-
ren Intervention des Staates Vorschub leisten; wir leisten einem

18. G. Wünsch, Evangelische Wirtschaftsethik, 1927, 457f, zit. W. Kreck, Grundfra-
    gen christlicher Ethik, 229.
19. O. Šik, Argumente, 11.
20. »Neoclassical or neo-Keynesian economics, though providing unlimited oppor-
    tunity for demanding refinement, has a decisive flaw. It offers no useful handle
    for grasping the economic problems that now beset the modern society. And
    these problems are obtrusive – they will not lie down and die as a favor to our
    profession. No arrangement for the perpetuation of thought is secure if that
    thought does not make contact with the problems that it is presumed to solve.« J.
    K. Galbraith, Power and the Useful Economist, 2; zit. O. Šik, Argumente, 193,
    Anm. 1.

Dirigismus Vorschub, von dem wir wahrscheinlich gar nicht mehr loskommen, wenn wir ihn einmal haben«[21].

Moderne Industriestaaten haben längst den freien Wettbewerb aufgeben müssen und dies nicht nur in bezug auf die öffentlichen Verkehrsmittel, den mehr oder weniger gelenkten Kapitalmarkt, die staatlichen Investitionen in Forschung und Ausbildung, sondern auch in der Tolerierung oder manchmal in der Förderung von Preis- und Lohnabsprachen. Der Zusammenschluß der Öl produzierenden Länder in der OPEC-Organisation schuf für das Erdöl einen Monopolpreis. Ebenso haben die Gewerkschaften in gewissen Ländern die Möglichkeit, durch gezielte Unterbrechungen an strategischen Punkten des Wirtschaftsgefüges, Lohnforderungen durchzudrücken, die in einem freien Spiel von Nachfrage und Angebot nicht möglich wären. Der Mythos »der total *freien* Wirtschaft, ihrer absoluten Autonomie gegenüber dem Staat«, gehört unwiderruflich der Vergangenheit an. »Schwere Wirtschaftskrisen haben seit 1929 den Staat und seine Wirtschafts- und Finanzpolitik auf den Plan gerufen. Die Anforderungen an den Staat werden immerfort gesteigert: Er soll für den Abbau der Massenarbeitslosigkeit, ja sogar für Vollbeschäftigung sorgen; er soll Lehrlings- und überhaupt Berufsausbildung finanzieren oder doch zum mindesten mitfinanzieren. Der Staat soll die Inflation wirksam bekämpfen; er soll die Preise und den Arbeitslohn in ein ›gesundes‹ oder ›gerechtes‹ Verhältnis zueinander bringen. Seine ›Eingriffe‹ in das Wirtschaftsleben sollen aber zugleich marktkonform sein und nicht in die totale Wirtschafts-Herrschaft und staatlich gelenkte Planwirtschaft des russischen Kommunismus abgleiten.«[22] Tarifbarrieren, Importbeschränkungen, manipulierte Devisenkurse, Subventionen an bestimmte Wirtschaftszweige (zum Beispiel die Landwirtschaft, die Fischerei oder den Bergbau) zerstören den Traum von der freien Marktwirtschaft. Nach dem marktwirtschaftlichen Mythos wird »Inkompetenz mit dem Verschwinden der betreffenden Unternehmen bestraft und Kompetenz wird durch das Überleben der Besten aufrecht erhalten«. Das ist, wie jeder sehen kann, ein fatal falscher Mythos[23].

Am besten wird die heutige Situation beschrieben, wenn wir uns an das erinnern, was Karl Marx im Kommunistischen Manifest als das Ziel der kommunistischen Revolution beschrieb. Fast alle seine

---

21. F. Kneschaurek, Konjunktur und Wachstum – untrennbare Probleme, St. Galler Tagblatt, 14. 7. 1973, 9; zit. O. Šik, Argumente, 193, Anm. 2.
22. H.-D. Wendland, Wirtschafts- und sozialkritische Thesen, 40.
23. Ch. Handy, Gods of Management, 122.

Punkte sind heute in marktwirtschaftlichen Systemen erfüllt[24]. Das muß natürlich zu Spannungen führen zwischen einem Mythos, der die freie Marktwirtschaft zelebriert, und einer Wirklichkeit, in der davon weniger und weniger übrig bleibt. Marx' zehn Punkte lauten:

1. Expropriation des Grundeigentums und Verwendung der Grundrente zu Staatsausgaben.
2. Starke Progressivsteuer.
3. Abschaffung des Erbrechtes.
4. Konfiskation des Eigentums aller Emigranten und Rebellen.
5. Zentralisation des Kredits in den Händen des Staates durch eine Nationalbank mit Staatskapital und ausschließlichem Monopol.
6. Zentralisation des Transportwesens in den Händen des Staates.
7. Vermehrung der Nationalfabriken, Produktionsinstrumente, Urbarmachung und Verbesserung der Ländereien nach einem gemeinschaftlichen Plan.
8. Gleicher Arbeitszwang für alle. Errichtung industrieller Armeen, besonders für den Ackerbau.
9. Vereinigung des Betriebs von Ackerbau und Industrie. Hinwirken auf die allmähliche Beseitigung des Unterschieds von Stadt und Land.
10. Öffentliche und unentgeltliche Erziehung aller Kinder. Beseitigung der Fabrikarbeit der Kinder in ihrer heutigen Form. Vereinigung der Erziehung mit der materiellen Produktion usw.[25].

Die Punkte 2, 5, 6, 7, 9 und 10 sind in den meisten Industriestaaten erfüllt, wenn auch zur Beschreibung dieses Tatbestandes eine andere Sprache verwendet wird. Es bleibt die schwierige Frage des Grundeigentums, die aber angegangen wird, indem die politischen Gemeinden, die Regionen (und in gewissen Ländern der Staat) Grundeigentum aufkaufen (Punkt 1). Ebenso wird das Erbe zum Teil massiven Steuern unterstellt (Punkt 3). Die Konfiskation des Eigentums von Emigranten und Rebellen war schon seit jeher eine beliebte Staatseinnahme und wurde nicht erst von Marx erfunden.

---

24. Daß die Kommunisten heute – nachdem die meisten ihrer Forderungen erfüllt sind – immer noch gegen »den Kapitalismus« mit Feuer und Schwert ankämpfen, zeigt, daß sie nicht lediglich für »die soziale Besserstellung des Arbeiters« oder ähnliches kämpfen, sondern für einen Mythos, von dem sie das Heil der Welt erwarten.
25. K. Marx, KM, in Frühschriften, 547f.

Sie wird heute verschieden gehandhabt in verschiedenen Staaten. Nur der Arbeitszwang (Punkt 8) ist meines Wissens bis heute in keinem marktwirtschaftlichen Staat eingeführt worden.

Durch die Übernahme so vieler Elemente aus dem Kommunistischen Manifest in die Wirklichkeit der Marktwirtschaft sind zwar den Marxisten viele ihrer kritischen Einwände abhanden gekommen, sie führten aber auch zu Rissen, Störungen und Schwierigkeiten. Die Verbesserungen der arbeits- und sozialrechtlichen Gesetzgebung, die Einführung der Steuerprogression, die Sozialleistungen, die ein Unternehmer für jeden Arbeitsplatz aufbringen muß, haben »fast alle die Beschäftigung verteuert, erschwert oder das Risiko der Beschäftigung erhöht«[26].

Noch auf einem anderen Gebiet zeigt sich, daß das, was der Mythos sagt, mit dem, wie er operiert, in Widerspruch gerät. Ein Beispiel: Den Gesetzen der Marktwirtschaft folgend importiert England 75 Millionen Tonnen Getreide pro Jahr. Es verfüttert 89 Millionen Tonnen, um 400 000 Tonnen Rindfleisch zu produzieren. Würde es nicht so viel Fleisch produzieren, könnte England sogar Getreide ausführen. Zwar funktioniert der Fleisch- und Getreidemarkt mehr oder weniger nach den Gesetzen der Marktwirtschaft, indem das von den Engländern bevorzugte Rindfleisch produziert wird. Aber daß diese Verschwendung hochwertiger Nahrung (indem das Getreide dem Vieh verfüttert wird) »bei der Verfolgung der eigenen Interessen« gleichzeitig der Förderung der Allgemeinheit dient, wie es der oben zitierte Grundsatz des marktwirtschaftlichen Mythos will, das kann ja doch wohl niemand im Ernst behaupten[27].

Oder ein anderes Beispiel: Nach dem Grundsatz des marktwirtschaftlichen Mythos sollen die gewinnbringenden Firmen wachsen, die verlustbringenden abnehmen. Nun aber zeigt es sich, daß für die meisten Firmen die optimal gewinnbringende Größe bei 10% des Marktanteiles erreicht wird. Nachher steigt der Gewinn nur noch in Ausnahmefällen[28]. Nach dem marktwirtschaftlichen Mythos sollte daher der Marktanteil der meisten Firmen auf 10% beschränkt bleiben, denn nach diesem Mythos wachsen Firmen, um höhere Gewinne zu machen. Nun ist aber eine solche Verteilung der Märkte in den meisten Industriestaaten nicht der Fall; das heißt doch: entweder ist der marktwirtschaftliche Mythos ein falscher

---

26. W. Steinjan, Der Beitrag der Wirtschaftspolitik zur Beschäftigungspolitik, 279.
27. Ch. Handy, Gods of Management, 295.
28. Ch. Handy, 179.

Mythos (denn er behauptet fälschlicherweise, das Wachstum sei eine Funktion des Gewinns) oder aber es gibt staatliche, monopolistische, multinationale (oder wer weiß, vielleicht auch nur psychologisch zu verstehende)»Beweger«, die – trotz ihres öffentlichen Bekenntnisses zum marktwirtschaftlichen Mythos – insgeheim, aber sehr wirksam, das Marktgleichgewicht stören.

Die Tendenz zu großen und immer größeren Konglomeraten bringt heute so große Probleme mit sich, daß sie nicht mehr verantwortet werden kann, umso mehr als die Berufung auf den marktwirtschaftlichen Mythos zu Unrecht erfolgt und nur als Deckmantel funktioniert. Abgesehen von den psychologischen und menschlichen Belastungen, die diese großen Konzerne mit sich bringen[29], führen sie zu einem marktwirtschaftlichen Leerlauf. Dies trifft sowohl auf die privatwirtschaftlichen wie auch auf die staatlichen Konzentrationen zu. James Robertson, ein britischer höherer Beamter, erzählt, daß zum Beispiel im britischen Verteidigungsministerium Tausende von Angestellten und Beamten mit Nichtarbeit überlastet sind. Nicht nur werden so ungeheure Gelder verschwendet, sondern die betreffenden Beamten werden zu Sklavenarbeitern degradiert, die genau wissen, daß sie wert- und sinnlose Arbeit leisten – bis sie endlich durch die Pensionierung von diesem Leerlauf erlöst werden[30]. Solche, die es wissen, versichern mir, daß dies nicht nur in den staatlichen Betrieben der Fall ist.

Welcher Mythos an die Stelle des marktwirtschaftlichen Mythos treten könnte und welche Veränderungen ein solcher Mythos vom Dritten Weg mit sich bringen müßte, ist Gegenstand unseres 15. Kapitels. Vorerst aber müssen wir uns noch dem Mythos vom Klassenkampf zuwenden.

14.3 Der Mythos vom Klassenkampf

Der Mythos vom Klassenkampf sagt: Wenn diejenige Klasse, die zwar in dieser Welt, aber nicht von dieser Welt ist, nämlich das Proletariat, sich emanzipiert, wird in ihm und durch dieses die gesamte Menschheit befreit, es entsteht die klassenlose Gesellschaft. Da ich diesen Mythos in Band I dieser Interkulturellen Theologie im einzelnen dargestellt habe[31], kann ich mich hier relativ kurz fassen.

---

29. Ch. Handy, 140.
30. J. Robertson, The Reform of British Central Government, referiert in Ch. Handy, 194.
31. ITh I, 52ff, 73, 104f, 267ff, 287ff.

Kolakowski macht darauf aufmerksam,»daß die Idee von der speziellen Mission des Proletariats als einer Klasse, die sich nicht befreien könne ohne dadurch die gesamte Gesellschaft zu befreien, in Marx zuerst als eine philosophische Ableitung und nicht als Ergebnis von Beobachtungen erscheint«[32]. Das ist zweifellos richtig. Hingegen ist der Einsatzpunkt der marxistischen Kritik am marktwirtschaftlichen Mythos nicht – wie fälschlicherweise oft angenommen wird – die Armut der arbeitenden Klasse, sondern die »Entfremdung des Menschen von seiner Arbeit«[33], weswegen auch der Hinweis auf höhere Einkommen der westlichen Arbeiter einen echten Marxisten nie überzeugen wird. Der Arbeiter ist fremdbestimmt im Arbeitsprozeß durch diejenigen, die die Produktionsmittel entweder besitzen oder kontrollieren. Daraus ergibt sich folgerichtig für Marx und die Machthaber, die sich auf Marx berufen, daß die Befreiung des Menschen dann geschieht, wenn das Proletariat die Produktionsmittel besitzt und/oder kontrolliert.

In einem Gleichnis aus dem Straßenverkehr ausgedrückt: Man stelle sich eine Stadt ohne Verkehrsregelung und Verkehrspolizei vor. Der marktwirtschaftliche Mythos nimmt an, daß die Verkehrsteilnehmer den Verkehr automatisch regeln. Das wäre theoretisch möglich in einer Verkehrssituation, in der jeder Verkehrsteilnehmer ungefähr gleich stark wäre und den Überblick über die allgemeine Verkehrslage hätte, was zum Beispiel in einer mittelalterlichen Stadt der Fall war. Die meisten Verkehrsteilnehmer waren Fußgänger. Daneben gab es höchstens noch einige Reiter und Ochsenkarren, sodaß man mit einer minimalen Verkehrsregelung auskam. Heute aber hat sich die Situation verändert. Der einzelne Verkehrsteilnehmer kann gar nicht – selbst wenn er wollte – die Verkehrslage überblicken. Ferner ist der Unterschied zwischen einem Fußgänger und einem Fahrrad oder gar einem schweren Lastwagen so groß geworden, daß das freie Spiel der Kräfte in der Herrschaft der Großen über die Kleinen enden würde. Das ist, so würde Marx sagen, die Situation in einer Marktwirtschaft.

Darauf antworten die heutigen Anhänger der Marktwirtschaft. Zugegeben: Wir müssen hier eine straffe Verkehrsregelung einführen. Da es darüber hinaus noch von der Verkehrsregelung nicht vorgesehene Situationen gibt (zum Beispiel wenn eine Straße unpassierbar wird, oder in den Verkehrsspitzenzeiten), brauchen wir noch eine Verkehrspolizei.

---

32. L. Kolakowski, Main Currents of Marxism I, 130.
33. L. Kolakowski I, 22.

Mit diesem Kompromiß ist aber der zentralplanwirtschaftliche Mythos nicht einverstanden. Er will das Problem grundsätzlich lösen: damit das Proletariat die Produktionsmittel wirklich kontrolliert, muß ein System gefunden werden, das alle Verkehrsteilnehmer zwingt, nach Plan, zu vorgeschriebenen Geschwindigkeiten, über vorgeschriebene Routen zu zirkulieren. Vorerst erscheint es, daß dies die kostensparendste und einfachste Regelung des Handels- und Straßenverkehrs wäre. Es zeigt sich aber – und damit rechnet der zentralplanwirtschaftliche Mythos nicht –, daß die Menschen nicht so verplanbar sind und nicht ihr ganzes Leben lang nach Plan agieren wollen, auch wenn dieser Plan jedenfalls nach dem Verständnis des kommunistischen Mythos »vom Volk« oder »vom Proletariat« entworfen wurde. Menschen suchen ihre eigenen Trampelpfade, und selbst wenn dies nicht die rationellsten sind, so ist doch immer das, was einer für das Beste hält, in seinem Selbstverständnis das Beste. Wird ihm ein Bestes aufgezwungen, das er nicht als das Beste erkennt, so fühlt er sich entfremdet.

Im Interesse dieses vom Mythos als Bestes Bezeichneten müssen darum in einem zentralplanwirtschaftlichen System Kontrollen eingeführt werden, die dafür sorgen, daß der Plan eingehalten wird. Diese Kontrollmechanismen haben trotz enormer Kosten an Menschen, Material und Finanzen in sämtlichen zentralplanwirtschaftlichen Systemen versagt[34].

Daß alle Geschichte Geschichte des Klassenkampfes ist, wie Marx sagt, habe ich als Mythos bezeichnet. Es ist nicht eine historisch verifizierbare Aussage, sondern »die Exhortation eines Propheten«[35]. Als historische Analyse der Weltgeschichte halte ich den Mythos vom Klassenkampf mit vielen andern für widerlegt[36]. Ich bin aber bereit, ihn auf seine Tauglichkeit als Organisationsprinzip, als Gesellschaftsmythos zu testen, genau so, wie ja auch der Tell-Mythos oder der biblische Schöpfungsmythos mit seiner historischen Wahrheit nicht steht und fällt.

Ich frage also: Ist der Mythos vom Klassenkampf in dem Sinne ein wahrer Mythos, als er sein Versprechen wenigstens in Ansätzen hält, nämlich die Überwindung der entfremdeten Arbeit, die klassenlose Gesellschaft? Und wenn nicht, ist er zur Selbstkorrektur fähig?

Die Antwort auf die erste Frage ist ein unqualifiziertes »Nein«. Dies ist auch in den kommunistischen Ländern bekannt. Zwei

---

34. Über den Sowjetbürokratismus im besonderen L. Kolakowski III, 163–165.
35. L. Kolakowski I, 375.
36. ZB J. Hersch, Kann der Marxismus wissenschaftlich beurteilt werden?, 234.

Gründe (oder Entschuldigungen) werden für diese Entwicklung vorgebracht. Erstens sagt man, die marxistisch-leninistische Theorie sei richtig, aber die sowjetische bürokratische Praxis sei schlecht[37]. Dagegen wendet Šik zu recht ein: Der Großteil der sowjetischen Bürokraten sind ehemalige Arbeiter. Der Fehler liegt nicht an den Bürokraten, sondern an einem System, das nur mit einer Armee von Bürokraten funktionieren kann. In diesem System kann niemand feststellen, was produktive Arbeit ist[38]. Der Überblick geht trotz allem Gerede vom »Plan« verloren. Die Entfremdung des arbeitenden Menschen in den heutigen »sozialistischen« Staaten ist durch die bürokratische Überfremdung des Arbeitsprozesses »systemimmanent«[39].

Der zweite Grund, der für den Kollaps des kommunistischen Mythos in der Sowjetunion[40] angegeben wird, ist die Einmischung des marktwirtschaftlichen Auslandes. Dieser Einwand braucht nicht widerlegt zu werden, denn er widerlegt sich selbst. Er ist von der gleichen Glaubwürdigkeit, wie wenn in den westlichen Staaten bei jeder Schwierigkeit auf die östliche Infiltration hingewiesen wird. Selbstverständlich versuchen die beiden Blöcke, einander »von innen« her zu überwinden. Eine solche Infiltration hat aber nur eine Chance, wenn in dem zu unterminierenden System genügend unzufriedene und verwirrte Menschen sind, die sich für den andern Mythos gewinnen lassen. Erst wenn einer nicht mehr an den Mythos vom Klassenkampf oder an den marktwirtschaftlichen Mythos glaubt (weil der betreffende Mythos sich als falsch erwiesen hat), ist er bereit, nach einem Ersatzmythos Ausschau zu halten.

Warum glauben die meisten Bürger der »sozialistischen« Staaten nicht mehr an den Mythos vom Klassenkampf? Die Gründe dafür sind ähnlicher Art wie diejenigen, die zum Zweifel am marktwirtschaftlichen Mythos führten. Der Mythos hält sein Versprechen nicht. Zum Beispiel ist die Jugendkriminalität nicht gesunken (sie sollte es nach dem Mythos), der Alkoholismus nimmt zu (in einem sozialistischen Staat haben die Menschen es nicht nötig, ihre Sorgen im Alkohol zu ersäufen, sagt der Mythos)[41]. Die sowjetischen Wissenschaftler müssen ihre wissenschaftlichen Ergebnisse nach den Phantasien der Parteispitze richten. Besonders bekannt sind die

37. O. Šik, Argumente 81, 127; ders., Die marxistisch-leninistische Theorie und die Wirtschaftspraxis im Sowjetsystem, 141ff.
38. O. Šik, Die marxistisch-leninistische Theorie, 146.
39. O. Šik, Der dritte Weg, 125.
40. »Der Marxismus in der Sowjetunion ist tot.« L. Kolakowski III, 473.
41. M. Machoveč, Die Sache Jesu und marxistische Selbstreflexionen, 94.

Fehlentscheide in der Linguistik[42], in der Vererbungstheorie[43], die langanhaltende Verteufelung der Quanten- und der Unbestimmtheitstheorie, weil sie nicht in die simplifizierenden Grundsätze dessen paßten, was man damals für marxistisch-leninistische Philosophie hielt[44]. Auch dies wäre nach dem Mythos nicht möglich. Er sagt: Nach der Befreiung der Wissenschaft von ihren bourgeoisen Fesseln kann die Forschung nicht von ganz gewöhnlichen partei-internen Querelen aufgehalten werden, denn bekanntlich sucht die Partei nicht sich selbst, sondern die Emanzipation des ganzen Menschen. Sogar für den Zirkusclown genügte es nicht, daß er sein Publikum zum Lachen brachte. Er mußte marxistisches Bewußtsein produzieren[45]. Ein Mythos, der derart forciert werden muß, kann nicht auf eigenen Füßen stehen. Bitter stellt Kolakowski fest: »Gegenwärtig verändert noch interpretiert der Marxismus die Welt.«[46]

Die »alles wissende, alles planende und alles entscheidende Machtelite«[47] hat die Arbeiter nicht zur Überwindung der Entfremdung von ihrem Menschsein geführt, sondern noch tiefer in die Abhängigkeit von nicht überschaubaren, grausamen, anonymen Bürokratien gebracht. Was macht es da für einen Unterschied, ob die Menschen vom Kapital oder der »Don Quichoterie« einer niemandem verantwortlichen Bürokratie beherrscht werden?

Wenn daher bestimmte Sprecher der Dritten Welt (die oft weder kulturell noch von ihrem Lebensstil her zur Dritten Welt gehören) sich des Mythos vom Klassenkampf bedienen, können sie sich jedenfalls nicht auf die biblischen Mythenarbeiter berufen, denn eines ihrer wichtigsten Kriterien ist die nachvollziehbare Korrespondenz des Mythenversprechens mit der gelebten Wirklichkeit. Wenn die Kolosser[48] und die Korinther[49] nicht wirklich Befreiung von der Welt, Jesus Christus als den Herrn ihrer umgewandelten gesellschaftlichen Beziehungen (im Rahmen ihrer Gemeinde) erlebt hätten, so wäre der Hymnus von der Befreiung der Welt durch Christus, die Zelebration des Leibes Christi, als ein falscher Mythos abgelehnt worden.

Unsere zweite Frage, nämlich, ob der Mythos vom Klassenkampf

---

42. L. Kolakowski III, 141.
43. L. Kolakowski III, 102f, 137.
44. L. Kolakowski III, 133.
45. L. Kolakowski III, 148f.
46. L. Kolakowski III, 530.
47. O. Šik, Argumente, 139.
48. Oben, S. 158ff.
49. 1 Th I, 34ff und W. J. Hollenweger, Konflikt in Korinth.

einer Selbstkorrektur fähig sei, muß mit einem qualifizierten »Ja«
beantwortet werden. Man kann schon heute feststellen, daß ähnlich
wie in der christlichen Ökumene, in der weltweiten marxistischen
Bewegung vom Wirklichkeitsverständnis der Dritten Welt her
entscheidende Korrekturen am marxistischen Mythos angebracht
werden. Aber auch in Europa ist einiges ins Rollen gekommen.
Garaudy, Šik, Machoveč, Kolakowski und andere haben viele Jahre
ihres Lebens in den Mythos vom Klassenkampf investiert. Die
Korrekturen (im nächsten Kapitel nennen wir das »Buße«, »Bekehrung« oder ein »paradigm shift«), die sie anbringen, verändern den
Mythos so grundsätzlich, wie die biblischen Mythenbearbeiter ihre
Mythen umfunktionierten.

Wenn weder der marktwirtschaftliche noch der Mythos vom
Klassenkampf ihre Versprechen halten, worauf ist dann noch
Verlaß? Dazu schreibt der schon mehrmals erwähnte marxistische
Philosoph Milan Machoveč: Würde Jesus heute entdeckt, die
Moralphilosophen und Historiker würden staunen[50]. »Falls ich in
einer Welt leben sollte, die die ›Sache Jesu‹ absolut vergessen
könnte, dann möchte ich gar nicht mehr leben.«[51]

Auf diesen Jesus von Nazareth ist Verlaß. Aber was hat er mit
den Gesellschafts- und Wirtschaftsmythen unserer Zeit zu tun? Das
ist das Thema unseres nächsten Kapitels.

15. Der dritte Weg: ein wahrer Mythos?

*Wirtschaftstheoretiker mit verschiedenem politischem Hintergrund
sind sich über drei Elemente des dritten Weges einig: Wirtschafts- und
Produktionseinheiten sollen so klein und so partizipatorisch wie
möglich sein; Arbeitnehmer und Arbeitgeber sollen über den Wirt-
schafts- und Produktionsprozeß so informiert wie nötig sein. Ob
diese drei Elemente genügen und wie sie im einzelnen durchzuführen
sind – diese Frage wäre nur im Gespräch und in der Auseinandersetzung mit Fachspezialisten zu klären. Das Problem scheint mir jedoch
weniger auf der Ebene der Fachdisziplinen zu liegen. Das erwähnte
interdisziplinäre Gespräch findet bereits statt, und die drei Elemente
sind schon weitgehend praktisch erprobt worden. Vielmehr erscheint
das Problem in unserem Zusammenhang auf der Ebene des »para-*

---

50. M. Machoveč, Die Sache Jesu und marxistische Selbstreflexionen, 101.
51. AaO, 102.

digm shift«, der Preisgabe von liebgewordenen Mythen zugunsten
von neuen und ungeprüften Mythen.

15.1 Metanoia (Buße) als »paradigm shift«

Jesus von Nazareth begann seine Mission mit dem Ruf zur Buße:
»Tut Buße, denn das Reich Gottes ist genaht« (Matth. 3,2), das
heißt, er begründete die Abkehr vom damaligen Mythenrahmen mit
der Ankunft einer neuen Wirklichkeit, die er Reich Gottes oder
Himmelreich nannte und die mit seiner eigenen Existenz in enger
Verbindung stand. Mir ist aufgefallen, daß Machoveč und Garaudy
mehr noch als die christlichen Exegeten ihr Erstaunen und ihre
Freude über diese neue Wirklichkeit ausdrücken. Sie gibt ihnen, den
Nichtchristen, das Vertrauen, auch ihrerseits »Buße zu tun«, das
heißt, in einem »paradigm shift« ihren ursprünglichen Mythenrahmen zu verlassen und einen neuen, dritten Weg zu gehen.

Die weitreichenden Wirkungen solcher Buße will ich am Beispiel
einer kleinen, aber wichtigen Gruppe von tschechischen Denkern
darstellen. Ihr wichtigster Sprecher ist für unser Thema Ota Šik,
1968 stellvertretender Ministerpräsident in Prag, heute Professor
für Wirtschaftswissenschaften an der Handelshochschule St. Gallen.
Er beantwortete die im vorigen Kapitel gestellte Frage nach den
selbstkritischen Möglichkeiten des marxistischen Mythos positiv.
Diese Selbstkritik führte zu einer derartigen Uminterpretation und
Veränderung des ursprünglichen Mythos – ähnlich wie bei den
Jüngern Jesu an Ostern –, daß sie eine Gefahr für diejenigen wurde,
die nicht bereit waren, »umzukehren«. Er war in dieser Umkehr
nicht allein, wurde er doch unterstützt von Dubček[1], Machoveč und
anderen[2]. Was im allgemeinen zu wenig bekannt ist, ist die Rolle
einer kleinen Zahl von Christen für diesen Umkehrprozeß[3]. Diese
Christen halfen den Schöpfern des Prager Frühlings, Selbstkritik zu
üben, ohne ihren neuen Mythos, den Mythos vom dritten Weg, nun
selber wieder als alleingültigen, mit Gewalt und List durchzusetzen-
den Heilsweg für alle Welt darzustellen. Ein wahrer Mythos muß,
gerade weil er wahr ist, nicht durchgesetzt werden. (Man erinnert
sich, daß sich die Wahrheit eines Mythos unter anderem an seiner

---

1. Dubček's Blueprint for Freedom, 1968.
2. V. Kusin, The Intellectual Origins of the Prague Spring; auch R. Garaudy, Die
   große Wende, 122ff.
3. Vgl dazu ITh I, 152ff.

Nähe zum »fleischgewordenen Wort« bewähren muß, wodurch sich Wahrheit und Gewalt gegenseitig ausschließen.)

Ota Šik schreibt: »Der Aufruhr gegen die Unterdrückung und die Ausbeutung arbeitender Menschen führte mich zum Kommunismus, aber die Erfahrung, daß das Volk nach der Revolution noch machtloser wurde, mußte mich eines Tages zur Abwendung von den kommunistischen Machthabern und zum Kampf gegen ihre ideologischen Apologeten bringen.«[4]

»Ich stand vor der Wahl, entweder die Reihen der Partei zu verlassen oder den Versuch zu unternehmen, durch eine langfristige, geduldige und zielbewußte Tätigkeit zur Systemänderung beizutragen. Mit ein paar der nächsten, ebenso denkenden Freunde entschieden wir uns für das letztgenannte . . . Die innere, allmähliche Befreiung von Dogmen, an die ich einst fest glaubte und die ich selbst verbreitet hatte, war für mich kein leichter Prozeß. Ich war jedoch nicht allein, und das ist im Ringen um Wahrheit entscheidend. Zusammen mit mehr und mehr Gleichgesinnten konnte ich immer offener und zielbewußter um eine grundsätzliche Reform des Systems kämpfen. Diese Bewegung gewann mehr und mehr an Boden und erschütterte das bürokratische Regime. Sie brachte das Volk an die Schwelle des demokratischen Sozialismus . . . Auch wenn die tschechoslowakische Reformbewegung gewaltsam niedergeschlagen wurde, hat sie eine geschichtliche Funktion erfüllt. Die Erkenntnis, daß es Entwicklungsmöglichkeiten, daß es einen Weg aus der kommunistischen Tyrannei gibt, der nicht in das alte kapitalistische System zurückführen muß, ist einmal bei den östlichen Völkern entstanden und kann aus den Köpfen der Menschen nicht mehr gelöscht werden. Die Idee wird sich hier weiterentwikkeln und eines Tages, unter günstigeren Bedingungen, zur praktischen Wirklichkeit werden.«[5]

Was Šik hier beschreibt ist das, was T. S. Kuhn ein »paradigm shift« nennt[6]. Paradigmen (ich würde sagen »Mythen«) sind not-

---

4. O. Šik, Der dritte Weg, 9f.
5. O. Šik, aaO, 11.
6. Von Ch. Handy, Gods of Management, 225, wird der Ausdruck »paradigm shift« ausdrücklich auf unsere Thematik angewandt. Der Gewinn von Kuhns Arbeit für unser Thema besteht darin, daß die Begriffe »Bekehrung« und »Buße« in ihrem ursprünglichen Sinn erkannt werden können, nämlich als Neuorientierung nicht nur der individuellen Ethik und des religiösen Verhaltens, sondern als Erneuerung und Neuorientierung unseres gesamten Denk-, Entscheidungs- und Wahrnehmungsapparates. Das »paradigm shift« par excellence ist Ostern (oben, S. 139). Vgl zum Ganzen auch Tonks, Faith, Love and Decision-Making.

wendig für die denkerische, insbesondere für die naturwissenschaftliche Arbeit und für die Orientierung im täglichen Leben schlechthin[7]. Eine Bekehrung[8] von einem Mythensystem zum anderen kann nicht mit Gewalt erzwungen werden[9]. Am schwierigsten ist diese Bekehrung für diejenigen, die ein ganzes Leben in den alten Mythos investiert haben. Sie vertrauen ihm, auch wenn die Mängel offen zu Tage liegen. Es muß einer schon *glauben*, daß das neue Paradigma besser ist als das alte (aber auch, um beim Alten zu bleiben, muß einer glauben!), denn Gesellschaftstheorien sind wissenschaftlich nicht verifizierbar[10]. »Eine Entscheidung dieser Art kann nur im Glauben geschehen.«[11] Kuhn meint dabei nicht den spezifisch christlichen Glauben – obschon hier wesentliche Parallelen liegen –, sondern einen Schritt ins Leere auf Grund eines logisch und erfahrungsmäßig nicht abgesicherten Vertrauens. Kuhn zeigt in seiner Arbeit, wie alle *naturwissenschaftlichen* Theorien ursprünglich auf Grund solcher Glaubensschritte entstanden sind. Erst durch die Akzeptierung durch die Gemeinschaft der übrigen Wissenschaftler wurde ein solcher Glaubensschritt zur mehr oder weniger gesicherten Theorie (und meist hatten die älteren, erfolgreichen und arrivierten Wissenschaftler am meisten Mühe mit neuen Paradigmen).

Natürlich muß ein solcher Schritt im Nachhinein auf seine Plausibilität, seinen Wirklichkeitsbezug und seine Folgen für die übrigen Theorien untersucht werden. Aber die Wahl zwischen zwei Mythen kann nie eindeutig und allein auf Grund von Logik und Experiment getroffen werden[12]. Solche grundsätzlichen Entscheide – die für Leben und Wissenschaft von höchster Bedeutung sind – fallen also nicht im Bereich der Logik und des Experiments, sondern im Bereich des Glaubens. Jeanne Hersch ist der Meinung, daß dieser Bereich vom wissenschaftlichen Denken ausgeklammert werden müsse, da Entscheidungen in diesem Bereich nicht wissenschaftlich beurteilt werden können[13].

Wenn Wissenschaft so definiert wird, wie Jeanne Hersch das tut, ist ihr zuzustimmen. Ich sehe aber nicht ein, warum wichtige Entscheidungen, die meinen Wandel und Handel mitbestimmen,

---

7. T. S. Kuhn, Structure of Scientific Revolutions, englisch, 100, deutsch, 113.
8. Kuhn braucht den religiösen Begriff »conversion«.
9. T. S. Kuhn, englisch, 151, deutsch, 162.
10. O. Šik, Der dritte Weg, 103.
11. »can only be made on faith«, Kuhn, englisch, 158, deutsch, 168. Kuhn spricht von naturwissenschaftlichen Grundentscheiden!
12. T. S. Kuhn, englisch, 158, 94, deutsch, 168, 107.
13. J. Hersch, Kann der Marxismus wissenschaftlich beurteilt werden?

aus dem Bereich des wissenschaftlichen Denkens entlassen werden sollen. Das führt dann entweder zu ungeprüften Übernahmen von Vorurteilen aus dem vorwissenschaftlichen Bereich oder zur Unfähigkeit, sich über die wichtigsten Entscheidungen im Leben überhaupt Rechenschaft ablegen zu können. Da Wissenschaftler auch Menschen sind, könnten sie sich überlegen, wie sie ihre mythischen Vorentscheide als Datum – nicht als gesichertes Ergebnis – in den wissenschaftlichen Prozeß einbringen können, ähnlich wie dies heute von den Exegeten verlangt wird[14]. Vor allem können sie sich überlegen, wie die Konsequenzen ihrer eigenen Mythen auf das Zusammenleben mit anderen Menschen getestet werden können. Ist das Resultat dieser Überlegungen, daß solche Konsequenzen im voraus nicht zu testen sind, so wäre dies kein Grund, die Diskussion aufzugeben, sondern eher ein Grund zur Vorsicht. Eine solche Sachlage könnte uns bescheidener und vorsichtiger machen in Entscheidungen auf Grund untestbarer Mythen, deren Folgekosten andere Menschen bezahlen müssen.

Trifft diese Überlegung auf die Naturwissenschaften zu, so noch viel mehr auf die Wirtschaftswissenschaften. Ich wiederhole das obige Argument darum noch einmal in bezug auf die Wirtschaftswissenschaften. Wer nicht an den Mythos vom Klassenkampf glaubt, nennt ihn unwissenschaftlich. Er wird immer Beispiele in der Geschichte finden, die ihm widersprechen. Wer an ihn glaubt, nennt ihn wissenschaftlich, denn in unserer Zeit muß das, was wahr ist, auch wissenschaftlich sein (eine Prämisse, die übrigens nicht zu beweisen ist). Er wird »die Ausnahmen« der Geschichte irgendwie zu erklären wissen. Wer nicht an den marktwirtschaftlichen Mythos glaubt, nennt ihn unwissenschaftlich. Wer an ihn glaubt – und echte Gläubige dieses Mythos gibt es immer weniger –, nennt ihn wissenschaftlich, oder wenigstens weniger unwissenschaftlich als denjenigen vom Klassenkampf.

Die Mehrheit der heutigen Wirtschaftswissenschaftler haben allerdings die Unhaltbarkeit der wissenschaftlichen Begründung der beiden Mythen erkannt. Wenn es dann aber darum geht, einen alternativen Bezugsrahmen aufzustellen, kommen sie in Schwierigkeiten. Entweder verzichten sie überhaupt auf einen solchen Rahmen – und nennen das dann Pragmatismus – oder sie schmuggeln geheim und »undeklariert« eine neue Mythologie ein. Jedoch auch die Pragmatiker können den Entscheiden ihres Berufs, den Entscheiden als Stimmbürger und Familienangehörige nicht ausweichen. Erhebung und Diskussion meines Mythenrahmens ist ein

---

14. Oben, S. 146.

Weg, um mir Klarheit zu verschaffen über Entscheidungsmechanismen jenseits von Experiment und Logik[15].
Mythologie-Schmuggel hilft nicht zur Klärung der Darstellung. Getreu meiner Intention[16] deklariere ich daher den Mythos vom dritten Weg, dessen Elemente im nächsten Abschnitt vorgestellt werden.

15.2 Elemente für einen dritten Weg

Ota Šik hält den Gegensatz zwischen dem marktwirtschaftlichen und dem kommunistischen Mythos nicht für real. Dagegen hält er die *Annäherung* der beiden Mythen in bezug auf eine »staatsbürokratische Entwicklung der industriell fortgeschrittenen westlichen Länder in Richtung des östlichen Staatsmonopolismus« für gefährlich[17]. Auch Charles Handy, weiland Professor an der »London Graduate School of Business Studies« zeigt auf, wie ineffizient das Wachstum der staatlichen Bürokratie wie auch der privatwirtschaftlichen Organisationen ist[18]. Noch wichtiger aber ist, daß das Eigengewicht dieser Organisationen zu einer totalitären Gefahr wird[19]. Darum formuliere ich das erste Element für einen dritten Weg so:

Organisiere alles *so klein wie möglich* (aber so groß wie nötig). Die Größe wirtschaftlicher Unternehmen, staatlicher Bürokratien, Universitäten, Spitäler, Verwaltungseinheiten hängt dann nicht davon ab, wie groß wir sie organisieren können, sondern wie klein[20]. Vieles wird sich auf kleinerer Ebene durchführen lassen. Viele Rieseninvestitionen werden unnötig. Schumacher gibt als Norm für Wirtschaftsbetriebe eine Investition von einem Jahresgehalt pro Arbeitsplatz an, also ungefähr £ 5000.–, eine These, deren Stichhaltigkeit ich nicht beurteilen kann[21]. Handy hält das Dorf[22] für das Organisa-

---

15. Die wichtige Frage, wie dies im einzelnen geschieht, wird diskutiert von Kuhn, aaO, von H. Tonks (Faith, Hope and Decision-Making) und A. Rich, Radikalität und Rechtsstaatlichkeit.
16. Oben, S. 145.
17. O. Šik, Argumente, 7.
18. Oben, S. 209.
19. Ch. Handy, Gods of Management, 140, 165, 200.
20. Würgler nennt dies sein »Antikonzentrationspostulat«. H. Würgler, Mehr Gerechtigkeit als Leitidee für eine neue Bundesverfassung der Schweiz, 258.
21. Zit. in Ch. Handy, 234.
22. Er nimmt dabei, ohne es zu wissen, Elemente aus der Genossenschaftsbewegung auf. M. Mattmüller, Über die Affinität des christlichen Denkens zur Genossen-

tionsmodell der Zukunft[23]. Er und andere erwarten einen neuen Typ von Heimarbeit, weil es im technischen Zeitalter der Zukunft billiger sein wird, Arbeit und Information in die Wohnstätten zu bringen, als Arbeiter und Angestellte an die Arbeitsstellen zu transportieren[24]. In der Tat, mit der Erfindung der Elektrizität (das heißt einer mobilen Energiequelle) und des Computers (das heißt eines Informationssystems, das persönlichen Daten- und Informationsaustausch auf technischem Gebiet ersetzt durch elektronischen), ist es nicht einsichtig, warum Angestellte und Arbeiter in einem Bürogebäude, in einer Fabrik zur Arbeit physisch zusammen kommen müssen.

Wir erinnern uns hier an Hoekendijks Kirchen- und Missionskritik. Er moniert, daß wir sofort zum Begriff »Volk« oder »Nation« greifen, wenn der Mensch in seinem Sozialverband erscheint. Er weist darauf hin – und dies trifft auch auf wirtschaftliche Einheiten zu –, daß die Familie, das Dorf, die Region ebenso wichtige Einheiten des menschlichen Zusammenlebens sind. Zudem können in diesen kleineren Einheiten Fehler besser, schneller und billiger korrigiert werden als in den von den beiden zentralistischen Mythen beherrschten staatlichen Wirtschaftssystemen.

Das zweite Element des dritten Weges kreist um das Thema der *Mitbestimmung des Arbeitsprozesses*. Die Zukunft gehört einer Form der Partizipation[25]. »Wir haben keine Alternative zur Entwicklung partizipatorischer Strukturen, Fähigkeiten und Bereitschaften.«[26] Für die »neuen Verteilungskämpfe«[27] brauchen wir

---

schaftsidee; S. Herkenrath, Soziale Aspekte des schweizerischen Allmendwesens im 19. Jahrhundert. Überlegungen zu L. Ragaz' Dorfkommunismus. Hinzuweisen wäre auch auf Julius Nyerere.

23. Ch. Handy, 165.
24. Ch. Handy, 266. Es gibt bereits Beispiele solcher neuen Heimindustrien, zB Freelance International Ltd; dazu Ch. Handy, 268f.
25. Ch. Handy, 176; auch G. Brakelmann, Mitbestimmung am Ende? Wichtig ist A. Rich, Mitbestimmung; ders., Christliche Existenz in der industriellen Welt. Ferner: J. Bank/K. Jones (Hg), Worker Directors Speaks; Lord Bullock (Hg), Report of the Committee of Inquiry on Industrial Democracy; P. Blumberg, Industrial Democracy; F. E. Emery / E. Thorsrud, Form and Content in Industrial Democracy; M. Poole, Workers' Participation in Industry; H. Symanowski / F. Vilmar, Die Welt des Arbeiters; R. Sawtel, Sharing Our Industrial Future?; F. Vilmar, Mitbestimmung am Arbeitsplatz; F. Wilken, The Liberation of Work; W. J. Hollenweger, Does Efficiency Imply the Destruction of Human Values?; ders., Efficiency and Human Values; I. Adizes/E. Mann Borgese (Hg), Self-Management; Jahrbuch der neuen Helvetischen Gesellschaft 44 (1973); A. Campbell et al (Hg), Worker Owners: The Mondragon Achievement. Siehe auch die Zeitschrift *Industrial Participation* (London).
26. Ök. Rat der Kirchen, Conference on Faith, Science, and the Future (Boston

Mechanismen, einen Mythos, der Klassen- und Kulturgegensätze so organisiert, daß sich die Partner nicht gegenseitig zerstören. Wer weiß, ob es nicht möglich wäre, das, was Marx Klassenkampf nennt, so zu organisieren, daß es seinen Ernst verlöre und zum vorläufigen Spiel würde, aus dem schöpferische und neue Alternativen entstünden? Ob nicht das in Korinth getestete Modell des »Leibes Christi« hier Wegleitung geben könnte?

Die Argumente, die gegen verschiedene Mitbestimmungskonzepte vorgebracht werden, können als Weigerung verstanden werden, ein offensichtlich nicht mehr adequates Paradigma mittels eines »paradigm shift« durch ein neues Paradigma zu ersetzen. Entweder wird gesagt: Mitbestimmung verwischt die Fronten im Klassenkampf. Dabei wird der Mythos vom Klassenkampf so verabsolutiert, als wäre er nicht lediglich ein mögliches Interpretationsmittel neben anderen.

Oder es wird gesagt: Mitbestimmung zerstört die Freiheit des Kapitalgebers. Warum aber soll die Freiheit des Kapitalgebers nicht im Interesse des Überlebens des Menschseins des Menschen, der Schaffung einer menschlicheren Arbeitsstruktur mit dem Arbeitnehmer geteilt werden? Darauf gibt es keine logische Antwort, höchstens Gründe für die Verteidigung von Privilegien.

Es wird ferner befürchtet, daß die Mitbestimmung eine geordnete Unternehmensführung nicht mehr ermögliche. Wenn jeder dreinreden könne, gebe es bald nichts mehr zu entscheiden, weil dies der beste Weg sei, ein Unternehmen zu ruinieren. Wie sollen denn Arbeiter und Angestellte komplizierte Bilanz- und Kapitalfragen verstehen[28]? Darauf ist zu antworten: Mit Mitbestimmung ist nicht ein allgemeines Durcheinander gemeint, genau so wenig, wie mit Demokratie Anarchie gemeint ist. Sie kann jedenfalls nur stufenweise – je nach dem Kompetenzgrad der Beteiligten – eingeführt werden und setzt Qualifikation und Urteilsvermögen der Arbeiter- und Angestelltenschaft voraus, die diese aber durch geeignete Einführung in die Materie genau so gut erwerben können, wie die Fähigkeit, sich in einer Demokratie ein politisches Urteil zu bilden. Das wichtigste Argument ist jedoch, daß es Dutzende, ja Hunderte

---

1979), Sektion II, zit. von Th. Strohm im Vorwort zu Festschrift Rich, 10.

27. H. Weber, Evangelische Sozialethik zwischen christlichem Proprium und werturteilsfreier Analyse?, 160.

28. Eine mögliche Antwort wäre, die Bilanzen und Geschäftsberichte in einer etwas weniger esoterischen Sprache abzufassen, ein Wunsch, der jedenfalls im Hinblick auf den englischen Sprachbereich seine Berechtigung hat, aber nicht nur dort.

von Betrieben auf der Grundlage der Mitbestimmung gibt[29], die man besuchen, deren Berichte man lesen kann. Eines der bekanntesten Beispiele ist die Firma Scott Bader. Ernst Bader wurde im Jahre 1890 in der Schweiz geboren und wanderte 1912 nach England aus, weil er als Friedensfreund keinen Militärdienst leisten wollte. Er erwarb das englische Bürgerrecht, heiratete eine Engländerin, Fräulein Dora Scott, und wurde Quäker. Die Quäker oder »Die Gesellschaft der Freunde«, wie sie sich selber nennen, sind im 17. Jahrhundert in England entstanden. Sie sind eine kleine Minderheitenkirche, die weder Sakramente, noch Pfarramt, noch Dogma, noch kirchliche Sakralgebäude kennt. Die Quäker rechnen aber mit der Inspiration des Heiligen Geistes heute, sowohl im Gottesdienst als auch in der täglichen Arbeit. Ernst Bader baute eine Kunstharzfabrik in Wollaston in den englischen Midlands. Sie beschäftigt heute gegen 300 Arbeiter, Angestellte und Chemiker. In den fünfziger Jahren fing Ernst Bader an, seine Fabrik in eine wirkliche Arbeitsgemeinschaft zu verwandeln. Ihn beschäftigte die Frage, wie er als Industrieller heute »alles verteilen« und dem Worte Jesu gehorchen könne, das lautet: »Verkaufe alles, was du hast . . .« Er fand die Lösung, indem er seine Fabrik seinen Arbeitern, Angestellten und Technikern schenkte. Aber nicht so, daß sie nun zu »kleinen Kapitalisten« wurden, sondern so, daß sie das Unternehmen kollektiv besaßen und leiteten, solange sie in der Fabrik arbeiteten. In seinen eigenen Worten bedeutet das »die Aufhebung des Privateigentums an den Produktionsmitteln« – eine Forderung, die Karl Marx schon vor mehr als hundert Jahren aufgestellt hatte. Aber im Unterschied zu den Marxisten kommt die Firma Scott Bader ohne staatliche Bürokratie aus. Sie richtete ein klug ausbalanciertes und flexibles Instrumentarium ein, das allen Mitarbeitern in der Firma Mitbestimmung und Mitleitung zusichert. In der Gestaltung dieses Instrumentariums ging Bader eigene Wege. Zum Beispiel hängt das Stimmrecht im Verwaltungsrat *nicht* vom gezeichneten oder über das Lohnkonto gutgeschriebene Aktienkapital ab. Jedes Mitglied in den verschiedenen Abteilungen hat *eine* Stimme. Zudem werden zwei oder drei Persönlichkeiten von außerhalb der Firma in den Stiftungsrat gewählt. Bader half seinen Mitarbeitern, Arbeits- und Leitungsformen zu entwickeln, die es ihnen möglich machten, mehr als nur den Besitz an der Fabrik gemeinsam zu haben.

Sie suchten und fanden eine neue Weise der Zusammenarbeit. Sie

---

29. Vgl die Lit. oben, Anm. 25 und unten Anm. 30.

teilen die Sorgen ihrer Fabrik und die Kritik an der Arbeitsgestaltung miteinander. Gewinne *und* Verluste werden geteilt. Sie entwikkeln gemeinsam Vorstellungen über die Verwendung des Gewinnes. Gegenwärtig wird er folgendermaßen verteilt: 60 Prozent für Rückstellungen, Steuern und Reserven; 20 Prozent für Hilfsprojekte außerhalb der Firma, insbesondere zum Aufbau und zur Hilfe für ähnliche Projekte von Mitbestimmung in der Industrie; 20 Prozent zur Verteilung an die Mitarbeiter. Das Recht, ihre eigenen Ideen durchzuführen, ist ihnen statutengemäß zugesichert. Allerdings ist die nicht-kapitalistische Grundidee der Firma in den Stiftungsurkunden niedergelegt; das heißt etwa nicht, daß die Firma keinen Gewinn machen dürfe, sondern lediglich, daß »die Produktionsmittel« von den Arbeitern und Angestellten zusammen mit den übrigen Kapitaleignern kontrolliert werden.

Ihre eigentliche Probe wird die Firma in der jetzigen Rezession zu bestehen haben, in der auch sie – allerdings auch wieder über das Instrumentarium der Mitbestimmung – die mit Produktions- und Arbeitskapazitäts-Einbußen verbundenen wirtschaftlichen und menschlichen Probleme zu lösen hat. Trotzdem gilt: Die gedankenlose Behauptung, die einzige Alternative zum zentralplanwirtschaftlichen Mythos sei der marktwirtschaftliche Mythos westlicher Prägung, hat sich als unwahr erwiesen[30].

Alle ernsthaften Vertreter des Mitbestimmungsmodells sind sich darin einig, daß Betriebe auch unter dem Mitbestimmungsmodell gewinnbringend arbeiten müssen. »Die Ablehnung des Profits als eines der wichtigsten Effektivitätskriterien ist utopisch.«[31] Es braucht aber noch mehr. Es braucht die Einsicht, daß wir nur zusammen, in Partnerschaft, weiterkommen. Das Mitbestimmungsmodell muß für alle einsichtig und verstehbar, »mithin kommunikabel« sein[32]. Das setzt den schon oben angedeuteten Ausbildungsprozeß voraus. Wir müssen nicht nur beruflich qualifiziert sein und den Mitbestimmungsmechanismus verstehen, wir müssen auch lernen, mit unseren Mythen vernünftig umzugehen.

Das führt uns zum dritten Element des Mythos vom dritten Weg; es ist die Notwendigkeit einer *hohen Qualifikation der Arbeiter- und Angestelltenschaft.* Dies ist umso wichtiger, als sich die Voraussagen von Šik nicht zu bewahrheiten scheinen, nämlich daß wir keine

---

30. Zu Scott Bader: A Kind of Alchemy (hg von Scott Bader); F. Blum, Ethics of Industrial Man; ders., Work and Community; S. Hoe The Man Who Gave His Company Away.
31. O. Šik, Argumente, 49.
32. A. Rich, Sozialethische Kriterien, 18.

Massenarbeitslosigkeit mehr im Sinne der dreißiger Jahre zu erwarten haben[33]. Es ist allerdings verständlich, daß er zu diesem Schluß kommt, denn er lebt in der Schweiz, wo ein hoher Grad von Flexibilität und Ausbildung der Arbeitnehmer bis jetzt Massenarbeitslosigkeit verhinderte[34].

Weiterbildung der Erwachsenen[35] wird nicht nur für die Arbeiter, sondern auch für die Führungskader zu einer Überlebensfrage werden. Es wird in Zukunft nicht so sehr darauf ankommen, was einer einmal gelernt hat, sondern wie fähig er ist, dazuzulernen. Ist diese Weiterbildungsfähigkeit erschöpft, so sind – nach Swoboda – »unfähige (führende) Leute im öffentlichen Dienst und in der Privatwirtschaft von der Arbeit freizustellen.« Swoboda schlägt vor, daß »ihnen eine (volle) Rente zuzugestehen ist, da auf diese Weise bessere und kostengünstigere Entscheidungen zustandekommen«[36]. Hier, noch mehr als in den finanziellen Entscheidungen, wird das Mitbestimmungsrecht aller auf Grund ihres informierten Vertrauens oder Mißtrauens in ihre Kader entscheidend sein. Und es wird noch einmal wichtiger sein, daß diese Entscheidungen im überschaubaren Rahmen geschehen, »wo man sich kennt«, damit Wahlen und Sachabstimmungen nicht durch die sattsam bekannten Sloganisierungen verdorben werden. Wir werden uns entscheiden müssen, ob wir – wo immer möglich – die menschliche Qualität der Arbeit oder die falsche Effizienz der Quantität suchen.

15.3 Ein wahrer Mythos?

Die Ikonen des Mythos vom dritten Weg sind die Familien- und Dorfbilder, Ikonen, die bereits äußerst wirksam in unserer Wahllandschaft verwendet werden[37]. Sie drücken eine weit verbreitete Sehnsucht aus, der aber die post-industrielle Rationalität und die

---

33. O. Šik, Argumente, 156; H. Tonks (aaO) diskutiert in Kap. 7 die Notwendigkeit der Mitbestimmung in einem Klima der Arbeitslosigkeit.
34. So erklärt zum Beispiel die Sozialdemokratin Shirley Williams (Politics is for People, 153 und passim) die relative Vollbeschäftigung in der Schweiz. Ähnlich, aber unter Einbezug einer Analyse der menschlichen und kulturellen Kosten des Wirtschaftserfolges der Schweiz die Beilage »Switzerland« zur Financial Times vom 13. 4. 1981.
35. R. Garaudy, Die große Wende, 30.
36. H. Swoboda, Der Kampf gegen die Zukunft, 58, referiert in A. Sonderegger, Die existentiellen Risiken des Arbeitnehmers, 347.
37. Giscard mit Tochter, Helmut Schmidt mit Frau, Ronald Reagan und Jimmy Carter mit Frau und Kindern, Billy Graham mit der ganzen Familie.

durchführbaren Organisationsmodelle fehlen. Priester im hierarchischen Sinne gibt es für diesen Mythos nicht, denn es sind »Hauskirchen«[38]. Tempel und Priester sind »zu Hause«. Es ist – wenn man so will – ein Pendant zum allgemeinen Priestertum der reformatorischen Tradition. Anstelle der »amtlichen Priester« gibt es in diesem Mythos aber Gurus und Schamanen, deren Autorität nicht auf ihrem Amt, sondern auf ihrer Fähigkeit zu überzeugen beruht.

Trotz dieses Mythos wird es auch übergreifende Strukturen geben müssen, denn schließlich kann man zum Beispiel ein Eisenbahnnetz oder eine Universität nicht auf der Grundlage eines Dorfes betreiben (obschon sowohl die Eisenbahn als auch die Universität viel von einem Dorf lernen können). Der Unterschied zum zentralplanwirtschaftlichen und zum marktwirtschaftlichen Mythos besteht darin, daß nur das in übergreifenden Strukturen organisiert wird, was nicht auf der kleineren Ebene genau so gut (oder mit einer verantwortbaren Einbuße) durchgeführt werden kann.

Ist der Mythos vom dritten Weg ein wahrer Mythos auf der Grundlage unserer schon früher entwickelten Kriterien[39]? Er ist ein wahrer Mythos, wenn er sich von der geschichtlichen Wirklichkeit, so wie sie von den »Erleidern« des Mythos erfahren wird, korrigieren läßt.

Es ist ein wahrer Mythos, wenn er sich als vorläufigen Mythos erkennt – ähnlich wie ein Paradigma in den Naturwissenschaften – und wenn er sich korrigieren läßt, sobald neue Erkenntnisse ein »paradigm shift« nötig machen.

Er ist ein wahrer Mythos, wenn er sich daran messen läßt, inwiefern er Menschen Menschen sein läßt und sie nicht lediglich zu Elementen eines Planes reduziert, gleichgültig ob dies ein marktwirtschaftlicher oder ein zentralplanwirtschaftlicher Plan sei.

---

38. Zur Hauskirchenbewegung vgl W. J. Hollenweger, The House Church Movement in Great Britain.
39. Oben, S. 158ff.

RÜCKBLICK UND AUSBLICK

Wenn ich die letzten Seiten dieses Buches überblicke, bin ich mir peinlich bewußt, daß vieles, was ich hier gesagt habe, den Vorstellungen eines Schweizers entspricht. Föderalisierung, Dezentralisierung, möglichst kleine Einheiten, Konzentration der Finanzen in den Gemeinden und nicht im Staat – das sind alles Prinzipien der Schweiz. Andererseits ist mir aber aufgefallen, daß diese Prinzipien unterdessen sozusagen neu »entdeckt« worden sind. An einer Konferenz der EWG zum Beispiel trug ein französischer Sozialist als allerneueste politische Einsicht ein System administrativen und steuerpolitischen Föderalismus vor, wie es in den Schweizer Kirchen und in der Schweizerischen Eidgenossenschaft seit etwa hundert Jahren praktiziert wird[1].

Die britische Sozialdemokratin Shirley Williams[2], ihre Kollegen Roy Jenkins und David Owen, der Chef der englischen Liberalen David Steel, der britische Wirtschaftswissenschafter Charles Handy[3], eine Anzahl von internationalen Managern in Amerika und Europa, mit denen ich das Thema diskutierte, eine große Zahl derjenigen Menschen, die sich in der Bundesrepublik Deutschland in Bürgerinitiativen engagieren oder in Frankreich demonstrieren, die Basken in Spanien, die Kelten in Großbritannien und Frankreich, die Elsäßer und Korsen in Frankreich, die Südtiroler in Italien, die Albanier in Jugoslawien – sie alle suchen föderative Staats- und Wirtschaftsformen im Interesse unserer Zukunft. Es ist daher sinnvoll, sich in jenen Ländern umzusehen, in denen diese Theorien Praxis geworden sind.

Das klassische Beispiel dafür ist die Schweiz[4]. Die Grundfrage,

---

1. Lesebuch, 121f.
   Als ich meine Zweifel darüber äußerte, daß auch eine sozialistische Regierung in Frankreich keine »Regionalisierung« durchführen, sondern wie alle bisherigen Regierungen zentralisieren werde, wurde mir dies nicht bestritten. Man wird sehen, denn der betreffende Redner ist unterdessen von Mitterand zum neuen Ministerpräsidenten Frankreichs ernannt worden; der Staatsminister für »régionalisation et décentralisation« ist Michel Roccard, der diese Position schon in den sechziger Jahren vertrat.
2. Oben, S. 224.
3. Ch. Handy, Gods of Management, oben, S. 219f.
4. Oben, S. 85f.

die hier zu stellen ist, lautet: Wie kommt es, daß dieses von Natur aus arme Land seine wirtschaftlichen Probleme mehr oder weniger gelöst hat? Gewiß nicht in erster Linie, wie von den Polemikern gesagt wird, wegen den Nummernkonten ausländischer Kapitalgeber[5] oder mit Hilfe billiger Arbeitskräfte aus dem Ausland. Diese Elemente spielen für unsere Frage eine untergeordnete Rolle. Das läßt sich schon dadurch belegen, daß andere Länder, zum Beispiel England, ebenso billige Arbeitskräfte und erhebliche Kapitalien aus dem Ausland anziehen, was aber in diesem Fall zu ganz andern Resultaten führt. Vielmehr halte ich die Gründe für stichhaltiger, die die Financial Times angibt: eine hochqualifizierte, flexible Arbeiter- und Angestelltenschaft, kleine politische und wirtschaftliche Einheiten, eine stabile politische Ordnung mit eingebauten demokratischen Regulativen, die sowohl die kantonalen, wie auch die eidgenössischen Behörden und die einzelnen Parteien ständig zu Kompromissen und Ausgleichsvorschlägen zwingt[6].

Wenn man aber nun dieses Beispiel für den dritten Weg etwas näher untersucht[7], so werden auch die Grenzen dieses Mythos sichtbar. Die Lösung der vordergründigen wirtschaftlichen Probleme hat die Schweizer nicht zu glücklichen Menschen gemacht. Im Gegenteil, manchmal habe ich den Eindruck, daß diejenigen Menschen, die um ihr Überleben kämpfen müssen, wie zum Beispiel die Arbeiterpfarrer in Birmingham oder die Schwarzen in Südafrika, besser wissen, wie sie *als Menschen* und nicht nur als Konsumenten überleben können. Damit will ich nicht Armut, Rassenverfolgung und Ungerechtigkeit im Interesse der Lebensqualität propagieren. Das wäre Zynismus. Ich überschlage lediglich »die hohen Kosten des Erfolges«[8] des dritten Weges. Die Financial Times (gewiß kein marxismusverdächtiges Blatt) bringt die Jugendrevolten in Zürich in

---

5. W. J. Hollenweger, Die Schweiz und das Bankgeheimnis, Leben und Glauben 55/14, 2. 4. 1980, 6f.
6. Financial Times, 13. 4. 1981, Sonderbeilage »Switzerland«, insbesondere: Brij Khindaria, Business improves and future looks bright, VI; ders., Restructering pays off after six difficult years (Uhrenindustrie), X; M. Donne, A national airline which still operates at a profit, XI; W. L. Luetkens, The high cost of success, I; ders., Street violence throws up an army of questioners, III; ders., Curbing inflation demands careful balance, IV; ders., Special need for production–orientied services, IV; J. Wicks, Unrest brings a shift away from the middle ground, II; ders., Successful year ends with a cautious note for future, II:, ders., Big rise in earnings but bankers sound a warning note, V; ders., Better market conditions lead to higher output and sales, X.
7. Das zweite Element des Mythos vom Dritten Weg (Mitbestimmung in der Industrie, oben, S. 220 ff) ist allerdings in der Schweiz keineswegs Wirklichkeit.
8. Oben, Anm. 6, W. L. Luetkens.

Zusammenhang mit dem schweizerischen Wirtschaftswunder: »Im gegenwärtigen Wirtschaftsklima muß die Schweiz mehr denn je ihre Produktivität erhöhen. Sie muß ihre Arbeitnehmerschaft spezialisieren und qualifizieren. Das bedingt einen hohen Preis an Anpassungs- und Streßfähigkeit. Die Versuchung, den Bettel hinzuwerfen – und wäre es auch nur für ein Krawallwochenende – wird größer und größer. Das Leben in einer Leistungsgesellschaft ist schwer.«[9] Das Leben in einer Leistungsgesellschaft ist schwer. Nur eben, die Alternative, das Leben in einer Hungergesellschaft in der Dritten Welt oder in einer Gesellschaft mit beinahe drei Millionen Arbeitslosen, ist gewiß nicht leichter. Ich nehme nicht an, daß Luetkens, der Verfasser des zitierten Artikels, gegen die Leistungsgesellschaft als solche polemisiert, sondern daß er uns einladen will, *die Grenzen* unseres Mythos, die Grenzen der Leistungsgesellschaft zu sehen und zu bejahen.

Wie lernen wir dies? Wir lernen es, indem wir uns mit anderen Mythen beschäftigen, indem wir den Kontakt mit Menschen aus anderen Kulturen und Mythenbereichen suchen, mit Menschen, die froh wären, sie hätten »nur« unsere Probleme zu lösen. Dabei können wir lernen, in den richtigen Proportionen zu denken. Wir (und unsere Jugend) lernen dabei, daß die Probleme, die wir uns eingeredet haben, im Vergleich zu denjenigen der meisten Gesellschaften der Welt, lächerliche Kleinigkeiten sind. Vor allem aber lernen wir, daß »der Glaube an die Vernunft eine mythische Option« ist, und »somit über die Befugnisse der Vernunft hinaus« geht[10]. Wir lernen, daß die Vernunft sich komplementär zum Mythos verhält[11]. Wir lernen, wie wir Kräfte von jenseits der Vernunft in den Dienst einer vernünftigen Vernunft stellen können.

Kontakte mit Menschen, die in diesen Bereichen einen Erfahrungsvorsprung vor uns haben, passieren nicht von selbst. Sie müssen gesucht (und bezahlt!) werden. Die Kosten sind nicht nur finanzieller Art. Wir müssen mit »Seelengeld« bezahlen, mit Geduld und Schmerzen, wenn uns zum Beispiel in einseitiger und

---

9. »In the present world economic climate, Switzerland more than ever has to raise productivity, to specialise, to increase the qualifications of its work force. That means heavy pressures on all but the most adaptable and capable. Temptations to drop out – if only for a rowdy week–end – are therefore increasing. Life is not easy in a meritocracy« (W. E. Luetkens, Street violence).
10. L. Kolakowski, Die Gegenwärtigkeit des Mythos, 58; zit. bei H. Halbfas, Religion, 60.
11. H. Halbfas, Religion, 50.

verletzender Weise unsere eigenen Grenzen vordemonstriert werden. Die meisten Menschen lernen Entscheidendes sowieso nur unter den Bedingungen des Schmerzes. Kirche und Theologie haben hier eine vordringliche Aufgabe. Die Kirche, insofern sie Kirche Jesu Christi ist, deutet, steigert und transzendiert die hier angesprochenen kulturellen und sozialen Konflikte und projiziert sie nicht auf eine verachtete und verfolgte Minorität, sondern auf den Sündenbock Jesus Christus, der im Herrenmahl zelebriert wird. »Das Sühnopfer ist eine Bewältigung sozialer Spannungen; der Sündenbock nimmt das nicht Verarbeitete mit sich. . . . Die Sünde aller wird auf einen übertragen. Der zwischen Menschen latente Tötungswunsch wird an einem aktualisiert – stellvertretend für andere. Das Neue im christlichen Opfergedanken ist, daß der stellvertretend geopferte Sündenbock nicht aus der Gemeinschaft ausgeschlossen und in die Wüste geschickt wird; er wird zum Weltenherrn gemacht und als letzter Maßstab anerkannt.«[12]

Die Theologie, insofern sie Leib-Christi-Theologie ist, deutet diese sozialen und kulturellen Konflikte als notwendige Wachstumskrisen einer globalen theologischen Reflexion, die an der Basis erfahren und mitbedacht werden. Wer könnte denn diese Aufgaben übernehmen, wenn nicht die Kirche und ihre Theologen? Und wenn beide sich dieser Aufgabe entschlagen, weil es immer leichter ist, die Probleme der Vergangenheit zu lösen und zu diskutieren, müssen wir uns da wundern, wenn wir »arbeitslos« werden?

»Der Dialog der Zivilisationen hat erst begonnen«[13], schreibt Roger Garaudy. Ich halte diese Aussage für zu optimistisch. Jedenfalls was die Schweiz, England und Frankreich betrifft, hat der Dialog der Zivilisationen noch kaum eingesetzt. Der dritte Weg, so wie ich ihn im letzten Kapitel skizzierte, vernachlässigte diese wichtige Tiefendimension der Menschwerdung des Menschen.

Darum muß der Mythos vom dritten Weg zusammen mit den Menschen aus der Dritten Welt zelebriert und erfahren werden[14]. Indem wir diese Menschen kennen lernen, die mit der Natur, mit den Mitmenschen und mit sich selber in einem grundsätzlicheren Dialog stehen als wir, werden die uns verloren gegangenen Tiefendimensionen des Menschseins neu entdeckt. Das ist nicht nur nötig für die Theologie, sondern auch für unser Überleben als Menschen.

---

12. G. Theissen, Studien zur Soziologie des Urchristentums, 313f, vgl auch ITh I, 338ff.
13. R. Garaudy, Die große Wende, 242; vgl auch R. Garaudy, Pour un dialogue des civilisations.
14. Beispiele dazu oben, S. 127 ff, S. 179 ff.

Es ist darum sinnvoll und zeugt von staatspolitischer und theologischer Weitsicht, wenn zum Beispiel ein ökumenischer Arbeitsausschuß der Kirchen der Bundesrepublik auf höchster Ebene, unter Einbezug von bedeutenden Wissenschaftern und Spitzenpolitikern aus allen drei großen Parteien sich der Frage einer multikulturellen Gesellschaft in der Bundesrepublik stellte (1980)[15].

Es zeigt sich hier noch einmal die Wichtigkeit der Interkulturellen Theologie, jetzt aber in bezug auf diejenigen Elemente anderer Kulturen, Religionen *und Menschen*, die uns fremd, unverständlich oder gar absurd vorkommen. Im Gespräch mit diesen und in der gleichzeitigen Auseinandersetzung mit der westlichen Naturwissenschaft werde ich darum unter dem Thema der Pneumatologie diese Bereiche im dritten Band dieser Interkulturellen Theologie angehen.

Das Thema des Heiligen Geistes ist ein mit Mythenelementen gesättigter Komplex. Aus diesem Grunde hat bis jetzt die westliche Theologie (inklusive die charismatische Erneuerungsbewegung) kaum eine Pneumatologie hervorgebracht, denn die Reduktion der Pneumatologie auf die Christologie ist doch wohl kaum eine theologisch besonders eindrückliche Leistung. Ich vermute, daß in der Neuaufnahme einer Pneumatologie, die nicht schon im vorneherein christologisch vereinnahmt wird, das Gespräch über das »Filioque« der Ostkirchen eine neue Dimension gewinnt.

Wir haben uns auf unserer Pilgerfahrt durch die Mythenlandschaften der Gegenwart auf die westlichen Mythen konzentriert, weil die Prävalenz – so scheint es mir – der Mythen in den östlichen Gegenden und in den Landschaften der Dritten Welt nicht strittig ist. Die meisten heutigen wissenschaftlichen Theologen rechnen damit, daß mit Geduld und unter dem kulturellen Druck des Westens wenigstens die Theologen der Kirchen der Dritten Welt sich dem anschließen werden, was wir im Westen für wissenschaftliche Theologie halten. Sollten sie dies nicht tun – so sagen einige –, so ist das immer noch kein Grund gegen unsere eigenen Wissenschaftsmethoden. Es wird lediglich zur wissenschaftlichen Isolierung der Kirchen der Dritten Welt führen, denken sie.

---

15. Siehe dazu die wichtige Dokumentation des epd (27. 10. 1980, 48/80) mit Referaten von Landesbischof D. Lohse, Metropolit Irineos, Kardinal Höffner, Jürgen Micksch, René Riedo (Die Schweiz: das Ende der Überfremdungsideologie), R. Elliot Kendall (Großbritannien als multikulturelle Gesellschaft), G. M. J. M. Kooloh, Holland (Vermittler der Kultur als Brücke der Integration), Lucien Jacoby, EWG (Länderübergreifende Kulturen), Willy Brandt, Helmut Kohl, Franz Josef Strauß, Hans-Dietrich Genscher.

Ich bin der Meinung, daß genau das Umgekehrte passieren wird. Dieser Band zeigt mit aller wünschenswerten Klarheit, daß die Kategorien des Mythos nicht Kategorien der »unterentwickelten Kulturen« sind (wobei die Definition dessen, was entwickelt und unterentwickelt ist, auf unüberwindbare Schwierigkeiten stößt), sondern allgemein menschliche Kategorien. Wir vernachlässigen sie in unserem westlichen Wissenschaftsbetrieb zu unserem eigenen Schaden. Es könnte dann sehr wohl die Situation eintreten, daß *wir* von den übrigen Kirchen isoliert werden.

Der Mythos ist ein Datum des Menschseins des Menschen wie der Traum, das Frau- und Mannsein und die Sprache. Das macht es notwendig, daß wir uns mit dem Mythos genau so theologisch verantwortlich auseinandersetzen wie mit den übrigen Gegebenheiten des Menschen. Beschimpfen, Ignorieren und Verdrängen führen zu schwerwiegenden menschlichen und wissenschaftlichen Fehlleistungen. Darum liegt es im Interesse unserer theologischen Vernunft und unserer theologischen Tradition, die Arbeit an unseren eigenen Mythen und an den Mythen unserer Mitmenschen aus anderen Kulturen als Teil unserer wissenschaftlichen Theologie aufzunehmen.

IV. ANHANG

Abkürzungen

AThANT	Abhandlungen zur Theologie des Alten und Neuen Testaments
Bonhoeffer, GS	*D. Bonhoeffer*, Gesammelte Schriften, hgg. von E. Bethge, 6 Bde (München 1958 – 74).
Bossey 1980	*A. Bittlinger* (Hg), The Church is Charismatic. The World Council of Churches and the Charismatic Renewal (Genf 1981).
ChroSch	*W. J. Hollenweger*, Christen ohne Schriften. Fünf Fallstudien zur Sozialethik mündlicher Religion (Erlanger TB 38, Erlangen 1977).
ChroSch (holl.)	*W. J. Hollenweger*, De Geest spreekt alle talen. Een analyse van de Pinksterbeweging (Ökumene 8/1, Baarn 1976).
ChroSch (englisch)	*W. J. Hollenweger*, Pentecost Between Black and White. Five case studies on Pentecost and Politics (Belfast 1974).
Edinburgh	World Mission Conference 1910 (To consider missionary problems in relation to the non-Christian world). The history and records of the conference together with addresses delivered at the evening meetings, 9 Bde (London/Edinburgh o.J., ca 1910).
EKK	Evangelisch-katholischer Kommentar zum Neuen Testament
EvTh	Evangelische Theologie
Festschrift Rich	*Th. Strohm* (Hg), Christliche Wirtschaftsethik vor neuen Aufgaben. Festgabe für Arthur Rich zum siebzigsten Geburtstag (Zürich 1980).
Frühschriften	*Karl Marx*, Die Frühschriften, hg von S. Landshut (Kröners TB 209, Stuttgart 1953).
Genf 1966 (englisch)	*M. M. Thomas / Paul Albrecht* (Hg), Christians in the Technical and Social Revolutions. World Conference on Church and Society, Geneva, July 12–26, 1966. The official report with a description of the conference (Genf 1966).
Genf 1966 (deutsch)	*Hanfried Krüger* (Hg), Appell an die Kirchen der Welt. Dokumente der Weltkonferenz für Kirche und Gesellschaft, hg vom ÖRK (Stuttgart 1967).
GGG	*W. J. Hollenweger*, Glaube, Geist und Geister. Professor Unrat zwischen Bangkok und Birmingham (Frankfurt 1975).
HNT	Handbuch zum Neuen Testament.
ISWRA	Institute for the Study of Worship and Religious Architecture

KBB	*W. J. Hollenweger* (Hg), Kirche, Benzin und Bohnensuppe. Auf den Spuren dynamischer Gemeinden (Zürich 1971).
KD	*Karl Barth*, Kirchliche Dogmatik (Zürich 1932ff).
Kfa	Die Kirche für andere und Die Kirche für die Welt im Ringen um Strukturen missionarischer Gemeinden. Schlußberichte der Westeuropäischen Arbeitsgruppe und der Nordamerikanischen Arbeitsgruppe des Referates für Fragen der Verkündigung (Genf, ÖRK, 1967).
Kfa (englisch)	The Church for Others and The Church for the World. A Quest for Structures for Missionary Congregations. Final Report of the Western European Working Group and the North American Working Group of the Department on Studies in Evangelism (Genf, ÖRK, 1967).
Kfa (spanisch)	La iglesia para otros. Una búsqueda de estructuras para congregaciones misioneras. Informe final del grupo de trabajo de Europa Occidental del Departamento de Estudios sobre evangelización, Consejo Mundial de Iglesias (La Paz, Bolivien, Instituto Boliviano de Estudio y Acción Social, 1967).
Kfa (portugiesisch)	Uma igreja para o mundo. Estudo das estructuras missionarias de congregação (S. Paulo, edições oikoumene, 1969).
KM	Kommunistisches Manifest.
KuM	*H. W. Bartsch* (Hg), Kerygma und Mythos, ca 13 Bde (Hamburg 1948ff).
KuV	*J. C. Hoekendijk*, Kirche und Volk in der deutschen Missionswissenschaft. Bearbeitet und herausgegeben von Erich-Walther Pollmann (Theol. Bücherei 35, München 1967).
KuV (holl.)	*J. C. Hoekendijk*, Kerk en volk in de duitse zendingswetenschap (theol. Diss. Utrecht, 1948).
Lausanne (englisch)	*J. D. Douglas* (Hg), Let the Earth Hear His Voice. International Congress on World Evangelization, Lausanne, Switzerland. Official Reference Volume: Papers and Responses (Minneapolis, Minn, 1975).
Lausanne (deutsch)	Alle Welt soll sein Wort hören. Lausanner Kongreß für Weltevangelisation (Stuttgart, Telos 901/2, 2 Bde, 1974).
Lesebuch	*W. J. Hollenweger*, Wie Grenzen zu Brücken werden. Ein theologisches Lesebuch (München 1980).
MaSt	*H. J. Margull* (Hg), Mission als Strukturprinzip. Ein Arbeitsbuch zur Frage missionarischer Gemeinden (Genf, ÖRK, 1965, 1968³).
MaSt (englisch)	*Th. Wieser* (Hg), Planning for Mission. Working Papers on the New Quest for Missionary Communities (Genf, ÖRK, und London, 1966).
MaSt (franz.)	*G. Casalis / W. J. Hollenweger / P. Keller* (Hg), Vers une église pour les autres. A la recherche de structures pour des communautés missionnaires (Genf 1966).
Nairobi (englisch)	*David M. Paton* (Hg), Breaking Barriers. Nairobi 1975. The Official Report of the Fifth Assembly of the World Council of Churches, Nairobi, 23 November–10 December 1975 (London/Grand Rapids, 1975).
Nairobi (deutsch)	*Hanfried Krüger / Walter Müller–Römheld* (Hg), Bericht aus

Nairobi 1975. Ergebnisse, Erlebnisse, Ereignisse. Offizieller Bericht der Fünften Vollversammlung des ÖRK 23. November bis 10. Dezember 1975 in Nairobi/Kenia (Frankfurt 1976).

NTD   Das Neue Testament Deutsch.

ÖRK   Ökumenischer Rat der Kirchen.

Oxford (englisch)   *J. H. Oldham* (Hg), The Churches Survey Their Task. The Report of the Conference of Oxford, July 1937, on Church, Community and State (London 1937).

Oxford (deutsch)   *J. H. Oldham* (Hg), Kirche und Welt in ökumenischer Sicht. Bericht von der Weltkirchenkonferenz von Oxford über Kirche, Volk und Staat (Genf 1938).

PGG   *Walter J. Hollenweger*, Enthusiastisches Christentum. Die Pfingstbewegung in Geschichte und Gegenwart (Zürich/Wuppertal 1969).

PGG (englisch)   *Walter J. Hollenweger*, The Pentecostals (London/Minneapolis, Minn., 1972, 1976²).

PGG (spanisch)   *Walter J. Hollenweger*, El Pentecostalismo. Historia y doctrina (Buenos Aires 1976).

RGG   Religion in Geschichte und Gegenwart.

ThWNT   Theologisches Wörterbuch zum Neuen Testament.

Uppsala (deutsch)   *N. Goodall / W. Müller–Römheld* (Hg), Bericht aus Uppsala 1968. Offizieller Bericht über die Vierte Vollversammlung des ÖRK. Uppsala 1968 (Genf 1968).

Uppsala (englisch)   *N. Goodall* (Hg), The Uppsala Report 1968. Official Report of the Forth Assembly of the WCC, Uppsala July 4–20, 1968 (Genf 1968).

WHO   World Health Organization, Genf.

WPKG   Wissenschaft und Praxis in Kirche und Gesellschaft.

WUNT   Wissenschaftliche Untersuchungen zum Neuen Testament.

Zukunft   *J. C. Hoekendijk*, Die Zukunft der Kirche und die Kirche der Zukunft (Stuttgart 1965²).

Zukunft (holl.)   *J. C. Hoekendijk*, De kerk binnesten buiten. Keuze uit zij werk door L. A. Hoedemaker en P. Tijmes (Carillonpocket S 11, Amsterdam 1965²).

Zukunft (englisch)   *J. C. Hoekendijk*, The Church Inside Out (Philadelphia 1964).

Literaturverzeichnis

Von wenigen Ausnahmen abgesehen, ist hier nur die *zitierte*, nicht die verwendete Literatur erfaßt; schon im Abkürzungsverzeichnis aufgeführte Titel werden nicht wiederholt.

John Adegoke / W. J. Hollenweger, Markus 9.17–27: Heilung – Theorie und Praxis, in: Predigtstudien III/2 (Stuttgart 1981), 225–31.

Ichaz Adizes / Elisabeth Mann Borgese (Hg), Self-Management: New Dimension to Democracy (Oxford 1975).

Elisabeth Adler, Ökumene im Kampf gegen Rassismus. Ein erster Anfang. Programm des ÖRK zur Bekämpfung des Rassismus. Bericht über die ersten fünf Jahre (epd dokumentation 14, Frankfurt 1975).

Helmut Aichelin, Das Wiedererwachen des Mythos. Was ist neu an der »Neuen Religiosität«?, in: Information Nr. 56 IX/74, Ev. Zentralstelle für Weltanschauungsfragen, Stuttgart.

Jürg Altwegg, Das gestörte Ritual. Bewegung in der Schweiz. Konflikte um Medien, Sprache, Macht und Bilder, in: Frankfurter Allg. Zeitung 2. 9. 1981.

Helmut Anselm, Gott als Dichter. Aspekte zum Selbstverständnis narrativer Religionspädagogik, in: Theologia Practica 16, Heft 1/2, 1981, 117–130.

Helmut Arndt, Wirtschaftliche Macht. Tatsachen und Theorien (München 1974).

Rudolf Augstein, Jesus Menschensohn (Rowohlt Tb 6866, 1974).

Hans-Eckehard Bahr, Verkündigung als Information. Zur öffentlichen Kommunikation in der demokratischen Gesellschaft (Konkretionen 1, Hamburg 1968).

– Kirchen in nachsakraler Zeit (Konkretionen 2, Hamburg 1968).

John Bank / Ken Jones, Worker Directors Speak (London 1977).

Ian G. Barbour, Myths, Models and Paradigms. A Comparative Study in Science and Religion (New York/London 1974).

Hermann Barth / Tim Schramm, Selbsterfahrung mit der Bibel. Ein Schlüssel zum Lesen und Verstehen (München/Göttingen 1977).

Karl Barth, Der Römerbrief (1918, 1926[5], Reprint Zürich 1954).

– Die Auferstehung der Toten (München 1924).

– Nachwort, in: Schleiermacher-Auswahl (Siebenstern Tb 113/114, 1968) 290–312.

Karl Barth/Eduard Thurneysen, Briefwechsel 1913–1930, 2 Bde, in: Karl Barth, Gesamtausgabe V/1–2 (Zürich 1973/74).

Roland Barthes, Mythologies (Paris 1957).

Hans-Werner Bartsch, Die Bibel anders lesen – aber wie?, in: Neue Stimme 12/1978, 20–23.

Hans-Dieter Bastian, Kommunikation. Wie christlicher Glaube funktioniert (Stuttgart 1972).

Klaus-Martin Beckmann (Hg), Wissenschaft, Glaube und die Zukunft des Menschen (aus dem Englischen, Stuttgart 1970).

Peter L. Berger, The Social Reality of Religion (erschien 1967 unter dem Titel: The Sacred Canopy, mehrere Auflagen, 1973 als Penguin TB).

– A Rumour of Angels. Modern Society and the Rediscovery of the Supernatural (1969, 1970 als Pelican TB).

– Pyramids of Sacrifice. Political Ethics and Social Change (1974, 1977 als Penguin TB).

Eberhard Bethge, Dietrich Bonhoeffer. Theologe, Christ, Zeitgenosse (München 1967).

– Was heißt Kirche für andere? Überlegungen zu Dietrich Bonhoeffers Kirchenverständnis, in: Pastoraltheologie 58, 1969, 94–105 = Bethge, Ohnmacht und Mündigkeit. Beiträge zur Zeitgeschichte und Theologie nach Dietrich Bonhoeffer (München 1969), 152–169.

Ugo Bianchi, Probleme der Religionsgeschichte (aus dem Italienischen, Göttingen 1964).

Arnold Bittlinger, Papst und Pfingstler. Der römischkatholisch-pfingstliche Dialog und seine ökumenische Relevanz (Studien zur interkulturellen Geschichte des Christentums 16, Frankfurt 1978).

– Charismatic Renewal: An Opportunity for the Church?, in: Ecumenical Review 31/3, Juli 1979, 247–251; auch in: Bossey 1980, 7–13.

– (und P. Felber), Responses of the Churches, in: Bossey 1980, 40–66.

– Report on the Work of the WCC Consultant on Charismatic Renewal, in: Bossey 1980, 218–229.

Fred H. Blum, Work and Community. The Scott Bader Commonwealth and the Quest for a New Social Order (London 1968).

– Ethics of Industrial Man. An empirical study of religious awareness and the experience of society (London 1970).

Paul Blumberg, Industrial Democracy. The Sociology of Participation (London 1968).

J. M. Bochenski, Marxism-Leninism and Religion, in: *B. R. Bociurkiw et al.*, Religion and Atheism in the USSR and Eastern Europe (London 1975), 1–17.

Klaus Bockmühl, Herausforderungen des Marxismus (Gießen/Basel 1979).

Dietrich Bonhoeffer, Nachfolge (München 1937, 1971[2]).

– Ethik (München 1949, 1966).

– Widerstand und Ergebung. Briefe und Aufzeichnungen aus der Haft (München 1951, Neuausgabe 1970).

– Sanctorum Communio. Eine dogmatische Untersuchung zur Soziologie der Kirche (München 1954, 1969[4]).

Günther Bornkamm, Art. Evangelien, synoptische, in: RGG[3] II (1958), 762f.

David J. Bosch, Witness to the World. The Christian mission in theological perspective (London 1980).

Hans Bosse, Marx, Weber, Troeltsch. Religionssoziologie und marxistische Ideologiekritik (München/Mainz 1971[2]).

Malcolm Boyd (Hg), The Underground Church (New York 1968).

Armin Boyens, Kirchenkampf und Ökumene. Darstellung und Dokumentation, 2 Bde (München 1969/73).

Günter Brakelmann, Mitbestimmung am Ende? Kritische Anmerkungen nach dem Mitbestimmungsurteil des Bundesverfassungsgerichtes, in: Festschrift Rich, 295–322.

John Pairman Brown, The Liberated Zone. A Guide to Christian Resistance (Richmond, Va. 1969).

John Pairman Brown / Richard L. York (Hg), The Covenant of Peace. A Liberation Prayer Book by The Free Church of Berkeley (New York 1971).

Emil Brunner, Wahrheit als Begegnung (Zürich 1938, erweitert und rev. 1963[2]).

Walbert Bühlmann, La terza Chiesa alle porte. Un'analisi del presente e del futuro ecclesiali (Rom 1974); deutsch gekürzt: Wo der Glaube lebt. Einblicke in die Lage der Weltkirche (Freiburg/Br. 1974).

Lord Bullock (Hg), Report of the Committee of Inquiry on Industrial Democracy (London 1977).

Rudolf Bultmann, Die Bedeutung der »dialektischen Theologie« für die neutestamentliche Wissenschaft (1928), in: Glauben und Verstehen I (Tübingen 1958), 114–133.

238   IV. Anhang

– Neues Testament und Mythologie. Das Problem der Entmythologisierung der
neutestamentlichen Verkündigung (1941), in: KuM I (Hamburg 1948, 1967[5]),
15–48.
– Zu J. Schniewinds Thesen das Problem der Entmythologisierung betreffend, in:
KuM I (Hamburg 1948, 1967[5]), 122–138.
– Jesus Christus und die Mythologie. Das Neue Testament im Licht der Bibelkritik
(aus dem Amerikanischen, Hamburg 1958).
Carl Jacob Burckhardt, Gesammelte Werke, 6 Bde (Neue Schweizer Bibliothek,
o.O., o.J.).
Eberhard Busch, Karl Barths Lebenslauf. Nach seinen Briefen und autobiographi-
schen Texten (München 1976).
E. Buss, Christliche Mission, 1876.
Fritz Büsser (Hg), Karl Marx im Kreuzverhör der Wissenschaften (Zürich 1973).
Malcolm Calley, God's People. West Indian Pentecostal Sects in England (Oxford
1965).
Alastair Campbell et al (Hg), Worker-Owners: The Mondragon Achievement. The
Caja Laboral Popular and the Mondragon Co-operatives in the Basque Provinces
of Spain (London 1977).
Ernesto Cardenal, Zerschneide den Stacheldraht (aus dem Spanischen, Wuppertal
1968[3]).
– Das Evangelium der Bauern von Solentiname. Gespräch über das Leben Jesu in
Lateinamerika (aus dem Spanischen, 2 Bde, Wuppertal 1976/78).
Joel Carmichael, Trotzki (englisch 1972; deutsch: Frankfurt 1973).
Georges Casalis, Vers une église pour les autres. Premières réactions, in: Informa-
tion/Evangélisation 1/3, Mai/Juni 1967, 12–40.
Enrico Castelli, Einführung: Technik, Eschatologie und Kasuistik, in: KuM VI/3
(italienisch 1964; deutsch 1968), 13–20.
– Einführung: Entmythologisierung und Moral, in: KuM VI/3 (italienisch 1965;
deutsch 1968), 107–116.
– Einführung zum internationalen Colloquium über das Thema: Mythos und
Glaube, in: KuM VI/4 (italienisch 1966; deutsch 1968), 9–14.
H. F. R. Catherwood, The Christian in Industrial Society (London 1964, 1974).
Paul Charman, Reflections. Black and White Christians in the City (London, o.J.).
Michel Clévenot, Approches matérialistes de la Bible (Paris 1976); deutsch: So
kennen wir die Bibel nicht. Anleitung zu einer materialistischen Lektüre biblischer
Texte (München 1978).
Carlo Coccioli, Mémoires du Roi David (Paris 1976).
Gianfranco Coffele, Johannes Christiaan Hoekendijk. Da una teologia della missione
ad una teologia missionaria (Rom 1976).
Aldo Comba, Reazioni italiane a un progetto di studi del Consiglio Ecumenico delle
Chiese, Concetto Italiano, in: Concept Special Issue 14, Mai 1967, 2–14
(ÖRK).
Concept Belge, Concept Special Issue 17, Febr. 1968 (ÖRK).
James H. Cone, God of the Oppressed (New York 1975).
Orlando E. Costas, The Church and Its Mission: A Shattering Critique from the
Third World (Wheaton, Ill./London 1974).
Harvey Cox, The Seduction of the Spirit. The Use and Misuse of People's Religion,
deutsch: Stuttgart 1974.
Michael Curtis (Hg), Marxism (New York 1970).
Heinrich Dauber / Werner Simpfendörfer (Hg), Eigener Haushalt und bewohnter
Erdkreis. Ökologisches und ökumenisches Lernen in der »Einen Welt« (Wupper-
tal 1981).

Johannes Daur, Die Güterkaufsgesellschaft Korntal. Eine hundertjährige wirtschaftlich-soziale Einrichtung der Brüdergemeinde Korntal (Jena 1919).

J. G. Davies, The Early Christian Church (London 1965).

– Worship and Mission (London 1966).

– Dialogue with the World (London 1967).

– Every Day God. Encountering the Holy in World and Worship (London 1973).

– New Perspectives on Worship Today (London 1978).

Thomas I. Day, Conviviality and Common Sense. The Meaning of Christian Community for Dietrich Bonhoeffer, Diss. New York 1975.

Friedrich Delekat, Zur Prinzipienlehre der evangelisch-theologischen Ethik, in: Zeitschrift für ev. Ethik 1964.

Gerhard Delling, Art. parthenos, in: ThWNT V (1954), 827ff.

Megnad Desai, Marxian Economic Theory (London 1974).

Martin Dibelius, An die Kolosser, Epheser, an Philemon, in: HNT 12 (Tübingen 1953).

Harold H. Ditmanson, Zur Welt geöffnete Türen. Eine nordamerikanische Stellungnahme zu Uppsala, in: Luth. Rundschau 19/2, 1959, 202–209.

V. Djukanovic / E. P. Mach (Hg), Alternative Approaches to Meeting Basic Health Needs in Developing Countries (World Health Organization, Genf, 1975).

Françoise Dolto / Gérard Séverin, L'évangile au risque de la psychoanalyse, 2 Bde (Paris 1978).

Hans Dombois, Das Recht der Gnade. Ökumenisches Kirchenrecht (Witten 1961).

Hans ten Dornkaat, Zum Eigentumsbegriff im ökumenischen Denken, Festschrift Rich, 393–418.

Dubcek's Blueprint for Freedom. His original documents leading to the invasion of Czechoslovakia (London 1968).

Ulrich Duchrow, Kann Bonhoeffers gelebte Lehre von der Kirche in der Bundesrepublik Deutschland rezipiert werden, in: *Christofer Frey / Wolfgang Huber* (Hg), Schöpferische Nachfolge. Festschrift für Heinz Eduard Tödt (FEST, Heidelberg 1978).

Sheila Grant Duff, Fünf Jahre bis zum Krieg (1934–1939). Eine Engländerin im Widerstand gegen Hitler (aus dem Engl.; München 1978).

Avery Dulles, Models of the Church (Dublin 1974).

André Dumas, Théologie politique et vie de l'église (Lyon 1977).

James Dunn, Models of Christian Community in the New Testament, in: Bossey 1980, 99–116.

Klaus Duntze, Der Geist, der Städte baut. Planquadrat, Wohnbereich, Heimat (Stuttgart 1972).

Johann Dürr, Sendende und werdende Kirche, 1947.

Friedrich Dürrenmatt, Die Stadt (Zürich 1952).

Gerhard Ebeling, Studium der Theologie. Eine enzyklopädische Orientierung (Uni-Tb 446, 1976).

Mircea Eliade, Die Religionen und das Heilige. Elemente der Religionsgeschichte (Darmstadt 1976).

Charles Elliot, Patterns of Poverty in the Third World. A Study of Social and Economic Stratification (New York/London 1975).

– Inflation and the Compromised Church (Belfast 1975).

Jacques Ellul, La technique ou l'enjeu du siècle (Paris 1954).

F. E. Emery / Einar Thorsrud, Form and Content in Industrial Democracy. Some experiences from Norway and other European Countries (London/Assen 1969; norwegisch 1964).

240 IV. Anhang

Erhard Eppler, Wenig Zeit für die Dritte Welt (1971, Urban–TB 822, 1975⁶).
– Maßstäbe für eine humane Gesellschaft: Lebensstandard oder Lebensqualität (1974, Urban TB 860).
– Ende oder Wende. Von der Machbarkeit des Notwendigen (Stuttgart 1975).
Willi Erl/Fritz Gaiser, Neue Methoden der Bibelarbeit. Vom Anti-Gleichnis zum Zeitungsbericht (Tübingen 1969⁶).
Samuel Escobar, Evangelism and Man's Search for Freedom, Justice and Fulfillment, Lausanne (englisch), 303–326; Evangelisation und die Suche des Menschen nach Freiheit, Gerechtigkeit und Erfüllung, Lausanne (deutsch) I, 385–426.
– Die Wiederkunft Christi, in: *René Padilla* (Hg), Zukunftsperspektiven, Evangelikale nehmen Stellung (Wuppertal 1977), 239–247.
F. Fabri, Die Entstehung des Heidentums, 1859.
Wolf-Eckart Failing, Kooperation als Leitmodell. Krise und Strukturerneuerung des Gemeindepfarramts (Frankfurt 1970).
Thomas Fawcett, Hebrew Myth and Christian Gospel (London 1973).
H. J. Fehle, Kirche und Unruhe – am Beispiel Zürich, in: Theol. Pract. 1981, 55–66.
Ernst Feil, Die Theologie Dietrich Bonhoeffers. Hermeneutik, Christologie, Weltverständnis (München/Mainz 1971).
Peter Felber, Plea for Sharing in the Search for a »Church Renewed and United in the Spirit«, in: Bossey 1980, 29–35.
Iring Fetscher, Der Marxismus. Seine Geschichte in Dokumenten, 3 Bde (München/ Zürich 1976).
Alfredo Fierro, The Militant Gospel. An Analysis of Contemporary Political Theologies (aus dem Spanischen, London 1977).
W. Foerster, Art. Herodes und seine Nachfolger, in: RGG³ III (1959), 268f.
David Ford, Barth and God's Story. Biblical Narrative and the Theological Method of Karl Barth in the »Church Dogmatics« (Studien zur interkulturellen Geschichte des Christentums 27, Frankfurt/Bern 1981).
Michel Foucault, Interview in La Quinzaine littéraire 5 (1966).
Hans W. Frei, The Identity of Jesus Christ. The Hermeneutical Bases of Dogmatic Theology (1967, Philadelphia, Pa. 1975).
Richard Friedli, Fremdheit als Heimat. Auf der Suche nach einem Kriterium für den Dialog zwischen den Religionen (ÖB 8, Fribourg/Schweiz 1974).
Gerhard Friedrich, Zur Vorgeschichte des ThWNT, in: ThWNT X (1978), 1–52.
Max Frisch, Wilhelm Tell für die Schule (Frankfurt 1971).
Hans Jakob Gabathuler, Jesus Christus, Haupt der Kirche, Haupt der Welt. Der Christushymnus Colosser 1,15–20 in der theologischen Forschung der letzten 130 Jahre (AThANT 45, Zürich 1965).
J. K. Galbraith, Money. Whence it came, where it went (London 1975).
– Power and the useful economist, Presidential Address delivered at the eightyfifth meeting of the American Economic Association, Toronto, Canada, Dec. 29, 1972, in: The American Economic Review 63/1, März 1973.
Roger Garaudy, De l'anathème au dialogue. Un marxiste s'adresse au Concile (Paris 1965); deutsch in: *R. Garaudy / J. B. Metz / K. Rahner*, Der Dialog. Oder: Ändert sich das Verhältnis zwischen Katholizismus und Marxismus? (Rowohlt Tb 944A, 1966).
– Le grand tournant du socialisme (Paris 1969); deutsch: Die große Wende des Sozialismus (Wien 1970).
– L'homme de Nazareth, ursprünglich in »Le Monde«, abgedruckt in: Evangile aujourdhui Nr 64 (Editions Franciscaines, Paris); deutsch: Wir haben von ihm gelernt, daß der Mensch als Schöpfer geboren ist, in: ÖRK, Heil der Welt im Horizont der Erfahrung (Genf o.J., 1972), 46f.

– Appel aux vivants (Paris 1979); deutsch: Aufruf an die Lebenden (Darmstadt/ Neuwied 1981).
– Il est encore temps de vivre, voici comment (Paris 1980).
– Le marxisme (Paris 1977).
– Pour un dialogue des civilisations. L'occident est un accident (Paris 1977).
Donald L. Gelpi, Charism and Sacrament. A Theology of Christian Conversion (London 1977).
Roswith Gerloff, Black Christian Communities in Birmingham, in: *Alan Bryman* (Hg), Religion in the Birmingham Area (ISWRA, University of Birmingham, Birmingham 1975), 61–84.
– Theory and Practice of the Holy Spirit, in: Quaker Religious Thought 16/3, Sommer 1975, 2–17.
– One in Christ: The Testimony of Our Black Independent Churches, in: The Friends' Quarterly 21/2, April 1979, 72–78.
– A Black Contribution to a New Spirituality, in: Community Nr. 24, 179, 11–13.
– Learning in Partnership (London, BCC, 1980).
– Schwarze Schule im weißen Europa, in: Ev. Kommentare 13/6, Juni 1980, 339f.
– Evangelikal – jedoch schwarz und frei, in: Ref. Kirchenzeitung 121/8, 15. 8. 1980, 211–214.
– Partnerschaft zwischen schwarz und weiß, in: *H. Dauber / W. Simpfendörfer* (Hg), Eigener Haushalt und bewohnter Erdkreis, 291–302.
Dietfried Gewalt, Neutestamentliche Exegese und Soziologie, in: Ev. Theologie, 31, 1971, 87–99.
Giulio Girardi, Marxism and Christianity (Dublin/Sydney 1968, aus dem Italienischen).
Hans-Joachim Girock (Hg), Notstand in der Kirche? Gemeinde zwischen Tradition und Auftrag (Gütersloh o.J.).
Kurt Goldammer / Willi Marxsen / Paul Althaus, Art. Jungfrauengeburt, in: RGG³ III (1959), 1068f.
Gordon Golding, ». . . mais délivre-nous du mal«. Une manifestation de la culture religieuse du Sud des Etats-Unis: La croisade anti-évolutionniste des années vingt (Diss. Université de Paris, 1980).
Helmut Gollwitzer, Historischer Materialismus und Theologie. Zum Programm einer materialistischen Exegese, in: *Willy Schottroff / Wolfgang Stegemann* (Hg), Traditionen der Befreiung, 2 Bde, 1: Methodische Zugänge (München/Gelnhausen) 13–59.
Jeremias Gotthelf, Uli der Knecht. Eine Gabe für Dienstboten und Meistersleute (Zürich o. J. Ex Libris).
Billy Graham, Why Lausanne? Lausanne (englisch), 22–36; deutsch: Warum Lausanne? Lausanne (deutsch), 35–58.
John Graham, Conscription and Conscience (London 1922).
Roger Grainger, The Language of the Rite (London 1974).
Karl Graul, Stellung und Bedeutung der christlichen Mission im Rahmen der Universitätswissenschaften (Erlangen 1864).
Michael Green, Methods and Strategy in the Evangelism of the Early Church, Lausanne (englisch), 159–180; deutsch: Die Urgemeinde und ihre Methoden und Strategien in der Evangelisation, Lausanne (deutsch), 215–52.
– (Hg), The Truth of God Incarnate (London 1977).
Christa Grengel / Dietrich Mendt (Hg), Der Laie in Gemeinde und Kirche. Materialien der Bundessynode vom 13. bis 17. Mai 1977 in Görlitz (Berlin/DDR 1979).

Fritz Grünzweig, Die Evangelische Brüdergemeinde Korntal. Weg, Wesen und Werk (Metzingen o.J., 1957).

Benno Gutmann, Zurück auf die Gottesstraße (Kassel 1934).

Ernst Haenchen, Die Apostelgeschichte (Kritisch-exegetischer Kommentar über das Neue Testament, Bd III, Göttingen 1959[12]).

Ian James H. Haire, The Character and Theological Development of the Church in Halmahera, Indonesia. 1941–1979 (Studien zur interkulturellen Geschichte des Christentums 26, Frankfurt 1981).

Hubertus Halbfas, Erfahrung und Sprache. Plädoyer für eine narrative Unterrichtskultur, in: *H. Halbfas* u. a. (Hg), Sprache, Umgang und Erziehung (Stuttgart 1975), 170–187.

– Religion (Stuttgart 1976).

– / *Ursula Halbfas* (Hg), Das Menschenhaus. Ein Lesebuch für den Religionsunterricht (Düsseldorf 1976[5]).

Charles Handy, Gods of Management. How they work, and why they will fail (London 1978).

Adolf v. Harnack, Grundsätze der evangelisch-protestantischen Mission, in: Reden und Aufsätze II (Gießen 1906[2]).

– Die Entstehung der christlichen Theologie und des christlichen Dogmas (Gotha 1927).

Karl Hartenstein, Bericht ans Komitee der Basler Mission, 15. 3. 1934, Int. Missionary Council, Box 330, Archiv des ÖRK (referiert E. M. Jackson, Red Tape and the Gospel, 76, 334, Anm. 20).

– Adnotationes ad dies poenitentiae et spei, geschrieben 1957, Original im Archiv der Basler Mission, Stuttgart, Kopie im Basler Missionshaus, Basel.

John Hasted, The Metal-benders (London 1981).

Peter Hebblethwaite, The Christian-Marxist Dialogue and Beyond (London 1977).

Werner Heisenberg, Der Teil und das Ganze (München 1961).

Edgar Hennecke / Wilhelm Schneemelcher (Hg), Neutestamentliche Apokryphen in deutscher Übersetzung, 2 Bde (Tübingen 1959/64).

Silvia Herkenrath, Soziale Aspekte des schweizerischen Allmendwesens im 19. Jahrhundert. Überlegungen zu L. Ragaz' »Dorfkommunismus«, in: Festschrift Rich, 183–208.

G. Herrmann, Dr. Karl Graul und seine Bedeutung für die lutherische Mission (Halle 1867).

Jeanne Hersch, Kann der Marxismus wissenschaftlich beurteilt werden?, in: *F. Büsser* (Hg), Der Marxismus im Kreuzverhör der Wissenschaften (Zürich 1974), 225–235.

Hedda J. Herwig, Oedipus auf der Couch. Wie Freud, Jung und Neumann einen Mythus inszenierten, in: Der Monat 1979/1, 122–132.

Joh. Hesse, Korntal einst und jetzt (Stuttgart 1910).

Albert v. d. Heuvel, Uppsala, ein Zirkus mit fünf Manegen, in: Luth. Rundschau 12/9, 1959, 215–22.

Stefan Heym, Der König David Bericht (aus dem Amerikanischen vom Vf., deutsch 1972, Fischer TB 1508, 1974).

John Hick (Hg), The Myth of God Incarnate (London 1977); deutsch: Wurde Gott Mensch? Der Mythus vom fleischgewordenen Gott (Siebenstern Tb 315, 1979).

Peter Hocken, A Survey of the Worldwide Charismatic Movement, in: Bossey 1980, 117–147.

Susanna Hoe, The Man who Gave his Company Away. A Biography of Ernest Bader, Founder of the Scott Bader Commonwealth (London 1978).

Libertus Arend Hoedemaker, Johannes Christian Hoekendijk, in: *Hans Jürgen Schultz* (Hg), Tendenzen der Theologie im 20. Jahrhundert. Eine Geschichte in Porträts (Stuttgart 1966), 577–581.

Christoph Hoffmann, Mein Weg nach Jerusalem. Erinnerungen aus meinem Leben (Jerusalem 1881/84).

Gottlieb Wilhelm Hoffmann, Fortgesetzte Nachrichten von der Gemeinde Korntal, 1820–1830.

Kurt Hoffmann, Die Wirklichkeit des Mythos (München/Zürich 1965).

Walter J. Hollenweger, Gemeinde für andere. Eine Diskussion in romanischen Ländern, in: Ök. Diskussion 3/2, 1967, 97–110.

– Gemeinde für andere in Belgien. Kann die Kirche pluralistisch sein?, in: Ök. Diskussion 4/3, 1968, 162–65.

– The Church for Others. Discussion in the DDR, in: Study Encounter 5/1, 1969, 26–36.

– »Leiblichkeit ist das Ende der Werke Gottes.« Zur Arbeit der Abteilung für Weltmission und Evangelisation im ÖRK, in: Ök. Rundschau 20/1, Jan. 1971, 67–76.

– Evangelisation gestern und heute (Stuttgart 1973), englisch: Belfast 1976.

– Conversion: L'homme devient homme, in: Chemins de la Conversion. Rapports, échanges et points de vue de la XLVe semaine de missiologie de Louvain 1975 (Museum Lessianum, section missiologique, no. 60, Brüssel 1975), 78–801.

– Does efficiency imply the destruction of human values? A theological action-research on co–decision in Industry, in: Research Bulletin, ISWRA, University of Birmingham, Birmingham 1974, 114–118.

– Efficiency and Human Values. A Theological Action–Research Report on Co–Decision in Industry, in: Expository Times 86/8, Mai 1975, 228–32.

– Geisterfahrung und charismatisches Weltverständnis, in: Diakonia 7/6, Nov. 1976, 381–90; englisch: Creator Spiritus, in: Theology 81/679, Jan. 1978, 32–40.

– Konflikt in Korinth/Memoiren eines alten Mannes. Zwei narrative Exegesen zu 1. Korinther 12–14 und Ezechiel 37 (München 1981³).

– Erfahrungen in Ephesus. Drei narrative Exegesen zu 1. Mose 8,15–22; Joh. 6,1–15 und Offb. 21,1–6 (München 1981²).

– Towards a Church Renewed and United in the Spirit, in: Ecumenical Review 31/3, Juli 1979, 305–309, auch in: Bossey 1980, 21–28.

– Roots and Fruits of the Charismatic Renewal in the Third World: Implications for Mission, in: Theological Renewal no. 14, Febr. 1980, 11–28; auch in: Research Bulletin ISWRA, University of Birmingham 1980, 125–143 und in: International Bulletin of Missionary Research 4/2, April 1980, 68–75 (mit Reaktion von James Forbes, 75f).

– The House Church Movement in Great Britain, in: Expository Times 92/2, Nov. 1980, 45–47.

– Besuch bei Lukas. Vier narrative Exegesen zu 2. Mose 14, Luk. 2,11–14, 2. Kor. 4,6–11 und Luk. 19,1–10 (München 1981).

– A l'université de Birmingham avec des pasteurs-ouvriers à peau noire, in: Journal des missions évangéliques 156/2, 1981, 56–63.

– Gomer: Das Gesicht des Unsichtbaren, in: Werkstatt Predigt (Loccum) 8/37, Sept. 1980, 6–25; erscheint mit Musiknoten bei Chr. Kaiser, München, 1982.

– Michal: Die Frauen meines Mannes (unveröffentlicht), erscheint 1982 auf französisch (Michal: Les femmes de mon mari) in Genf.

– Art. Evangelisation, erscheint in: Theol. Realenzyklopädie.

Donald Horne, God is an Englishman (Sydney/London/Melbourne, 1970).

Wolfgang Huber, Kirche (Stuttgart 1979).

Darril Hudson, The Ecumenical Movement in World Affairs (London 1969); deutsch: Ökumene und Politik (Stuttgart 1970).

Wilhelm v. Humboldt, Einleitung in die Kawi-Sprache, Bd VIII, 1889ff.

Eleanor M. Jackson, Red Tape and the Gospel. A study of the significance of the ecumenical missionary struggle of William Paton (1886–1943), (Birmingham 1981).

Günter Jacob, Die Zukunft der Kirche in der Welt des Jahres 1985, in: Junge Kirche 28, 1967, 349–365.

Jahrbuch der Neuen Helvetischen Gesellschaft, 44. Jg. (1973) (über Mitbestimmung).

R. C. Jaspers, Arthur Caley Headlam. The Life and Letters of a Bishop (London 1960).

David E. Jenkins, The Contradiction of Christianity (London 1976).

Carolina Maria de Jesus, Tagebuch der Armut. Aufzeichnungen einer brasilianischen Negerin (aus dem Brasilianischen, Fischer Tb 922, 1968).

Werner Jetter, Was wird aus der Kirche? Beobachtungen, Fragen, Vorschläge (Stuttgart 1968).

Hans Jonas, Heidegger und die Theologie, in: EvTh 24, 1964, 621–43.

Carl Gustav Jung, Psychologie und Alchemie (1944), Bd 20 in der ExLibris-Auswahl-Ausgabe, Zürich o.J. = Gesammelte Werke Bd XII (Zürich/Stuttgart 1972).

– Erinnerungen, Träume, Gedanken. Aufgezeichnet und herausgegeben von Aniela Jaffé (Zürich 1961).

– Der Mensch und seine Symbole (Zürich 1976).

M. S. C. Kapff, Die württembergischen Brüdergemeinden Korntal und Wilhelmsdorf, ihre Geschichte, Einrichtungen und Erziehungsanstalten, geschrieben zum Besten der Gemeinde Korntal (Korntal 1839).

Ernst Käsemann, Eine urchristliche Taufliturgie, in: Festschrift Rudolf Bultmann (Stuttgart 1949), 133–148 = Exegetische Versuche und Besinnungen I (Göttingen 1960), 34–51.

Bruce Kaye, Theology Comes Tomorrow, in: The Churchman 88/4, Okt.–Nov. 1974, 277–87.

– Congress Challenge to World Council, in: Church of England Newspaper 26. 7. 1974.

– Covenant at Lausanne, in: Church of England Newspaper 2. 8. 1974.

– Evangelicals Learn to »Agree to Disagree«, in: Church of England Newspaper 9. 8. 1974.

Howard C. Kee, Christian Origins in Sociological Perspective (London 1980).

Paul Keller, A la recherche de formes nouvelles d'une église pour les autres, in: Foi et Vie 1966/6, 37–80.

Werner Keller, Zur Freiheit berufen. Die Geschichte der Presbyterianischen Kirche in Kamerun (Zürich 1981).

Karl Kerényi, Der Mythos der areté, in: KuM VI/3 (1968, italienisch 1965), 117–125.

– Das Wesen des Mythos und der Technik, in: KuM VI/3 (1968, italienisch 1964), 21–30.

Cecil Kerr, Power to Love. Christian Renewal and Reconciliation (Belfast 1976).

John Killinger, Leave it to the Spirit. Commitment and Freedom in the New Liturgy (London 1971).

John C. King (Hg), The Evangelicals (London 1969).

Kirchenreform, 5 Bde (Stuttgart 1968–70).

Adolf Köberle, Zur Einführung, in: *B. Gutmann*, Zurück auf die Gottesstraße.

Marc E. Kohler, Kirchliches Bauen als Sprache der Kirche. Das Bauen der Evangelisch-reformierten Kirche Basel-Stadt von 1950–1975 (Zürich 1979).

Leszek Kolakowski, Der Teufel ist mir lieb, in: Die Zeit Nr. 42, 12. 10. 1973.

– Die Gegenwärtigkeit des Mythos (München 1973).

– Main Currents of Marxism, Bd I: The Founders, Bd II: The Golden Age, Bd III: The Breakdown (aus dem Polnischen, Oxford 1978).

Kommunität, Vierteljahreshefte der Ev. Akademie Berlin 22/86, März 1978 (Sonderheft zum Thema der materialistischen Exegese mit Beiträgen von Claus Helber, Giorgio Girardet, Georges Casalis, Wolfgang Stegemann, Louise Schottroff, Ton Verkamp, Juri Elperin).

Siegfried von Kortzfleisch, Religion im Säkularismus (Stuttgart 1967).

Walter Kreck, Grundfragen christlicher Ethik (München 1979²).

Werner Krusche, Schritte und Markierungen (Arbeiten zur Pastoraltheologie 9) (Berlin/DDR 1971).

Thomas S. Kuhn, The Structure of Scientific Revolutions (Chicago 1962, 1970²); deutsch: Die Struktur wissenschaftlicher Revolutionen (Suhrkamp 1979⁴).

Werner G. Kümmel, Das Neue Testament. Geschichte der Erforschung seiner Probleme (Freiburg 1958).

Arnold Künzli, Karl Marx. Eine Psychographie (Wien 1966).

Vladimir V. Kusin, The Intellectual Origins of the Prague Spring. The Development of Reformist Ideas in Czechoslovakia 1956–1967 (Cambridge 1971).

Martin Kuske, »Kirche für andere« in der »mündigen Welt«. Die Bedeutung von »Widerstand und Ergebung« für kirchliches Handeln heute, in: *Walter Papst* (Hg), Kirche für andere. Vorträge und Ansprachen im Bonhoeffer-Gedenkjahr (Berlin/DDR 1970), 83–102.

Jacques Lacan, Ecrits (Paris 1966).

– La Psychoanalyse (Paris 1956).

Dermot A. Lane (Hg), Liberation Theology. An Irish Dialogue (Dublin 1977, mit Beiträgen von Francisco F. Claver, Philippinen, Garret Fitz-Gerald, Enda McDonagh, Irland).

Hermann Lang, Die Sprache und das Unbewußte. Jacques Lacans Grundlegung der Psychoanalyse (Frankfurt 1973).

Ernst Lange, Kirche für andere, in: EvTh 27, 1967, 513–546; jetzt in: Kirche für die Welt, Edition Ernst Lange 2 (München/Gelnhausen 1981).

– Die ökumenische Utopie oder: Was bewegt die ökumenische Bewegung. Am Beispiel Löwen 1971: Menscheneinheit–Kircheneinheit (Stuttgart 1972).

– Predigen als Beruf (Stuttgart 1976).

Arend Th. van Leeuwen, Critique of Heaven and Earth, 2 Bde (London 1972/74). Revolution als Hoffnung. Strategie des sozialen Wandels (aus dem Amerikanischen, Stuttgart 1970).

Joachim Lell/Ferdinand W. Menne/Heinz-Günter Stobbe, Religiöse Gruppen. Alternativen in Großkirchen und Gesellschaft. Berichte, Meinungen, Materialien (Düsseldorf/Göttingen 1976).

Claude Lévi-Strauss, Tristes tropiques (Paris 1955, 1973); deutsch: Traurige Tropen (Köln 1960).

– La pensée sauvage (Paris 1962); deutsch: Das wilde Denken (Frankfurt 1968).

– Anthropologie structurale, 2 Bde (Paris 1958/73).

Martti Lindquist, Economic Growth and the Quality of Life: An Analysis of the Debate with the World Council of Churches (Helsinki 1975).

Gerhard Linn, Mündigkeit als Ausgangspunkt für die Gestaltung kirchlichen Dienstes, in: Brüderliche Kiche – menschliche Welt, Festschrift für Albrecht Schönherr (Berlin/DDR 1972), 187–202.

Manfred Linz, Anwalt der Welt. Zur Theologie der Mission (Stuttgart 1964).

Wilhelm Löhe, Drei Bücher von der Kirche, den Freunden der lutherischen Kirche
... dargeboten (Stuttgart 1845).

Per Lønning, Eine Stellungnahme zur Vierten Vollversammlung des ÖRK, in: Luth.
Rundschau 19/1, Jan. 1969, 70–82.

H. D. de Loor, Hoekendijk en verder ... De kerk understeboven? (Carillonreeks 51,
Amsterdam 1966).

E. Lorenz (Hg), Heimatbuch der Stadt Korntal (Korntal 1969).

Hans Lutz, Die Wirklichkeit der Kirche. Sein und Sollen (Stuttgart 1966).

Milan Machoveč, Jesus für Atheisten (Stuttgart 1972).

– Die Sache Jesu und marxistische Selbstreflexionen, in: *I. Fetscher / M. Machoveč*
(Hg), Marxisten und die Sache Jesu (München/Mainz 1974), 85–102.

Steven Mackie, Patterns of Ministry. Theological Education in a Changing World
(London 1969).

André Malraux, The Metamorphosis of the Gods (London 1967).

Hans Jochen Margull, Die Kirche steht sich selbst im Wege, in: *Werner Simpfendörfer* (Hg), Kirchenreform 1: Die Gemeinde vor der Tagesordnung der Welt
(Stuttgart 1968), 51–62.

Wolfgang Marhold, Fragende Kirche. Über Methode und Funktion kirchlicher
Meinungsumfragen (München/Mainz 1971).

Louis Marin, Semiotik der Passionsgeschichte. Die Zeichensprache der Ortsangaben
und Personennamen (aus dem Französischen, 1971, München 1976).

Kurt Marti, Grenzverkehr. Ein Christ im Umgang mit Kultur, Literatur und Kunst
(Neukirchen–Vluyn 1976).

Markus Mattmüller, Über die Affinität des christlichen Denkens zur Genossen-
schaftsidee, in: Festschrift Rich, 165–182.

Jerome McCarthy, The Charismatic Renewal and Reconciliation in Northern Ireland,
in: One in Christ 10/1, Jan. 1974, 31–43.

– The Significance of Neo-Pentecostalism for Ecumenism (Phil. Diss. Universität
Hull, 1973).

Kilian McDonnell (Hg), Presence, Power, Praise. Documents on the Charismatic
Renewal (Collegeville, Minn., 1980, 3 Bde).

– Presentation by Rev. Kilian McDonnell of His Paper on »Church Reactions to the
Charismatic Renewal«, in: Bossey 1980, 147–154.

– Church Reactions to the Charismatic Renewal, in: Bossey 1980, 154–173.

D. McLellan, Karl Marx. His Life and Thought (London 1976).

Wayne A. Meeks (Hg), Zur Soziologie des Urchristentums. Ausgewählte Beiträge
zum frühchristlichen Gemeinschaftsleben in seiner gesellschaftlichen Umwelt
(München 1979, Aufsätze aus amerikanischen Fachzeitschriften von Leander E.
Keck, Shirley Jackson Case, Samuel Dickey, Clarence L. Lee, John G. Gager, A.
A. Judge, Robert L. Wilken, Abraham J. Malherbe, John Howard Schütz, Wayne
A. Meeks, Jonathan E. Smith).

Ferdinand F. Menne, Christliche Großkirchen und religiöse Gruppen, in: *J. Lell / F.
W. Menne / H.-G. Stobbe*, Religiöse Gruppen, 11–78.

Liselotte Mettler, Traf der mit »Realität« gespitzte Pfeil?, in: Luth. Rundschau 19/2,
1969, 209–215.

Joh. Baptist Metz, Kleine Apologie des Erzählens, in: Concilium 9, 1973,
171–184.

John Meyendorff, Einheit der Kirche – Einheit der Menschheit, in: Ök. Rundschau
21, 1972, 160ff.

Alice Meyer, Anpassung oder Widerstand. Die Schweiz zur Zeit des deutschen
Nationalsozialismus (Frauenfeld 1966).

José P. Miranda, Marx and the Bible. A Critique of the Philosophy of Oppression (spanisch 1971; London/New York 1974).

Ian I. Mitroff / John Nelson / Richard O. Mann, On Management Myth Information Systems, in: Management Science 21/4, Dez. 1974, 371–382.

Geoffrey Moorhouse, The Missionaries (London 1973).

Abdalazis de Moura, Importância das Igrejas Pentecostais para a Igreja Católica (Recife, vervielf., o.J.).

– O Pentecostalismo como fenômeno popular no Brasil, in: Revista Eclesiástica Brasileira 31/121, März 1971, 78–94.

Heribert Mühlen, Die Erneuerung des christlichen Glaubens. Charisma, Geist, Befreiung (Regensburg 1974).

Jörg Müller, Uppsala II. Erneuerung in der Mission. Eine redaktionsgeschichtliche Studie und Dokumentation zu Sektion II der 4. Vollversammlung des ÖRK, Uppsala 1968 (Studien zur interkulturellen Geschichte des Christentums 10, Frankfurt 1977).

Adelheid Müller-Lissner, »Aufruf an die Lebenden«, in: Orientierung 45/7, 15. 4. 1981, 86–88.

Denis Munby (Hg), Economic Growth in World Perspective (New York/London 1966).

Henry A. Murray (Hg), Myth and Mythmaking (New York 1960).

Walter Neidhart / Hans Eggenberger (Hg), Erzählbuch zur Bibel. Theorie und Beispiele (Zürich etc. 1976²).

Neue Exegese. Materialsammlung (Stuttgart 1978, mit Beiträgen von Hermann Schultz, Ton Verkamp, Kuno Füssel, Martin Stähli, Hans-Werner Bartsch, Georges Casalis, Ernesto Cardenal, Sergio Rostagno).

Neue transkonfessionelle Bewegungen. Dokumente aus der evangelikalen, der aktionszentrierten und der charismatischen Bewegung (Ök. Dokumentation III, Frankfurt 1976).

Herbert T. Neve / Werner Krusche (Hg), Quellen der Erneuerung. Auf der Suche nach beweglichen Strukturen für die Kirche (Genf 1968); englisch: Sources for Change. Searching for flexible Church structures (Genf 1968).

Kenneth W. Newell (Hg), Health by the People (WHO, Genf, 1975).

Günther van Norden, Kirche in der Krise 1933 (Düsseldorf 1963).

Edward Norman, Christianity and the World Order (Oxford 1979); vgl. auch Christian Faith and Political Hopes. A reply to E. R. Norman (London 1979).

F. W. Norris, Art. Antiochien, in: Theol. Realenzyklopädie III (1978), 99–103.

Ök. Rat der Kirchen, Faith, Science and the Future (Genf 1978).

– Heil der Welt im Horizont der Erfahrung. Eine Textsammlung (Genf 1972, auch englisch und franz.).

On the Other Side. The Report of the Evangelical Alliance's Commission on Evangelism (London 1968).

R. E. Ornstein, The Psychology of Consciousness (London 1975).

René Padilla, Evangelism and the World, Lausanne (englisch), 116–146; Evangelisation und die Welt, Lausanne (deutsch), 146–194.

– (Hg), Zukunftsperspektiven. Evangelikale nehmen Stellung (Wuppertal 1977).

Raymond Panikkar, Kerygma und Indien. Zur heilsgeschichtlichen Problematik der christlichen Begegnung mit Indien, in: KuM V/3 (Hamburg 1967).

– Der Glaube als konstitutive Dimension des Menschen (italienisch 1966; deutsch in: KuM VI/4, Hamburg 1968), 15–40.

– Moral des Mythos und Mythos der Moral. Mythologie und Logomythie (italienisch 1965; deutsch in: KuM VI/3, Hamburg 1968), 151–170.

– Secularization and Worship, in: *Wiebe Vos* (Hg), Worship and Secularization

(Bussum, Holland, 1970), 28–71; deutsch in: *Karl Ferdinand Müller* (Hg), Gottesdienst in einem säkularisierten Zeitalter (Kassel/Trier 1971), 49–110.

Wolfhart Pannenberg, Thesen zur Theologie der Kirche (München 1970, 1974²).
– Theologie und Reich Gottes (Gütersloh 1971).
– Die Kirche und das eschatologische Gottesreich, in: *Carl E. Braaten / Avery Dulles / Wolfhart Pannenberg*, Kirche ohne Konfessionen? Sechs Aspekte ihrer künftigen Gestalt (amerikanisch 1970, München 1971), 119–135.
– Späthorizonte des Mythos in biblischer und christlicher Überlieferung, in: *Manfred Fuhrmann* (Hg), Terror und Spiel. Probleme der Mythenrezeption (München 1971, 473–525), und separat unter dem Titel: Christentum und Mythos. Späthorizonte des Mythos in biblischer und christlicher Überlieferung (Gütersloh 1972).

S. R. Parker et al., The Sociology of Industry (London 1967, 1972²).
Blaise Pascal, Pensées (Paris n. d.).
Hans Pfeifer (Hg), Genf '76. Ein Bonhoeffer-Symposion (München 1976).
Michael Poole, Workers' Participation in Industry (London 1975).
Philip Potter, Charismatic Renewal and the World Council of Churches, in: Bossey 1981, 73–87.
Presentie en pretentie. Terzake. Gesprekken van Sociologen en theologen over kerkvernieuwing (Utrecht/Baarn 1967).
Praktische Bibelarbeit heute. Ein Handbuch hg. vom Katholischen Bibelwerk e. V. (Stuttgart 1974²).
Richard Quebedeaux, The Young Evangelicals (New York 1974).
Wolfgang Ratzmann, Missionarische Gemeinde. Ökumenische Impulse für Strukturreform (Berlin/DDR 1980).
Reform und Anerkennung kirchlicher Ämter. Ein Memorandum der Arbeitsgemeinschaft ökumenischer Universitätsinstitute (München/Mainz 1973).
Gavin Reid, The Gagging of God. The failure of the church to communicate in the television age (London 1969).
Ingrid Reimer, A Critical Participant Looks Back to the Bossey Consultation, in: Bossey 1980, 215–217.
Paul Reinhardt, Weihnachtsevangelium zeitgemäß, in: Luth. Monatshefte 8/12, Dez. 1969, 620–23.
Karl Rennstich, Mission und wirtschaftliche Entwicklung. Biblische Theologie des Kulturwandels und christliche Ethik (München/Mainz 1978).
Arthur Rich, Pascals Bild vom Menschen. Eine Studie über die Dialektik von Natur und Gnade in den »Pensées« (Zürich 1953).
– (Hg), Christoph Blumhardt. Christus in der Welt. Briefe an Richard Wilhelm (Zürich 1958).
– Verantwortlichkeit des evangelischen Erziehers in einer technisierten Welt, in: Weg und Ziel, Mitteilungen aus dem Freien Gymnasium Bern, Dez. 1964, 15f.
– Verantwortliche Existenz in der technisierten Welt, in: Schweiz. Lehrerzeitung 108/37, 13. 9. 1963, 1037.
– Christliche Existenz in der industriellen Welt. Eine Einführung in die sozialethischen Grundfragen der industriellen Arbeitswelt (Zürich 1957, 1964²).
– Glaube in politischer Entscheidung. Beiträge zur Ethik des Politischen (Zürich 1962).
– Aufrisse. Vorarbeiten zum sozialethischen Denken (Zürich 1972).
– Mitbestimmung in der Industrie. Probleme, Modelle, Kritische Beurteilung. Eine sozialethische Orientierung (Zürich 1973).
– Die Weltlichkeit des Glaubens. Diakonie im Horizont der Säkularisierung (Zürich 1966).

– Radikalität und Rechtsstaatlichkeit. Drei Beiträge zur politischen Ethik (Zürich 1978).

– Sozialethische Kriterien und Maximen humaner Gesellschaftsgestaltung, in: Festschrift Rich, 17–38.

Alan Richardson (Hg), A Dictionary of Christian Theology (London 1969).

Julius Richter, Ein nationaler Einschlag im Missionsmotiv?, in: Allg. Missionszeitschrift 1915, 310f.

H. Rickenbach, »Erneuerung in der Mission«. Zum Sektionsbericht II der Weltkirchenkonferenz von Uppsala, in: Freiburger Zeitschrift für Philosophie und Theologie 16, 1969, 177–196.

Dietrich Ritschl / Hugh O. Jones, »Story« als Rohmaterial der Theologie (München 1976).

Adolf Martin Ritter / Gottfried Leich, Wer ist die Kirche? Amt und Gemeinde im Neuen Testament, in der Kirchengeschichte und heute (Göttingen 1968).

James Robertson, The Reform of British Central Government (London 1971).

John Root, Encountering Westindian Pentecostalism: its Ministry and Worship (Bramcote, Notts. 1979).

Alfons Rosenberg, Mozart und der Mythos der Aufklärung, in: Zeitwende 50/1, Jan. 1979, 24–32.

Sergio Rostagno, Essays on the New Testament. A »Materialistic« Approach (aus dem Italienischen, Genf o.J.).

Herbert Röttgen / Florian Rabe, Vulkantänze. Linke und alternative Ausgänge (München 1978²).

Hans Ruh, Sozialethischer Auftrag und Gestalt der Kirche. Ekklesiologische Konsequenzen der sozialethischen Forschung der letzten drei Jahrzehnte in Theologie und Ökumene (Zürich 1971).

Erich Günter Rüppel, Die Gemeinschaftsbewegung im Dritten Reich. Ein Beitrag zur Geschichte des Kirchenkampfes (Göttingen 1969).

Letty M. Russell, Christian Education in Mission (Philadelphia, Pa. 1967).

Ludwig Rütti, Zur Theologie der Mission. Kritische Analysen und neue Orientierungen (München/Mainz 1972).

Hermann Sauter, Für und wider die Entmythologisierung des Neuen Testaments. Zu Professor Bultmanns Aufsatz über »Neues Testament und Mythologie« (auf Veranlassung der kurhessischen Bekennenden Kirche), in: KuM II (1961), 41–65.

Alfred Sauvy, Mythologie de notre Temps (Paris 1965).

Roger Sawtell, Sharing Our Industrial Future? (London 1968).

Hans Schaefer, Die Medizin in unserer Zeit. Theorie, Forschung, Lehre (München 1963²).

Igor R. Schafarevitsch, Über einige Tendenzen in der Entwicklung der Mathematik, Jahrbuch der Göttinger Akademie der Wissenschaften 1974.

Bodo Scheurig, Der 20. Juli 1944, in: Hefte für den Freundeskreis der Ev. Akademie Tutzing 44/1974, 28–48.

Michael Schibilsky, Kirchliche Outsider, religiöse Insider, in: *J. Lell / F. W. Menne / H.-G. Stobbe,* Religiöse Gruppen, 149–167.

Albert von Schirnding, Den Mythos zu Ende bringen?, in: Merkur 34/10, Okt. 1980, 1037–1043.

Günther Schiwy, Strukturalismus und Christentum. Eine Herausforderung (Freiburg/Br. 1969).

Martin Schlunk, Die werdende Nationalkirche, Neue allg. Missionszeitschrift 1925.

Hans Heinrich Schmid, Der gegenwärtige Neuaufbruch der Pentateuchforschung, Vetus Testamentum (Suppl.) (1982, in Druck).

– Der sogenannte Jahwist. Beobachtungen und Fragen zur Pentateuchforschung (Zürich 1976).

Heinz G. Schmidt (Hg), Zum Gottesdienst morgen. Ein Werkbuch (München/ Wuppertal 1969).

Kurt Dietrich Schmidt, Die Bekenntnisse des Jahres 1934 (Göttingen 1935).

Gerhard Schnath (Hg), Fantasie für Gott. Gottesdienste in neuer Gestalt (Stuttgart 1965).

– (Hg), Fantasie für die Welt. Gemeinden in neuer Gestalt (Stuttgart 1967).

– (Hg), Werkbuch Gottesdienst. Texte, Modelle, Berichte (Wuppertal 1967).

Peter K. Schneider, Wirtschaftliche Entwicklung und sozialer Wandel. Die Dritte Welt im sozio-ökonomischen Modell (München 1971).

Julius Schniewind, Das Evangelium nach Matthäus (NTD 2, Göttingen 1936, 1964).

Willy Schottroff / Wolfgang Stegemann (Hg), Der Gott der kleinen Leute. Sozialgeschichtliche Bibelauslegungen 1: Altes Testament (München/Gelnhausen 1979).

– Traditionen der Befreiung, 2 Bde, 1: Methodische Zugänge, 2: Frauen der Bibel (München/Gelnhausen 1980).

Bruno Schottstädt (Hg), Konkret-verbindlich. Notizen aus der DDR (Hamburg 1971).

Wilhelm von Schramm, Aufstand der Generale. Der 20. Juli in Paris (München 1964).

Trent Schroyer, The Critique of Domination. The Origins and Development of Critical Theory (New York 1973).

Hans Jürgen Schultz, Der zwanzigste Juli, Alternative zu Hitler? (Stuttgart 1974).

Siegfried Schulz, Die Stunde der Botschaft. Einführung in die Theologie der vier Evangelisten (Hamburg 1967).

Eduard Schweizer, Beiträge zur Theologie des Neuen Testaments. Neutestamentliche Aufsätze (1955–1970, Zürich 1970).

– Das Evangelium nach Matthäus (NTD 2, Göttingen 1973).

– Der Brief an die Kolosser (EKK, Zürich/Neukirchen–Vluyn 1976).

– Art. soma, in: ThWNT VII (1964), 1024–91.

Scott Bader, A Kind of Alchemy (Wollaston, Wellingborough, Northamptonshire: Scott Bader, 1973).

Robert T. Sears, Spirit; Divine and Human. A Critical Study of the Theology of the Holy Spirit of Heribert Mühlen and its relevance for a theological evaluation of psychotherapy (Diss. Fordham University, New York 1974).

Juan Luis Segundo, A Theology for Artisans of a New Humanity (spanisch 1972, 5 Bde, New York 1974).

– The Liberation of Theology (spanisch 1975, New York und Dublin 1977).

Uwe Seidel / Diethard Zils (Hg), Aktion Gottesdienst, 2 Bde (Wuppertal/Düsseldorf 1970).

H. G. Seraphim (Hg), Das politische Tagebuch Alfred Rosenbergs (München 1964).

Ota Šik, Der dritte Weg. Die marxistisch-leninistische Theorie und die moderne Industriegesellschaft (Hamburg 1972).

– Argumente für den Dritten Weg (Hamburg 1973).

– Die marxistisch-leninistische Theorie und die Wirtschaftspraxis im Sowjetsystem, in: *F. Büsser* (Hg), Karl Marx im Kreuzverhör der Wissenschaften, 141–156.

Werner Simpfendörfer, Offene Kirche, kritische Kirche. Kirchenreform am Scheideweg (Stuttgart 1969).

John F. Sleeman, Economic Crisis: A Christian Perspective (London 1976).

Edw. Ellis Smith, Der junge Stalin (amerikanisch 1967, München 1969).

Alfons Sonderegger, Die existentiellen Risiken des Arbeitnehmers, in: Festschrift Rich, 323–348.

J. B. Souček, Die Entmythologisierung in der tschechischen Theologie, in: KuM IV (1955), 11–30.

Yorick Spiegel, Kooperative und funktionsgegliederte Gemeindeleitung, in: WPKG 60/4, April 1971, 162–177.

– (Hg), Psychoanalytische Interpretationen biblischer Texte (München 1972, mit Beiträgen von Karl Abraham, Jacob A. Arlow, David Bakan, David Cox, A. Fodor, Sigmund Freud, Erich Fromm, Helmut Harsch, Ernest Jones, Carl Gustav Jung, Eduard König, Henry P. Laughlin, Ludwig Levy, Emil Lorenz, William G. Niederland, Theodor Reik, Céza Roheim, Efraim M. Rosenzweig, Joachim Scharfenberg, Sidney Tarachov).

– (Hg), Doppeldeutlich. Tiefendimensionen biblischer Texte (München 1978, mit Beiträgen von Manfred Arnd, Hermann Beland, Helmut Harsch, Hans-Günter Heimbrock, Adolf Heimler, Gudrun Jork, Raimar Keintzel, Werner Kühnholz, Grete Anna Leutz, Dieter Lührmann, Gerhard Marcel Martin, Martin Maußhardt, Heinz Muller–Pozzi, Ingo Neumann, Richard Reiss, Hermann Schultz, Yorick Spiegel, Dieter Stollberg, Reiner Strunk, Gerhard Wehr).

Dorothee Steffensky–Sölle, Der Wunsch ganz zu sein. Gedanken zur neuen Religiosität, in: *Hans-Eckehard Bahr* (Hg), Zur gesellschaftlichen Rolle der Religion, 1975, 146–151.

– Die Hinreise. Texte und Überlegungen zur religiösen Erfahrung (Stuttgart 1975).

Uwe Stegelmann, Der Begriff des Mythos als Wesen und Wirklichkeit, eine Auseinandersetzung mit der Spätphilosophie Schellings (Diss. Hamburg 1976).

Lothar Steiger, Erzählter Glaube. Die Evangelien (Gütersloh 1978).

Theodor Steimle, Die wirtschaftliche und soziale Entwicklung der württembergischen Brüdergemeinden Korntal und Wilhelmsdorf (Korntal 1929).

Anton Steiner / Volker Weymann, Bibelarbeit in der Gemeinde. Themen und Materialien, Bd 1: Jesus Begegnungen (Basel/Zürich 1978²), Bd 2: Wunder Jesu (Basel/Zürich 1978).

Werner Steinjan, Der Beitrag der Wirtschaftspolitik zur Beschäftigungspolitik, in: Festschrift Rich, 275–294.

Heinz-Günther Stobbe / Thomas Quecke, Zur ökumenischen Relevanz der Spontangruppen, in: *J. Lell / F. W. Menne / H.-G. Stobbe*, Religiöse Gruppen, 127–148.

Eugene L. Stockwell, Claimed by God for Mission. The Congregation seeks new forms (New York 1965).

Mervyn Stockwood, The Cross and the Sickle (London 1978).

Peter Stuhlmacher, Vom Verstehen des Neuen Testaments. Eine Hermeneutik (NTD Erg. 6, Göttingen 1979).

Peter Stuhlmacher/Helmut Class, Das Evangelium von der Versöhnung in Christus (Stuttgart 1979).

Helmut Swoboda, Der Kampf gegen die Zukunft. Bericht über die Widerstände gegen die Veränderungen (fischer alternativ 4004, Frankfurt 1978).

Horst Symanowski / Fritz Vilmar, Die Welt des Arbeiters. Junge Pfarrer berichten aus der Fabrik (Frankfurt 1963).

Gerhard Szczesny, Der Tod des Gottesproblems, in: Börsenblatt für den Deutschen Buchhandel, Horizonte 29/58, Juli 1973.

Henning Talman, Kirken i opbrud (Kopenhagen 1969).

Sallie McFague TeSelle, Speaking Parables. A Study in Metaphor and Theology (London 1975).

Gerd Theissen, Wanderradikalismus. Literatursoziologische Überlieferung von Worten Jesu im Urchristentum, in: Zeitschrift für Theologie und Kirche 70, 1973, 245–271.

– Theoretische Probleme religionssoziologischer Forschung und die Analyse des Urchristentums, in: Neue Zeitschrift für syst. Theologie und Religionsphilosophie 16, 1974, 35–56.

– Soziale Integration und sakramentales Handeln, in: Novum Testamentum 24, 1974, 179–205.

– Legitimation und Lebensunterhalt. Ein Beitrag zur Soziologie urchristlicher Missionare, in: New Testament Studies 21, 1975, 192–221.

– Die Starken und die Schwachen in Korinth. Soziologische Analyse eines theologischen Streites, in: Ev. Theologie 35, 1975, 155–172.

– Die soziologische Auswertung religiöser Überlieferungen. Ihre methodologischen Probleme am Beispiel des Urchristentums, in: Kairos 17, 1975, 284–299.

– Die Tempelweissagung Jesu. Prophetie im Spannungsfeld von Stadt und Land, in: Theol. Zeitschrift 32, 1976, 144–158.

Die obigen Beiträge sind jetzt zusammengefaßt zugänglich, zusammen mit einer Reihe unveröffentlichter Studien in:

– Studien zur Soziologie des Urchristentums (WUNT 19, Tübingen 1979)

– Soziologie der Jesusbewegung. Ein Beitrag zur Entstehung des Urchristentums (Theol. Existenz heute 194, München 1977).

– Argumente für einen kritischen Glauben. Oder: Was hält der Religionskritik stand? (Theol. Existenz heute 202, München 1978).

Theology Today 32/3, Juli 1975 (Sondernummer zur materialistischen Exegese, mit Beiträgen von George W. Stroup, James H. Cone, James B. Wiggins, Sallie McFague TeSelle, Robert McAfee Brown).

Gilbert Thulow, Biblical Myths and Mysteries (London 1974).

Mady Thung, The Precarious Organisation. Sociological Explorations of the Church's Mission and Structure ('s-Gravenhage 1976).

Eduard Thurneysen, Warum Mission heute?, in: Ev. Missionsmagazin 86, 1942, 103–116.

Paul Tillich, Mythus und Mythologie, in: RGG² IV (1930), 363–370.

Heinz Eduard Tödt, Das Angebot des Lebens. Theologische Orientierung in den Umstellungskrisen der modernen Welt (Siebenstern Tb 254) 1978.

John R. R. Tolkien, Tree and Leaf (London, 1964, 1968³).

Harold Tonks, Faith, Hope and Decision-Making. A theological study in consistent relativity, being an exposition of the social ethical thought of Professor Dr. Arthur Rich of Zürich (Ph. D. Diss., University of Birmingham, 1981).

Leo Trotzki, Der junge Lenin (aus dem Russischen, Wien 1969).

Henry E. W. Turner, History of an African Independent Church, 2 Bde (Oxford 1967).

O. Uttendörfer, Zinzendorfs Weltbetrachtung (Berlin 1929).

Reinhard Veller, Dialog zwischen Kirche und Wirtschaft. Die Evangelische Kirche im Gespräch mit den Sozialpartnern (Köln 1973).

Dan Otto Via, Die Gleichnisse Jesu. Ihre literarische und existentiale Dimension (amerikanisch 1967, München 1970).

Lukas Vischer, Europäische Theologie, weltweit herausgefordert, in: Ök. Rundschau 28, 1979, 233–247.

– Veränderung der Welt, Bekehrung der Kirchen. Denkanstöße der Fünften Vollversammlung des ÖRK in Nairobi (Frankfurt 1976).

W. A. Visser 't Hooft / J. H. Oldham, The Church and Its Function in Society (London 1937); deutsch: Die Kirche und ihr Dienst an der Welt (Berlin 1937).

Bernd Wacker, Narrative Theologie? (München 1977).

Gerhart Waeger, Die Sündenböcke der Schweiz. Die Zweihundert im Urteil der geschichtlichen Dokumente 1940–1946 (Olten 1971).

Geoffrey Wainwright, Eucharist and Eschatology (London 1971).

Christian Walther, Wohlstand als Thema theologischer Ethik. Versuch einer Problembeschreibung, in: Festschrift Rich, 223–246.

Gustav Warneck, Evangelische Missionslehre, 3 Bde (Gotha 1892ff, 1897[2]).

George W. Webber, Gemeinde in East Harlem. Ein Experiment in der Großstadt. Beispiele und Folgerungen (aus dem Amerikanischen, München 1963).

Emil Weber, Friedrich Dürrenmatt und die Frage nach Gott. Zur theologischen Relevanz der frühen Prosa eines merkwürdigen Protestanten (Zürich 1980).

Hans-Ruedi Weber (unter dem Pseudonym Ralf Textor), Silvester 1999. Rückblick eines Christen aus Miatopia (Stuttgart 1977).

Hartmut Weber, Evangelische Sozialethik zwischen christlichem Proprium und werturteilsfreier Analyse?, in: Festschrift Rich, 145–164.

Hans Weder, Die Gleichnisse Jesu als Metapher (Göttingen 1978).

Michael Weinrich, Narrative Theologie, in: Concilium 9, 1973, 329–333.

Gerhard Weisser, Glaubensgewißheit und heutige Wertens- und Erkenntniskritik, in: Festschrift Rich, 111–124.

Carl Friedrich von Weizsäcker, Der Garten des Menschlichen. Beiträge zur geschichtlichen Anthropologie (München 1978[5]).

– Gedanken eines Nichttheologen zur theologischen Entwicklung Dietrich Bonhoeffers, in: *H. Pfeifer* (Hg), Genf '76, 29–67, und in: C. F. v. Weizsäcker, Der Garten des Menschlichen, 454–78.

Heinz-Dietrich Wendland, Wirtschafts- und sozialkritische Thesen. Zur Ergänzung der »Einführung in die Sozialethik«, in: Festschrift Rich, 39–56.

Christof Martin Werner, Das Ende des »Kirchen«-Baus. Rückblick auf moderne Kirchenbaudiskussion (Zürich 1971).

Brian Wicker, The Story Shaped World. Fiction and Metaphysics: Some Variations on a Theme (London 1975).

Bastiaan Wielenga, Lenins Weg zur Revolution. Eine Konfrontation mit Sergej Bulgakov und Petr Struve im Interesse einer theologischen Besinnung (München 1971).

Folkert Wilken, Die Befreiung der Arbeit (Freiburg 1965).

– Das Kapital. Sein Wesen, seine Geschichte und sein Wirken im 20. Jahrhundert (Schaffhausen 1976).

Colin W. Williams, Gemeinden für andere. Orientierung zum kirchlichen Strukturwandel (aus dem Amerikanischen, Stuttgart 1965).

– The Church (New Directions in Theology Today IV, Philadelphia, Pa., 1968).

John Williams, The Home Fronts: Britain France and Germany 1914–18 (London 1972).

Shirley Williams, Politics is for People (Penguin Books 1981).

Michael Wilson, The Hospital – a Place of Truth. A Study of the Role of the Hospital Chaplain (Dept. of Theol., University of Birmingham, 1971).

– Health is for People (London 1975).

Walter Wink, Bibelauslegung als Interaktion. Über die Grenzen der historisch-kritischen Methode (amerikanisch 1973, Stuttgart 1976).

Derek Winter, Hope in Captivity. The Prophetic Church in Latin America (London 1977).

J. Philip Wogaman, Christians and the Great Economic Debate (London 1977).

Walter Wolf, Faschismus in der Schweiz. Die Geschichte der Frontenbewegungen in der deutschen Schweiz, 1930–1945 (Zürich 1969).

Bertram D. Wolfe, Lenin, Trotzki, Stalin. Drei, die eine Revolution machten (aus dem Amerikanischen, Frankfurt 1965).

Hildegunde Wöller, Die getaufte Revolution (München 1973).

Georg Wünsch, Evangelische Wirtschaftsethik, 1927.

Hans Würgler, Mehr Gerechtigkeit als Leitidee für eine neue Bundesverfassung. Betrachtungen zum Entwurf der Expertenkommission, in: Festschrift Rich, 247–272.

G. Würth, Das Gewerbe in Korntal, dargestellt unter besonderer Berücksichtigung der Tätigkeit des Gewerbevereins Korntal, 1903–1928 (Korntal 1929).

Leonardo Zanier, Libars di scugnii laa (Val Pesarina, Udine: Circolo di cultura sociale di Prato-Carnico, o.J.).

– Wie sieht der Eingewanderte seine Situation in der Schweiz?, in: Reformatio 19/4, 1970, 253–265.

Christof Ziemer, Charismatic Renewal in the Work of the Churches òf the GDR: Aspects of the Problem, in: Bossey 1980, 15–18.

Verzeichnis der Bibelstellen (Bde I u. II)

Personenregister (Bde I u. II)

Brassens, J.	I 143–145
Braun, R.	I 304f
Brecht, B.	II 138
Brel, J.	I 141
Breschnev, L. I.	I 104
Bridston	II 58
Brown, J. P.	I 96–99; II 36, 171
Bruce, F. F.	I 127
Brunner, E.	I 115, 255f; II 148, 195
Brunner, H. H.	II 85
Buchmann, F.	II 20f
Buddha, Gautama	I 97; II 171, 202
Bühler, Charlotte	I 202
Bühler, K.-W.	I 117
Bühlmann, W.	I 20; II 66
Bullinger, H.	I 112, 114
Bullock, Lord	II 220
Bultmann, R.	I 33, 71, 105, 218, 233; II 9, 14, 65, 73–75, 98, 102, 146
Bunyan, J.	II 171
Burckhardt, C. J.	II 23
Buren, P. M. van	I 175
Bürger, R.	II 64
Burkhard, P.	I 153f, 179
Busch, E.	II 14, 81
Busia, K. A.	I 260
Buß, E.	II 50
Butler, C. E.	I 86
Cadbury, J.	I 34
Cadier, J.	I 112
Calley, M.	I 229; II 180
Calvin, J.	I 17, 112, 114f
Câmara, H.	I 24f, 259
Camargo, C. Propópio de	I 229
Campbell, A.	II 220
Cardenal, E.	I 148; II 134, 144
Carman, J. B.	I 260
Carmichael, J.	II 198
Carmichael, R.	II 170
Carr, B.	II 28, 35
Carter, J.	II 224
Carter, S.	I 153
Casalis, G.	II 36
Cassin, Elena	I 229
Castelberger, A.	I 310
Castelli, E.	II 74
Castiglione, Miriam	I 70, 229
Castro, F.	I 19
Catherwood, H. F. R.	II 197
Celsus	I 233
Certeau, M. de	I 69

262   IV. Anhang

270   IV. Anhang

Nietzsche, F.   II 27
Niklaus von der Flüe   II 154
Norden, G. van   II 20
Norris, F. W.   II 92
Nussbaum, W.   I 23
Nussio, R. und D.   I 158
Nyerere, J.   II 220
Nzungu   I 57f

Oehninger, R. H.   I 135
Oldham, J. H.   II 20, 22
O'Malley, J.   I 54
Origenes   I 211, 233
Ornstein, R. E.   II 154
Osobo, S. O.   I 20
Osorio, E. H.   I 262
Owen, D.   II 226
Ozaki, J.   I 260

Padilla, R.   II 40f
Palach, J.   I 83, 97, 152f
Panikkar, R.   I 175; II 74
Pannenberg, W.   II 42–44, 75, 77
Parker, S. R.   II 197
Parli, H. A.   I 159
Pascal, B.   II 11, 31
Pasternak, B.   I 97, 99
Paton, W.   II 20
Paul VI.   I 100
Pavliček   I 151
Pazeltová, Hana   I 83f
Pestalozzi, H.   II 80, 191
Pétillon   I 60
Pfister, R.   I 327
Pierre, A.   I 273
Pius IX.   I 114
Plath, C. H. C.   II 50
Plato   II 81, 159
Polívka, G.   I 204
Pollack, L.   I 150
Pollet, J. V.   I 112
Ponurko, G.   I 103
Pope, L.   I 229
Poole, M.   II 220
Potter, Ph.   I 27, 94, 128; II 166
Puhl, F.   I 347

Quebedeaux, R.   II 41
Quecke, Th.   II 39
Queiroz, Maria Isaura Pereira de   I 229
Quervain, A. de   II 53
Quichote, Don   II 213